编委会

"何微新闻奖"
优秀文选第一辑

孙 江／主编

罗 朋 李晓梅／副主编

中国政法大学出版社

2017·北京

图书在版编目（ＣＩＰ）数据

"何微新闻奖"优秀文选.第1辑/孙江主编.—北京：中国政法大学出版社，2017.11
ISBN 978-7-5620-7870-8

Ⅰ.①何… Ⅱ.①孙… Ⅲ.①新闻学－传播学－文集 Ⅳ.①G210-53

中国版本图书馆CIP数据核字(2017)第277725号

出 版 者　　中国政法大学出版社

地　　址　　北京市海淀区西土城路 25 号

邮寄地址　　北京 100088 信箱 8034 分箱　邮编 100088

网　　址　　http://www.cuplpress.com（网络实名：中国政法大学出版社）

电　　话　　010-58908524（编辑部） 58908334（邮购部）

承　　印　　固安华明印业有限公司

开　　本　　720mm×960mm　　1/16

印　　张　　32

字　　数　　490 千字

版　　次　　2017 年 11 月第 1 版

印　　次　　2017 年 11 月第 1 次印刷

定　　价　　88.00 元

序 言

今年 6 月 25 日，本校新闻传播学院和新华社《中国记者》杂志社在美丽的长安校园成功举办了首届"何微新闻奖"新闻传播学专业研究生论坛。论坛吸引了来自全国 30 多所高校新传专业的优秀学子和青年学者，其中不乏像北京大学、中山大学、中国传媒大学、重庆大学、南京师大、四川大学、西安交大、贵州大学等名校师生的参与。与会者围绕"返本开新：传播学术史的清理与创新"这一主题进行了深入交流和研讨，通过严格的匿名审查和现场考评，最终评选出 28 篇论文分获"何微新闻奖"一、二、三等奖，11 篇论文获得"何微新闻奖"新锐青年学者奖。这可谓是一次参与者广泛、规格层次较高的学术盛会。院长孙江教授不仅有着广纳各种学术资源的志愿和眼光，亲自擘画，而且欲将本次活动取得的成果汇辑成帙，以广传播。在本书即将问世之际，孙江邀我为这本书写几句鼓励之言。我本对新闻传播学无由置喙，但从学科建设和研究生教育的角度观察，我觉得这个活动很有意义，理应襄赞，于是答应谈几点粗浅感想。

我想论坛的设立和举办，至少有以下三方面意义：

一是论坛搭建了新闻传播专业研究生学术研究的重要平台，有助于提升本校研究生学术活动的品质。论坛的开放性促使全国高校的同专业研究生得以汇聚一处，共同切磋，交流对话，取长补短，增广见识，这一点，对于开阔本校研究生的专业视野和学业水平的提升，极为重要。论坛的连续性，将使这样的学术交流持续不断地进行下去，从而为塑造一个品牌、一种文化传统提供了可能。论坛不光是研究生的，还是青年学者的，这种师生互动，不失为一种很好的人才培养模式。教育部着力推进研究生教育综合改革以来，国内高校流行开办各种研究生暑期学校和丰富多彩的访学项目。本校虽致力推进，但这样的活动毕竟太少。新闻传播学院创办的这个论坛，在探索研究生教育改革方面走在了前面。

二是论坛汇聚了省内外学术资源，推动了新闻传播学理论和实务研究的深入。技术更新的迅猛发展，传播方式的飞速变化，新闻、记者、媒体、采访等传统概念都正经受着全新的挑战。置身新闻无"微"不至、记者无处不在、采访无孔不入、媒体无所不能的时代，边界的日益模糊，传播手段之被颠覆、游戏功能的凸显、争夺公共话语权竞争的空前激烈，这些都迫切需要我们重新认识新闻传播的概念和价值。论坛汇集的 39 篇论文，广泛涉及媒介内容的产生及其传播机制、传媒法治、媒体改革、媒介文化、媒介影像、媒介伦理、新闻传播思想史以及传媒人才培养等诸多方面，显示出全媒时代青年人对新闻传播焦点问题、热点问题，特别是新媒体和媒介融合领域进行多方探讨的问题意识和研究范式。因此，论坛活动对于提高本校新闻传播学研究水平，繁荣我国新闻传播学研究无疑有着重要意义。

三是论坛凝练了本校新闻学教育学术传统的精华，提升了本校新闻传播学的学科声誉和影响力。本校早在 1958 年正式开办本科教育时，即开始了新闻学专业人才培养的发展历程。何微（1916 – 2016）先生正是开拓这项事业的一位关键人物。出于从事重点学科建设管理工作的原因，我一直关注新闻传播学院发掘和整理何微先生新闻学论著的工作，希望尽早将何微先生对社会主义新闻学思想理论的贡献系统地总结出来，以此作为创新和发展本校新闻传播学的精神动力。论坛以"何微新闻奖"命名，不仅接续了这一学术传统，也为促进我国新闻传播学青年才俊的涌现建立了一个良好机制。

最后，我衷心希望何微新闻奖的设立与颁发，能够鼓舞和激励更多青年学子深耕新闻传播学研究这块阵地，奉献出接地气、有价值的学术研究成果；期待新闻传播学院在科学研究、人才培养和社会服务等方面，不断做出新的贡献。

王 健

西北政法大学副校长、教授、博士生导师

2017 年 9 月 10 日教师节

目 录

CONTENTS

传播机制研究

传媒法治研究

媒体改革研究

媒介文化研究

媒介影像研究

媒介伦理与传媒人才培养研究

下编：首届"何微新闻奖"新锐青年学者研讨论文

新闻史及理论研究

媒介与社会研究

上编：
首届"何微新闻奖"新闻传播学科研究生优秀论文

传媒思想史研究

张季鸾新闻评论研究

刘 娜*

一、引言

在我国近现代新闻史上，许多知识分子曾通过办报活动来践行"文章救国"的人生抱负，张季鸾便是典型的代表之一。从1908 年涉足新闻领域到 1941 年主持《大公报》笔政时去世，前后总共有 33 年，在这 33 年的办报生涯中，他对于新闻评论的写作也经历了一个起步、发展与走向成熟的过程。本文以收集到的张季鸾的新闻评论作品为依据，按新闻评论写作的发展将张季鸾的办报活动划分为以下三个时期：1908—1911 年留学日本期间的办报活动；1911—1926 年回国后的办报活动；1926—1941 年在《大公报》期间的办报活动。在此基础上，通过对张季鸾新闻评论在不同阶段的特点及思想的分析，概括出其对当下新闻工作的重要借鉴意义。

二、张季鸾新闻评论写作的三个时期

在张季鸾报业生涯中，其影响最大的新闻评论便是在《大公报》期间所写的社评文章。但有关张季鸾早年新闻评论写作的方

---

* 刘娜，西北政法大学新闻传播学院 2014 级硕士研究生。

式却很少被人关注，实际上在 1926 年创办《大公报》之前，张季鸾就已经开始在新闻评论写作方面有所发展了，也正是早年的这段经历为其后来的言论成就打下了坚实的基础。在张季鸾新闻评论写作发展的第一个阶段中，创办并主编《夏声》杂志便是他早年报业活动的开始，而在该杂志上所发表的政论文章也是其新闻评论写作萌芽期的代表作。

（一）张季鸾新闻评论写作的萌芽期（1908—1911）

当历史的车轮驶入 20 世纪时，中国正经历着一场前所未有的变革。1900 年，以英国为首的八国联军发动了骇人听闻的侵华战争。随着《辛丑条约》的签订，国内的政治局势更加严峻。彼时在中国偏僻的西北地区，15 岁的张季鸾正师从关学大儒刘古愚。在刘古愚那里，张季鸾接受了系统的中国传统文化教育。1905 年，因受到陕西学台沈卫的赏识并经其推荐，张季鸾被选为赴日的官费留学生。

在留学日本期间，张季鸾对"东京、大阪出版的《朝日新闻》《每日新闻》《报知新闻》等报纸尤感兴趣"，并经常对这些报纸"从头披览"。[1]因为日文很好，张季鸾还被日本当地报社聘用，后来因为好友邵飘萍经济困难而将机会让与其。此时正是革命派在日本迅速发展的时期。1908 年 2 月，作为同盟会的代表刊物之一，陕西留日学生在日本东京创办了进步杂志《夏声》。因为受资产阶级革命思想的影响，加之对新闻事业的热爱，张季鸾作为主创者之一参与了《夏声》杂志的编辑工作，由此开始了他的报人生涯。

据陕西省社科院牛济先生研究，张季鸾在早年报业生涯中，曾用"一苇""少白""记者""榆民""老兵""慕刘"等笔名为报纸或杂志撰稿。因此，笔者通过这些笔名对陕西省图书馆、全国报刊索引库以及相关文献进行了查阅搜集，将张季鸾在《夏声》上所发表的评论文章进行了梳理（见表 1）。

---

〔1〕　徐铸成：《报人张季鸾先生传》，生活·读书·新知三联书店 2009 年版，第 31 页。

表1 发表于《夏声》上的政论文章

题 目	笔 名	年，期，页码
《忠告陕西小学教育家》	一苇	1908. 38—50
《日本教育发达史论》	少白	1908. 24—30
《泰西理科学者略传》	少白	陕西省图书馆 1908 2—8 影印版
《参观日本千代田小学校记并书后》	少白	陕西省图书馆 1908 2—8 影印版

通过对表1中所收集到的张季鸾的文章进行梳理研读，笔者发现这一时期张季鸾的作品有以下特点：

第一，从形式上看，在留日期间，张季鸾在《夏声》杂志上所发表的文章主要以报刊政论的形式为主。在《忠告陕西小学教育家》《日本教育发达史论》等文中，张季鸾以教育话题为由头，对当时国家的政治形势做以分析评判，文章形式则以报刊政论为主，如在《忠告陕西小学教育家》一文中，张季鸾就曾写道："故欲救今后之中国，必先强未来之国民，而强之之道则在教育。"[1] 由此可见，对于初入报业领域的张季鸾来说，这一时期他对于杂志刊物的理解受之前中国报人的影响较为明显，将报纸刊物作为抒发政治见解的工具。

第二，从内容上看，张季鸾在这一时期所发表的文章主要围绕教育话题展开论述。他在《夏声》上发表的《忠告陕西小学教育家》《日本教育发达史论》《参观日本千代田小学校记并书后》等文章以日本和中国的教育发展为核心内容，探讨了教育对国家发展的影响。这是因为，早年留学日本期间张季鸾就曾对日本的历史、政治、文化有过深入的研究，其认为日本经济发达、国力昌盛的主要原因在于日本教育的发达。因此，张季鸾在这几篇文章中对教育之强弱与国家之盛衰的关系做了深入的分析与论述，并建议我国政府欲强国，应先强民，而欲强民，必先强教育。

第三，从思想上看，这一时期张季鸾所发表的文章也是其"实学救国"思想的主要表现。在《夏声》上所发表的数篇关于教育话题文章的核心，

---

〔1〕 一苇：《忠告陕西小学教育家》，载《夏声》1908 年影印版，第2—8 页。

正是张季鸾对先师刘古愚"实学救国"思想的继承。因此，这一时期张季鸾在《夏声》上所发表的政论文章虽算不上严格意义上的新闻评论，但这些文章在内容及思想上对张季鸾日后新闻评论的发展奠定了扎实的基础，这一时期的政论文章亦可看作是张季鸾新闻评论写作的起步阶段，张季鸾也因为这一时期的政论文章而引起了报界同人的注意，在言论界的知名度大大提升。因此，1911 年张季鸾回国后很快就受到当时著名报人于右任的邀请，正式开始了自己职业报人的生涯。

（二）张季鸾新闻评论写作的发展期（1911—1926）

1911 年武昌起义爆发后，张季鸾中断了其在日本的学习生活回到祖国。据相关资料显示：从日本归国后，到 1926 年《大公报》创立前，张季鸾先后为《雅言》《妇女杂志》《学衡》等杂志撰文，并在《民立报》《大共和报》《民信日报》《新闻报》《中华新报》等报社从事新闻工作，也正是在这一时期，张季鸾的新闻思想和新闻业务能力都得到了很大提升。

在这一时期，张季鸾的新闻评论写作体裁上既有在《雅言》《妇女杂志》《学衡》《教育杂志》等杂志上所发表的政论文章（见表 2），也有在《新民报》《新闻报》《国闻周报》等报纸上所发表的新闻时评和新闻社评等（见表 3），但以新闻时评为主。

表 2　相关杂志上的政论文章

题　目	署　名	发表刊物	年，卷（期）．页码
《论欧洲战争之原因》	少　白	《雅言》	1914，1（9）．1—20
《论日德开战与中国之关系》	少　白	《雅言》	1914，1（10）．29—41
《欧洲大战前之外交》	少　白	《雅言》	1914，1（11）．36—42
《论日本之国际地位》	少　白	《雅言》	1915，1（12）．34—50
学艺门：《趣味科学：糖与盐》	季　鸾	《妇女杂志》	1916，2（7）．14—18
《我的平凡救国论》	张季鸾	《新中国》	1920，2（5）．150—153
通论：《再论宗教问题》	一　苇	《学衡》	1922（6）．46—53
《杭州师校大惨事之教训》	一　苇	《教育杂志》	1923，15（3）．5

表 3 相关报纸上的新闻评论

题　目	署　名	发表刊物	年，卷（期）. 页码
时事论说门：《民国五年国庆大纪念》	一苇	《新民报》	1916，3（11）. 4—5
新评：《商业侵略之可畏》	记者	《新闻报》	1918.3.9
新评：《米禁问题之考虑》	记者	《新闻报》	1918.3.10
新评：《黄包车夫反对加租》	记者	《新闻报》	1919.3.8
新评：《共同存疑》	记者	《新闻报》	1919.3.20
新评：《内地洋厂之凶剧》	记者	《新闻报》	1919.3.21
《国民应极力维持本国银行》	一苇	《银行周报》	1921，5（46）43
《辛丑议约之回顾》	张季鸾	《国闻周报》	1924，1（6）. 18—23
社评：《第一问题为改革军制》	一苇	《国闻周报》	1924，1（15）. 1—2
社评：《总统制与委员制》	一苇	《国闻周报》	1924，1（16）. 1
《反赤化运动之批判》	一苇	《国闻周报》	1926，3（27）. 1—4
时评：《制造赤化之反赤战事》	一苇	《国闻周报》	1926，3（28）. 1—2

通过对表 2、表 3 文章的梳理研究，笔者得出张季鸾的新闻评论在这一时期具有以下特点：

第一，新闻评论的时效性增强。即使在《雅言》《新中国》等杂志上发表的政论文章也开始注重与当时的国际政局相联系，而在《新闻报》《国闻周报》上这种特点就更加明显，如在《新闻报》《国闻周报》等刊物上所发表《商业侵略之可畏》《米禁问题之考虑》等文章均是以新近发生的新闻事件为背景材料，受众更广、影响更大。由此可见，这一时期张季鸾已开始注重新闻评论的时效性。同时，因为报纸的周期性相比于杂志要短，版面对于言论的要求要更加准确简练，因此，张季鸾新闻评论的写作在这一时期也得到了更加专业化的发展。

第二，注重发挥报纸的舆论监督功能。与上一阶段相比，张季鸾在这一时期的评论内容不只停留在教育话题上，而转向对政府的批评上。像发表在《新闻报》上的《商业侵略之可畏》《米禁问题之考虑》《黄包车夫反对加租》《共同存疑》这几篇新闻时评，就是比较典型的发挥报纸舆论监督作用的报刊言论。这是因为辛亥革命后，民主观念已深入民心，特别是在"民国暂行报律"事件后，中国的"言禁"制度已有了很大的松动。因此总体上来说，中国报人言论自由度较清政府时期有了很大提升。张季鸾在这一时期的新闻时评则正是对当时舆论环境的侧面反映，他在这一时期所发表的新闻评论文章显然是站在客观、公正的立场上，抨击时弊，陈述观点，充分发挥了报纸的舆论监督作用。

第三，思想观点的表达更为激进。在创办《夏声》杂志时，张季鸾虽然身处日本，思想上受到资产阶级自由思想的影响，但在言论表现上还较为保守。回国后的张季鸾因为思想上受到革命派的冲击，使其对孙中山所领导的民主革命抱有极大期望。因此，回国后的张季鸾思想中所包含的资产阶级自由主义成分更为明显，反映在言论上主要表现为在这一时期张季鸾对于政府的批评多是直言不讳的。如在《米禁问题之考虑》和《黄包车夫反对加租》中，张季鸾就怒斥百姓生活困苦的根源在于政府的不合理政策。由此可见，这一时期的张季鸾在思想上较上一时期更为激进。

由此可见，这一时期张季鸾在新闻评论写作方面的发展进步对其整个评论写作过程的作用是非常大的，其日后新闻社评的成熟发展也正是得益于其在这一时期所取得的进步。

（三）张季鸾新闻评论写作的成熟期（1926—1941）

张季鸾新闻评论的最高成就是在其主持新记《大公报》时期。在1926—1941年主持《大公报》笔政的15年间，其新闻评论的主要形式是社评，张季鸾也正是因为这一时期社评文章的巨大成就而赢得了报界同仁及当时社会各界的广泛认同。

在主持《大公报》笔政期间，张季鸾以如椽之笔写了大量社评。在1926—1941年的15年间，张季鸾共在该报上发表社评文章203篇。在此期间，国内的政治局势依旧复杂严峻，先后经历了北伐战争、新军阀混战、国共两党的对峙以及日本侵华等历史事件。张季鸾在这一时期所写的社评文章基本上是与当时政局变化相关的，因此，研读他在《大公报》期间所写的社评文章便可以了解其所处时期的历史发展。正如胡政之所说，张季鸾的文章议论，就是这一时代的活历史。笔者按不同的历史阶段（部分历史阶段有重合期）将这一时期张季鸾的代表社评整理如表4所示。

表4 《大公报》时期的代表社评

国共两党对峙时期代表作	日本侵华时期代表作	抗日战争时期代表作
《党祸》	《国家真到严重关头》	《给西安军界的公开信》
《反对赤化》	《救东三省辟伪独立》	《置之死地而后生》
《党治与人权》	《对日须为整个的行动》	《中国国民应有的自信》
《反共须知》	《艰难危险中一切新创造》	《抗战新阶段之开始》
《闽变之又一教训》	《中国岂堪被人零割》	《最后成败全在自己》

这一时期，张季鸾的新闻评论无论是在写作方面还是在思想方面，均达到了其办报生涯的顶峰期，主要表现在以下三方面：

第一，新闻评论语言向白话文方向转变。这一时期张季鸾新闻评论一个重要的变化便是文体语言上的变化，具体来说就是由前两个阶段的以文言文为主逐渐转变为以白话文为主。当然，张季鸾在评论语言上的转变与其好友胡适的影响有很大关系。1934年，《大公报》在胡适的建议下，开设了著名的"星期论文"栏目，每星期邀请名流学者写一篇言论。"星期论文"首先发表了胡适的《报纸文字应该完全用白话》一文，此后，《大公报》的社评文字逐渐改用白话写作。如其在1935年1月所写的《我们有什么面子？》一文，则从题目到具体内容的叙述都体现了张季鸾文章向白话文转变的倾向，如文章一开始便写道："半月前，在北平同二三老同学纵谈时事，引起不少感慨。我记得曾说道：自己觉得在报界多少年，眼看着国家地位至此，还在做记者，实在没有面子。"[1] 在这些语言中既没有"之""乎"等词，语言又平实易懂，读来让人感觉犹如在与一位老友聊天。因此，这一时期张季鸾新闻评论写作中的语言形式变化是其新闻评论发展的重要体现之一。

第二，新闻评论的影响力大增。这一时期张季鸾的新闻评论主要涉及

---

〔1〕 张竟无编：《张季鸾集》，东方出版社2011年版，第225页。

国共两党对峙时期、日本侵华时期以及抗日战争时期等几个阶段的内容。"西安事变"发生时，社会各界就特别想要看到《大公报》如何评价该事件。1936年12月18日，张季鸾在"西安事变"发生6天后，发表了社评文章《给西安军界的公开信》，载有这篇文章的《大公报》被专机抛撒到西安市区。《大公报》同仁陈纪滢在描述这篇社评给当时东北军带来的影响时，曾回忆道："所有的东北军及杨虎城所属看了这张传单式社评，马上转变了态度。张杨二氏的心理，也立刻起了急剧变化。"[1] 由此可见当时张季鸾的这篇文章的分量之重和影响之大。在主持《大公报》笔政期间，张季鸾社评文章的影响力造就了其新闻评论写作的愈加成熟，其"一代论宗"的地位也是在这一时期确立的。

第三，思想上更加趋于稳定。张季鸾一生的新闻言论一直是围绕传统儒家思想和资产阶级自由思想而展开的。早年的张季鸾曾深受中国传统儒家文化的影响，不仅熟谙"四书""五经"，还受到先师刘古愚先生所传递的"士大夫"世界观和价值观，这些经历使得张季鸾在进行言论活动时基本上是以国家与民族大义为出发点的。在张季鸾新闻评论写作的第一个阶段他强调的是学问的经世致用，这也是其早年"实学救国"思想的体现，因此他在这一时期的政论文章基本上是围绕这一核心而进行的。而在张季鸾回国后，因受到资产阶级自由思想的影响，言论上日渐激烈，对于国家的发展与政府的政策关系做了较为直白的分析，对于政府的批评与监督也较第一时期更为直接。到张季鸾主持《大公报》笔政期间，其言论主张一直是在儒家思想和资产阶级自由思想之间寻求平衡。因此，在这一时期，张季鸾的思想是介于中国传统知识分子的儒家思想和资产阶级自由思想之间的。

三、张季鸾新闻评论对当今新闻工作的启示

在张季鸾33年的办报生涯中，他曾为推翻帝制、结束军阀混战、国家统一以及民族独立做出了巨大贡献。张季鸾用手中之笔解读时局、民生、国家前途等问题，为后世留下了一笔非常可贵的精神财产。因此，无论是

---

〔1〕 李满星：《张季鸾与民国社会》，百花文艺出版社2011年版，第147页。

其人还是其文都得到了后世的高度评价。梁由之评价张季鸾时曾说："百年中国新闻史，无论见识、人品、事功还是文笔，张季鸾先生都是最杰出的报人。"[1] 傅国涌对其新闻评论曾做过高度评价："张季鸾为推动中国报纸特别是报纸评论的发展做出了重大的贡献，他的社评包含着民族的呼声和人民的愿望，谱写了百年言论史上十分重要的一页。"[2] 张季鸾及其新闻评论不仅对当时社会产生了深远的影响，而且对当下新闻工作及社会发展也有一定的指导意义。

（一）秉承文章报国的思想

古有岳飞精忠报国，近有张季鸾文章报国。在张季鸾一生所写的新闻评论中，文章报国的思想一直贯穿始终。在其新闻评论中，国家利益与民族命运是其立论的基础，张季鸾将自己的一生通过报纸的言论完全贡献给了国家和社会，即使在其生命的最后日子里也没忘记自己办报的初衷，可谓鞠躬尽瘁，死而后已。也正是因为对文章报国这种思想的坚守，才使张季鸾的新闻评论总能引起读者的共鸣。为此，张季鸾的新闻评论不仅被读者视为精神食粮，更受到国共两党领导人的高度评价。1941 年张季鸾去世时，蒋介石评价其为"一代论宗，精诚爱国"，毛泽东称赞其"坚持团结抗战，功在国家"。可见无论是蒋介石还是毛泽东均对张季鸾的文章报国思想做了高度评价，在中国近代新闻史上，能同时获得国共两党认可的也只有张季鸾一人。

在当代新闻环境日新月异的情况下，媒体工作人遇到了各种新问题，受到了各种新诱惑。部分媒体人在新闻工作中将个人的利益作为其工作的出发点，在具体新闻工作中有利可图的新闻便报，没有利益可图的新闻便压着不报。于是"敲诈""勒索""受贿"成为形容当下新闻工作的常见词。甚至有些媒体人将自己的身份视为各种福利专享的通行证，出门拿着记者证，吃饭不掏钱，游景点不买票，遇到喜欢的东西向采访对象暗示。如此种种行为完全违背了社会主义新闻事业的目的，将国家和人民利益置之脑后。笔者认为造成这些问题的原因之一便是当下部分新闻工作者缺少

---

〔1〕 蔡晓滨：《中国报人》，新星出版社 2010 年版，第 46 页。
〔2〕 蔡晓滨：《中国报人》，新星出版社 2010 年版，第 46 页。

了一种爱国情怀，即缺少了张季鸾式的"文章报国"思想。张季鸾在当初主持《大公报》言论工作时，也曾遇到各种诱惑，国民党当局为了让《大公报》少报其负面信息不惜以重金来对其进行收买，但张季鸾从未因此而改变自己办报的原则，这一切均源于他对"文章报国"这一思想的坚持。笔者认为这种"文章报国"的思想即使在今天也依然应该成为新闻工作者所坚守的理念。

（二）倡导负责任的言论自由

张季鸾虽一生坚守言论自由，但并非盲从地追求一切言论自由，其所倡导的是一种有责任的言论自由。因此，张季鸾的新闻评论往往是以情动人，以理服人，我们很少在其文章中看到充满戾气之言语。这一点是张季鸾与同时代其他报人倡导言论自由的不同之处。林白水曾在《官僚与运气》一文中讽刺当时的潘复与张宗昌，并把二人关系比作睾丸与肾脏，由此引来杀身之祸；王芸生也曾在《天时人事之雨》中针对四川粮价连续暴涨、百姓生活异常困苦的状况，主张用曹操借人头的办法，杀几个囤积居奇的奸商，以平抑粮价。林白水和王芸生的做法虽然在一定程度上反映了他们对于言论自由的主张，但也显示了这种言论自由的弊端——缺乏责任感。因此，张季鸾在其所处的时代就已意识到将对社会和他人的责任感作为追求言论自由的前提，这一点是非常值得我们当下媒体人所学习的。

在当下的媒体发展中，经常存在媒体人打着所谓的言论自由而触犯法律或道德的底线。近年来关于媒体报道侵权的案件越来越多，部分媒体人为了追求新闻的轰动性和刺激性抛弃了媒体人应有的责任感。如2010年的"药家鑫案"，就有媒体在相关报道中对当事人的父母及家庭背景进行了深挖，包括药家鑫父母的工作单位和家庭收入的信息被媒体拿来大做"文章"，甚至在"药家鑫案"结束几年后依然有媒体蹲守在其家门口进行所谓的"后续报道"，使得当事人的父母有家不敢回。媒体的这种报道表面上被美其名曰"言论自由"，实质上已触犯了他人的合法权益。此外，媒体滥用"言论自由"的另一个重要表现就是关于明星的报道。如2016年关于"王宝强与马蓉事件"的报道，就有媒体对两人的婚恋史做了所谓的"深度调查"，其中包括马蓉父母和两个孩子的具体信息。媒体对于公众人物的报道本无可厚非，然而当媒体的报道僭越了法律和道德的底线时，其所谓的

"言论自由"就已变质。

因而，面对当下媒体在新闻报道中所存在的以上问题，张季鸾在具体言论工作中对于言论自由的认识对我们有很大的启发意义。对于媒体人来说，言论自由与社会责任感是不可分割的，张季鸾所处的时代如此，当下的时代亦是如此。虽然在今天，媒体环境已发生了很大变化，但任何媒体及媒体人都不能挟话语权来进行各类侵权或不道德的报道。因此，无论是传统媒体的新闻工作者还是自媒体人，都应在法律与道德的范围内进行新闻信息的采集与传递，同时树立责任意识，这是促进当下媒介生态环境健康发展的重要前提。

（三）坚持严谨的工作态度

张季鸾的新闻评论之所以受到各界好评与其严谨的工作态度也是分不开的。徐铸成曾在其所著的《报人张季鸾先生传》一书中对张季鸾在《大公报》期间的工作态度做过详细叙述。据其回忆，张季鸾每天到报社后必先浏览当日的经济行情及其他报纸；其次便是会客，《大公报》的会客厅经常是座上客场满，张季鸾在那里与当时社会三教九流人物相谈甚欢。做好这两件事情之后，张季鸾才开始当天的社评写作。而此时张季鸾已对当日的时事了如指掌，是相关重要数据也已熟记于胸，这样写出来的社评文章就有理有据，令人信服。此外，张季鸾认为新闻评论事无巨细，因此其对于评论写作中的任何细节都会严格把控。关于张季鸾对新闻工作的严谨态度胡政之曾做过这样的描述："他在编辑时往往为题目一字修改，绕室彷徨到半个小时，重要社评无论是他写的或是我写的，都要反复检讨，一字不苟。"如此严谨的工作态度，即使是在今天也不禁让人佩服。

相比于张季鸾对新闻工作的严谨态度，当下部分媒体人的工作状态却令人堪忧。具体表现为部分媒体人为了夺人眼球、追求经济效益，不惜摆拍或编造新闻。特别是在当下的媒体环境中，无论是专业的媒体人员还是自媒体人员，对于信息的发布很少做到以严谨的工作态度去核实每个细节。如2016年"罗尔募捐事件"的一波三折，着实让媒体和受众在心理上有坐过山车般的感觉。事情的起因源于小铜人公众号上发布的《罗一笑，你给我站住》一文，这篇文章一经发布便在各大新闻网站和微信朋友圈刷屏，这是因为在这篇文章的末尾曾提到每转发一次便可以为罗尔患白血病的女儿筹得一元的治疗费。此外，大量网友开始通过罗尔的微信公众号为其女儿捐款。然而，这件事情之后的发展却让人出乎意料：首先是被爆出该事件是小铜人的一次营销事件，后又被爆出罗尔的文章内容涉嫌造假，最后该事件在罗尔将网友所捐之款退回之后才终于告一段落。在这一事件的发展中，无论是传统媒体还是新媒体都忽视了作为媒体工作者该有的严谨态度，从而也让受众对媒体的公信力大打折扣。倘若在这件事情发生时，相关媒体在报道中能多做一些调查，多核实一些信息，就可能避免这件事情所带来的各种负面效应。

因此，严谨的工作态度对新闻工作者来说是非常重要的，它也是保证新闻客观性的重要前提。张季鸾正是凭借着严谨的工作态度才能让《大公报》赢得公众的认可，甚至赢得世界声誉。当前，我国的社会主义建设事业已进入到关键时期，新闻媒体的工作者更应该坚持严谨的工作态度，对社会主义的事业发展做出客观公正的报道，这样才有助于整个社会的和谐发展，也才能让自身更有信服力。

四、小结

综上所述，在张季鸾一生的办报活动中，他在不同阶段的办报活动均有不同特点。而张季鸾的新闻评论正是在其具体办报实践中逐步发展并成熟的。从早期《夏声》杂志的起步到《大公报》时期的辉煌，张季鸾的新闻评论完成了从报刊政论到新闻社评的转变。在这一过程中，他的新闻评论写作无论是在写作形式上，还是在新闻思想以及新闻专业主义方面均达到了当时报界的较高水准，并一度形成了"《大公报》热"现象，从而为日后新闻评论的发展提供了很好的典范。尤其是张季鸾文章报国的思想、负责任的言论自由以及严谨的工作态度对当下新闻工作者仍具有很好的指导与借鉴意义。

被误读的李普曼

赵晓培*

作为李普曼（Walter Lippmann）影响最为深远的两部著作，长期以来，《公众舆论》（*Public Opinion*）和《幻影公众》（*The Phantom Public*）两书始终是学界论争的一个焦点。在对这两本书的评价中，詹姆斯·凯瑞（James W. Carey）的观点对后来学者尤其影响巨大，他所提出的"杜威－李普曼之争"引发了诸多学者对两人思想的对比讨论。然而近年来，国内外相继有学者著文反驳凯瑞的观点，指出凯瑞的评价是对李普曼的误读。在这些反驳的意见中，研究者大多将重点放在凯瑞所建构的"杜威－李普曼之争"上，强调了凯瑞之所以如此建构的主观目的；然而在具体的建构方法和过程中，鲜少有人指出凯瑞究竟在哪些方面误解了李普曼。舒德森（Michael Schudson）的研究为我们提供了一些线索，但正如他本人在文章中所说明的，凯瑞的误读包括学术脉络和政治思想史两个方面，而他的重点在于后者，对于前者的解释则仍是空白。[1] 当我们将视野从凯瑞转移到整个学界对李普曼及他的这两本著作的评价上时，事情似乎变得更加复杂。梳理这些评价和反驳的文章，再回到李普曼与他的著作本身，应该说，在

＊　赵晓培，南京师范大学新闻与传播学院 2016 级硕士研究生。

〔1〕　Michael Schudson, "The 'Lippmann – Dewey Debate' and the Invention of Walter Lippmann as an Anti – Democrat 1986 – 1996", *International Journal of Communication*, 2 (2008), p. 1032.

民主观和传播观两个方面，李普曼都被较深地误读了。

一、对民主的误读

由于李普曼在《公众舆论》和《幻影公众》中对民主制度的严厉批评，人们常常将李普曼定位为一位反民主者和精英主义者。在这些评论中，被引用得最多的莫过于杜威在《公众舆论》的书评中所说的那句："它也许是对最近被设想勾勒出的那种民主的一个最有效的控告。"[1] 威斯布鲁克（Robert B. Westbrook）虽然稍客气地将李普曼称为民主现实主义者，但在下笔时仍颇为尖锐地写道，对于李普曼来说，"实质性的自治只是小善，是在复杂的工业社会中可以抛弃的小善"[2] 此外，由于李普曼提出的专家组织的设想，他又被贴上"精英主义"的标签，人们称其主张为"专家治国"："人民的意志和民主理论的堡垒不过是由各种刻板印象、审查、心不在焉和力比多混杂在一起的一摊烂泥，……李普曼认为，'想要尽量实行人民主权'的想法已经过时。他主张用专家治国取而代之。"[3] 20 世纪八九十年代，凯瑞提出，杜威与李普曼代表了两种不同的民主观，前者属于"参与式民主"，后者则具有强烈的精英主义和反民主色彩。凯瑞认为，李普曼所设想的公众只不过是"二等旁观者"，也就是旁观者之旁观者，"科学家观察现实并再现现实，然后把这一准确的再现再传递给作为接收者的、易受影响的受众"[4] 凯瑞的观点在学界产生了巨大影响，而李普曼作为反民主者的形象也由此广泛传播。

这些解读和评价中存在许多值得商榷的地方。首先，将李普曼斥为精英主义者是不合适的，因为他全部论说的基点并不在于精英与大众，而只在于局内人与局外人。李普曼曾明确表示，"社会事务的处理能力仅仅与职

---

[1]《杜威全集·中期著作》第 13 卷：1921—1922，赵协真译，华东师范大学出版社 2012 年版，第 293 页。

[2] [美]罗伯特·威斯布鲁克：《杜威与美国民主》，王洪欣译，北京大学出版社 2010 年版，第 316—317 页。

[3] [美]约翰·杜翰姆·彼得斯：《对空言说：传播的观念史》，邓建国译，上海译文出版社 2017 年版，第 18—19 页。

[4] [美]詹姆斯·W. 凯瑞：《作为文化的传播——"媒介与社会"论文集》，丁未译，华夏出版社 2005 年版，第 61 页。

责功能相关：不够优秀的人也会在某些事情上做得很好；难以被教育的人也可能在某些事情上开窍"[1] 可以看出，李普曼区分局内人和局外人的标准并不在于学识、智商、受教育程度等等，而仅仅关乎个人在事件中所处的位置，也就是个体与事件的利益关系远近。实际上，在李普曼看来，由于"大社会"（the Great Society）的多样性和复杂性大大提升，因此，处于其中的每个个体都只能关注和看清社会的少数部分；更多时候，我们每一个人几乎都是局外人。这种情况下，局内人的重要性就凸显出来。正如他自己所说，"只有局内人能够做决定，并不是因为他更有天赋，而是因为他被置于能够清楚地了解事件并采取行动的位置上"[2] 而他之所以批评传统民主概念和公众舆论，正是出于他对局外人盲目参与公共事务的反对。在他看来，公众对于管理公共事务缺乏足够的时间、兴趣和专业知识，而公众行为不过是联合优势力量，偶尔介入公共事务。因此，在他设想的民主社会中，公众舆论只能是决定公共事务的次要、间接因素，真正重要的决定则应该由处于事件中心的直接责任者做出。

其次，要理解李普曼并非精英主义者，还必须要说明的一点是对他"专家治国"的误读。固然，李普曼在《公众舆论》中强调了专家的作用，但在他的设想中，专家不应该有自己的政策，也不应对政策表示好恶，而仅仅是为决策者提供进行决策的事实依据。也就是说，专家并非治国的管理者和决策者，恰恰相反，他们只是为这类人搜集和准备事实的人。不仅如此，李普曼还格外强调，负责搜集信息的部门应该与把握政策的部门区分开，"专家的力量靠的是与决策者保持距离，而不是亲自操心会有什么样的政策产生"[3] 明确这一点之后，再重新审视李普曼所构想的专家组织时，可以看到，他之所以主张设立这样一个机构，主要还是希望解决大社会所带来的种种问题。在李普曼看来，个体的偏见源于他无法超越个体经验的局限去描绘广阔外部世界的真实画面，因此他求助于专家的专业知识和科学态度，希望通过专家组织对社会的持续记录与分析，为人们提供关

---

〔1〕〔美〕李普曼：《幻影公众》，林牧茵译，复旦大学出版社 2013 年版，第 108 页。

〔2〕〔美〕李普曼：《幻影公众》，林牧茵译，复旦大学出版社 2013 年版，第 108 页。

〔3〕〔美〕李普曼：《公众舆论》，阎克文、江红译，上海人民出版社 2006 年版，第 272 页。

于不可见的现实的真实信息，这样人们才有可能获得共同的衡量尺度，把握直接经验之外的世界。

由此更进一步来说，将李普曼贴上"反民主"的标签也是值得商榷的。凯瑞批评李普曼的观点将公众从政治中抽离，也将政治从公众生活中抽离。对此，舒德森已经进行了有理有据的批驳，并指出从李普曼的论述来看，公众在民主生活中的作用仍然十分重要。[1] 实际上，从更根本上来看，李普曼的设想与其说是要反对民主，不如说正是为了维护民主。李普曼设想的专家组织主要为决策者服务，即帮助决策者获得关于变化中的现实世界的具体信息。之所以要这么做，是因为在李普曼看来，大社会中的决策中心已经离现实世界越来越远，因此统治者获得的关于现实的具体信息也越来越少。这种情况下，他所作出的决策很难满足人们的现实需求，相反却越来越多地体现了统治者个人的想法，而且随着这种矛盾的加深，统治者的决策越来越依赖武力而非理性。在这种意义上，传统民主理论中假设的能够代表公众意志的统治者变成了谎言，社会并非走向民主，相反在变得越来越集权。基于此，李普曼才构想了这样一个专家组织，希望借由专家提供的信息，统治者能够重新建立与现实世界具体情况的联系，以应付大社会产生的危机，挽救民主政治与国家。对于李普曼的这番苦心，杜威的评价可谓恰如其分："他（指李普曼，笔者注）的文章实际上是一个对被修剪的、温和的民主理论信仰的陈述，也是对方法的呈现；通过这些方法，一个合理的民主概念能够行得通，不是绝对地行得通，但起码好过民主在一种夸大的、混乱的公众及其权力的观念下起作用。"[2]

二、对传播观的误读

（一）关于舆论

在论及 20 世纪 20 年代关于"交流"（communication）的争论时，彼得

---

〔1〕 Michael Schudson, "The 'Lippmann – Dewey Debate' and the Invention of Walter Lippmann as an Anti – Democrat 1986 – 1996", *International Journal of Communication*, 2（2008），pp. 1033, 1035, 1038.

〔2〕《杜威全集·晚期著作》第 2 卷：1925—1927，张奇峰、王巧贞译，华东师范大学出版社 2015 年版，第 175 页。

斯（John Durham Peters）将李普曼与伯奈斯（Edward Bernays）和拉斯韦尔（Harold Lasswell）的交流观归为了一类。围绕唯我论和传心术的二元论，彼得斯认为，在这些人的观念中，交流的意思就是"播撒（dispersion）各种劝说符号，借以管理大众舆论"。彼得斯还进一步将李普曼与卢卡奇类比，认为"他们都不相信民众能自发地对其自我意志进行组织。他们两人都认为存在着一种'先锋队'，并都赋予其重要角色，……在李普曼和卢卡奇看来，传播就是一种将分散的人捆绑在一起，并使之为高尚或邪恶事业去奋斗的力量，它具有造就或摧毁政治秩序的力量"。[1]

彼得斯的论述提到却没有说破的一点是：尽管对"交流"的理解相似，但李普曼与伯奈斯、拉斯韦尔、卢卡奇等人对这种"交流"的态度却是截然相反的。在李普曼的论述中，借助象征符号以"制造共识"的做法是他所批判的对象，也就是彼得斯所说的被用于"为邪恶事业去奋斗""摧毁政治秩序"的力量。所以他才推崇精密科学，并提出要为词汇作出定义，使它们只代表一个特定的对象，进而帮助公众摒除其他干扰，在事实和理性的基础上重建舆论。但在其他几位看来，这样的"交流"恰恰是可以利用的手段。被称为"公关之父"的伯奈斯在《宣传》（*Propaganda*）一书中积极论证宣传的正当性；拉斯韦尔在研究宣传问题时，更直接提出"操纵"是现代社会秩序中一条不可避免的原则，并认为这要优于过去依靠蛮力的社会控制形式；卢卡奇认为，要提高无产阶级的觉悟，必须选择正确的口号和动员令。他们所理解并赞同的"交流"，正为李普曼所极力反对。

尽管有着如此明显的态度差异，李普曼与拉斯韦尔的传播观却常常被奇怪地混为一谈。拉斯韦尔的宣传研究被称为是李普曼路数的翻版，深得李普曼真传。这继而引发的问题是在对待舆论的态度上，两人的观点也被错误地看成是一脉相承的。在《世界大战中的宣传技巧》（*Propaganda Technique in World War* I）一书中，拉斯韦尔明显站在了操纵和管理舆论的立场上，对一战中各国所使用的宣传技巧进行了分析，并颂扬"说明宣传的运

---

〔1〕 〔美〕约翰·杜翰姆·彼得斯：《对空言说：传播的观念史》，邓建国译，上海译文出版社 2017 年版，第 19 页。

作机制就是揭示社会行为的秘密原动力",[1] 鼓励运用宣传来实现合作与团结。李普曼虽然也主张管理大众舆论，但并不是由统治者、专家或其他人向大众播撒劝说符号以达到目的，而是为大众自身提供了一系列参与公共事务的规则和程序。具体来说，包括针对规则缺陷的"认同检验"和"遵从检验"，针对复杂论战的"调查检验"，以及针对改革的自我阐释、修正程序、提前告知检验等。而从更根本上说，李普曼甚至并不想劝说公众以制造共识。赞成多元理论的李普曼明确表示："我们别指望消灭所有差异，形成统一。……寻找统一目标，不如为不同的目标寻找一个归宿更容易实现。"[2] 所以，他划分了局内人和局外人，并将公共事务转交给有利益关切并了解情况的局内人，对局外人则提出种种规则加以限制，希望他们不要随意参与其中。不仅如此，李普曼还对幻想目标统一的传统民主理论和自由主义大加挞伐，指出前者大多时候不过是利用象征，精心制造出同意，后者则是"越过人们的头顶与人交谈"，"没有为人们指出脚踏实地行动的方向"。[3] 应该说，亲身参与过一战宣传工作的李普曼正因为深谙制造同意的技巧，所以才明确反对操纵舆论。或者换句话说，同样意识到了公众的无理性，拉斯韦尔强调的是引导和利用这种无理性，李普曼想做的却是尽量缩小并抑制其负面影响。

（二）关于效果传统

在传播思想史领域，李普曼的名字经常与拉斯韦尔和哥伦比亚学派联系在一起。凯瑞提出，正是《公众舆论》一书开创了长期居于美国传播研究领域主流地位的效果传统，拉扎斯菲尔德（Paul Lazarsfeld）及哥伦比亚学派的行政研究沿袭的正是这条路径。根据吉特林（Todd Gitlin）的总结，哥伦比亚学派所确立的传播研究范式有这样几个特点："以功能主义作为理论指导、以行为主义和实证主义作为方法基础、以管理研究作为运营方

---

〔1〕［美］哈罗德·D. 拉斯韦尔：《世界大战中的宣传技巧》，张洁、田青译，中国人民大学出版社 2014 年版，第 177 页。

〔2〕［美］李普曼：《幻影公众》，林牧茵译，复旦大学出版社 2013 年版，第 68—69 页。

〔3〕［美］李普曼：《幻影公众》，林牧茵译，复旦大学出版社 2013 年版，第 121—122 页。

式"[1] 以此来反观李普曼的观点——李普曼确实推崇自然科学的实证研究方法，同时鼓励社会科学专家积极参与到行政管理之中，为领导者发现和阐述事实，但《公众舆论》与传播研究的效果传统是否存在凯瑞所说的这种联系，这一点却值得商榷。

针对这个问题，黄旦教授的研究提供了一种回答。[2] 他指出，李普曼与芝加哥学派的研究有相同的论述起点，那就是"关系"，只不过，芝加哥学派的"关系"指的是个人与社会之间的、动态的关系，而李普曼在《公众舆论》中研究的则是个人与其脑海中的图像的关系，这是种静态的关系。同时他认为，与这二者相比，传播学"四大奠基人"和哥伦比亚学派的大众传播研究其实发生了转向，它完全偏离了这种"关系"的视角，而将大众媒介彻底看作社会控制的工具。至此，传播效果才成为美国传播学研究的中心。

黄旦教授的"关系"更多是一种抽象层面的概括，当把它落实到具体的人际和利益关系上时，有趣的是，这也是杜威和李普曼共同的着眼点。在划分局内人和局外人时，李普曼主要强调的就是个人在事件中所处的位置，即个体与事件的利益关系远近。与之相类似，杜威在界定"公众"的指向时也强调了利益关系。在杜威的论述中，私人联合中的行为会对不在这一群体中的人产生影响，受到这种间接影响的人就是公众。这与李普曼的观点接近。然而在其后的分析中，两人却走上了截然不同的道路：李普曼接受了多元社会的概念，认为每个人都处于不同的关系中，因而每个人的利益和观点都不相同。所以，人们应该放弃对所谓公众意志或同一目标的寻求；同时，公众应该约束自己的行为，只关注与自身利益最密切相关的部分，避免参与到他不了解的社会事务中以引起混乱。杜威则认为，正由于受到了间接影响，因此在公众中有可能产生共同利益，并进而带来共同的认识。因此，重要的是让公众对行为的直接和扩大后果有所认识，这就需要加强面对面的交流，重建伟大的共同体。两人关于国家、政府的职

---

〔1〕 转引自刘海龙：《重返灰色地带：传播研究史的书写与记忆》，北京大学出版社 2015 年版，第 38 页。

〔2〕 参见黄旦：《美国早期的传播思想及其流变——从芝加哥学派到大众传播研究的确立》，载《新闻与传播研究》2005 年第 1 期。

能的不同观点似也可从这点出发得到解释。总的来说，李普曼强调的是围绕利益的约束精神，杜威设想的则是围绕利益展开的公众参与；但无论如何，两人看重的都不是媒体的社会功能与效果。这与其后哥伦比亚学派的研究取向有着根本的不同。

三、误读的原因

自《公众舆论》和《幻影公众》两书发表的 20 世纪 20 年代至今，围绕着这两本书的争论从未停息。值得反思的是，为何长期以来学界对于李普曼及他的这两本著作始终存有如此深的误解？固然，由于凯瑞的巨大影响力，他的观点在学界被广泛接受，这在很大程度上误导了后来的研究者；然而这无法解释，当国内外诸多学者已经相继反驳了凯瑞的论断之后，为什么在今日的研究中，我们还能常常见到李普曼的名字与反民主、精英主义、效果研究等词联系在一起？这似乎在提醒我们，除了后来者的主观建构以外，应该还有更深刻的、存在于文本本身中的原因，导致了这种种误读。

（一）时代背景的差异

重读杜威为《公众舆论》和《幻影公众》所写的书评时，充溢于其中的赞美之情也许会令当今许多研究者惊讶。当今人给李普曼贴上"反民主""精英主义"等标签时，杜威却写道："李普曼先生所召唤的专家组织本来就是令人向往的，这个事实毋庸置疑"，[1]"李普曼先生给予我们的那种重新思考变得非常必要。……他的修改成为对民主政府方法的贡献，而不是深远的批评"。[2] 这种态度差异从侧面表明，对李普曼的深切理解要从他的时代背景出发。换句话说，李普曼的观点受到了那个时代的深刻影响。

要理解李普曼写作时所处的那个时代，必然逃不开的话题是美国的进步运动。19 世纪 90 年代，美国进入了从传统农业社会转向现代工业社会的高速发展期，工业化与城市化进程从根本上冲击了美国原本的社会结构。

---

〔1〕《杜威全集·中期著作》第 13 卷：1921—1922，赵协真译，华东师范大学出版社 2012 年版，第 298 页。

〔2〕《杜威全集·晚期著作》第 2 卷：1925—1927，张奇峰、王巧贞译，华东师范大学出版社 2015 年版，第 179 页。

外来移民的涌入、中产阶级的崛起、机器生产的发展、组织管理的渗透，工业主义和公司资本主义从各个方面改造着这个国家，生活于其中的人们日益感到，他们正在丧失对社会和个人生活的控制。为了规范托拉斯的行为、恢复民主政体的权力，美国于世纪之交爆发了轰轰烈烈的进步运动。进步主义者相信，政府可以通过改革发展人的理性，帮助人在机器与组织管理的新时代中重获控制权。出于这一信念，他们还积极支持美国参与第一次世界大战，期望借由战争扩大政府的权力行使范围，同时将美国的理想民主形态传播至欧洲大陆。

然而，现实给了进步主义者一个沉重的打击。战争结束后，自由放任的经济学理论很快再度兴起，组织良好的利益集团的权力反倒进一步增强。与此同时，凡尔赛合约的签订也引起了轩然大波，就美国是否要加入国联等问题，持不同意见方展开了漫长的舆论拉锯。此外，在战争期间扩大起来的劳工运动、钢铁工人大罢工以及激进主义者制造的各种骚乱等使美国陷入巨大的"红色恐慌"中，人们疯狂地寻找周围可能存在的"赤色分子"，时任司法部长的米切尔·帕尔默（A. Mitchell Palmer）甚至策划了一场"反赤色分子大搜捕"，疯狂的逮捕行动搞得人心惶惶。在一片混乱中，威尔逊总统（Woodrow Wilson）的理想主义已随着国联的失败而彻底破灭，1920 年的总统选举提名则进一步加剧了舆论场的分裂。种种现象都宣示了进步改革的失败，进步运动也伴随着战争的结束走向终结。

作为一名进步主义者，李普曼也曾支持美国参与一战。他在战前满怀信心地认为，"这场战争最终将会使'发明家'（inventors）和社会工程师取代'墨守成规者'（routineers）",[1] 进而消除民主国家的束缚，改变社会的价值标准；但进步理想的失落对他造成了沉重打击。面对战后政治生活的混乱，李普曼希望能够重拾理性、恢复民主，所以他才会对公众提出严厉的批评，对代表科学和理性的专家寄予厚望。与他同时代的杜威也敏锐地察觉到了这点，因而他能理解李普曼的作品并产生共鸣。《公众及其问题》（*The Public and Its Problem*）一书关注的也是民主社会问题，这再次印

---

〔1〕［美］史蒂文·迪纳：《进步主义时期的美国人》，萧易译，上海人民出版社 2008 年版，第 241 页。

证了进步运动失败所带来的民主危机对当时学者们的巨大影响。一旦脱离这一特殊的时代背景，处于不同的社会环境中，后来者便很难理解李普曼为何会对公众提出如此多的限制，进而将李普曼错误地划归"反民主"阵营之中。

（二）研究路径的不同

在回答进步运动失败的原因时，李普曼将目光转向了公众，并尝试借助现代心理学知识来研究和阐释这一问题。由于这种独特的视角，《公众舆论》和《幻影公众》两本书成为一种复杂的混合体：虽然研究和关注的是民主这一政治话题，但李普曼却是从心理学的角度入手考察的；而在展开论述的过程中，李普曼又触及了传播、新闻研究中的许多问题，如舆论的形成、新闻的实质、拟态环境等等。这种混杂使读者产生许多迷惑。当读者尝试从政治学的视角进行解读时，却发现李普曼并没有将重点放在国家、阶级权力等话题上，正如凯瑞所说："李普曼从道德和政治转向了认识论，重新界定了报业问题。这一转向的结果是严重低估了国家与阶级权力所扮演的角色——实际上导致了公共领域的'去政治化'。在这样一本关于政治的著书中，这是自相矛盾的。"[1] 彼得斯也同意这一论断，同时更为严厉地指责道，由于李普曼将事实、理性置于道德、认知之上，因此"《公众舆论》实际上并不是关于政治的，而是在企图消除政治"[2] 但如果读者试图从新闻传播学的视角进入时，书中大段大段的政治话题又不免使人疑惑。关于传播的论述是如此零碎而不完整，以至于后来者只能从中寻章摘句，艰难地把握李普曼的传播思想。这样解读出的李普曼的传播观，自然容易发生分歧。

但如果从新闻传播学科的建设发展来看，李普曼的研究虽不是专门为了解决传播问题，然而这种思路却恰恰开阔了传播研究的视野。当把传播问题与社会政治问题联系在一起后，新闻传播学科便在社会科学研究中取得了重要地位。"这种由内而外的方法论转向，将一种人文学科的研究内容

---

〔1〕〔美〕詹姆斯·W. 凯瑞：《作为文化的传播——"媒介与社会"论文集》，丁未译，华夏出版社 2005 年版，第 55 页。

〔2〕 John Durham Peters, "Democracy and American Mass Communication Theory: Dewey, Lippmann, Lazarsfeld", *Communication*, 11 (1989), p. 210.

转化为一种社会科学的视角。"[1] 或许可以说，正是由于 20 世纪 20 年代美国民主政治中的诸多问题，才让李普曼等学者注意到了传播问题，进而使传播研究登上了历史舞台。现代政治传播研究认为，政治本身的规定性中就内在地包涵着"传播"，"传播"本身的规定性中也内在地包涵着"政治"，政治与传播本身就互为内容。由此来看，李普曼在政治研究中触及传播问题，在某种意义上也是一种必然。

（三）李普曼自身的游移

现代心理学知识为李普曼的研究打开了新的视角，同时也使他陷入巨大的矛盾当中。一方面，眼前所见的乱象和弗洛伊德对个体精神世界的诊断都将他引向对理性的怀疑甚至颠覆；但另一方面，他仍极力想在政治中恢复和重建理性。《公众舆论》的最后一章最明显不过地体现了他的这种游移：李普曼明白，"只有在长期稳定的情况下，人们才有希望遵循理性的方法"；同时他也看到，"能够让理性有备而来给予指点的人类问题，其数量仍然寥寥"；但他又写道："我们完全没有理由绝望"，"你不能对人类已经表现出的品德所带来的前景感到绝望"[2] 这样矛盾的态度继而影响了他的其他判断。例如，在对待个体主观性的问题上，李普曼发现，成见不仅能帮助个体快速认识事物，同时它还是个人传统的核心，包含着个人的价值观和立场，是对个体社会地位的保护；但另一方面，他又幻想专家提供的情报能够解决这个问题，"不可见的环境是可以有效报道的，而且可以不抱偏见地传达给各种人群，并且能够克服它们的主观性"[3] 对待象征符号的使用问题也是如此。在痛斥象征使各种情感和观念无望地纠缠在一起，实际上却并不指代任何具体观念之后，他却又笔锋一转，提出在实际行动中遭遇紧急情况时，必须通过象征来控制民众，促使他们摆脱懒惰、犹豫或者盲动，引导他们前行。这使得他对于舆论的态度变得模糊不清，而他之后关于专家组织的构想也格外令人迷惑——如果如李普曼所说，实际行动

---

〔1〕 胡翼青：《传播学科的奠定：1922—1949》，中国大百科全书出版社 2012 年版，第 257 页。

〔2〕 [美]李普曼：《公众舆论》，阎克文、江红译，上海人民出版社 2006 年版，第 293、295、296 页。

〔3〕 [美]李普曼：《公众舆论》，阎克文、江红译，上海人民出版社 2006 年版，第 280 页。

领域的必要性和危险往往是虚构出来，而专家的任务就是运用科学以驱除象征的话，那么统治者究竟应该在什么时候求助于专家、什么时候运用象征？又该在多大程度上运用象征？如果李普曼要使词汇都退回到只代表一个特定的对象，那又为什么肯定象征使用的合理性呢？

这些矛盾的想法不仅久久困惑了李普曼本人，以至于当他写《公众舆论》的结尾时几易其稿；而且毫无疑问，他在书中呈现出的这些游移和矛盾的论述也使读者感到困惑，继而引发了大量争论和对他的误读。正如斯蒂尔（Ronald Steel）所指出的，"战争结束后的头几年，李普曼在一种挥之不去的浪漫理想主义和一种与日俱增的理智上的超脱之间摇摆不定"。[1] 他既已戳破了关于民主政治问题的种种幻象，对公众的理性报以最大程度的怀疑，却仍不放弃浪漫主义的理想，徒劳地希望恢复政治生活的理性。这使得《公众舆论》成为一个奇怪甚至可笑的矛盾体。到写作《幻影公众》时，李普曼终于解决了这个矛盾，选择对舆论加以全面的管理，对大众施以各种各样的约束。然而这种过分悲观的态度又使他堕入虚无主义的深渊，看起来似乎走向了民主的反面。

梳理美国传播研究的源起时，李普曼是一位绕不过去的重要人物。然而对于这么一位重要人物以及他的著作，学界在长久以来的争论中始终存在诸多误解。虽然其思想从未被学界忽略，反过来却是被不断提及，并在传播学研究的宏大叙事中给予了一席之地；但因存在于其周围的种种争论，李普曼在某种意义上也成为学术史中从未被说清的一个"灰色地带"。重读李普曼，理清这段被误读的历史，不仅对重新梳理20世纪20年代美国传播学思想史有着重要意义，而且对深入挖掘他的丰富思想、关照当下的传播研究同样具有启发作用。

---

〔1〕 〔美〕罗纳德·斯蒂尔：《李普曼传》，于滨等译，中信出版社2008年版，第163页。

社会如何是可能的

——论库利的想象性交往

陆伟晶 *

柯林斯和马科夫斯基的《发现社会》中，齐美尔、库利、米德被归入了同一章节，章节名为"发现不可见世界"。三人不约而同地回答了同一个问题：社会如何是可能的？

齐美尔其提出的社会可能的三个先验条件以及米德体系严密的符号互动论都影响深远。相形之下，库利的"想象性交往"并没有得到充分的理解和欣赏，其思想中被广泛传播的集中于"镜中我""初级群体""有机论"这些概念。但其实，"想象性交往"——这个贯穿其社会学三部曲的关键词更富想象力和生命力。以此来回答上述问题，一言以蔽之：社会建立在个体彼此间的想象性交往中，存在于彼此观念间的联系中。

库利没有对"想象性交往"做出严密的理论建构，其更常用的语词是"想象"，散见在他的著作和笔记中。他对"想象性交往"的论述主要集中在他的第一部著作《人类本性与社会秩序》中。

库利在此书开篇就提到，人的社会生命起源于与他人的交流。人的生命有两条传递线，以遗传为中心的动物传递和以交流为中心的社会传递。二者相辅相成，产生真正意义上的人。这种交流正是以"想象"的形式展开的。

* 陆伟晶，南京师范大学新闻与传播学院 2016 级硕士研究生。

他通过观察儿童的社会交往，发现了想象性对话的普遍性。这种对话贯穿我们的一生，只是到了成年，对话的形式变得模糊，发展成更完满和更通于世故的思考，但其本质还是交流。因此，我们的意识处于永久的对话中。

在这种对话中，他人的表情、姿态、声音等可感特征刺激我们的想象，形成对他人的思想、情感和观念，并进而影响我们的行为；同时，他人也在形成对你的观念，从而作用于他的行为，互动交流由此产生。因此，社会存在于交流也就是传播的过程中。

通过对库利的想象性交往的阐释，可以归纳出两个基本命题[1]：自我与社会的有机统一；作为一种精神现象的社会。个体的情感、思想、观念都与他人相联系，都具有社会性。正是通过想象别人，个体的人格才得以形成。意识形式的丰富和完善都是在交流中进行的。由此，社会与个人不过是同一事物的集体方面和个体方面。同时，对自我和他人的把握都通过想象成为可能，个人和社会也因此主要作为精神现象而存在。

库利后续的两部作品《社会组织》《社会过程》不过是在阐释"扩大后的想象性交往"，由自我到初级群体到社会组织，从自我的社会交往到竞争、敌对、冲突等社会过程中，想象性交往无处不在。由此，库利全面、仔细地阐释了"传播"在社会发展中发挥的巨大作用和影响，奠定了其作为传播学研究先驱的地位。

一、想象性交往的理论阐释

库利关于想象性交往的命题有很多经典的阐述：人们彼此之间的想象是社会的固有的事实；社会在它最现实的方面，是人的观念之间的联系；真正的社会存在是人的观念；真实的人和想象中的人没有区别。[2] 这些是库利思想中的精华，也是其理论的基点。在这样的理论基础上，我们来详

---

〔1〕 切特罗姆在《传播媒介与美国人的思想——从莫尔斯到麦克卢汉》一书中将库利的著作归纳为三个命题：自我与社会的有机统一，作为一种精神现象的社会，以及"基本团体"学说。《人类本性与社会秩序》一书主要阐释了前两个命题。

〔2〕 ［美］查尔斯·霍顿·库利：《人类本性与社会秩序》，包凡一、王源译，华夏出版社1999年版，第69—87页。

细梳理他是如何从个体入手,回答"社会如何是可能的"。可分为以下四个环节:

第一,社会存在于现实的互动交流中,交流来自于个体对自我和对他人的把握。

第二,对自我和他人的把握来源于对自我和他人的观念,而自我的观念来源于我对他人眼中的我的想象,对他人的观念来自我的想象。

第三,想象来源于人类本性中的同情和理解能力。

第四,同情的能力在初级群体中得到培育,并随着个体进入更大的群体得以扩展。

(一)对自我的认知

库利借鉴了威廉·詹姆斯的观点,将我放在日常的思想和谈话中来讨论其意义,即社会的自我。库利观察到,这个最初的观念很少指向身体,而更多地指向"我的感觉"。他将这种社会自我称为"镜中我"(looking - glass self):"人们彼此都是一面镜子,映照着对方。"[1] 即我是按照我认为你怎样想我的方式来感觉自身的。这个过程包括三个层面:其一,我们想象在他人眼中自己的形象;其二,我们想象他人对这一形象的评判;其三,我们体验到某种诸如骄傲或耻辱的自我感觉。因此,他人对自己的评价、态度等,是反映自我的一面"镜子",个人通过这面"镜子"认识和把握自己,他人也通过这面镜子来调整自身的行为,由此形成了社会互动,社会也得以形成。

这个过程体现了自我的社会性,将自我与他人的想法联系在一起。库利还提到了群体自我,正如个人的自我只有在与其他个人的关系中才能被感觉到,群体自我(如民族自我)只有在与更大的社会发生联系时才能感觉到。

这个过程中最重要的是第二层面:对他人对我们形象的判断的想象。库利曾坦言:"用镜子比喻几乎没有显示出第二种成分。"[2] "镜中我"的

---

〔1〕〔美〕查尔斯·霍顿·库利:《人类本性与社会秩序》,包凡一、王源译,华夏出版社1999年版,第131页。

〔2〕〔美〕查尔斯·霍顿·库利:《人类本性与社会秩序》,包凡一、王源译,华夏出版社1999年版,第131页。

生成并非是自动和顺畅的。换言之，并非每个个体天生具备这种想象他人的评判的能力，这种想象能力的高低也是因人而异的。对于这种能力，库利称之为同情或理解。无论是形成对于他人的观念，还是对于自我的观念，都需要具备这种同情的能力。

（二）对他人的观念

"自我"存在于对他人观念的想象中，而他人存在于我的想象中。无论是认识新的人还是回忆已结识的人，我们的认知途径都离不开想象。这种想象建立在遗传本能和经验基础上。我们对他人的观念毫无疑问地带有面貌、声音等的感觉印象。我们意识中最早的关于他人的概念正是依赖这些形象建立起来的；这些形象永远成了我们大多数人把握他人的工具。

库利用观念灯墙来比喻对他人的想象。每提到一个人，观念灯墙中亮起的灯越多，对他的把握就越完备。库利提出，他人的形象是我们进入别人的意识并由此丰富自己意识的桥梁，仅起到媒介的作用，并不是真正意义上的客观存在。对他人的观念在于把他们作为想象中的事实去观察。如果一个有肉体存在的人不被想象，即没有社会性的真实。人是一回事，而关于他的观念是另一回事，但后者才是真实的存在。

（三）同情的能力

同情是"进入他人的意识和共有他人的意识的能力"，是个"积极的意识的同化过程"[1]。与"怜悯"意义上的同情不同，"理解"意义上的同情是个中性词，不带有任何感情色彩，在敌视和友善的情感状态下都可能产生同情。例如，我可以想象一个忍受着痛苦的人的感觉——在这个意义上同情他——但我可以不去可怜他，而是厌恶他、蔑视他或者崇敬他。而怜悯，这种往往导致友善行为的有益和善良的感情，有时却因陷入廉价和暴力中而缺乏真正的同情。

在交流意义上的同情绝非一件简单的事。例如，看到一个人手指被扎疼就回忆起自己手指被扎疼的感觉或者想象自己手指被扎疼的感觉。但前提是和这个人有联系。对于一个完全的陌生人是很困难的；而如果是对自

---

〔1〕〔美〕查尔斯·霍顿·库利：《人类本性与社会秩序》，包凡一、王源译，华夏出版社1999年版，第97—98页。

己的孩子，则再容易不过了。通过"同情"这个过程，个体纯粹的感觉或原始的情感能够升华为一种感情。上述看到自己孩子的手指被扎疼，唤起的是浓烈的父爱或母爱。

除了想象，同情还需要智力的参与。从社会学的观点看，精神错乱的实质是在人们大体一致的事情上不能和其他人进行交流，弱智则被概括为对较为复杂的同情完全不能领会。

同情无处不在。与一位朋友、一位上司、一个反对者接触或者读一本书，都是一种同情的行为，而社会正是由这样一些行动的总和构成。一个人的同情作为一个整体反映了他面临的社会秩序。他作为一个成员并有效地参与活动的任何一个组织都必定在他的同情之中，所以他的意识是他真正从属的社会的那一部分的缩影。

库利认为，一个人的同情能力是对他的个性、能力、道德水平及心智状态的综合衡量，表现他作为一个人的内涵到底有多大。他揭示出了权威和领导的实质："一个理解我们的思考方式并且有确定的个性和目标的人肯定能对我们施加影响……因为他理解我们，他就能用语言、眼光或者其他特征联系起我们共同的感情或观念，使我们也能理解他。"[1]

（四）同情心来自初级群体的培育

同情心作为一种普遍的人性，与其他情感一样是在社会交往中逐渐产生的。库利认为，"在初级群体中，人性逐渐产生。人性不是生来就有的，人只有通过交往才能得到人性，而人性又可以在孤立中失去。"[2] 初级群体是培育人类同情心的原地。在这些群体中，人们为了整体的最大利益可以放弃个人利益，并且用同情心和情感这条纽带彼此联系在一起。因此，在谈及民族自我时，库利说："民族自我，实际上是所有的群体自我，只有在与更大的社会发生联系时才能感觉到，这正如个人的自我只有在与其他个

---

〔1〕［美］查尔斯·霍顿·库利：《人类本性与社会秩序》，包凡一、王源译，华夏出版社1999年版，第101页。

〔2〕［美］刘易斯·A. 科瑟：《社会学思想名家》，石人译，中国社会科学出版社1990年版，第340页。

人的关系中才能被感觉到。"[1]

库利的社会哲学正是以这样一种思想为基础的，即人的发展包含着人的同情心的不断发展，因而初级群体的观念会从家庭传播到区域共同体、国家和世界共同体。正如菲利普·里夫所说的，库利的观点的确是一个"小城镇人性的理论"。[2] 米德认为，库利的社会观念正是对他所隶属的美国共同体的写照，而且这个共同体被假定为具有健康的正常的发展历程。

由此，库利完成了"想象性交往"的逻辑建构。社会建立在个体彼此间的互动交往中，这其中的每个环节都离不开想象。通过想象性对话，个体获得对自我和他人的观念，并及时作出反应，调整自身行为。正如库利所言："我们的意识不是隐居者的草棚，而是待客和交际的客厅。"[3] 意识在交流中获得生命。

二、想象性交往的思想渊源

（一）学术背景

1. 爱默生、歌德和达尔文的影响

库利的早期灵感来自爱默生、歌德和达尔文。爱默生强调人的价值，他的人类本位哲学和先验唯心论，始终对库利有巨大影响。库利从歌德那里吸取了有机整体和生命统一的观点，并视他为理想的科学家。库利深入研读过达尔文的著作，很快成为一名进化论者，其对个体间相互联系的重视以及"社会与个体是一体两面"的观点即建立在社会有机体论的基础上。但他对斯宾塞却缺少热忱，对其教条式的类比推理充满反感：社会是个有机体，由具备独特功能的不同成员组成。这种观点倾向于将个体比作砖块，而社会就是一堵墙。社会和个体由此都丧失了个性。他写道，"斯宾塞使用的术语在我看来，仅仅具备生理学的意义，而用来描绘意识的、社会的或

---

〔1〕［美］查尔斯·霍顿·库利：《人类本性与社会秩序》，包凡一、王源译，华夏出版社1999年版，第149页。

〔2〕［美］刘易斯·A. 科瑟：《社会学思想名家》，石人译，中国社会科学出版社1990年版，第340页。

〔3〕［美］查尔斯·霍顿·库利：《人类本性与社会秩序》，包凡一、王源译，华夏出版社1999年版，第70页。

道德现象则行不通。问题在于，在他的思想体系中，生命的生理意义被扩大了，成为研究的主要对象"[1]。

他更倾向于另一名有机体论社会学家、德国的阿尔伯特·舍夫勒的观点：一个社会的成员相互联系起来的有机结合实质上是精神作用。这种有机结合的方式来源于想象性交往，即人与人之间的彼此想象是真实的存在。

此外，有学者评价，"社会学家给予库利的影响远不如历史学家、心理学家、哲学家和文学家给予库利的影响深刻"[2]。这一点从他的作品风格可以得到印证，毫无理论的艰涩和生硬，优美流畅，充满着生命力和乐趣。

2. 对威廉·詹姆斯的继承发展

从美国心理学家威廉·詹姆斯那里，库利吸取了他关于心理实质和自我实质的观点。詹姆斯反对当时德国心理学所推崇的原子论。他认为，社会的个体并非相互排斥而是在很大程度上具备相同特点。当库利写道："正是通过与他人相互交往我们才丰富了我们的内在经验"，[3] 他是直接步詹姆斯后尘的。此外，通过建立自我的社会性，即将自我与其他人的想法联系在一起，库利扩展了詹姆斯对心理学的定义，将心理学作为研究意识状态的一门学科。

3. 芝加哥学派的影响

库利并未在芝加哥大学待过，却被归入芝加哥学派中，成为其重要的奠基人，这源于库利的思想与杜威、米德有着密切联系。

杜威、米德都出自密歇根大学。1893—1894 年，库利在密歇根大学辅修社会学时还选过杜威的一门政治哲学课。他们还都是当时密歇根大学一个俱乐部（Samovar Club）的成员，并一直保持着思想上的密切交流。杜威关于传播的经典之谈——"社会不仅通过传播存在，而且存在于传播中"与库利关于交流的观点一脉相承。库利的交流观回应了杜威思想中的某一

---

〔1〕［美］查尔斯·霍顿·库利：《人类本性与社会秩序》，包凡一、王源译，华夏出版社 1999 年版，第 87 页。

〔2〕［美］刘易斯·A. 科瑟：《社会学思想名家》，石人译，中国社会科学出版社 1990 年版，第 354 页。

〔3〕［美］兰德尔·柯林斯、迈克尔·马科夫斯基：《发现社会》，李霞译，商务印书馆 2014 年版，第 260 页。

个面向，就是"人的问题"，人的交流的意义何在？杜威从民主的角度，库利更多地从个体的人性的角度得出，交流使得人性更完备。库利从微观层面上探求杜威的宏观旨趣，同时使得杜威的一些论述在学理上得到支撑。

（二）注重内省和沉思

库利从个体间想象性交往的角度研究传播，很重要的因素是他从小养成了内省和沉思的习惯。库利 1864 年出生于美国密歇根州安阿伯小镇的一个富裕家庭，青少年时期体弱多病，患有口吃，性格腼腆孤僻。"父亲在现实生活中树立的为成就而奋斗的形象，儿子只敢在想象中仿效。库利喜欢骑马奔驰、爱好雕刻及木工似乎都可解释为是一种典型的阿德勒式的企图，以补偿体力的衰弱和社交的无能。"[1]

他不善交游，是个地地道道的知识的隐居者。博士毕业后，他就一直留在密歇根大学任教，学术生涯顺风顺水。母校为他营造了一个安宁的学术环境，贤惠能干的妻子让他免受世俗凡务的侵扰。安宁、沉思式的生活帮助他深入微观层面，思考人类传播的普遍问题。他在家中观察三个孩子的日常行为举止，研究他们的想象性交往，并坚持做笔记。他的著述基本都来自他长期积累的笔记。他一生很少离开出生地，终身信奉着"歌德所说的愉快就在你自己的心中"的原则。[2]

（三）"大社会"的时代背景

库利在 20 世纪前后倾力研究人际互动也是对现实的回应，一定程度上反映了他对美国未来社会发展的隐忧。对此，詹姆斯·凯瑞以非常形象的语调评述道："19 世纪 90 年代似乎是这样一个关口，人们突然脱离过去，脱离了他们魂魄所系的生活老路，他们急于创造，却不知方向所在，也不知道前路如何。"[3] 凯瑞认为库利正是在这一关键时刻创立了自己的社会学理论以及传播学思想。库利的研究试图回答这样一个问题：当一个建立在家庭、邻里、社区基础上的传统社会正在被一个大型都市化和工业化社会所取代的时候，社会秩序将以怎样的方式构成？他希望借助于大众传播，

〔1〕 〔美〕刘易斯·A. 科瑟：《社会学思想名家》，石人译，中国社会科学出版社 1990 年版，第 346 页。

〔2〕 殷晓蓉：《库利：生性腼腆的传播思想家》，载《今传媒》2008 年第 1 期。

〔3〕 柯泽：《库利的传播学研究及其思想价值》，载《新闻爱好者》2014 年第 5 期。

使工业化社会能恢复此前社区那种良好的关系。"新的传播意味着自由、远见和无穷的可能。社会组织的机械和专制形式消减，随之兴起的是更加人性的社会样式。总之，社会的组织越来越依赖于更高的才能、知识和同情而不是权威、身份和惯例有了可能。这是库利的预见。"[1]

三、理论争议

库利一再声称，人们之间的想象是可靠的社会现实，此举遭到了许多研究者的误解甚至批评。库利的学说被许多人说成是超验论，彼德斯干脆说库利是一位唯心主义者，"库利拒绝斯宾塞和赫胥黎的唯物主义，他把社会化为一个布满哈哈镜的大厅，或者把社会化为一个没有肉体流动的符号场所"[2]，米德也曾"指责库利将社会置于意识当中，而不是置于心理经验所由产生的社会世界当中"[3]。

然而，这一切指责并非公正，库利所言人们之间的"想象"并没有脱离其心理学上的本义：人在头脑里对已储存的表象进行加工改造形成新形象的心理过程。这种"已存储的表象"正是来源于外部存在。

库利谈到，作为思想和生活的一半的假想的对话者是从实际环境中选取的。在形成对他人的观念时，可感的外表的重要性主要在于刺激我们去想象。我们的感情和想象大多数是在交流中产生的，最初必然联系着人的形象；否则除了我们的语言形式外，不可能有独立的存在。

对此，柯林斯和马科夫斯基在《发现社会》作出了中肯的评价："库利主要是依据他个人的观察能力，通过他特定的视点而提出他关于社会的想象性构建之洞见，因此，客观的社会科学家无法在经验上对他的结论进行检验……不管怎样，库利开创了将自我置于意识中而非置于行动中的先河，从而在精神上卸下实证主义的包袱。对于他来说，方法论上的精确远不如

---

〔1〕 黄旦：《美国早期的传播思想及其流变——从芝加哥学派到大众传播研究的确立》，载《新闻与传播研究》2005 年第 1 期。

〔2〕 柯泽：《库利的传播学研究及其思想价值》，载《新闻爱好者》2014 年第 5 期。

〔3〕 ［美］兰德尔·柯林斯、迈克尔·马科夫斯基：《发现社会》，李霞译，商务印书馆 2014 年版，第 264 页。

理解的宽广重要。"[1]

切特罗姆也作出了肯定：库利是第一个为解释传播媒介如何改变行为和文化做出了成功尝试的人，也是第一个为探索复杂的人际关系而付出辛勤努力的人。[2]

四、结语

回到文章开头，库利在回答"社会如何是可能的"这个问题时，也是在回答"自我如何是可能的"。库利通过自己对日常生活的观察和反省发现了一个不可知的世界。通过研究儿童的社会交往，发现想象不是偶尔为之的练习，而是思想的必要形式。这种用想象来弥补的交往，是一种对世界的理解，也是真正的同情的起点。交流欲是人的本性之一，无论是面对面的直接接触还是想象性交往，我们的意识都处于永久的对话中。而他的初级群体和次级群体理论是"镜中我"在具体社会关系中的放大版和升级版，是在具体的家庭环境、社区关系中研究了人与人之间如何互动、自我人格如何在具体的社会关系中生成。

由此，库利第一次明确阐释了传播对于个体成长和社会发展的重要性。"正是通过传播，个体得以获得更大的发展。与伙伴的谈话、书籍、信件、旅行、艺术等等（传播的形式）唤醒我们的情感和思想，引导它们在特定的轨道里发展，为个体的成长提供刺激和框架……传播改变了每个个体和组织……传播革命为我们创造了一个新世界。"[3] 传播技术的发展可以带来思想的自由表达，有助于民主共同体的建立。从这一点来看，库利先于因尼斯以及麦克卢汉，开启了传播技术主义的思想源头。

毋庸置疑，与"镜中我""初级群体"这些概念相比，"想象性交往"的抽象程度更高。它从整体上解释了社会互动的机制。学界对此概念的忽视主要源于库利并未将其单独成书，而"镜中我""初级群体"则由于重点

---

〔1〕〔美〕兰德尔·柯林斯、迈克尔·马科夫斯基：《发现社会》，李霞译，商务印书馆2014年版，第264页。

〔2〕〔美〕丹尼尔·杰·切特罗姆：《传播媒介与美国人的思想——从莫尔斯到麦克卢汉》，曹静生、黄艾禾译，中国广播电视出版社1991年版，第110页。

〔3〕 Charles Horton Cooley, *Social Organization*, 中国传媒大学出版社2013年版，第50—51页。

论述获得了广泛的名声。

另外，与其他三位芝加哥学派的奠基人相比，库利及其学说受到的关注还是比较低的，这与他不喜社交、恬静平淡的一生是紧密相连的。他谢绝了当时如日中天的哥伦比亚大学的邀请，留守在密歇根。凯瑞曾说，"如果库利接受了这一邀请，他极有可能成为美国领先的传播学经验学派研究领袖。"[1]库利在想象性交往建构的"镜中我"直接启发了米德的符号互动论，至今影响广泛。其初级群体的概念对于后来的小群体研究也有重要贡献。有学者这样评价："库利的具有朴实和谦逊特点的著作，现在被证明，对于未来的社会学发展有着至为深远的影响……它们经受住考验被留存下来，而另外一些社会学前辈筑起的庞大的拜占庭式建筑，今天不过是景色别致的一片废墟。"[2]甚为精当。

想象，作为一个普通的心理学意义上的术语，与"交往"结合后，在新的语境中焕发出卓越的生命力。与此类似的很多，如凝视与权力。尽管限于各种因素被埋没，想象性交往的学术空间还有待进一步发掘。

---

〔1〕 柯泽：《库利的传播学研究及其思想价值》，载《新闻爱好者》2014年第5期。

〔2〕 ［美］刘易斯·A.科瑟：《社会学思想名家》，石人译，中国社会科学出版社1990年版，第366页。

新媒体视域下的乌合之众

——读勒庞《乌合之众——大众心理研究》

余晓丹[*]

一、勒庞笔下的"乌合之众"

古斯塔夫·勒庞是法国著名的社会心理学家，他所处的年代正好是全世界动荡不安的年代，各种新事物层出不穷，国际强权的出现，造成了传统制度的不断衰弱，民主的崛起让群体的声音逐渐压过群主强权，"官僚体制不能再对民众的声音充耳不闻，精英阶层也得经常以民众的代表自居"[1]。群体的声音越来越大，民众对历史发展、社会进步所起的作用越来越重要。但是，比较吊诡的是：一旦民众聚集成群体，他们将会失去理性和判断推理能力，行为完全被无意识所操控，产生异于一般性群体的强大破坏力，成为勒庞所说的毫无理性的一盘散沙式的存在——乌合之众。

（一）群体的特征

1. 群体的力量意识

群体的数量是巨大的，群体聚集在一起，可以产生超强的破坏力。随着群体中人数的不断增多，其破坏力也呈现上升的趋势。勒庞所谓的乌合之众，指的是具有一致心理特征的个体所形成的

---

* 余晓丹，西北政法大学新闻传播学院 2016 级硕士研究生。

〔1〕 〔法〕古斯塔夫·勒尼:《乌合之众——大众心理研究》，冯克利译，中央翻译出版社 2004 年版，第 18 页。

心理群体。这些心理群体不一定要求地理位置上的聚集，只要满足这个群体里的个体具有精神统一的心理法则，就能够形成勒庞所谓的心理群体。有一致心理基础的个体在相同的刺激下产生了共同的情感倾向；人数上的优势让群体中的个人在心理上有种"法不责众"的安全感；众多的个体淹没在人群中，所以很难辨别出每个人的身份、职责；网络的匿名性特征让处于群体中的个人摆脱了日常生活的责任，潜藏在人们体内的原始人类的本能欲望被释放，个人在群体当中失去了自控能力，变得异常的肆无忌惮。2009 年乌鲁木齐发生的"7·5"事件，几百号人聚集在一起，刚开始只是高喊口号，随着人数的增多，群体力量带来的优势让其开始出现打砸抢烧行为，群体中个人的情感被激发，态度和行为开始趋向极端化，殴打、伤害路人，日常的行为规范瞬间消失，个人成了世界的主宰。

2. 传染性和暗示性

群体中的个人很容易进入一种特殊的状态，这种特殊状态下的个人好像被催眠了一样，大脑不再受到控制，而是在无意识的支配下，随着周围环境的变化而不断发生改变，个人仿佛进入了一个迷幻的状态，任由群体支配自己的身体。在这种状态下的个人很容易受到旁边人的暗示，一旦群体中有一个人产生了某种观念，立马就会被放大，然后在传染的作用下被周围的其他个人所接受，从而这个观念就会占据整个群体其他人的大脑，理性在此刻完全没有作用，群体的力量推动了共同情感的生成，占领群体头脑的念头最终会转变成行动。

日本核泄漏之后在中国沿海地区发生的"抢盐风波"就是群体中传染、暗示形成并发生作用的一个很好的代表。事件的开始只是一个网友在 QQ 群里发了一条关于核泄漏对食用盐有辐射的信息，这条信息并非出自专家之手，也并无任何权威证据证明其真实性，一个没有任何证据的论断，让众多网民深信不疑并采取行动，引发了一场全国风波。同时，网络平台上信息传播的速度之快、范围之广，再加上不断地重复传播，在网民之间形成"事实"，传播功能被启动，恐慌在民众之间蔓延开来，线上的恐慌又导致了网民的线下行动。一时间大家争相购买食盐，导致了后来的食盐供应短暂的短缺。这个事件起初就是因为一个未经证实的"辐射性食盐"的概念进入人的头脑，在这种刺激性信息的作用下，人们的理性消失了，大脑完全被脊髓神经所支配，人们的推理判断能力全都消失，在网络的迅速传播的作用下，信息在人群中流传，期间也许会有人对"核辐射食盐"产生怀疑，但是，群体的强大力量以及自己对群体的信任很快打消了他的这种疑虑。

传染和暗示在群体里的表现在演唱会现场更为明显，在明星的带领下，伴随着现场活跃的气氛、周围人的亢奋、呐喊，身在其中的个人也不自觉地跟随着现场的节奏而激动欢呼。

3. 无理性的群体

（1）灌输的观念。

观念是很难在群体心灵中建立起来的，但是一旦建立，将会产生强大的力量。观念分为两类：一类属于受一时的环境影响，偶尔且短暂出现的观念，另一类属于基本观念，环境、遗传、舆论赋予其极强的稳定性，如宗教观念。当今世界上，传统性的基本观念正摇摇欲坠，逐渐失去其稳定性，而那些短暂出现的观念却层出不穷，这也导致了人们对一个事件总是会表现出多变的态度。自媒体时代的网民更是多变，大量的信息不断刺激着群体，"个人按照他所受到的刺激来决定自己的行动"。刺激的因素是多种多样的，这使得网民跟着刺激的变化不断改变自己的行为。虽然网民"围绕着各自的利益和立场展开'战斗'，但前一秒还是'仇人'，下一秒就可能因为同一部电视剧而产生共鸣"[1]。

观念对群体产生影响需要一定的技巧，这些观念需要有坚决而简明的外在形式，"唯其如此，它们才能对群体产生支配作用。因此，它们都会以形象化的方式出现，只有在这种形式下，大众才会接受它们"。"这些形象化的观念之间并不以任何相似性或连续性的逻辑关系彼此连接，而是可以互相替代。"互相替代的观念代替了群体个人的思考和推理能力，不知不觉中个人失去了辨别真伪的能力，随着大众的呼声采取行动，甚至充当了缺乏理性的"刽子手"。

（2）群体的理性。

如果说群体是有理性的，那么他们的理性也是处于低级层次的，他们

---

〔1〕　聂妍：《从网络群体事件看现代媒介环境下的"乌合之众"——以勒庞的〈乌合之众——大众心理研究〉为视角》，载《新闻研究专刊》2016 年第 8 期。

只会把表面有关联的事物联系在一起，而不能进行深层次的推理。更别说是辨别真伪了。少数人也许在刚进入群体时依旧保持着自己的推理判断能力，但是，他们无法抵抗大多数人的意见，在伊丽莎白·诺依曼所说的"沉默的螺旋"的作用下，逐渐沦为无意识群体中的一员，接受着群体强加的判断。

（3）群体的想象力。

群体拥有强大的想象力。群体的想象力很容易被模糊而形象化的词语所激发。那些形象化的词语通过合理运用词语和套话来实现其目的。这些词语、套话的含义大多数是模糊而不确定的，通过这些模糊而不确定的词语将一个又一个毫无逻辑联系的影响联系在一起，利用人们对这些词语和套话中包含的憧憬和期待，唤起群体心中崇高而模糊的形象，从而增长了这些词语套话的神秘感。

（4）群体的服从欲望。

一个群体一旦形成，随即便会出现一个指引群体的意见领袖。没有领袖的群体是不可能长久存在的。群体中的个体有着天生的原始存在的奴性，那是一种与生俱来的服从欲望。

勒庞认为："只要有一些生物聚集在一起，不管是动物还是人，都会本能地让自己处于一个头领的统治下。"也就是说，这种特征导致群体中的个人总是倾向于服从别人。人类千百年来的世袭制又加重了群体的这一特征，群体总是对强权表现出俯首称臣，任何仁慈都不能打动他们，他们渴望改变，他们依靠群里的巨大力量来制造混乱，但是对混乱之后的状态又无所适从、不知所措。他们急切地需要有个领袖来指引他们的方向，从而带给他们心理上的安全感。从另一方面说，群体的无理性、无意识也决定了其无法适应改变带来的混乱状态。网络时代的开放性使群体性事件更容易发生。当一个事件成为热点后，人们往往会努力寻找意见领袖来支撑自己的意见，从而给自己带来心理上的安慰，让自己的反驳更具力量。

药家鑫案发生后，网络上面纷纷就药家鑫案展开讨论，高晓松作为一名专业的音乐人自然拥有大量的受众，其在网络上的影响力也是毋庸置疑的，当他开口称"药家鑫应该偿命"的时候，网友们像是找到了支撑自己观点的论据一样为高晓松叫好，转而利用高晓松的观点进一步推动了舆论

"药家鑫该偿命"的结局，讨伐药家鑫的声音更加强烈了。

4. 群体的道德

网络群体性在道德方面表现出一种极端化倾向。一方面，网络群体是极道德的，群体中的个人可以为了一个共同的崇高理想而抛弃自己的利益做出大公无私、集体利益至上的壮举。如以"自由""民主""爱国""人权"为目标向群体发出号召，从而产生群体愿意为之慷慨献身的举动。另一方面，在网络中，人数上的优势使群体产生"法不责众"的心理，"群体的无意识使他们的是非善恶判断标准通常是非黑即白的'二元论'，真理和谬误更加分明"[1]。由于对群体力量的信任以及上帝视角的俯视心理，群体中的每个人都成了道德家，他们经常下意识地忽略事件的本质，而是站在道德的制高点批驳某些行为或现象。今天的网络群体和勒庞所处时代的群体相比有了新的特征，"大量的论坛出现不同观点的激烈辩论，即便是孤军奋斗的网民也可以毫不退让，标新立异的网络舆论激发了个体的批判能力。"[2] 贴标签成了他们判断是非的最直接方法。人们的情绪一直被不断变换的标签牵着鼻子走，人们不再探究事实和过程。这不仅对无辜的当事人造成了伤害，同时也很容易导致"舆论反转"现象的出现。

2011年微博上疯狂转发的"五道杠少年"突然走红，一系列的嬉笑怒骂遍布各个社交平台，人们在消费着这个年仅13岁的孩子。然而并没有人意识到这对一个未成年人是多么大的伤害。虚拟的平台使人们对自己认准的靶子不断狂轰滥炸，道德成了伪道德，正义成了伪正义，在网民们看来是对真理的捍卫，却不知不觉中伤害了很多人。

二、网络环境下的"乌合之众"

（一）"乌合之众"的形成土壤

第39次《中国互联网发展状况统计报告》显示，截至2016年12月，".cn"注册保有量超过2000万，居全球国家域名第一，中国网民规模达

---

〔1〕 张婵：《微博与"乌合之众"——运用勒庞"乌合之众"群体心理学分析微博平台上的信息传播》，载《社会研究》2017年第7期。

〔2〕 刘朋：《网络政治舆论主题的特征：乌合之众的反版》，载《现代传播》2010年第11期。

7.31 亿，相当于欧洲人口总量，互联网普及率达 53.2%，其中，手机网民规模达 6.95 亿，占比达 95.1%，增速连续三年超过 10%。[1] 由这些数据可以看出中国网民数量之庞大，手机用户的广泛参与度给了网民参与公共话语更多的发声渠道，人们可以公开地、广泛地就同一事件发表看法，意见表达的自由使网民很容易就某一观点达成一致，形成勒庞所说的心理群体。参与人数的巨大又给网民以人多势众之感，网络的匿名化让网民脱下了日常生活的面具，摆脱了现实社会的责任，随意地发表看法。在传染和暗示的作用下，某一观念得到大家的认可，从而形成了一个新的网络热点事件。

"媒介即信息"是麦克卢汉提出的观点。网络的出现再次印证了这个观点。网络的出现给人们的生活带来了新的变革，网络的出现不仅拉近了人与人之间的距离，同时也使得人们享有越来越多的话语权，这给网络事件的形成提供了可能的基础。

"媒介是人体的一种延伸"，网络使人们的视觉和听觉得到了延伸。海量的信息使人们应接不暇，人们进入了一个信息泛滥的时代。一方面，人们为了尽可能多地了解信息，不得不对所接触的信息进行浅阅读。阅读的表面化很容易让人们被表象的事物所迷惑，产生错误的判断。另一方面，海量的信息使人们更多地把注意力放在了自己感兴趣的事物上，而那些越是能够刺激人们眼球、越是能够迎合观众喜好的娱乐节目往往越能够成为人们关注的焦点。人们在娱乐的世界里慢慢被娱乐信息所麻痹，逐渐丧失了推理和判断能力。这就不可避免地导致了一系列网络事件的发生。

（二）网络"乌合之众"形成的原因

第 38 次《中国互联网发展状况统计报告》显示，截至 2016 年 6 月，手机网络新闻用户规模为 5.18 亿，用户以 10—39 岁群体为主，占整体的 74.7%，其中微信、社交网站 APP 等新媒体是他们关注信息的主要渠道。搜狐、新浪等自媒体也曾报道说"若想知道中国发生了什么，请上微博"，可见微博等社交媒体已经在人们的日常生活中占据越来越重要的地位。

---

〔1〕 中国互联网信息中心（CNNIC）：《第 39 次中国互联网络发展状况统计报告》，2017 年 1 月 22 日。

1. 网络群体的心理原因

网络的普遍化形成了一个不同于日常生活场域的另一个场域——网络场域，网络用户规模庞大，且主要群体为 10—39 岁年轻群体为主，占整体的 74.7%，可见，年轻群体已经越来越成为网络的主力，推动着网络的发展。网络用户的年轻化使其在复杂多变的网络环境中更容易被不同的观点意见左右，失去机智判断而成为"乌合之众"的一员。这也造成了网络群体的多元化特征。

一方面，年轻化的网络群体缺乏足够的社会经验以及辨别是非的能力，导致其容易被一些虚假信息所迷惑，从而做出错误的判断；另一方面，处于此阶段的个人多半处于人生的上升期，刚刚开始的职场生活难免会遇到种种的不快，不断的碰壁和事业奋斗期的心酸急需一个发泄的渠道，网络给了他们这个渠道，并且，网络的匿名性又放大了他们发泄情绪的渠道。网民的极端化意见表达反过来在共同处境的群体中引发共鸣，从而又强化了群体的极端化情感。

2. 网络群体的解码

"编码—解码"理论是斯图亚特·霍尔提出的概念，他认为，编码者的编码内容并不能完全地被解码者所吸收。"在由网络建构的符号场域中，所有的符号系统都是可以任意修改和解码的，解码一方的权力永远高于编码一方，从而形成了解码霸权，相应地也带来了主体性建构的自由化、任意化和虚拟化，网络在本质上取消了人的主体性建构的历史和文化逻辑。解码方式的极大扩展使处于特定历史文化语境和特定民族国家的人们都可以在这个符号场域中尽情地狂欢。"网络群体的多元化进一步促使了解码方式的差异，从而也增加了信息被接受者完全吸收的难度。另外，信息的繁杂浩瀚滋生了"标题党"。"标题党"往往利用群体容易被简单直接话语蒙蔽的心理而使用一些模糊性强且简短的话，这些话语夸张化地概括了事实本身，利用一些能吸引人眼球的字眼引起人们注意，从而激发群体的想象力，这也促使了网络狂欢现象的出现。

3. 把关人的作用

人人都是把关人，网络的开放性赋予了网民筛选并评论、转发新闻的权利，网民可以根据自己的喜好转发新闻，扩大新闻的传播范围，引起更多人的注意。对于每个人来说，他们既是信息的发出者又是信息的接收者。网民的双重身份，给了他们按照自己的价值观念转发、评论新闻的机会，也推动了舆论在虚拟空间的传播。

意见领袖在现代媒介环境下也起到了一呼百应的作用。一个网络事件要想产生一定的影响力，仅仅靠群众的力量是不够的，还需要有一定有影响力的人物来给某些观念提供力量支撑。这些有影响力的人多为成功人士或者是有很高名望的人，他们的影响力能够让群体更加倾向于对他们专业性的信任以及对于他们影响力的服从。勒庞指出，"群体的轻信、极端与情绪化等弱点，显然既为领袖的品质划定了上限，也给他动员自己的信众提供了许多可乘之机"。意见领袖就是抓住群体的这一特征来提升其影响力的。网络时代的意见领袖多为"网络大V"，这些"大V"往往拥有众多的粉丝量，他的一个意见、一个观点、一句话语很容易被广大的人群所看到，从而使信息能达到迅速传播的效果，强大的粉丝基础也使他们拥有更加强大的影响力。这就导致了这些"大V"在不专业领域所做出的决定有可能影响粉丝的判断力，从而使群体盲目地信任而产生坏的后果。更有甚者也许会出现"大V"因为某些利益而故意做出某种决定、发表某种看法，从而做出操纵粉丝的举动。

自媒体时代群体意见比任何时候都更加多变。一方面，由于外来文化的入侵，传统文化逐渐衰弱；另一方面，传统媒体作为人民大众的传声筒，在市场经济的自由竞争状态下，开始出现一系列为了获取更多利益而迎合观众的倾向；广告主的巨资诱惑，"让媒体为了取悦观众不惜用耸人听闻的字眼引起受众的关注；自媒体报道中个人情绪的加入也导致了宣泄性报道的出现。各种新闻事件背后存在的炒作、策划的阴谋，也造成媒体报道专业度的下降或缺失"。[1]

4. 社会现状的外因影响

中国作为一个开放的国度，自改革开放以来经济就在迅速地发展，再加上政府对于网络平台的支持，我们的日常生活越来越离不开网络，网络推动了社会的快速发展，但是，快速发展的经济又给社会带来了一系列的

---

〔1〕 金晓雪：《乌合之众札记》，载《新闻研究导刊》2016 年第 4 期。

新问题。一方面，社会的快速发展使贫富差距越来越大，这导致处于低社会水平的人们的情感更加极端化，生活的焦虑、工作的压力让人们的情绪无处发泄，管理方强制化和压抑性的管理进一步加剧了人们情感表达的极端化。网络的开放性和包容性给人们情感的发泄提供了一个渠道。网络环境的符号化给了网民随意想象的空间，与权威的对抗和消解成了网民捍卫自己的一种方式，仇富、仇官心理极易被一个普通事情所激怒，从而引发一个热点事件。另一方面，传统文化的熏陶、西方各种理论流派和思潮的冲击，导致了网民网络意识形态与社会价值观的冲突，价值观的不同又引发了一系列网络对战。

5. 网民的道德

群体既是道德的，又是不道德的。群体所表现出的冲动、易变、无理性特征很容易使得群体做出极端的事件。网络时代的人肉搜索就是其代表。黑龙江女子高跟鞋虐猫视频的流传，使虐猫女子遭受人肉搜索，进而影响到其家人，我们暂且不说虐猫事件的好坏，单就给其家人造成的危害就可看出群体造成的危害，其家人的信息被曝光，工作生活也受到了影响；"铜须门"事件中对涉事男主人的人肉搜索影响到其所在学校校长的相关评选资格，最后这名男子不得不出面道歉；"王菲事件"中，网友对王菲个人信息的披露、对其父母的骚扰，甚至是在王家门口墙上刷写、张贴"无良王家""逼死贤妻""血债血偿"等标语，对王菲的个人生活造成了极大的影响，使其社会评价明显降低。这些人肉搜索事件充分体现了网络上的"团结就是力量"，短短几天时间就能找到事件的当事人，网友们的这种侦查能力不得不让人拍手叫好，但是这些行为更多的是给人民群众带来了极大的伤害。这些在网友们看来似乎是正义的行为，往往都是伪正义的，网友们作为公民，言论自由是需要的，但是这种自由的前提是不侵害他人的合法权利。网民总是靠"暴力"树立崇高的道德行为典范，而这样的道德并不是真正的道德，而是极端的网络发泄。而人肉搜索作为一种网络暴力，不但侵害了他人的隐私权，并且也让很多无辜人士失去工作、备受谴责。

"聚集而成的群体并非都是消极的，这取决于群体接收到的暗示的性质"，[1] 积极的暗示能够使群体产生强大的能量，推动社会的进步。2011年中国社科院教授利用微博发出"随手拍解救乞讨儿童"，之后被网友不断点赞、转发，形成强大的舆论影响，并吸引了各界社会名人参与其中，许多慈善机构也积极配合，使许多被拐儿童回到了父母身边。

与此同时，勒庞也强调了群体对个人的道德有一定的教化作用。他表示，无论是多么邪恶的人，只要身处群体当中，周围的环境都可以让他短暂表现出对道德规范的严格遵守。就像是在剧院里坐着看电影的人，你根本看不出有没有坏人存在，即使有，那么他也必须表现出对现场秩序的严格遵守。

(三) 网络集群行为的影响

网络的集群行为不单是网络技术下的产物，集群现象的出现把人们日常生活中的状态通过网络呈现出来，并通过自媒体平台扩大了其影响力。"如果公共观点是在缺少争论的情况下达成一致，与总有不同意见者不断提出改进建议相比，人们就失去了接触不同观点的机会。因此，在封建的社会里，更容易出现普遍的无知。"[2] 网络作为一个平台，无疑给公共话题的讨论提供了可能。

首先，网络集群现象的出现给新时代背景下的民众提供了一个公共讨论的平台，人们可以就一件事情自由地发表看法，一方面能让不同的观点进行碰撞，促进真理的出现；另一方面，开放的平台也激起了民众自发讨论、理性思考以及积极参与公共话语讨论的欲望，挑战了沉默的螺旋理论。

其次，网络的集群行为推动了社会的进步。"集聚而成的群体并非完全是消极的，群体的行为态度取决于受到的暗示的性质"，积极的暗示能够产生积极的影响。线上发帖线下行动，新媒体作为公共舆论平台，在一定程度上推动了线下的社会运动。网络上的言论需要被线下相关部门证实，线下证实的过程使真相一步步浮出水面，对于相关部门也起到了一定的舆论

---

〔1〕 谢琼：《从勒庞的〈乌合之众〉看大众文化》，载《文学教育（硕士论坛）》2012年第12期，第71—32页。

〔2〕 〔美〕第默尔·库兰：《偏好伪装的社会后果》，长春出版社2005年版，第17页。

监督作用。

最后，作为一个开放性的平台，网络也给理性的出现提供了可能。"与2015 年及此前相比，2016 年广大网民在一些热点事件的公共话语方面表现得更为理性。"[1] 随着网络事件的不断出现和舆论反转的频发，网民逐渐意识到了自己的盲目和非理性，网络的发帖、跟帖和评论更加注重事实，讲究说理，情绪极端化的暴力现象大为减少。总体来看，网络思想争论也在越来越趋于理性化。如针对"85 岁老汉无家属一起不让进澡堂"的新闻，网友们没有贴标签式地站在老人这边对商家进行"狂轰滥炸"，而是选择了换位思考，用理性克服冲动。理性在一次次的网络事件中慢慢显现，网络集群行为促进了社会公共空间的建构，不仅更有益于实现社会的公平正义，而且有益于推动社会和政治民主化的进程。

三、《乌合之众》的不足

勒庞的《乌合之众》为我们理解社会理解群体行为开辟了新的视角，它颠覆了我们之前对群体的看法。我们总是认为群体的决定就是正确的、公正的、理性的，可是勒庞却告诉了我们一个相反的观点，正是因为心理群体的形成，才有了没有推理批判能力的乌合之众的出现。勒庞虽然给了我们新的视角，但是他文章中的某些观点还是不够具有信服力。

第一，勒庞对于女性、儿童的歧视心理，反映出了他论证群体无理性的基础的倾斜。

第二，事例缺乏普遍性。他选取的仅仅是处于历史转型期的重大事件，时间的特殊性也使其论点不够具有信服力。

第三，关于其研究方法，文章更多地运用了归纳总结和情感方面的自然推理，缺少严谨、准确的理性推理。受众虽然很容易跟着作者的思绪前进，但很难对深层次的问题进行独立的思考。

第四，对群体行为是完全无意识的论断信服力不足。关于群体所做的决定总是劣于独立个人的说法缺少依据。独立的个人虽然有独立的思考能力，但是不同个体对同一事件所做的决策也是不同的，两个变量是没有可

---

[1] 李艳艳：《2016 年度网络思想状况分析》，载《红旗文稿》2017 年第 2 期。

比性的。

四、结语

学术研究的目的并不仅仅是揭示某种想象，更重要的是发现改变这种现象的力量。网络时代网民的形成除了具有某些先天性因素外，更重要的是技术所带来的改变：西方观念的引进、生活方式的改变、社会制度的影响等都促成了网络群体的形成，怎样更好地应对新时代背景下的变化，是我们需要考虑的问题。我们要以一种积极的态度来应对新特征，以一种乐观的态度面对未知的将来，我们要相信未来不会太差，明天只会更好！

浅析商业精神与美国传播学的形塑

马驰骋[*]

一、引言

"离你最近的地方距离最远，最简单的曲调却需要最刻苦的练习"，若用印度诗人泰戈尔的这首《旅行者的天堂》来形容传播学的发展轨迹是再恰当不过的了。作为一种每时每刻都在发生着的人类行为，传播活动似乎因为太过于司空见惯而被无意识地忽略了，直到 20 世纪 20 年代初才被研究者们系统地列入考察视野，其正统的学科史还不到一个世纪。然而，后生可畏，短短九十多年的学科发展却为人类社会科学的研究提供了不少具有建设性的成果。时至今日，面对着方兴未艾的传播学研究，面对着于大多数国人而言尚处于"幼年阶段"的传播学科体系，追本溯源，探讨其学科发展的历史脉络仿佛更是承担起了去粗取精、去伪存真的历史重任。

毫无疑问，在这一方面的先行者可谓不胜枚举，胡翼青的《传播学科的奠定 1922—1949》、《传播学：学科危机与范式革命》及《再度发言：论芝加哥学派传播思想》，柯泽的《传播研究的社会心理学传统》，宗益祥的《游戏人、Q 方法与传播学》等著作都或多或少地从各种角度阐释、梳理着传播学科的历史。

---

* 马驰骋，西北政法大学新闻传播学院 2016 级硕士研究生。

在学习传播学理论的过程中，我逐渐认识到，中国传播学的学科体系在很大程度上沿袭美国，而在阅读胡翼青《传播学科的奠定 1922—1949》这本著作时，笔者深刻地感受到了商业精神对于美国传播学学科发展的形塑作用之深远，遂将此问题由美国传播学学术史中抽离而出，确定为本文的探讨话题。商业精神缘起何方？对美国社会及美国人的普遍价值认同有着怎样的形塑作用？对传播学学科的发展又有着怎样的形塑作用？体现于何处？凡此种种，笔者都试图在本文中加以分析讨论。

二、商业精神：美国人的三张面孔

（一）大海的馈赠

追根溯源，作为典型的移民国家，美国的商业精神还得从古希腊文明的重商主义开始说起。"历史总生活在地理的夹缝中"，与东方的大平原农业耕作活动不同，受制于多山的地形和大海的波涛，肇始于希腊文明的古代欧洲似乎从一开始就对物物交换的商业活动情有独钟。

不过事实并非如此，古希腊各个城邦实际上并非从一开始就重视商业发展，荷马时代之前的古希腊仍然以农业种植为其最基本的生产方式，那时的农业生产尚能够满足人们的日常需要。"在荷马时代，希腊主要的经济活动是农业和畜牧业。财富几乎全由耕种田地、经营葡萄园和菜园，以及开拓牧场而获得。"[1] 换而言之，那时的古希腊人还是不折不扣的重农主义者。但随着经济的发展和人口的增长，原先的耕种用地已不堪重负，无力抚养数目庞大的城邦后生，于是殖民掠夺由此兴起。"大殖民活动的原因是多方面的，最常见的是由于岛屿众多、山海阻隔、耕地有限、人口增加而耕地不足，希腊人需要到海外拓展生存空间，而解决他们多余人口的办法是到海外夺取农业土地作为殖民地。"[2] 殖民地的开拓为希腊各城邦的农业及手工业生产提供了大量资源，于是，城邦与殖民地、殖民地之间、殖民地与其他地区的各种贸易活动亦因为航海技术的发展而日益兴盛，自此奠定了古希腊重商主义的基础。

---

〔1〕 贺加祥：《试论古希腊的重商主义》，载《学术交流》1995 年第 2 期。
〔2〕 谢振玲：《论自然环境对古希腊文明的影响》，载《黑龙江史志》2010 年第 3 期。

"西方由于普遍缺乏农业长足发展的条件，形成了贸易、掠夺、殖民三位一体的文明发展模式，在打破原始氏族公社制的基础上，建立起西方文明社会所特有的货币经济与私有制相结合的经济基础。"[1] 由此可见，在人口增长的压力下，贫瘠的物质生产无法实现自给自足，这使得商业贸易不仅是一种盈利手段，在很大程度上更是一种谋生本能，甚至可以说，商业活动在一定程度上是古代西方人迫不得已而为之的生存之道。

然而西谚有云：上帝关上了一扇门的同时也会为你打开一扇窗。重商主义的丰硕成果，却使得希腊文明这一后起之秀在人类文明史上后来居上，熠熠生辉。商业精神以及商业活动必然涉及公平的交换，而公平交换得以有效实施的前提则是一定程度上的身份平等，虽然此种平等的层次很低，与今人所强调的公平相距甚远，但这并不妨碍它为古希腊带来了民主政治的曙光。与此同时，商业与殖民活动也让希腊人形成了变动不居、渺渺无限的世界认知观，把他们从家族和血缘中抽离出来，自由意志、领地意识、掠夺意识、契约精神及冒险精神等观念就此萌芽，这种价值观逐渐发展成了孕育欧洲自由主义及殖民地掠夺贸易的温床。"促使希腊人的关系从血缘转向契约的另一个原因是商业发展，贸易的流动性破坏了血缘组织存在所需的长期稳定性。公平交易的基本原则导致了人与人之间的平等，商品生产和贸易同个人的财产私有制同样密不可分。"[2]

（二）上帝的恩准

自哥伦布发现美洲大陆之后，由欧洲向美洲的移民运动就此拉开了历史的帷幕。一艘艘破败的木质帆船承载着沉甸甸的生活理想扬帆起航，穿过北大西洋暖流所形成的白色雾霭绝尘西去，与欧洲大陆渐行渐远，恰似一叶孤舟般航行在大西洋上，或许即便是最为睿智的船长也不曾料到，摇摇欲坠的船舷不仅劈开了四周冰冷的海水，还把一颗颗历史的种子带向了远方。

众所周知，第一批美洲大陆的访客有一个共同的宗教身份——清教徒。他们或由于现实生活的原因，或由于宗教立场的原因而选择跋山涉水，定

〔1〕 汪兵：《论血缘与拟血缘群体共有制》，载《社会科学战线》2003 年第 2 期。
〔2〕 张宏杰：《中国国民性的演变历程》，湖南人民出版社 2013 年版，第 187—188 页。

居并开拓美洲大陆。他们的到来也将从 14 世纪文艺复兴时期就开始萌发于西欧的现代资本主义商业精神带到了美洲大陆。商业贸易不断刺激着经济发展，在此后的数百年里，经历了独立战争、西进运动和南北战争的洗礼，商业活动在全美遍地开花，到 19 世纪末叶，美国的工业生产总值已全面超过英国，跃居世界第一。可以说，美国的国家发展离不开商业活动的兴旺，而其清教徒的宗教背景更成为了商业活动有力的助推器。"可以说，清教伦理形成了美国商业活动最基本的宗旨，成为美国商业启蒙的精神源动力，为美国的商业的发展和繁荣奠定了基础。"[1]

与古希腊时期的商业精神所孕育出身份平等这一价值观如出一辙，"身份相对平等"这一社会特质反过来也可以促进商业活动的发展，而"清教徒"与"移民者"这两个共有的身份特征恰好为新英格兰地区百姓身份的相对平等提供了有力的保障。"幸福或有权有势之人是不会去流亡的，只有身处贫困和灾难境地的人才会选择移民，他们因为同样的处境而保持着平等，绝不会产生彼此自视优越的想法。清教最大的特点是，它的教义不仅是宗教学说，而且同时也是一种掺有绝对民主、共和思想的政治理论。"[2]清教源自宗教改革时期新教的一支，信奉原罪论和有限挑选论，认为得永生的上帝选民是预先注定、不可增减的，任何世俗活动都对此无计可施。然而经过修正的加尔文教义则劝说信徒，只要能够克己私欲，从戒依规，灵魂照样可以得救，这就为其后的商业精神启蒙打开了一个缺口。另一位重要的宗教改革领袖马丁路德也对商业精神的发展贡献颇深，他对"天职"这一观念的重新解释为新英格兰地区提供了充足的生产劳动力。"至少有一点无疑是崭新的：把履行尘世事务中的责任看作是个人道德活动所能采取的最高形式，这就必然使日常的宗教活动具有了宗教意义。令上帝满意的唯一生活方式，不是以修道院的禁欲主义超越世俗道德，而只是履行个人在尘世的地位所加诸他的义务。"[3] 最后，改革后的新教不再将发财致富视为可耻之事，凭借商业活动和劳动生产拥有一定数目的财产也成为了"竞

---

〔1〕 姬昱昕：《清教伦理对美国商业启蒙的影响》，载《中州大学学报》2014 年第 1 期。

〔2〕 ［法］托克维尔：《论美国的民主》，张晓明译，北京出版社 2007 年版，第 9、11 页。

〔3〕 ［德］马克思韦伯：《新教伦理与资本主义精神》，阎克文译，上海人民出版社 2010 年版，第 204 页。

选"上帝选民的条件之一。此外，与荷兰、西班牙、葡萄牙等国不同，清教主张节俭克己，反对骄奢淫逸，这一观念使得原始积累的资本迅速成为了扩大再生产的启动资金，这种社会生产的循环链巧妙地解决了宗教禁欲主义对商业发展的束缚，使得财富之水得以迅速涌流。"财富和成就本身象征着一种美德，反映了上帝的意愿，而经济成功的合理化与道德化，反过来又进一步激发了人们更大的商业欲望，鼓励了人们对成功的不断追求。"[1]

宗教改革和新教教义为继承了古代欧洲重商主义的新英格兰移民们扫清了诸多障碍，而商业发展也对美国民族性格的塑造发挥着巨大的反作用。除了从古希腊那里一脉相承而来的契约精神及自由主义之外，开拓意识、逐利意识和实用意识无疑也成为了一种普遍的国民性格特征。其中，实用意识是商业开拓与逐利活动的方法论基础，越是精准便越是实用，越是实用便越能获得更大的利润。这也从另一个层面上鼓励了美国科学技术的发展，第二次工业革命期间，美国的科技发明和自然科学研究就这样走在了世界前列。而开拓意识和逐利意识则在西进运动中体现得最为明显，西部的金矿与荒野蕴藏着百倍于当下的财富，一代代美国人就这样操持着致富的信念，遵循着前辈的车辙，举家西去。"商业精神所蕴含的不畏艰险、勇于开拓进取的外向性特质，是在新大陆扩张以后生存意识的自然延伸和积极反应，他助长了美利坚民族与生俱来的扩张意识。"[2] 值得一提的是，这种开拓意识并非完全意味着道德价值上的一种褒奖，它有时也呈现为一种野蛮的侵略，浩浩荡荡的西进队伍把北美原始土著强行纳入了商业贸易的版图，给印第安人的生活带来了无尽的痛苦。商人、开拓者、匪帮，美国人的三张面孔就这样彼此分立却又互为表里地统一在了商业精神的旗帜之下，成为了美国国民性格的重要特征，对其后的社会发展，乃至自然及人文科学的研究影响深远。

三、外向形塑：注重实用的开拓者

1922 年，第一次世界大战给各个国家带来的伤痛似乎已逐渐平复。在

---

〔1〕 刘澎：《当代美国宗教》，社会科学文献出版社 2001 年版，第 72 页。
〔2〕 李连广：《"商业精神"与美国 20 世纪前的扩张》，载《商业时代》2012 年第 24 期。

东方，北洋军阀于华夏大地群雄割据，你方唱罢我登场。列宁的新经济政策初见成效，风雨飘摇的苏维埃又一次摆脱了危机。资本主义世界也迎来了战后的恢复建设期，大西洋彼岸的美国恰似一位年富力强的小伙子，拿起了资本主义阵营的接力棒，在社会发展的跑道上全速飞驰。

繁荣的经济活动加剧了获知信息变动的需求，琳琅满目的新闻为当时的社会经济变动提供了研究资料，而芝加哥大学社会学系学者帕克则第一次将新闻本身当成了研究对象，《移民报刊及其控制》的出版将一种全新的研究视角带入学界，自此之后，传播学研究开始在美国社会科学研究领域粉墨登场。

（一）精准与实用，实用与精准

从芝加哥学派到哥伦比亚学派、耶鲁学派最后是四大奠基人的"钦定"，美国传播学研究在研究方法上可以被看做是定量研究和实证研究不断攻城略地、获得正统地位的学科发展史。芝加哥学派早年所偏好的人文主义传统逐渐被科学主义所取代，以阿多诺、霍克海姆为首的西方马克思主义批判学派更是被有意识地"遗忘"在了美国经典传播学学科历史之外。究其内里，前辈们众说纷纭，都有各自的道理，但倘若撇开具有决定性作用的意识形态原因不谈，在我看来，其中最不可小觑的一点便是芝加哥学派和法兰克福学派都在某种意义上不够科学和准确。

回溯美国传播学研究的诞生历程，现代性是其中最为突显的一个关键词。"尽管美国传播学发展过程中流派纷呈，但我们认为贯穿于其中的有这样三大传统，即自由主义传统、实用主义与实证主义传统以及心理学主义传统，这些传统的核心是现代性。"[1] 学者们通常将现代性视为资本主义工业生产与民主政治的产物，也就是说，现代性的某些内核与资本主义的精神内核在某种程度上也都可以视为其发端的经济形态——商业活动——的产物。而现代性所主张的方法精确与有效管理也的确是商业活动以及商业精神的反映，只有这样才能更好地追求效率与实用。

从外部原因来看，任何一个学科的产生都与其开拓者所研究的基本问题有着很大的关系，而这些基本问题的研究仿佛都暗含着一个从"解决现

---

〔1〕 柯泽：《传播学研究的社会心理学传统》，学习出版社2016年版，第386页。

实问题"上升到"抽象的形而上思辨"的发展过程。吊诡的是，美国传播学的开拓者们所研究的问题似乎自始至终都极为实际，它往往与战争、社会管理以及商业利益最大化有着间接或直接的联系，这也就使得美国传播学从一开始就有着极强的实用主义需求。从内部原因来看，洛克菲勒等公司对于传播学研究有过直接的投资，其研究成果自然也就可以被算作是一种商业回报，而被商业精神的价值取向濡染已久的美国人通常也都十分重视效率以及精准——当然只是形式上的精准（显然，行为主义心理学所强调的"刺激—反应"范式也是这种精准观的产物），这样才能最快地把"原产品"转化为回报利益（这种利益是广义的，不仅单指商业利益）。定量才能精准，精准方能实用，这就导致了无论是从外部原因还是内部原因上来看，其研究方法一定会造就一种殊途同归的结果：定量研究。"通过研究资金的提供，私人基金会自然便有了或显在或隐在的支配权，在提供了知识生产的平台之后，私人基金会自然也会要求学者的知识生产得到相应规训，尤其在基本价值观上必须受制于私人基金会的基本价值取向。"[1] 倘若阿多诺了解到了这一点，拉扎斯菲尔德的"伊利县调查"与霍夫兰等人在实验室中所进行的"电影对士气的影响"或许也就能够被他所理解了。

（二）成为开拓者的野心

提到开拓者，拉斯韦尔和施拉姆自然是实至名归。他们之中，一位开创了著名的"五 W 模式"，或明或暗地奠定了传播学研究的走向和基调；另一位册封了传播学四大奠基人，并出版书籍《大众传播学》，水到渠成地为传播学完成了学科建制。然而在胡翼青老师《传播学科的奠定 1922—1949》这本书中，我们似乎发现他们两位都是经过了某种学科视域转向之后才开始开疆拓土的，除了胡翼青在书中所给出的分析外，这种转向是否还有其他原因呢？

实际上，拉斯韦尔在早年可以说是一位相当"摇摆不定"的学者，他曾对芝加哥学派有所亲近，还有学者认为他对马克思主义也并不排斥，然而最终，他还是选择了拥抱美国传播学主流范式，把研究取向由时间转移到了空间，由过程研究转变到了结构功能形态研究。"尽管拉斯韦尔以前也

---

〔1〕 胡翼青：《传播学科的奠定 1922—1949》，中国大百科全书出版社 2012 年版，第 122 页。

关注过类似于传播者、传播内容和受众等结构性话题，但他关心的焦点在于整个宣传的进程，他关注问题的视角更多地体现为一种时间维度。"[1] 这种转向在胡翼青看来是一种结构性规划，他的结构功能主义转型把霍夫兰、拉扎斯菲尔德等人之前的研究成果很好地包含了进去，而另一位开拓者施拉姆则有挑选性地册封了四大奠基人，并完成了临门一脚——传播学科的开创。"除了四大奠基人以外，我们还应该提到另一位重要学者——施拉姆，一些学者认为，施拉姆'使传播学科从梦想变成了现实'，他应该是传播学的'第五位奠基人'，这主要是指施拉姆在传播学学科建设方面做出的贡献。"[2] 仔细阅读传播学史我们便会发现，拉斯韦尔与施拉姆这两位"开拓者"的开拓在很大程度上都是建立在整合他人观点之上的归纳总结，实际上说他们是"整合者"或许更为准确。不可否认，如胡翼青所说，这种"推陈出新"式的整合的确是一种话语权的体现，整合这一行为本身就是一种居高临下的"俯瞰"视角。然而纵观历史，这一幕却似曾相识，同样都是一种空间意义上的塑形建构，人们多多少少能在四大奠基人的册封和这种结构功能主义的整合中找到当年西进运动中的美国先驱们跑马圈地时的影子。

恰如前文所云，商业精神以及逐利意识是这种跑马圈地的开拓行为所暗含的精神内核，无论是西进运动还是施拉姆等人的学科建构都是如此。事实也证明，在施拉姆和拉斯韦尔使传播学成为建制学科并列入经典之后，其获得的社会效益和经济效益相当可观。但与西进运动相同，这种开拓并非完全是一种价值意义上的褒奖，"圈地行为"本身就是对另一些观点学说的有意识"忽视"。正如批判学派所主张的那样，怎样跑马、圈哪一块地？其背后都有意识形态与价值观的影子。

四、内向形塑：价值观与研究目的的基座

归根结底，美国传播学在研究方法、价值取向等方面的表征或多或少

---

〔1〕 胡翼青：《传播学科的奠定：1922—1949》，中国大百科全书出版社 2012 年版，第 171 页。

〔2〕 郭庆光：《传播学教程》，中国人民大学出版社 2011 年版，第 250 页。

都是由其价值观与研究目的所决定的，那么商业精神以及商业精神所孕育的价值观是否对美国的传播学研究的目的意识与价值观也起到过形塑作用呢？

要解决这个问题，首先要理清美国传播学的研究目的和价值观以什么为代表。由于研究立场的不同，不同学者对此也众说纷纭，本文挑选其中反差性较大的两种说法进行分析。西北政法大学的柯泽认为，美国传播学最核心的元素是现代性，最为关键的价值观是自由主义。"西方民主制度的诞生体现了世界史上最现代性的元素，整体看来，西方传播学研究其内部最活跃、最有生命力的要素就是那些体现自由、民主意识的现代性元素。但是在西方，实用主义必须服从自由主义，实用主义对真理的界定、对功效最大化的追求必须是在满足个人自由价值范畴以及符合法律秩序的逻辑框架之内。"[1] 而南京大学的胡翼青则认为，诞生于战争期间，并风行于冷战时期的美国传播学是一种以科学主义与"控制"目的为导向的学科研究，究其根本，是为美国的意识形态霸权所服务的。"'民主传播被视为美国的核心利益所在，因为它可以强化和平、稳定与国际体系中的开放性，因而可以增进美国的安全。'后者要求美国政府在国内国外都能有效地传播民主和自由主义思想，控制其他与之相抵触的思想。这种意识形态上的要求最后成就了托克维尔所说的'多数人的暴政'，并最终走到了自由主义精神的反面。"[2] 由此可见，二者的根本差异在于，柯泽认为美国传播学的实用（实证）主义传统是服务于自由主义这一目的的，它包含在自由主义的旗帜之下；而胡翼青则认为美国传播学只是服务于美国政府，但绝不能将美国政府所鼓吹的自由主义当成真正意义上的自由主义，相反，美国政府所鼓吹的自由主义是一种以"自由"为名义的意识形态霸权。

姑且不论二位学者对待美国传播学价值观与研究目的的差异化认识，我们可以把两位学者所各自主张的关键词进行挑选即"自由主义与控制"，有趣的是，虽然这两个观点针锋相对，却又都殊途同归地统一在了商业精神所孕育的观念范畴之内。首先，西方商业精神的内核之一便是自由主义，

〔1〕 柯泽：《传播学研究的社会心理学传统》，学习出版社 2016 年版，第 395—396 页。
〔2〕 胡翼青：《传播学科的奠定 1922—1949》，中国大百科全书出版社 2012 年版，第 224 页。

奉行重商主义的雅典城邦建立起了人类历史上第一个民主政体，商业交换所孕育的平等观念也成为了自由主义所寄托的关键，这一点在前文中已有过相关论述。在柯泽的论述中，传播学理论中的二级传播、意见领袖等理论都被这种自由主义所形塑，为美国民主政治提供了服务。其次，精打细算的管理是资本主义商业精神，尤其是现代性的资本主义商业精神所重视的行为。这种管理轻而易举地从商品化的大工业生产领域扩散到了社会的各个角落，而胡翼青所提出的控制观便可以看做是传播学对于社会以及传播学在其自身发展过程中的一种"精细化管理"，只不过胡翼青更加侧重于探讨这种管理行为的价值取向，由于这种"管理行为"时常只问结果而不问对错，毫无疑问，这种探讨极具价值。"在大屠杀漫长而曲折的实施过程中没有任何时候与理性的原则发生过冲突。无论在哪个阶段'最终解决'都不与理性地追求高效和最佳目标的实现相冲突。相反，它肇始于一种真正的理性关怀"，[1] 为了达到一个目的，对于一个组织或者一种进程进行理性的分析和操纵。传播学研究中，这种以社会控制为目的的管理行为在我看来和商品大工业化生产以及商业贸易行为中的控制管理是一脉相承的，换句话说，商品化大工业生产的某些特征以及现代性商业精神在一定程度上形塑了美国传播学的价值观和研究目的。

五、结语

通过本文的分析，我们可以得出结论，商业精神于外在和内在两个方面形塑着美国传播研究的发展，对其研究方法、价值观与研究目的等方面起到了影响作用，这种作用的呈现方式不一而足，有的是通过影响包括传播学学者在内的美国国民性而体现，有的则在传播研究的发展中直接体现。本文无意于推翻胡翼青等诸多学者对于美国传播学主流范式的剖析，毫无疑问，在美国传播研究发展形塑的历程中，意识形态和政治势力应该被算作最大的影响因素，而本文所分析的商业精神只是诸多次要形塑因素之一，然而我将其单列出来进行分析，从某种层面上说是因为一种忧虑，商业精

---

〔1〕 〔英〕齐格蒙鲍曼：《现代性与大屠杀》，杨渝东、史建华译，译林出版社 2011 年版，第24 页。

神的逐利意识和开拓意识是否会让学科研究过于急于求成，因而变得功利化？商业精神中的管理意识是否会让传播学变为"肉食者"所把玩的，控制百姓、压制自由的工具理性副产品？以史为鉴，可以知兴替，这也是为了提醒包括我在内，方兴未艾的中国传播学研究者们，勿忘初心，砥砺前行。

媒介内容生产研究

深度科技报道风险感知建构路径的比较研究

—— 以 2008、2011 年普利策获奖解释性报道为例

周嘉琳 *

一、研究背景和研究问题

新世纪以来,科学理论、新兴技术正处于发展的螺旋上升阶段,一方面伴随诸多不确定因素,可能潜藏威胁带来风险;另一方面,科学客观与公众认知存在知识沟差距,传播不畅加剧信息不对称,民众对争议性科技话题保持关注,因此近年来风险认知的研究成为科学传播领域的主要议题之一。

而深度报道区别于一般的新闻报道,在科技领域以其"说明过去、追溯既往、推测未来"的报道特点从纵向、横向厘清科学事物的发展规律,同时展现出从传统科普告知式到多元互动科学传播的"社会性"转向。转向表现在报道主动传播社会性科学议题(socio – scientific issue)[1] 的风险信息,以此保障公众的风险知情、消解疑虑。

以往研究发现,风险传播存在技术和民主两种进路。本文基于观察已有报道认为,深度科技报道搭建框架刺激公众风险感知同样沿袭这两条路径展开,风险内容和观点选择性呈现形塑公众

---

* 周嘉琳,中山大学传播与设计学院 2016 级硕士研究生。

〔1〕 Millar Robin, "Science education for democracy: What can the school curriculum achieve?", In R. Levinson & J. Thomas (Eds.), *Science today: Problem or crisis?*, London: Routledge, 1997, pp. 87 – 101.

对争议科技事件的判断。深度科技报道在科学界和社会公众之间正发挥着告知者、解释者、引导者作用，并为多元主体提供多向沟通的媒介入口。

普利策新闻奖每年评出年度最具代表性和认可度的优秀作品，其权威性为业界和学界承认。然而，纵观近十年来普利策奖 74 组获奖作品的选题类型，聚焦科技领域的报道仅为 8 组，[1] 其在数量和质量上不及社会、经济、政法类报道。知识理解门槛高、用词专业且晦涩、话题缺乏贴近性，诸多限制因素导致深度科技报道在社会公众、新闻业界学界不受重视，聚焦争议话题构建风险感知成为重新获得关注的报道策略。与此同时，报道也存在过分强调科技风险内容，点燃公众普遍焦虑恐慌，加深科学界与大众矛盾的问题。

本文以 2008 年《纽约时报》"DNA 测试引起的道德问题"、[2] 2011 年《密尔沃基哨兵报》"使用基因技术挽救患怪病的 4 岁男孩"[3] 两组普利策解释性报道获奖作品为比较研究的样本。两组报道围绕"基因与突变"议题分别从民主、技术路径构建风险感知。研究通过内容分析和框架分析方法对比样本在风险内容的选择和重构的差异，回应研究提出的以下三点问题：

第一，深度科技报道进行风险传播的意义在哪里？需要从什么维度出发搭建科学界与受众之间的联系？

第二，两组普利策获奖作品沿袭怎样的路径呈现文本、刺激受众生成风险感知，以及在实务操作中，路径差异在话题选择、消息源类型和偏向、叙事视角中怎样体现出来？

第三，报道遵循怎样的框架逻辑建构风险感知？这个逻辑在实践中存在哪些偏向和不足？除了搭建风险感知，报道还能从其他哪些方面提升传播力？

---

〔1〕 窦锋昌：《普利策奖深度报道奖项的"选题常规"——基于 10 年间 7 项普利策奖获奖报道的全样本分析》，载《新闻大学》2016 年第 5 期。

〔2〕《DNA 测试引起的道德问题》，载《纽约时报》2007 年 3 月 17 日—12 月 27 日，http://www.pulitzer.org/winners/amy-harmon.

〔3〕《使用基因技术挽救患怪病的 4 岁男孩》，载《密尔沃基哨兵报》2010 年 12 月 18 日—12 月 25 日，http://www.pulitzer.org/winners/mark-johnson-kathleen-gallagher-gary-porter-lou-saldivar-and-alison-sherwood.

二、理论缘起与文献评述

(一) 科学传播与深度科技报道

国外早期定义的"科学传播"概念更关注受者接收科学信息后的心理反应，认为人们不能清晰回答什么是科学传播[1] 国内学者刘华杰以传播科学知识、科学方法、科学精神的各个主体为研究对象，界定的科学传播是"社会各主要行为主体（如科学共同体、媒体、公众、政府、公司及非政府组织）之间就科技内容进行双向的平等的交流过程"。传统科普、公众理解科学和科学传播是科普的三个不同阶段[2]

科学传播作为研究关注的重点领域，正经历传统宣讲式传播向多元互动的科学传播的转变。科学传播的研究范围十分广泛，相应的科技报道话题众多，与公众关切的健康、生活、食品、自然、环境等领域息息相关。

深度科技报道是科技新闻报道的一种体裁，以其长篇幅、多角度透彻解释和发掘科学事实背后的复杂实质，帮助读者理解和厘清复杂的科学议题。报道重点关注气候变化、纳米技术、克隆、食品安全等问题。目前学界对科技新闻报道的研究集中在探究报道传播力弱的现状及原因，原因包括报道对专业知识解释力不足、对常规科学活动关注缺失、对受众关切回应不够，并在此基础上提出改进的操作建议。

此研究将媒体设为科学传播的中介主体，以深度科技报道为观察对象，重新审视报道使用风险框架刺激公众风险感知的意义，以及该策略对"科学界—公众"关系的正负向作用，并结合案例理解报道调动受众风险感知的具体路径，对已有的改进策略进行反思和修复。

(二) 科学传播与风险感知

科学传播中备受关注的议题通常具有争议性。社会学家内尔金（Dorothy Nelkin）认为，随着科技进步而增长的对其威胁社会、道德或宗教内涵的担忧、对环境价值和技术发展之间的矛盾不安、担心新兴技术的健康危

---

〔1〕 T. W. 伯恩斯、D. J. 奥康纳、S. M. 斯托克麦耶等：《科学传播的一种当代定义》，载《科普研究》2007 年第 2 期。

〔2〕 刘华杰：《大科学时代的科普理念》，载《光明日报》2000 年 11 月 2 日。

害以及公众对科学家和公共机构信任度的下降导致公共领域的大量科学争议。[1]

风险社会理论[2]由乌尔里希·贝克（Ulrich Beck）在《风险社会》一书中提出，科学本身的不确定性加剧风险社会的信任危机，对于同一风险科学议题的认识，多元主体间存在感知差异和判断分歧，所以信息传播中介需要科普专业观点，澄清谣言，全景呈现风险信息并提出调和方案，为主体对话沟通搭建桥梁。

现阶段国内从风险社会视阈探讨科学传播与公众风险感知的研究较多，大致可以分为两类：一是从传播内容出发，强调科学知识内容设计要迎合风险社会下公众对科学传播的要求，[3] 以扩大传播影响力；二是从传播效果出发，认为科学传播主动提供风险信息能化解社会信任危机，提升公众信赖并推动现代化科技决策模式实现。这两种研究思路认同风险感知构建在科学传播中的正向效能，忽视了过分渲染风险信息可能会加剧大众心理恐慌。

研究借鉴风险学者罗恩（Katherine E. Rowan）对风险传播两条路径的表述：技术取向和民主取向。[4] 技术取向对具有风险的科学技术作统计学分析，而民主取向偏重从社会学角度考察，衡量风险感知下科学话题与社会公平、价值冲突的关系。

本义的研究前提基于认为，风险传播的两条路径同样存在于深度科技报道风险感知框架建构，因此选取的样本分别对应这两种范式，文章进一步阐释路径在报道操作中的差异和价值取向。在可查阅范围内，目前国内外尚未有研究探讨深度科技报道与风险传播的关联，因此本文具有一定的

---

〔1〕 贾鹤鹏、闫隽：《科学争论的社会建构——对比三种研究路线》，载《科学与社会》2015年第5期。

〔2〕 〔德〕乌尔里希·贝克：《世界风险社会》，吴英姿、孙淑敏译，南京大学出版社2004年版。

〔3〕 王冬敏、彭小强：《探析风险社会中核电的科学传播》，载《科技管理研究》2015年第338期。

〔4〕 Katherine E. Rowan, What risk communications need to know: an agenda for research. In B. R. Burleson (Ed.), *Communication yearbook 18*, Thousand Oaks, CA: Sage Publications, 1995, pp. 300–319.

创新性和参考价值。

三、研究方法与类目建构

本文主要应用框架分析和内容分析方法，结合媒介框架理论传播中内容层面的理论，对两组样本作对比研究。研究建立的样本库包含2008年普利策解释性报道获奖作品《纽约时报》"DNA测试引起的道德问题"系列报道（共10篇）、2011年解释性报道获奖作品《密尔沃基哨兵报》"使用基因技术挽救患怪病的4岁男孩"系列报道（共9篇），样本分别依照民主、技术范式建构风险感知框架。

针对第一个研究问题，笔者对两组报道的发表时间、标题、报道角度、报道篇幅、呈现方式进行观察式的描述性分析，厘清各组系列报道中文章的逻辑联系，观察两组报道如何选择事实材料来契合不同风险视角的特点，以及可能创新的呈现方式。

针对第二、三个研究问题，研究分别从报道框架、消息源、叙事视角三个维度筛选样本，并进行编码，深入分析全样本文本中两组报道分别依照何种逻辑选取信源、何种框架逻辑来构建风险感知。

表1 样本风险内容框架编码类目

框架分类	在基因话题的具体表现	举例
风险界定	（1）遗传病对个人观念、生活的冲击 （2）对争议问题的定性 （3）应用不成熟技术的风险	（1）发现携带致病基因的经过；遗传病症状和可能恶化的表现；主人公及其亲属朋友的态度行为前后出现的变化 （2）争议背后是价值观冲突，属于伦理问题 （3）使用新技术成本且效果不能保证
风险成因	遗传致病的原因和科普知识	携带致病基因的原因；遗传病症状和可能恶化的表现

续表

框架分类	在基因话题的具体表现	举例
道德判断	各界对基因应用议题的讨论和反思 （1）对新基因技术支持/质疑/反对 （2）争议话题的观点和论据对立	（1）支持：基因优化避开隐性疾病的危害 （2）中立：不同情境应当区别评价，道德问题无需清楚划线 （3）反对：技术随意获取陌生人 DNA 秘密
解决策略	对病情缓和或议题分歧提出调和策略	人们需要重新反思基因的纯粹性；社会组织为患者的家庭提供交流平台缓解心理焦虑

本文借鉴恩特曼在媒介框架研究中区分类型框架的四个层次："定性议题""原因归咎""道德评价""解决对策"，[1] 列举文章对应出现的框架内容（见表1）。研究者对所有文字报道样本（《纽约时报》共10篇；《密尔沃基哨兵报》共3篇）作框架内容的编码整理，按有无出现符合框架表现的内容对每篇报道进行四个框架向度的编码（有：1；无：0）。

表2 样本报道消息源编码类目

类 别	编码标准
官方消息	来自政府卫生健康医疗相关部门及其工作人员的消息、国家调查机构的统计数据
专家意见	来自高校、科研机构、医疗系统的科学家、研究院、医护人员
个人态度	案例主人公及相关人士（家人、朋友、同事）；基因技术应用的观察者/体验者

---

〔1〕 Robert Mathew Entman, *Framing: Toward clarification of a fractured paradigm*, Journal of communication, 1993, pp. 51 – 58.

续表

类　别	编码标准
社会组织	企业、社会公益组织或社会工作者
文献材料	通过数据库或社科调查获取的一手、二手材料
意见集合体	持同一态度的集合体（通常未有特定指向性，某观点的支持者和反对者）
未知来源	引援的消息没有标注信源身份或内容出处

　　全样本包含的文章数量较多，且同组报道之间聚焦话题和呈现方式存在差异，因此编码员对消息源编码分析（见表2）的样本作筛选，样本需要同时符合两条标准：其一，话题聚焦技术或伦理争议；其二，呈现方式为文字报道。因此，研究选取《纽约时报》2007年4月1日、5月8日、5月12日、6月11日、11月10日刊发的五篇报道，《密尔沃基哨兵报》2010年12月18日、12月21日、12月25日刊登的三篇文字报道作为此维度的分析样本。

表3　样本报道叙事视角[1]编码类目

类　别	编码标准
零聚焦叙事	全知全觉的上帝视角，可从所有角度观察叙事故事和文本中的人物
内聚焦叙事	限知视角叙事，叙事只从某特定视角出发，故事叙述者观察位置在故事内
外聚焦叙事	客观视角叙事，仅仅客观记录人物的语言、行为、环境

　　深度报道通常复合叠加多种叙事视角传递信息，这种观察定位和转化被学者称为"复合视角"，即法国结构主义学者托多洛夫（Todorov Tzvetan）

---

　　〔1〕　分类标准参照法国结构主义者热拉尔·热奈特（Gerard Genette）在《叙事话语》一书中用"聚焦"代替视角，将叙事视角划分成零聚焦、内聚焦、外聚焦三类，反映叙事者与故事间的不同关系。

提出的"客观视点的变化"。[1] 编码中没有加入"复合视角叙事"这一类目，是希望观察样本中最突出的叙事视角，从而得出两组报道构建框架时报道者的身份是隐匿者还是主动引导者（见表3）。

四、统计结果与研究发现

（一）两组样本描述性统计分析

表4　《纽约时报》系列报道描述性统计

发表时间	报道标题	报道角度	字数	呈现形式
2007 年 3 月 17 日	被检出携带致死基因	基因致病与个人生活	4715	文字报道
2007 年 4 月 1 日	追踪族谱中的陌生人基因	基因与个人隐私	1602	文字报道
2007 年 5 月 8 日	产前检查关注唐氏综合症	产前检查与堕胎	1757	文字报道
2007 年 5 月 12 日	基因检测和堕胎	产前检查与堕胎	1168	文字报道
2007 年 6 月 11 日	饲养员借 DNA 技术优化狗品种	基因生物应用	1335	文字报道
2007 年 9 月 15 日	33 岁被测出携带乳癌高发基因，考虑是否接受切除手术	基因致病与个人生活	3473	文字报道
2007 年 10 月 7 日	借助 DNA 探寻哥伦布身世之谜	基因与历史发现	1550	文字报道
2007 年 11 月 10 日	在 DNA 时代，关于偏见的忧虑	基因与种族歧视	1644	文字报道
2007 年 11 月 16 日	我的基因	基因生活应用	1862	文字报道
2007 年 12 月 27 日	DNA 测试后，有人和我一样患"16p11.2 缺失综合症"吗？	基因致病与社会关系	2511	文字报道

---

〔1〕 李健：《深度报道的叙事学分析》，中国海洋大学 2013 年硕士学位论文。

表5 《密尔沃基哨兵报》系列报道描述性统计

发表时间	报道主题	报道角度	字数	呈现形式
2010 年 12 月 18 日	一个原因未明的罕见病	基因致病与个人生活	5370	文字报道
2010 年 12 月 18 日	医生努力控制男童体内罕见病扩散	基因致病与个人生活	——	图片报道
2010 年 12 月 21 日	大海捞针筛选 DNA 可以发现基因突变吗?	基因排序医学应用	4226	文字报道
2010 年 12 月 21 日	解开尼古拉斯 DNA 之谜	基因排序医学应用	——	图片报道
2010 年 12 月 25 日	一套治病方案终于成形	基因排序医学应用	——	图片报道
2010 年 12 月 25 日	拥抱风险:基因排序明晰病因后的担忧	基因排序的技术风险	3922	文字报道
2010 年 12 月 25 日	一个男童的罕见病	基因致病与个人生活	——	视频报道
2010 年 12 月 25 日	对男孩的 DNA 作排序	基因排序医学应用	——	视频报道
2010 年 12 月 25 日	治疗过程:一个母亲的日记	基因致病与个人生活	——	视频报道

1. 切入角度对比

《纽约时报》在 2007 年 3 月 17 日—12 月 27 日之间共刊登 10 篇报道,主要探讨基因检测技术带来的道德和伦理问题。各文章发表时间分散,报道之间各自独立,不存在因果或承接的逻辑关联。"堕胎"(5 月 8 日、5 月 12 日)、"修饰基因"(6 月 11 日)、"获取 DNA 隐私"(4 月 1 日)、"种族偏见"(11 月 10 日)这五篇报道所涉及的伦理问题建诸技术兴起基础上,近年来成为社会激烈纷争的对抗性议题。

伦理问题产生反映应然与实然的矛盾,个体基于所处情境、经济条件、宗教信仰、教育背景等因素做出相对立的行为抉择或态度倾向,但每个选择结果都会与社会长期形成的道德规范产生差距。基因检测技术的发展应用是一把双刃剑,检测降低患遗传病婴儿出生率的同时,可能由于技术误用、滥用而侵害人权权益,冲击社会伦理提出的平等、尊重的基本共识因而产生风险，甚至可能造成不可逆的灾难性后果。

《密尔沃基哨兵报》在 2010 年 12 月 18—25 日间刊发 9 篇报道，讲述基因排序技术辅助治愈威斯康星州 4 岁男童的罕见肠病。三篇文字报道前后承接，第一篇描述男孩病况背景，医生考虑借 DNA 排序技术找原因；第二篇详细介绍 DNA 排序发现突变基因的过程；第三篇确定病源通过脐带血移植手术重建男童免疫系统。三篇报道之间围绕同一个风险展开叙述——基因排序技术临床应用的"成功率"和"复发率"不可预测、不可确定，从大篇幅引用医学专家的观点分歧可以得出。

2. 呈现方式对比

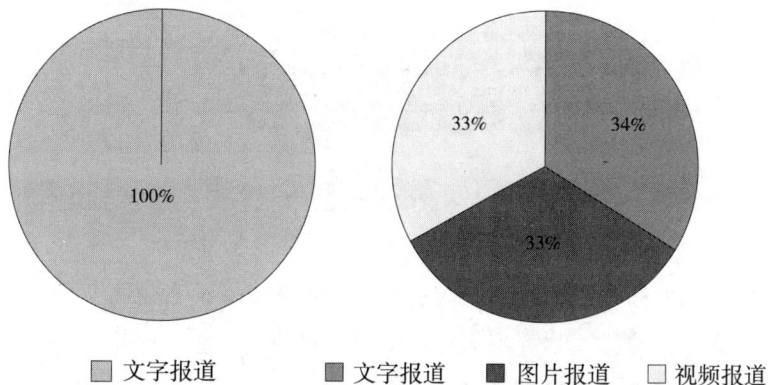

图 1《纽约时报》报道呈现方式占比　图 2《密尔沃基哨兵报》报道呈现方式占比

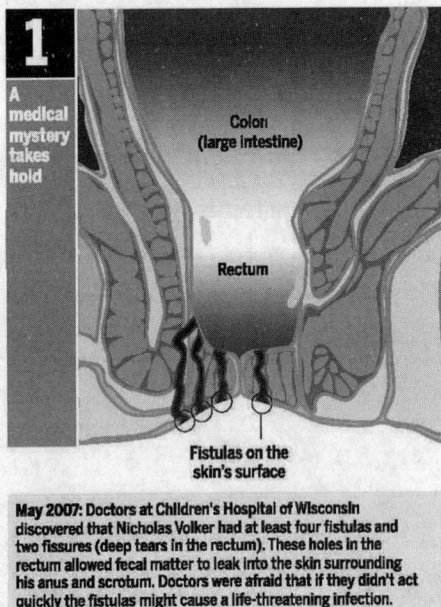

图3 《医生努力控制男童体内罕见病扩散》图片报道截图

图片讲述威斯康星州儿童医院的医生发现 Nicholas 直肠间至少有4个瘘管和2条裂缝，使排泄物漏到男孩肛门和阴囊附近组织。医生担心如果不尽早治疗，这些瘘管会引发感染导致生命危险。

《纽约时报》的十篇报道全部以文字报道方式呈现，报道间的篇幅差距明显。基因检测技术影响个人及其家庭命运的两篇报道（3月17日、9月15日）深描个案前因后果，字数均超过3000字，其以较强的故事性和人物心理细节描写弥补长篇幅带来的阅读疲乏感。《密尔沃基哨兵报》则尝试结合多媒介元素来丰富报道形式，样本中文字、图片、视频报道各占3篇。每篇文字报道有对应的图片报道和视频报道，丰富阅听体验。其中，文字报道聚焦各方观点和病况描述，文章末尾列出52个提及的专业词汇及对应的解释。而男童的治疗和手术过程涉及医学专业知识部分被安排在图片报道中，报道清晰放大人体胃肠部分器官，并详细对手术过程作图注介绍，以此降低受众对专业医学信息的理解难度。

值得注意的是，2011年普利策报道评奖规则出现变化，多媒体深度报道的团队作品可以参与评选。

（二）两组样本编码统计分析

1. 叙事视角对比

研究经统计得出如下分布数据：《纽约时报》报道中，5 篇报道采用纯客观叙事（50%），采用零焦点叙事、限知叙事视角分别为 4 篇（40%）、1 篇（10%）；而《密尔沃基哨兵报》系列零聚焦、内聚焦、外聚焦叙事的报道分别为 3 篇（33.3%）、1 篇（11.1%）、5 篇（55.6%）。由此可见科技领域深度报道重视客观事实再现，报道者以旁观者身份去记录各方意见，具有非人格化的特点。同时，报道结合背景资料，脱离时空限制全景跟踪事件进程，因此报道多采用复合视角"零聚焦 + 外聚焦叙事"策略。

笔者进一步分析呈现方式、报道角度与叙事视角在报道中的关系，发现第一组报道中，报道角度与叙事视角明显相关，而第二组报道呈现方式影响叙事视角的选择。

《纽约时报》两篇基因遗传致病报道描述 23 岁 Katharine Moser 和 33 岁 Deborah Lindner 得知检测结果后作出抉择，抉择对个人及其家人的情绪和生活带来的影响。两则报道以感性叙事策略引起受众的关注和共情，当中包含对遗传病的背景介绍，综合展现医生、家人和主人公的话语、心理，采用全知全觉的叙事视角；五篇涉及伦理话题的报道侧重展现分歧态度的观点，三篇选择外聚焦叙事；"我的基因"一文作者用第一人称进行体验式报道，符合内聚焦叙事特征。

《密尔沃基哨兵报》三篇关于"基因排序技术辅助治愈男童罕见病"均采用零聚焦叙事视角，该视角要求报道进行丰富扎实的资料收集和基础采访。据记者手记，报道团队共采访六十多位相关人士，包括 Volker 一家、治疗 Nicholas 的医护人员、做基因排序分析的科学家和基因药物专家。同时记者进入现场，陪同 Nicholas 复诊，更目睹排序基因的过程，写作时参考 Nicholas 母亲所写的五百多页网络日记，结合超过 36 篇医学科学论文。三篇图片报道以纯客观视角图解男童病况及医生的治疗方案。而视频报道以摄像机视角展示被访者观点，除了最后一个视频报道，Amylynne 从一个母亲视角讲述孩子接受移植手术前后自己的心理变化。

2. 消息源类型对比

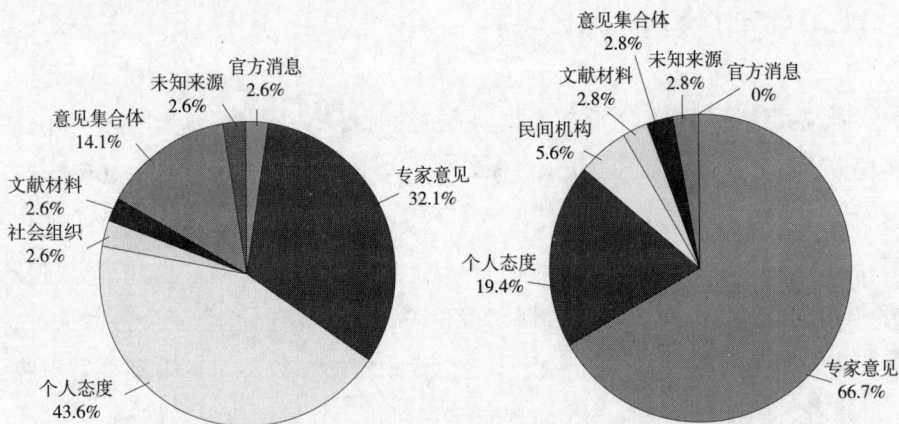

图4 《纽约时报》消息源类型占比　　图5 《密尔沃基哨兵报》消息源类型占比

　　《纽约时报》五份报道样本引用消息源为78个，其中个人、专家、意见集合体数量较多，分别占比43.6%、32.1%、14.1%，而引自官方、社会组织、未知来源均占比2.6%。《密尔沃基哨兵报》三份样本引用36个消息源，个人态度与专家意见占总数的66.7%和19.4%，而较少展现意见集合体、文献材料的信息，没有出现官方消息源。

　　其中，笔者将"个人态度"按叙事和论述的报道视角作区分，对应为"主人公及其关联认识"和"观察者/体验者"。《纽约时报》报道从各维度探讨基因检测、基因修饰技术引发的伦理争议，报道辅以群例说明，各案例涵盖的个体基于对技术观察判断或切身体验而引申出态度偏向，因此此处"个人"更多作为"观察者/体验者"进行观点叙述。《密尔沃基哨兵报》报道均围绕男童Nicholas应用新技术治病的故事展开，引用的个人消息源集中在Nicholas及其父母等具有亲缘关系的相关人士上，展现他们的心理感受和情绪波动，以感性叙事勾起受众共情。

　　样本数据带来两点发现：其一，伦理话题采纳"意见集合体"为消息源，其占比明显高于技术风险话题，民主路径偏向以展示意见集合体的激烈分歧强化公众对议题具高风险的认知。意见集合体由对议题持有相近态度的个体聚合形成，如Traditional anti – abortion advocates（传统派反堕胎倡导者），个体间认知水平、个人经历、社会地位、经济收入存在较大差距，而多份报道样本仅选择呈现"反对"或"赞同"的二元观点，而忽略"中立"的调和态度。其二，技术风险报道更多地采信专家态度（66.7%），技术路径通过关联领域科学家长期理论检验、临床试验、对比测试所得的观察，以或然率等统计学数据说服受众生成"此项技术存在安全风险"判断。普通个人缺乏判断技术风险程度的知识基础和工具手段，因而以专家专业视角进行理性说服更具公信力和权威性。

3. 风险内容框架对比

民主风险构建路径的报道中，除去不涉及风险内容的报道《我的基因》（《My genome，myself》），有效样本为9个，技术风险报道的3篇文章全部为有效样本。有效样本的风险框架均包含"风险界定"和"风险成因"部分。

《纽约时报》两篇基因遗传致病报道（3月17日、9月15日）描述23岁 Katharine Moser 和33岁 Deborah Lindner 得知检测结果的态度变化，个人抉择并没有上升形成舆论讨论的道德话题，而借助基因检测技术解开哥伦布身世之谜、"16p11.2缺失综合症"患者家庭聚会两篇报道聚焦讨论 DNA 技术解决现实问题的局限。同时，《密尔沃基哨兵报》文字报道探讨技术风险带来的问题，不涉及道德争议。因此以上四篇文章没有涵盖"道德判断"框架。

两组报道处理"解决策略"部分存在明显差异。"基因测试带来伦理问题"系列报道相互独立，内容不存在交叉重合，当中五篇（55.6%）提到"解决策略"，而在五篇具体探讨伦理风险的文章中，没有提到策略建议或调和观点的占比60%。另一组样本报道按时间脉络展开，前后承接，先说明病情重病因未明，指出技术判断病因的可能，再说明技术不成熟风险，多名专家对此产生怀疑、分歧、纠结，多方衡量后决定试用新技术，最后技术成功应用，男孩逐步康复，报道进一步介绍技术最新发展，在实践和检验中慢慢改良，所以到第三篇报道才提及解决技术风险的策略框架。

五、结论与建议

（一）风险感知的建构意义：聚焦"社会性"二重维度

互动型科学传播模式对科技新闻报道提出更高要求，媒体既要考虑传播内容科学专业性，更要照顾公众阅读体验和关注焦点。风险是科学技术发展的内在属性，尤其在风险社会时代科技带来非定向、多变的威胁无法根除，同时受众因好奇和反常偏好负面新闻，[1] 因此诠释事件时相对隐蔽建构风险框架成为如今科技报道常规的操作策略。媒体主动关注科学风险议题、刺激公众风险感知对科学界和受众起着积极作用，一方面传播效能的提升加快科普知识的流转和传递速度，帮助科学界摆脱不善沟通的困境，另一方面充分有效的风险信息沟通保障公众知情权，促进社会多元观点的表达和倾听。

然而随着社交化媒体的兴起，网络中涌现对争议性的科学话题作非理性意见表达而罔顾专业判断的舆论集群，此时存在部分媒体科技报道为追求文章阅读转发量，放弃专业主义而构建具有严重偏向的风险框架，迎合抗争群体舆论狂欢。

深度报道以其跨越时空展示新闻本质、打破领域影响社会多数的深刻性，在新闻报道中处于特殊地位高度。其具体应用在科技报道时，需要重新审视是否有必要建构和全景展示风险图景？这种报道策略能否产生"社会性"意义？笔者在这里提出的"社会性"涵盖深度报道的二重特征向度——"广度"和"深度"。"广度"即报道的风险话题与公众利益的紧密度、与生活生产的贴近性，同时报道能吸纳社会多元主体共同参与、形成对话，这要求呈现内容涉及专业知识部分相对轻量易懂，以降低社会参与讨论的准入门槛。"深度"指基于大量的资料收集、采访对话、现场观察，对社会热点的"新""好"技术作冷思考式的探究和反思，对科技进步潜藏的威胁进行监测和预警，从社会价值面向为公众传达科学知识，提升人们多视角洞察争议性科学问题的思考能力。

---

〔1〕 苗伟山、贾鹤鹏：《科学传播：化解现实争议及其研究前景——科学传播热点对谈录》，载《新闻记者》2016 年第 12 期。

（二）风险建构的路径差异："技术"权威与"民主"多元

技术路径风险评估标准以科学性为鹄，而民主路径侧重考察风险的社会学影响。报道者忠于专业报道原则呈现事实真实，但"叙事不仅要展示一个真实的世界，而且要展示一个意义的世界"，因此如何分别通过以上两条路径，合情合理说服受众接受"该科学技术/科学发现很可能带来技术/民主风险威胁"的核心信息，成为叙事者在实务操作中需要考虑的问题。而报道者在话题选择、消息源主体类型、消息源态度偏向三个方面需要采取差异化的报道策略，以契合路径特性。

1. 技术结合实践话题，民主偏向人文议题

在话题选择上，技术路径更注重结合生活、生产的实践性话题，探讨开展或运用新技术可能带来的风险，风险或包括吞占公众的生存资源、威胁人们的健康安全、强不确定性和不可预测性、应用成功率低、技术运用可行度小、成本高效益低等方面。从技术路径构建风险感知的话题多数源于食品安全、环境污染、能源发电、生物工程等领域，中广核惠州兴建核电厂、《穹顶之下》的雾霾之殇、中医"脉诊验孕"等报道均归类于此。

而民主路径倾向将科学人文主义议题从科学界引向公共领域的讨论空间。科技社会层面风险具体表现为制度、权利、道德、伦理、信任等意识形态对立和社会关系割裂的危机，特别涉及"人权侵害""政治得利""公平正义""诚信缺失""制度漏洞"这类型的关键词，人体解剖与"逝者为大"传统观念对立、超级机器人与人类的从属关系也一直是社会各界争持不下的科学话题。但在实际报道操作中，不少科学话题会同时涉及技术和民主两种风险逻辑，需要记者兼顾或选择性呈现刺激风险感知的材料。

2. 技术强调信源信度，民主呈现信源多样

在消息源选择上，技术风险建构路径以理性说服为主，重视引用专业权威的消息源，为坐实风险存在作第三方背书，风险可信性源于技术证据和论证充分科学，因而该路径依赖官方信源（统计数据、文件、公开发言）和专业人士的态度立场，而鲜少相信普通公众意见。有学者认为，风险表达应该容纳不同群体的意见及关切，过分强调科学权威会落入"精英主义"的思维局限。笔者对此持相反意见，技术层面刺激受众形成风险感知，需经多方负向数据共同作证，其中涉及成本核算、实验和实地模拟测试、成

功率精准测量，而将科学解释权下放到公众手中，普通民众不具备系统专业知识和社会统计资源，因而报道缺乏说服力。深度报道选取权威信源，具体介绍引用信源身份和观点出处，体现了专业主义秉持的真实科学态度，同时降低核实信源信息的成本和信息失实风险。

民主风险建构则更多展现社会讨论的意见对立，消息源主体多样，官方、专业人士、普通个体、社会意见集合体、社会组织等均可能出现在报道信源行列。受众阅读报道的恐惧诉求的构建源于报道出现的多种分歧意见，人们倾向认为话题在社会主流无法达成价值共识，令趋于和谐的社会整体出现分化和对峙，将冲击原本稳定的结构关系和传统的判断标准。

3. 技术判断克制理性，民主观点对立互斥

从消息源的态度倾向看，沿技术路径建构的报道整体理性谨慎，采信的消息源基于掌握的事实逻辑和细节推理，做出"有一分证据说一分话"的判断，同时消息源不容易转变立场阵营，除非外在客观因素改变或主动做出妥协，一般不会呈现个人过激观点。

民主路径下的消息源态度偏向明显，基于作为第三者的观察或者当事人的体验对议题形成观点，用词和说法生活化且带着更明显的情绪宣泄，抒发类似诉苦、愤怒、痛苦、激动等情绪。这类消息源容易接受其他观点说服而动摇原有想法，加之报道通常先后摆出两个互斥的对立观点，营造隔空质疑、相互挑战的戏剧性冲突，因此民主路径的报道多以均等篇幅展示支持和反对的观点。

科学报道中存在"虚拟中立"的概念，操作富有争议的科学议题时，记者对等呈现正反两方观点，反而将大众注意力错置到不具说服性的观点上。[1] 这点原则用于批判民主路径的风险科学报道是不合理的。概念适用的前提是该争议性议题在科学界已经形成主流判断，媒体需要更多地呈现科学界争议得出的结果。然而对于民主风险的议题，一方面科学界不会超出专业范围对社会层面的风险过多评议；另一方面争议源自各界主体，多种声音观点不应被科学界单一的观点替代和湮没。

---

〔1〕 陆晔、周睿鸣：《面向公众的科学传播：新技术时代的理念与实践原则》，载《新闻记者》2015 年第 5 期。

（三）风险框架的重心后移：提出修复改进方案

深度科技报道通常以"风险刺激—巩固强化—修复纠正"的逻辑进行风险叙事，回应媒介框架理论，第一阶段"刺激确立"对应"风险界定"和"风险成因"，报道指出议题触及风险边界，提到风险成因和影响因素；第二阶段"巩固强化"对应"道德判断"，报道集中的分歧观点一步步塑造和强化公众的风险恐惧；第三阶段"修复纠正"对应"解决策略"，报道最后观照现实风险困境并提出可操作的解决方案或调和观点。

科技领域鲜少出现优秀的深度报道，其中一点原因在于报道为吸引眼球，哗众取宠放大引起恐惧心理的细节和后果，过度集中风险叙事的前两个阶段，呈现科学技术发展对社会的潜在风险，而忽略全景展现现阶段科学界正努力通过技术改进修复缺陷，也忽视为减轻科技对社会的负面影响，社会组织或社会推动者在其中发挥的调和作用。报道片面强调建构受众风险感知，可能造成社会公众不必要的集体性心理恐慌，进而做出非理性的跟风行为，例如媒体仅仅报道"公众抢碘盐抗非典"的事实，而没有提供避免干扰的方案，没有细阅文章受众可能产生恐惧。此外，倾斜性的风险构建反向抑制科学界创新的能动性和积极性，干扰社会科学和人类文明进步的进程。

报道关注的争议性议题即便存在风险，报道者也需要看到风险技术或理论包含的正向效能，从中提出策略性方案，调和科学界与公众的矛盾，承担媒体在科学传播中的社会责任。技术路径报道末尾可以缓和用词的紧张气氛，说明科学家正反复试验、对技术进行修复和测试，技术越来越多用于临床实践，或科学界正探索替代性技术；民主路径的风险报道可以借鉴成功案例提出制度改革的可能，涉及道德伦理的争议话题可以点出哪些社会组织、咨询机构提供专业知识建议和心理辅导，以平复陷入两难选择的个人焦虑。

另外，在构建风险叙事框架以外，深度科技报道还能怎样提升传播力，吸引受众关注？笔者结合案例样本总结出一些策略：协调叙事视角、报道角度、呈现方式三方面的报道构成。深度报道篇幅较长，可以通过系列报道全景呈现事件脉络，因此呈现方式可以更多综合运用媒介技术（图片、音频、视频、虚拟技术、交互技术）等提升受众阅读体验，同时与读者进行互动交流，为其理解争议事件提供参考思路。报道结合自身框架建构需要，可以采用复合叙事视角，既有体验式报道，也有客观视角叙事，也能从个案或群例出发，结合感性、理性叙事引起读者共鸣。

融媒体时代电视时政新闻如何与公众"共鸣"

——基于对央视 G20 杭州峰会报道的思考

王 瑞 *

喻国明教授指出，新闻的社会价值与社会发展的特点是紧密地联系在一起的。[1] 当前，我国正处在社会转型的"深水区"，内外环境的不确定性因素明显增加，新闻在整个社会传播中"唱主角"的中心地位会越来越得到强化。因此，新闻立台仍将是未来相当一段时期整个电视构建影响力的"第一高地"。[2] 可见在当下竞争激烈的媒介生态环境中，新闻节目对电视媒体发展的重要性。时政新闻与国家和人民的大事息息相关，具有重要作用，然而，由于各方面的原因，电视时政新闻与受众心理距离较远，在融媒体时代背景下又面临新的困境，与此同时也存在很多革新的机遇。

一、融媒体背景下电视时政新闻的传播困境与革新机遇

（一）融媒体背景下电视时政新闻面临的困境

时政新闻具有极强的新闻性，是电视新闻中最重要的内容。然而，由于其背后蕴含着一定的意识形态，加之受宣传纪律、传

---

* 王瑞，西北政法大学新闻传播学院 2016 级硕士研究生。

〔1〕 喻国明：《"互联网＋"时代关于"新闻立台"的思考》，载《中国广告》2015 年第 12 期。

〔2〕 喻国明：《G20 报道大赢家"北京时间"的融媒体实验》，载东方网，http：//finance.eastday. com/eastday/finance1/Business/node3/u1ai8585. html，访问日期：2017 年 4 月 28 日。

统传播方式等各方面的影响，与其他新闻相比，时政新闻一直以来都给受众留下形式化、枯燥、宣传痕迹重的刻板印象。随着新媒体技术的飞速发展，当下的媒介生态发生了深刻的变化，在这个时代，受众的阅读兴趣、信息获取方式、消费场景、媒介的内容生产方式、服务方式都发生了转变，电视时政新闻面临着新的困境和挑战。

首先，电视作为传统媒体的信息生产权和话语权被分解。在新媒体出现之前，电视台生产出一条新闻，它承担着告知、解释、评价等一系列功能。然而，在媒介融合背景下，这个过程一步步地被更多的内容生产者所分担，事件发生地的亲历者和围观者，甚至无人机，分担了告知的部分。微博、评论、微信公众号、知乎等等，个人和小微内容机构在事件的解析层面，也剥笋一般，将纵深的、关联的方面一层层探寻下去。从内容生产到信息传播，从速度到广度再到深度，整个电视媒体都面临着诸多挑战和激烈竞争，时政新闻也不例外。

其次，受众阅读方式发生转变，注意力被分解。随着移动互联网技术的发展，我国的手机网民队伍在不断壮大，手机成为人们获取信息的主要终端。新媒体因其强大的交互性、即时性、便捷性、海量性等一系列优势在一定程度上极大地满足了用户的需求，受众有了更多选择的余地，电视的开机率大幅下降。此外，随着社会转型的深刻变革，融媒体时代的受众心理和阅读习惯也随之发生了转变，逐渐呈现出移动化、碎片化、娱乐化的特点。

最后，电视时政新闻本身形式僵硬，文风刻板，缺乏民生视角。电视时政新闻主要集中在报道党政活动、重要会议，解读重大方针、政策等方面，不同于其他新闻，时政新闻受到各个部门严格的管控，记者的灵活性较低，久而久之，形成了听从上级安排，被动接收新闻线索的习惯。具体到某一个报道中，很少主动挖掘时政新闻中的新闻点，而是采用发通稿的方式，以宣传的口吻播出，文字刻板，形式僵硬，缺少鲜活性、生动性和可视性。电视采编手段中最鲜活的形式没有得到充分利用，给观众留下枯燥无味的感觉，不利于信息的传播。

（二）融媒体背景下电视时政新闻的革新机遇

在当前融媒体背景下，尽管电视时政新闻在激烈的竞争中面临着上述诸多挑战，但电视台的新闻传播者有着丰厚的人文历史素养和专业主义精神，仍然拥有自己的生存空间，而且在很多方面处于优势地位且独具特色，深入挖掘这些优势，则会发现时政新闻的发展机遇。

首先，融媒体时代，"新闻立台"的理念仍未过时，时政新闻关系电视媒体的传播力、影响力、公信力和舆论引导力。喻国明教授曾讲到，新闻是电视媒体诸种社会功能中的"重器"，这一点即使到了互联网时代依然是不会改变的。新闻履行社会的守望功能；它在相当大的程度上决定着"社会视野"、"议程设置"和"舆论导向"，一个电视机构的"社会分量"和社会价值很大程度上取决于它在新闻传播中的影响力和权威度。因此，以"新闻立台"仍是电视台的不二法则。[1] 笔者特别赞同喻国明教授的这个观点。近年来，在新媒体崛起、传统媒体唱衰的媒介环境下，各大电视台都制定了"一招鲜"的办台策略，比如湖南卫视以"快乐中国"为口号，主打综艺，取得了较好的效益，这在某种程度上说明了"一招鲜"的确是一种有效的竞争策略和提升自身影响力的手段；然而，一档节目总会结束，观众的审美终究会疲劳，我们必须思考它所带来的市场价值和社会影响力的稳定性、持续性问题。新闻节目产生着直接的社会效益，尤其是时政新闻作为硬新闻，在社会中扮演着沟通、协调、服务和监督等重要角色，如果把握此优势，做好时政新闻，则会凝聚公众注意力，提高舆论引导力，增强电视台的影响力和公信力。

其次，互联网时政新闻信息服务受到管控，电视时政新闻生存空间拓展。2017年5月1日，国家互联网信息办公室室务会议审议通过了《互联网新闻信息服务管理规定》，自2017年6月1日起施行。根据第5条规定，互联网站、应用程序、论坛、博客、微博客、公众账号、即时通信工具、网络直播等形式向社会公众提供互联网新闻信息服务，应当取得互联网新闻信息服务许可，禁止未经许可或超越许可范围开展互联网新闻信息服务活动。新闻信息包括有关政治、经济、军事、外交等社会公共事务的报道、

---

〔1〕 喻国明：《"互联网＋"时代关于"新闻立台"的思考》，载《中国广告》2015年第12期。

评论，以及有关社会突发事件的报道、评论。[1] 这就意味着，国家对互联网时政新闻信息服务的把控更严，新媒体介入此领域的门槛更高，在此背景下，电视时政新闻与新媒体相比，具有其无法比拟的权威性、专业性和较强的公信力和影响力，与报纸杂志、广播等传统媒体相比，具有表达形式生动等特点，其优势可以得到发挥。

最后，新技术进步，可以丰富时政新闻的表达形式，拓展传播渠道。科学技术的发展一方面促进了各类新媒体的崛起；另一方面，随着数字化、高清化、互动化和虚拟化的推进，新的技术为电视时政新闻提供了新的制作手段、传输渠道、播出平台和感受方式。例如，视频直播技术的进步，可以使记者在没有制作团队或专业直播设备的情况下，仍能在第一时间对突发事件进行现场直播，提高新闻的时效性，通过各类直播平台，受众和记者可以随时互动，记者也可以根据受众的提问进一步完善采访；再如，VR 技术的引进，丰富了演播室的视觉体验，将观众带到新闻现场，为原来枯燥的时政新闻注入新鲜活力。在传播渠道上，电视台也可以借助微博、微信、APP 等各类新媒体，拓宽传播渠道，提高影响力。这些都为电视时政新闻的改革提供了良好的契机。

二、融媒体时代央视在 G20 杭州峰会报道中的新闻实践

作为主流媒体，央视素有"新闻立台"的传统与建树，经过多年新闻立台的实践，它的传播力、公信力、影响力随之增长，其时政新闻报道堪称电视媒体中的典范。融媒体背景下，央视在 2016 年 G20 杭州峰会期间，以去会议化、多样化的报道为中心，充分运用新技术，突出融媒体传播，形成立体传播态势，生产出一系列优秀的新闻产品。认真总结并分析央视 G20 杭州峰会报道的新闻实践，有利于今后电视媒体对时政新闻进行改革和创新。

（一）文风创新：将叙事方式引入时政报道

以前提起时政新闻，我们总会不由地和"宣传""会议""官腔说教""枯

---

〔1〕中国网信网：《互联网新闻信息服务许可管理实施细则》，载 http://www.cac.gov.cn/2017－05/22/c_1121015789.htm，访问日期：2017 年 5 月 16 日。

燥"这些词汇联系在一起。党的十八大以来，从中央到地方各级媒体积极改进文风，取得了一些成效，但时政新闻仍然是新闻报道中较难突破的一个堡垒。此次 G20 杭州峰会中，央视进一步改进报道风格，一改时政新闻报道中的老套路，文风清新，成为重大时政新闻报道的风向标。

G20 召开之前，央视首先发布了《喜欢你，在一起》和《G20，杭州再出发》两部宣传片。作为预热，这两部宣传片摒弃了以前宣传片理性、宏大的报道风格，形式活泼，充满活力和时代气息，一经发出，就在朋友圈等各大社交媒体中广泛传播，与公众形成共鸣。《喜欢你，在一起》将时政报道中的宏大叙事变为更为感性、更为亲切的细节，以各行各业里的人为主要元素，以符号化的影像传播将杭州的地缘特色和历史文化特点聚合在一起，在轻松、年轻、充满活力的传播氛围中勾勒出我国政治、经济、文化等各方面的发展状况。《G20，杭州再出发》采用动漫表现形式，以二次元风格和漫威画风直观地呈现出 G20 杭州峰会的参会嘉宾、主要议题、功能和运行机制等。同时，一种叙述化的方式串联了原本枯燥的会议宗旨和成就："2008 年，凛冬来袭，金融危机席卷全球，风云角色纷纷沦陷；风暴之下，独木难支，危机面前……"[1] 这种新颖独特的方式让受众放下了对时政新闻的偏见，达成共鸣，为 G20 议程设置赢得了更广泛的受众群体。

G20 召开过程中，央视推出了"习式妙语之 G20 篇""拥抱 G20"等栏目，以深入浅出的叙事方式，更具趣味性、生动性，使时政新闻更易被公众喜闻乐见。

（二）语态创新：借助技术增强视觉体验

技术变革使新闻传播模式和理念范式产生重大变革，科技产业与新闻业的结合是传统媒体实现跨越式融合发展的重要途径。

央视在 G20 杭州峰会报道中，将技术与新闻深度融合，采用了 VR 和 AR 技术，这两大全新的技术具有强大的复现功能、丰富的交互方式和独特的传播体验，因此，在被用于新闻报道后，增强了新闻的真实性和现场感，为受众带来了新鲜而生动的视觉体验，让原本枯燥乏味、难于表现的时政

---

〔1〕 央视网：【动漫】《G20，杭州再出发》，载 http://news.cctv.com/2016/09/02/VIDEPRJy 4UxtGn8UFJSZ77rx160902.shtml，访问日期：2017 年 5 月 12 日。

新闻变得"活"了起来。《用 VR 看世界难题的中国大案》将五个代表性贫困地区的发展现状立体呈现给受众，让受众可以"身临其境"。《G20 360°》《立体 G20》《G20 观察》等电视时政新闻报道，用 VR 技术通过虚拟现实的全景视频拍摄，最大程度地还原峰会现场，创造出一种"身临其境"的"第一人称代入感"。

AR 技术是将音频等多维信息叠加至文本之上，通过再语境化的信息拓展，实现人与环境的动态交互，它摆脱了空间限制，更强调对真实事物进行丰富与完善，实现虚拟与现实之间的无缝对接。[1] G20 期间，央视利用强大的技术完成了新闻、中文国际、各国国际频道等 30 期 G20 峰会报道特别节目。其中中文国际频道的系列报道《G20 看中国》充分利用 AR 技术，将图片、文字、数据等信息直接展现在演播室空间里，实现了对媒体空间的延伸，立体生动，既拓展了新闻信息的广度和深度，又达到了很好视觉传达效果。

（三）直播创新：融媒体传播

现场直播是最具电视媒体特征和魅力的报道方式，G20 期间，央视以现场直播、特别报道、移动直播和微视频等形式进行报道，在直播内容、形式和技术等方面实现突破，总收视率达 1.58%，观众规模达 4700 万。[2] 首先，央视成立了近千人的报道团队，搭建了十余套直播系统，围绕峰会议程，推出六场直播特别节目，以"G20 全天候"为主题，进行 48 小时直播；其次，融合新媒体，在央视新闻客户端、央视新闻微博、今日头条等各大平台推出，把会议现场第一时间展现给广大受众，抢占了第一话语权。2016 年是移动直播元年，在本次 G20 杭州峰会报道中，央视也亮相自己的移动直播设备，融入直播红海，通过各个移动直播 APP 直播 G20 杭州峰会，移动直播辅助电视直播，成为媒体报道新方式。通过打造移动直播系统，媒体能及时与用户互动，达到了较强的交互性，取得了非常高的访问量；同时，记者根据用户的提问及时完善采访，全方位多角度展示 G20，以一种

---

〔1〕　史安斌、张耀钟：《虚拟/增强现实技术的兴起与传统新闻业的转向》，载《新闻记者》2016 年第 1 期。

〔2〕　CCTV 官网：《全方位高质量完成 G20 杭州峰会直播报道任务》，载 http://www.cctv.com/2016/09/07/ARTI8FLqKCxFXWKcivAbQyO1160907.shtml，访问日期：2016 年 9 月 7 日。

接地气、贴近受众的形式展示了 G20 峰会全貌，一改时政新闻枯燥、难懂的刻板印象，在看懂了 G20 峰会后，进而理解其基本内涵，最终达到"共鸣"的效果，在电视时政新闻报道中树立了典范。

在 G20 杭州峰会期间，央视直播总时长创新闻直播报道历史记录，并实现了四个首次：首次大时段长时间启用央视总部全高清演播室，首次实现电视新闻全程高清播出，首次双机播出《新闻联播》，首次全权负责国际公共信号播出[1]。全天候、全方位的电视直播将信息传播由原本的线性传递转变为一种媒介仪式性的参与和共享，能最大程度地实现"聚众"效果，让受众在参与的过程中共享共同的情感、价值观，从而达成共鸣。

三、融媒体时代电视时政新闻与公众"共鸣"的策略探析

在新闻节目中，时政新闻是需要重点改革的对象。时政新闻是新闻节目中的重要组成部分，是提升电视影响力和公信力的关键，然而，却因其报道形式僵化、传播方式死板等原因大大影响了传播效果，疏远了与受众的距离。通过对央视 G20 杭州峰会报道的新闻实践探析，笔者总结出以下的改革路径。

（一）理念：尊重传播规律，变宣传为传播

时政新闻不仅要服务大局，也要体现群众的价值导向，而不能使其成为自说自话的单向传播。时政新闻与政治分不开。喻国明教授认为政治就是把尽可能多的人拉到自己的阵营来。反过来，如果我们的立场、感情、欲求与大多数人相悖，无论出于什么理由，都叫做不正确。引导群众达到特定政治目标不能靠强扭，顺势而为、因势利导，是最基本的政治方针。过去，提到时政新闻，我们总会不由地和宣传联系起来，宣传重在"你说我听"，为受众灌输某种观点，而传播则更强调受众地位，注重与受众进行互动，展开对话。融媒体时代，受众接收信息的渠道更加广泛，随着社会变革的深入，受众的思想、价值观念也更加多元，时政新闻不能再以过去高高在上的姿态唱"独角戏"，以宣传的方式制作新闻，而应该讲求传播策

---

〔1〕 CCTV 官网：《全方位高质量完成 G20 杭州峰会直播报道任务》，载 http：//www．cctv．com/2016/09/07/ARTI8FLqKCxFXWKcivAbQyO1160907．shtml，访问日期：2016 年 9 月 7 日。

略，提升传播效果。

时政新闻的背后蕴含着一定的意识形态，然而，由于社会阶层的不同，其利益背景、价值观、思维方式以及社会关切必然存在差异。因此，电视时政新闻应该尊重传播规律，充分研究不同类型受众的需求，最大程度地满足受众，引发受众的共鸣，使传播致效。

（二）内容：创新报道方式，从百姓视角出发

电视时政新闻属于硬新闻，题材重大，这就要求新闻工作者必须谨言慎行，把控严格。但是谨言慎行不是遇事不报，或者缓报甚至不报，也不是一味发通稿以避免出错，更不是以一成不变的形式进行自说自话的单向传播。

时政新闻要达到传播效果，传播者必须把准受众的关注之脉，挖掘新闻点，有针对性地传播。凤凰卫视资讯台总编辑、首席时事评论员阮次山在 2004 年接受人民网专访谈到外宣工作时说：现在我们有许多外宣工作因为不了解对方，所以我们讲我们的，人家听没听，我们不知道。[1] 中国一位外交官也曾经指出，中国的一些外宣产品之所以引不起人家的兴趣，让人家看不明白、听不懂，正是因为缺少对对象的个性研究。这些说法也可以用在关于电视时政新闻的观察中，不尊重受众的信息接收习惯，不挖掘受众想关注的新闻点，高高在上，自言自语，势必达不到传播效果，相反，还会使受众流失。

以前，电视时政新闻为避免出错，总是以发通稿的形式制作时政新闻，发通稿可以减少记者工作量，减少出错，但形式死板，更会忽略新闻中受众密切相关的新闻点。新闻媒体不仅承担着告知的功能，还包括解释，记者在采编时政新闻时，应该突出民生情怀，挖掘新闻中与受众密切相关的新闻点。在具体的传播中，应该注意表达方式，比如可以效仿央视关于 G20 的报道，将叙事模式引入电视时政新闻报道中，增强生动性。在镜头语言表达上，应该丰富画面素材，摒弃画外音还原同期声，塑造有血有肉的领导人形象。与平面媒体相比，电视媒体具有画面化、直观化、感性化、现

---

〔1〕 潘天翠：《阮次山：以中国心看世界——访凤凰卫视资讯台总编辑、首席时事评论员阮次山》，载《对外大传播》2004 年第 10 期。

场化等特点，能够使受众快速捕捉信息，迅速进入要表达的主题。以往的电视时政新闻的镜头只围着领导或者重要人物转，拍摄宏大的大场面，镜头内容单调，而疏于对细节的表现。因此，电视时政新闻应该根据主题广泛搜集素材，丰富画面，突出细节，增强时政新闻的可看性。

（三）表现形式：与技术深度融合，丰富电视时政新闻表现力

视觉化生产是全球新闻业发展的一个重要趋势。时政新闻属于硬新闻，内容严肃，再加上受意识形态的管控，很难做活。但是在融媒体时代，随着科学技术的发展，VR、AR、人工智能、移动直播等技术逐步运用到新闻报道中，为时政新闻表现方式的创新提供了基础，央视关于 G20 峰会的报道形象地说明了这一点。

沉浸式的 VR 影像技术用在时政新闻报道中，可以增强新闻报道的真实感和现场感，同时也能将镜头背后的东西展现在观众面前。AR 技术的多图层意识，让原本的画面构图模式被彻底颠覆，使得那些原本难于表现的电视时政新闻报道题材有了新的样态和创新。3D 动画运用于时政新闻，形象生动，满足当下受众个性化的需求，充满亲和力，有时候能达到事半功倍的传播效果。大数据也是加强新闻可视化的一个策略，以图表的形式简单明了地说明时政新闻中的一些新闻要素，帮助受众理解。移动直播近年来处于井喷的发展态势，同时也逐渐被各大媒体运用到新闻报道中，时政新闻更需要结合此技术，发挥电视的优势，增强现场感和受众的参与感。此外，字幕在近年的电视画面制作中越来越重要，恰当、生动的字幕可以增强传播效果，引导受众产生共鸣。

麦克卢汉的"媒介：人的延伸"的经典论断指出："任何媒介不外乎是人感觉能力的扩展或延伸。"技术的合理应用在一定程度上可以辅助新闻报道，减少信息在传播过程中的衰减，而且还可以拓展新闻报道的广度和深度，延伸受众的感知域，增强新闻的可看性，从而满足受众的需求。电视时政新闻要紧跟技术的发展，大胆尝试，将其融合到新闻报道中，不断创新，提高电视时政新闻的可看性，提升受众的视觉体验。

（四）渠道：融合新媒体，充分互动

电视台在时政新闻报道中虽然拥有品牌优势和新闻公信力，但现阶段面临着新媒体、新的传播方式等各方面的挑战。因此，电视媒体不能固步

自封，更不能将其作为竞争对手，而是要做到与新媒体"握手言和"，积极进行媒介融合，利用好新媒体，守好话语权高地。

目前，各家电视机构都开通了各大新媒体平台，包括门户网站、微博、微信、手机 APP 等。然而，问题是平台虽然开通了，但在运营方面还存在不足，有的只是原样转载电视内容，没有充分利用新媒体。当下电视台不能只做新媒体的"搬运工"，在处理新闻线索、采访过程中、报道结束后的各个环节都需要有融媒体意识。新媒体传播技术先进，表现形式丰富，互动性强，尤其在移动互联网时代，手机网民数量与日俱增，社交媒体已成为人们的生活习惯，成为主要的接收方式之一，电视媒体要利用好新媒体，与受众积极互动，为用户提供服务，成为电视内容的"左膀右臂"。例如，借助微博平台，可以在微视频上下工夫；利用好 H5 技术，增强时政新闻的可视化传播效果，提高交互性。移动视频直播可以拓展时政新闻的广度和深度，同时可以拉近与受众的距离，增加互动，与受众产生共鸣。

总之，渠道和内容好比人的两条腿，电视时政新闻报道终究不能一条腿走路，在保证精品内容的同时，要与新媒体合作，与技术融合，主动适应新兴媒体平等交流、互动传播等特点，满足用户个性化、多样化的信息需求。

结语

电视媒体作为传统媒体，身肩道义，肩扛大旗，在融媒体时代更不能掉队。时政新闻是其竞争的重要法宝，面对时政新闻传播力、影响力不足等问题，要善用新理念、新思维，敢用新科技、新手段、新形式，积极与新媒体融合，让时政新闻的内容更加贴近受众，形式更加亲民，与受众产生共鸣，从而以高质量的新闻作品在舆论场占据舆情制高点，提升媒体的舆论引导力，传播"好声音"。

新闻聚合平台内容自生产系统运营的风险及其规避

——以"今日头条"为例

安 东[*]

2016 年 7 月,"今日头条"对"东方 IC"进行了战略投资,虽然具体投资数额目前仍不明确,但可以确定的是,该笔交易已经完成。2016 年 9 月 20 日,"今日头条"则宣布投资 10 亿元用以补贴短视频创作,开始加入短视频领域的竞争。而早在 2015 年,"今日头条"即推动实行了"千人万元计划",用以激励头条号的内容创作。

"今日头条"的种种举动,均反映了"今日头条"的发展逻辑和今后的重点方向,即着手建立自己的内容生产系统。然而这种对内容自生产的追求是否必然带来渠道经营商的一劳永逸,笔者对此并不认同。

笔者试图运用纵向一体化理论,对"今日头条"建立内容自生产系统的利弊进行分析,并提出风险规避的策略。

一、研究背景

"今日头条"是一款基于数据挖掘的推荐引擎产品,通过对用户阅读习惯、社交行为等相关信息的综合计算分析,了解用户的兴趣所在并基于此计算结果而为用户提供个性化的信息。

自 2012 年 8 月正式发布第一个版本以来,"今日头条"目前

---

* 安东,西北政法大学新闻传播学院 2015 级硕士研究生。

累计激活用户数已逾 5.3 亿，入驻头条号共 16 万，其中包括 12 万自媒体头条号，以及政府、媒体、公司等其他类型的头条号约 4 万个，拥有了足量的用户基数。而在资金方面，"今日头条"已于 2014 年获得 C 轮融资，两年过去，"今日头条"也再无融资消息曝出，可见公司整体收益可观。

问题在于，"今日头条"在渠道上的成功，却也使得其内容生产上的短板效应愈加凸显。因此，"今日头条"的纵向一体化，一方面是互利共赢的结局，然而另一方面却也有可能因此而带来其他问题。

二、优势考量

纵向一体化理论由新制度经济学奠基人罗纳德·科斯（Coase. R. H）提出，后经由威廉姆森对其进行进一步完善，是指企业在两个可能的方向上扩展现有经营业务的一种发展战略，它包括前向一体化和后向一体化。经济学上，沿产业链占据若干环节的业务布局叫做纵向一体化。

纵向一体化能够为企业带来一系列好处，于"今日头条"而言，其可预期利益在于：

（一）节约交易成本，稳定交易关系

在威廉姆森的纵向一体化理论中，交易成本是一个重要的概念，其主要包括交易的事前成本和事后成本。事前成本如协议的起草、谈判的成本和保障协议被执行所需的成本，事后成本包括错误应变成本、争吵成本、治理机构的建立和运转成本、使承诺完全兑现而引起的约束成本。

在交易的初步谈判和决策过程中，交易方会基于自身利益做尽可能全面的风险和利益评估，以谋求风险最小化和利益最大化。但是，交易方无论采用怎样的风险预测和技术手段，交易方既不能完全搜集签约所需相关的信息，也不能预测未来各种可能发生的变化，从而在事前把这些变化一一讨论清楚写入合约的条款中，无法把任何风险和利益预测到完美状态，因此，合约总是不完全的。在这种情况下，交易当事人也许就要消耗资源选择某种仲裁方式，以便发生不测事件、双方出现分歧时合理地加以解决，而这必然增加交易成本。

通过合约来达成交易的行为所带来的另一隐患在于可能会面对机会主义的不利。机会主义行为指的是人们在交易过程中不仅追求个人利益的最

大化，而且通过不正当手段来谋求自身的利益，例如投机取巧、有目的和有策略地提供不确实的信息，利用别人的不利处境施加压力，等等。机会主义者在有可能增加自己的利益时会违背任何戒条，例如不守信用，并有意发出误导他人的信息，或者是拒绝向别人透露他持有的而别人需要却又缺少的信息。

对于"今日头条"而言，同其他传统媒体进行版权交易时，是有可能面临交易关系发生变动、双方信息不畅通、内容提供者"一文多卖""一图多卖"等不确定风险的，甚至出现内容提供者在获得一定成功之后坐地起价，增加成本，典型的案例为2001年盛大收购并控股38%的韩国Actoz公司（以下简称"Actoz"）。

2001年，盛大董事长兼CEO陈天桥付30万美元给Actoz，并在之后付出27%的分成费，取得了韩国Actoz《传奇2》在中国的代理销售权。

由于《传奇2》在中国的火爆，Actoz也得到了不少好处。但是，Actoz和盛大的两年合同在2003年到期，他们对当初定下的价钱并不满意，因此提出了重新制定版权费和分成比例的要求，遭到盛大拒绝。此后，Actoz和WEMADE（Actoz的参股子公司）多次将盛大告上法庭。

因此，于"今日头条"而言，纵向一体化能够避免内容生产者在巨额利益之下违约，坐地起价，导致事后成本的无端增加，降低因合约之不确定性而带来的风险成本。

（二）削弱供应商的价格谈判能力

渠道产业在形成内容的自生产系统之后，能够给自身带来安全性，同时也会因此而增加同其他内容提供商的谈判能力。

2015年，"今日头条"推出了"千人万元计划"以扶持优质内容的创作，张一鸣在"头条号创作者大会"中宣布，在未来一年内，头条号平台将确保至少1000个头条号创作者，单月至少获1万元的保底收入，对于入选标准，不单单以阅读量为考评，特别强调内容的质量。而目前"今日头条"已经实现了文字、图片和视频的内容结构布局，完善了内容自生产系统。

如此，"今日头条"便形成了以外部供应为主、自主生产为辅的战略格局，可有效降低外部供应的不确定性，并增加同外部内容供应商的谈判筹码，一定程度上可提高谈判中的话语权。

（三）提高进入壁垒

企业实行纵向一体化战略，可以使关键的投入资源和销售渠道控制在自己的手中，从而使行业的新进入者望而却步，防止竞争对手进入本企业的经营领域。如此，不仅保护了自己原有的经营范围，而且扩大了经营业务，同时还限制了所在行业的竞争程度，使企业的定价有了更大的自主权，从而获得较大的利润。

"今日头条"建立内容自生产系统，也会促使其他的渠道经营者继续向上游的内容产业进军，这会增加其竞争对手的资金投入。与此同时，在经历过"今日头条"利用自身版权获利的教训之后，作为内容生产主力军的其他新闻媒体也会增强防范意识，强化版权保护。如果有新的竞争者要加入渠道竞争，只能依靠大量资本去建立自身的内容生产系统，或者凭借技术手段抓取其他新闻媒体的内容加以利用，但无论如何，后进的竞争者的成本必然被迫抬高，面临资本压力或者法律风险。

三、风险考量

（一）优质内容面临整合短板

在信息爆炸的时代，受众已处于信息洪流的冲击之中，此时，相对于传统的新闻媒体，新闻聚合平台的"聚合性"便凸显出了其价值所在。

但是，"今日头条"这样的新闻聚合平台所需要聚合和分流的，是优质内容。笔者所讲的优质内容，并非是碎片化的信息内容，而是将碎片化内容进行资源匹配，实现模块化传播。如此，一者可以避免大量内容的无效重复，从而降低用户体验，二者则可以对同一事实实现不同角度的切入，增加受众的趣味性。

然而，这种强大的内容整合和策划能力，却绝非"千人万元计划"这样的小型头条号可以实现的。简而言之，头条号可以实现小众生产，却无法实现资源的宏观整合。就当前来看，大量信息内容的整合策划能力，最好不过是传统的新闻媒体。

根据最新消息,"今日头条"2016年的收入目前已过60亿元,[1]从绝对数目上十分可观,然而,当这一收入平均分配给16万的"头条号"之后,每个头条号每月收入只有3125元左右。因此,尽管"今日头条"目前资本雄厚,但是仍然不足以建立一个完全的内容自生产系统。

在这种情况下,如果"今日头条"继续向上游产业突围,并同时要做好渠道经营的话,"今日头条"的力量将被分散,并且面临两难境地:内容生产上无法同具有强大内容生产能力的传统媒体竞争,渠道上随时可能被其他新兴技术和后起竞争者超越。

(二)外部合作成本增加

纵向一体化可以令企业依赖自己的场内活动而非外部的供应源,而这样做所付出的代价可能随时间的推移而变得比外部寻源还昂贵。

就"今日头条"来讲,纵向一体化可能切断来自供应商的信息提供。如果"今日头条"不实施一体化,内容生产者一般愿意积极支持"今日头条",但是在建立内容自生产系统之后,其他的内容生产者面临着的是产品需求减少,此时,内容生产者要么转而寻求其他渠道经营者进行内容分发,要么提高价格,从而获取收益。

如果内容生产者选择第一条路径,那么"今日头条"可能损失因该内容生产者的产品而带来的稳定的用户;如果选择第二条路径,则"今日头条"与该内容生产者的版权合作成本将会增加。

应当认识到,"今日头条"的迅速发展得益于移动互联网发展初期的空白补缺,但是现在随着"一点资讯""UC头条""ZAKER"等新闻聚合平台的增加,以技术手段取得的渠道垄断优势正在逐渐减弱,内容生产者和渠道经营者正在进行着激烈博弈。在此情况下,"今日头条"应当慎重考虑并注重维持同内容生产者之间的合作关系。

(三)降低灵活性

互联网技术在改变着社会格局的同时,也提升了人与人之间信息交流的效率和频率,而社会交往的日益频繁,也势必会带动社会中新闻发生的

---

[1] 《60亿收入进账但盈利仍未可知"今日头条"创始人张一鸣底气何来》,载和讯网,http://bschool. hexun. com/2016 – 11 –21/186981564. html,访问时间:2016年12月9日。

概率，并且这种新闻事件随时随地会发生。因此，要想通过报道新闻来赢取用户的注意力资源，也要将其获取新闻的触角广泛延伸才可。在此情形之下，尽管"今日头条"大力扶持"头条号"的成长，却依然不具备这种建立全球化"新闻触角"的能力。在面对迅疾变化的新闻时，"今日头条"内容自生产系统将面临报道能力缺乏的风险。

四、风险比较

首先，应当承认，"今日头条"这样的新闻聚合平台在专注于渠道经营的同时，向上游内容产业进军必然有其战略上的考虑，一定程度上可以降低因外部合作而带来的不确定性风险，稳定内容供给。

但是，稳定内容供给并不意味着内容生产的完全自主化，首要原因在于现实的不可能性。尽管说现在传统媒体的生存环境极其艰难，但是就新闻内容的生产来讲，其所占据的份额依然庞大，宏观信息资源整合和策划能力仍较强大。在信息爆炸的时代，单靠一家公司或几家公司的力量就能够占领如此巨大体量的新闻生产市场，并不可行。值得注意的是，在内容生产中，新闻往往是其主要构成部分，也是新闻聚合平台之所以能够吸引广大用户的根源所在。以"今日头条"的现状来看，它推荐的内容五花八门，但真正算得上"新闻"的内容，比例走低趋势却很明显。[1] 新闻聚合平台在通过自身力量追求信息数量的同时，新闻的真实性等核心价值往往也会被牺牲掉。

实现纵向一体化的另一考量是关于交易的稳定性，但笔者认为，在现实的环境中，新闻聚合平台大可不必担心新闻媒体违约问题。在我国新闻媒体的价值观中，媒体本身的声誉极为重要，因此，媒体一般不会在机会主义的倾向下牺牲自身的社会声誉。而根据往常的诉讼案例，一直是"今日头条"在违约而非新闻媒体。

其次，关于外部版权合作带来的成本增加、内容生产者坐地起价的问题，笔者认为，这是符合市场规律的正常的交易行为。既然"今日头条"

---

〔1〕《追赶今日头条，"UC 头条"有两个秘密武器》，载雷锋网，http://www.leiphone.com/news/201607/CsM6knSN8FiSrMa0.html，访问时间：2016 年 11 月 29 日。

利用其他新闻媒体的内容获取了利益，那么作为生产者的新闻媒体在合约范围内提出利益诉求也是应有之义。如若"今日头条"借其他媒体版权之利却忽视互利共赢，其结果不仅面临诉讼不断的情况，也会降低未来合作成功的可能性，甚至被其他渠道竞争者给予打击。

最后，纵向一体化战略的确可以抬高渠道经营行业的进入壁垒，增加投入资本。但是，随着人工智能和大数据的逐渐火热，资本市场活跃度的增加，渠道经营者的技术门槛将会降低，获取资金的渠道也日渐多元和便捷，新闻聚合产业将会面临更加激励的竞争，从最早开始纵向一体化形成的门槛优势将逐渐弱化。

此外，基于大数据进行的信息推送，很容易导致信息传播的窄化，即初始推送的信息范围很大，内容丰富，但是随着数据的愈加全面，计算精准度的提升，推送给用户的信息也将越来越类似甚至出现单一化局面。因此，大数据形成的用户行为预测在实现精准推送的同时，也容易因此而阻碍用户关注到潜在感兴趣的资讯。

五、策略建议

作为新闻聚合平台，在向上游内容产业进军，以稳定自身内容供给的同时，应当意识到，同内容生产者的外部合作仍应当是主要策略，一定程度上的内容自生产，只可以作为合作风险的缓冲却不适宜作为主要内容来源。

因此，在专心做好渠道还是既要做好渠道又要做好内容的选择上，笔者更倾向于抓住先机，同重点的新闻媒体进行合作，一者在于交易风险小，二者在于获得较高的抓取效率，内容自生产系统可以作为合作风险的缓冲，却不宜作为主要支柱。

同时在渠道经营上，"今日头条"基于机器算法将信息主动分发，优化机器算法应当是其核心竞争力。因此应当把重心放在改进技术和算法，对信息资源的分类和匹配进行优化，让用户的喜好与机器分发的内容更加深度匹配，持续提升内容分发效率，提升用户体验，保持用户黏性，以此对抗愈来愈多的渠道竞争者。目前，在内容理解与分析方面，以深度学习为代表的人工智能技术，无疑是最佳选择，因此"今日头条"需要花费重金在此布局，以提升自身的分发效率与匹配度。[1]

除了机器算法，还应当认识到，"机器不可能有智慧，机器不可能有使命，机器也做不到价值观，也不可能有很好的文化体系"，[2]因此"今日头条"也应当在机器算法的基础之上，配以编辑加以把关，以避免推荐内容的过度低质化。

在内容评价机制上，不应当仅仅根据内容的阅读量进行信息推送，而应当丰富评价指标，将"阅读时长""评论数量""分享次数"等变量加入评价机制中，甚至可以允许用户对某些内容进行举报，形成包括"正面反馈"和"负面反馈"在内的更加全面的内容反馈数据。

六、结语

对于"今日头条"向上游的内容产业进军的种种举动，笔者运用了纵向一体化理论对建立内容自生产系统的优势和可能面临的风险进行了考量，并将两者进行比较，最终认为：一定程度的内容自生产，可以避免版权交易中的不确定性，也可以在一定程度上降低交易成本，抬高后续竞争者的市场准入门槛。然而，这种内容自生产系统的建立只可以作为辅助系统，却不可能也不应该完全作为内容主要来源，否则只会导致优质内容面临整合短板，外部合作成本增加，同时也无法适应社会剧烈变化带来的信息需求。

相比纵向一体化，"今日头条"更应当将重心放在渠道经营上，通过优化算法和改变内容评价机制，提升内容质量和用户体验，以对抗愈来愈多的渠道竞争者。

---

[1] 张浩：《从今日头条背后的商业逻辑 看它如何突破腾讯的围剿》，载 http://www.chinaz.com/start/2016/0513/531161.shtml，访问时间：2016 年 12 月 9 日。

[2] 马云在 2016 年云栖大会上的发言。

传播机制研究

新媒体生态下的网络谣言传播机制

——基于问卷调查的实证分析

项 飞[*]

一、引言

2015 年"8·12"天津港爆炸事故发生后，网民即刻投入到了关于此次重大事故的消息传播中，其中多以微博、微信等自媒体用户为主，当之无愧地成为各种消息传播的"先锋"。

从事故发生到 8 月 13 日 20 时，据某舆情监测统计数据显示，共监测到有关舆情数据 5000 多万条，其中新闻有 60 多万条，论坛7000 多条，博客接近 2000 条，微信 19 000 多条，而微博则达到了惊人的 5000 多万条。对于此次天津港爆炸事故的发生，网民们都或多或少地利用自媒体平台表达自己的观点，这其中的一小部分群体由于观点片面局限以及对政府存在着某些刻板偏见，进而导致各种不经思考的谣言产生，随即在网络上获得了大范围的传播。事故中这些各式各样的谣言反映了谣言生产者的自身需求以及人们脑海中传统思维模式的碎片化，各种不同群体各自的利益诉求在这一特殊时间段集中迸发，其花样之多、更新之快、传播之广让人应接不暇。纵使权威官媒在不断地公布公开数据，力求信息透明，可依旧不能避免谣言的不断出现和扩散。

本文以谣言传播为对象，分析新媒体情境下网络谣言传播的

---

* 项飞，西北政法大学新闻传播学院 2016 级硕士研究生。

成因、特点以及人们对信息的认知过程，进而提出具有针对性的对策以应对谣言的肆意传播，为相应的管理者和决策者提供参考。就理论意义而言，本文在一定程度上将丰富新媒体形态下网络谣言传播的相关理论研究。

二、相关理论与研究综述

（一）谣言传播研究的相关理论

谈到谣言的定义，学者们是众说纷纭，例如，童兵在《新闻传播学大辞典》中认为谣言是"没有事实根据的传闻、捏造的消息"；[1] 周裕琼2012年著《当代中国的网络谣言研究》时指出，谣言产生于人们的议论过程中，是一种对现实世界的假设，是一种即兴的新闻，它未经官方证实，却在民间广为传播；[2] 美国社会学家奥尔波特和波斯特曼也对谣言的概念做了阐释，他们认为，谣言是一种关于当时所发生事件的命题，其真实性无准确资料可证，却以口耳相传的方式作为媒介广泛传播，使公众对其产生信任。[3] 由此可见，纵使各家对于谣言的界说各式各样，可自始至终都避免不了一个关键要点，即谣言具有新闻性。在这里，我们可以暂且这样理解谣言：它是一种被广泛传播的具有特定指向性的未经官方证实的消息，会在某种程度上引起人们的好奇或恐慌。

借助于人类互联网技术的突飞猛进，网络谣言适时而生。从本质上看，它是一种以网络技术为载体的信息交互的过程，可以说，网络谣言的出现是谣言在新媒体环境下的必然选择。如果要为网络谣言下个定义，笔者认为可以这样去理解：网络谣言是基于互联网媒介，通过特定的信息传输工具去传达，能够引起受众注意力的未经证实的阐释或诠释。随着互联网技术的发展，特别是以微博、微信为代表所开辟的自媒体时代的到来，使"人人都有麦克风"成为常态，进而使人们对于社会中公共事件的讨论和发声也呈现出扩大化和多层次化的趋势，正是在这种环境下，网络谣言的出现成为可能，不可避免地成为互联网发展的"副产品"。

---

〔1〕 童兵：《新闻传播学大辞典》，中国大百科全书出版社2014年版，第76页。
〔2〕 周裕琼：《当代中国的网络谣言研究》，商务印书馆2012年版，第291页。
〔3〕 ［美］奥尔波特等：《谣言心理学》，刘水平、梁元元、黄鹂译，辽宁教育出版社2003年版，第43页。

（二）研究现状综述

关于网络形态下的谣言传播，国内学者从不同角度对其进行了研究分析，如：中国人民大学陈力丹教授在《畸形的舆论形态——流言的传播》一文中，通过对受众各种社会心理因素的分析，探究流言的产生与变异；[1] 中国传媒大学隋岩、李燕在《从谣言、流言的扩散机制看传播的风险》中注重从人际传播和群体传播方面来探究谣言产生的源头与风险；[2] 上海大学社会学博士程中兴在《谣言、流言研究——以话语为中心的社会互动分析》中，从话语主体、焦点人物或事件、群体的社会记忆、话语形式四个方面的话语互动来解读谣言、流言的传播；中国人民大学的匡文波、郭玉丰在其《微博时代下谣言的传播与消解》中则是借鉴奥尔波特的模型来建立网络谣言传播、扩散及消解模型。[3] 总体来说，国内针对网络谣言的研究多是集中于以受众为主体来探究，而对于信息发布者、网络管理者在整个谣言传播过程中所扮演的角色及作用的研究则有所欠缺。本文将从传者、受者、管理者各个维度来分析网络谣言传播，从整体上来把握它的作用机制。

三、网络谣言成因及传播的问卷调查

谣言的传播和扩散，被认为是严重的心理和社会问题，网络谣言的产生让这个问题变得更为严峻，特别是在公共事件突发时更是如此。每当社会环境动荡，社会秩序紧张，诸多不实的消息就会在顷刻间迅速传播，很多原因都可能导致突发事件中网络谣言的产生。

（一）调查数据分析

本次问卷调查的目的在于在一定范围内了解人们对于网络信息传播的看法，探求网络谣言产生的原因。调查在 18 个省份各个年龄层人群中根据随机抽样的方法在网上进行问卷填写。本次实践调查共发放网上调查问卷

---

〔1〕 陈力丹：《畸形的舆论形态——流言的传播》，载《记者摇篮》2011 年第 5 期。

〔2〕 隋岩、李燕：《从谣言、流言的扩散机制看传播的风险》，载《新闻大学》2012 年第 1 期。

〔3〕 匡文波、郭玉丰：《微博时代下谣言的传播与消解——以 7·23 甬温线高铁事故为例》，载《国际新闻界》2012 年第 2 期。

240份，收回有效问卷228份，问卷的有效率为95%。有效样本中，13-16岁人数3人，17-28岁人数152人，29-50岁人数70人，50岁以上3人；男性88人，女性140人，本文对收集到的问卷进行逻辑筛选与录入，运用统计工具对数据进行分析。

1. 社交媒体是谣言产生与传播的主要载体

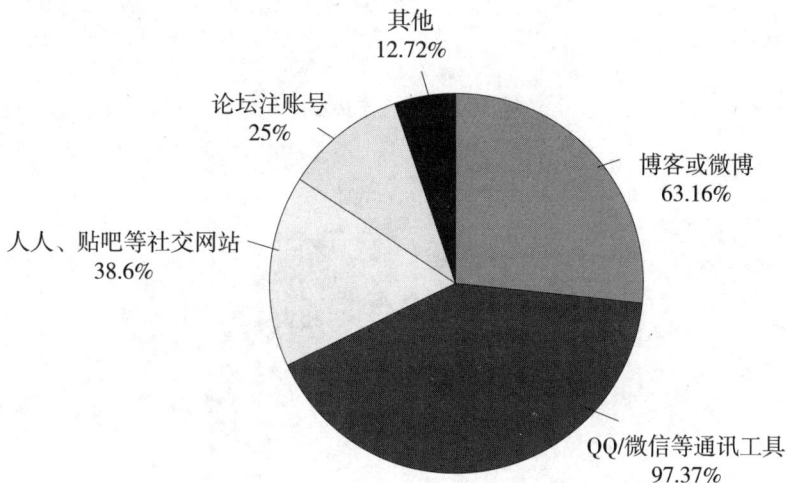

其他
12.72%

论坛注账号
25%

人人、贴吧等社交网站
38.6%

博客或微博
63.16%

QQ/微信等通讯工具
97.37%

图1　社交媒体使用情况

统计图中（见图1），微信、微博等社交媒体的网络用户拥有量最多，QQ、微信在本次调查中的占有率更是达到了97.37%，几乎达到了人人拥有的程度，可见，在网络新媒体时代，以微信、微博为代表的拥有自主发言权的自媒体平台成为谣言传播的最主要的载体。

2. 受教育水平与网络谣言辨识能力成正比

在此次调查中，学历为本科的群体占了绝大多数，如图2：

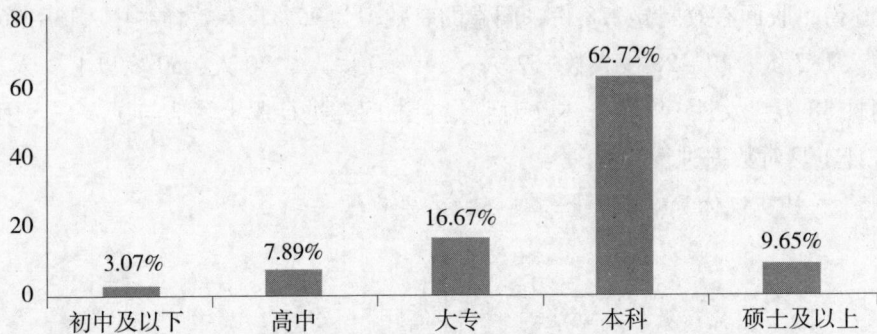

图2 受访者学历水平

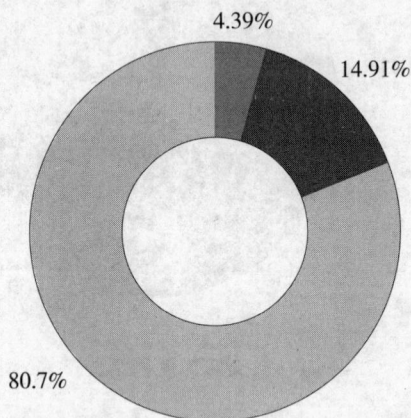

■ 虚拟世界，想怎么样就怎么样，可以任意发表言论，反正没人能查出来

■ 应该是不完全虚拟的吧，就算在网上发表一些不好的言论，也要提前隐藏好IP地址

网络世界有其与外界相通的规则，即使在网上，也不发表不正当的言论

图3 如何看待互联网

两者都没有，4.39%

只意识到道德责任，6.14%

只意识到法律责任，4.39%

两者都有，85.09%

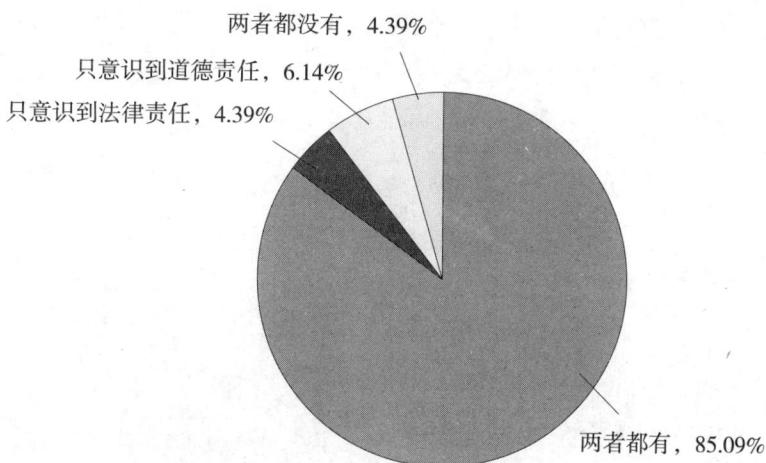

图4 受访者对上网时所承担责任的认识

根据样本数据反映，在调查中，对于互联网的认识以及上网时所承担的责任这两项选择中，能够做出理性选择的网民还是占了绝大部分，基于前面所示，本次调查中高学历以上人群占绝大多数，能够得出受教育水平的高低和辨识网络谣言的能力之间存在着正向的关系。

3. 网络舆情环境严峻

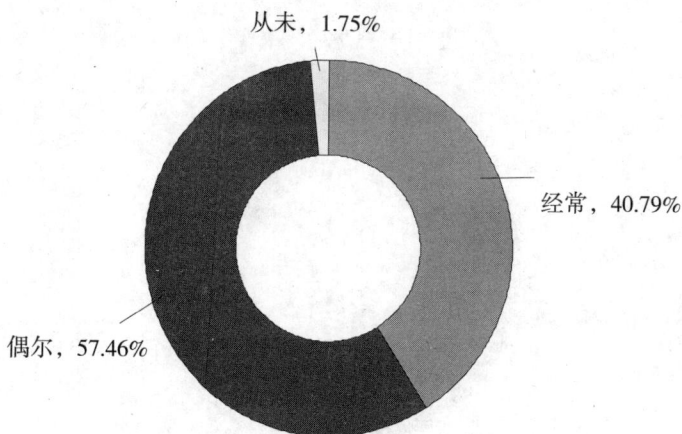

从未，1.75%

经常，40.79%

偶尔，57.46%

图5 受访者与网络谣言的接触频率

调查中,在问到"您是否经常接触到网络谣言"这一项时,如结果所示,40.79%的网民表示经常遇到,57.46%的网民偶尔遇到,可见,谣言就存在于我们的身边,我们时时刻刻都能感受到它的存在。

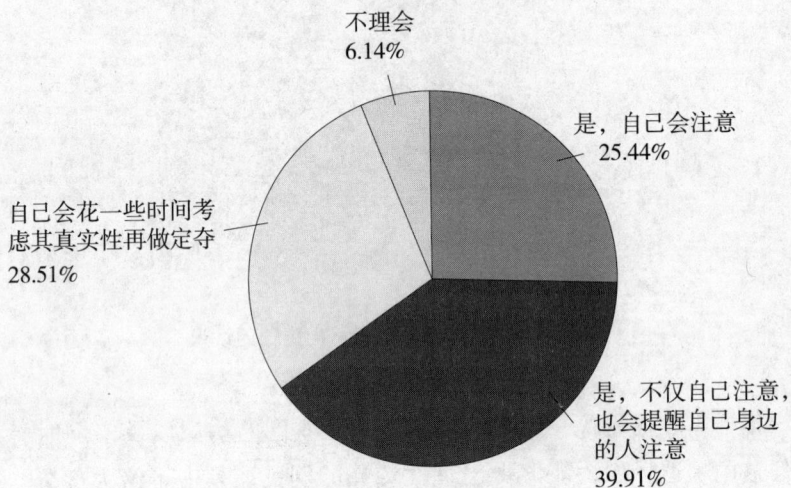

图6 网络谣言对生活的影响

在"网络谣言是否会影响到您的正常生活"这一项中,过半受众选择了"是",并且会留意它的存在。

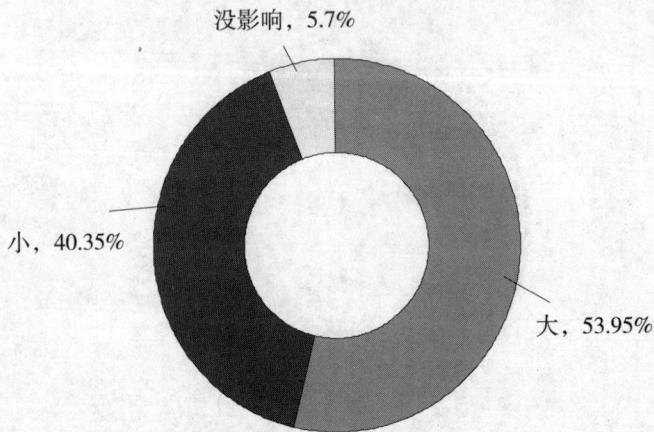

图7 网络谣言对生活的影响大小

在"网络谣言对自己身边人的影响是大还是小"这一项中，过半受众选择了"大"。

综上可见，各式各样的网络谣言充斥在我们的周围，而现阶段我国网络舆情治理的无序和混乱无疑给网络谣言的滋生和传播提供了温床，建设和谐有序健康的网络环境任重道远。

（二）网络谣言的特点

网络谣言不同于以往传统的谣言传播形式，它搭载着技术革新的快车在当代社会中疾驰，也正是由于技术所带来的突破，让谣言在网络时代具备了新的特点。

1. 传播的迅疾性

在笔者看来，在当前的新媒体时代，信息的传输成本相比于过去大为减少。现在，手机早已实现了随时随地上网的功能，微博、微信等自媒体平台又为网民开辟了广阔的天地，使得其在传播上的优势凸显。例如某些公共事件突发后的短时间内，会产生众多未经核实的消息，某些网络"大V"和网友把其中的一些编成段子抑或谣言大范围传播，另外还有一些微信账号，其后台编辑在未向相关机构核实的前提下，就将在朋友圈中获知的不实消息编写成微信进行发布，从而使谣言经过多次的扩散流动，造成了相当严重的后果。

2. 求证的困难性

传播一条谣言轻而易举，证实和辟谣的成本却要高昂很多。显然，这会出现两种可能，其一，网络"大V"们如果代表了正确的舆论方向，会引发网民们的认同，进而可以合理有效地引导舆论。其二，"大V"们如果随手转发一条不实消息，则是对谣言的扩散火上浇油。

笔者认为，作为社交软件的微博就像"广场"的作用一般，各种不同的信息在此汇聚，相互证伪，另外，它还有为网友澄清真相、进行辟谣和净化的功能。而对于微信来说，其信息传播环境相对封闭，自我澄清能力弱，谣言发布之后，求证和辟谣的难度相对微博来说更大。

3. 诉求的多样性

我国正处在转型期的社会当口，各式各样的社会矛盾和冲突交织在一起。民众在受到不公正的对待后,自然具有维护自身合法利益的诉求。而突发事件的网络舆情管理呈现出多元化的趋势,这也正体现了多元化的利益诉求。至于不满、恐惧、好奇等各种情绪,更是助推了人们轻信谣言、传播谣言的可能性。

可以说,网络舆情治理混乱,尤其是网络谣言问题,已经开始引起各界的强烈关注。

(三) 突发事件中网络谣言成因分析

1. 突发公共事件的重要性

谣言的产生通常伴随着突发公共事件的发生。美国社会心理学家奥尔波特在其著作《谣言心理学》中,明确提出谣言产生所需的两个基本前提:其一,事件的主题在一定程度上对于谣言的发布者和听信者极具重要性;其二,出于某些原因真相必须被掩盖,即事件的相关信息具有模糊性[1]并且,根据奥尔波特所提出的谣言公式,即 R (谣言的影响) = i (事件的重要性) * a (信息的模糊性),可知事件的重要性及其相关信息的模糊性程度越高,谣言产生的效力越大,反之越小。而公式中任一变量无限接近于零时,谣言则不会产生。

一旦突发重要性极高的公共事件,其重大的影响力必然在短时间内引发网民广泛而热切的关注。天津港 "8.12" 事件与危化品处置、特大失火及环境污染等问题关系密切,使人民群众的生命与财产安全受到威胁,于是在事件初发期产生了大规模的影响,给网民造成了巨大的视觉冲击和强烈的精神震撼,网民寻求事件真相的焦灼情绪无形中为谣言的出现与扩散提供了条件。此时来自于任何传播渠道的相关信息都会给公众带来直接且强烈的影响,而微博作为近年来最受公众欢迎的信息传播渠道之一,较短时间内能够集聚众多信息,无疑给谣言的滋长创造了环境。

突发公共事件由于其本身的重要性和突发性,在发生后极易与民众想要获知真相的需求所契合,民众出于对事态发展的预判以及对自己所产生的可能影响的诉求,在短期内会形成对事件的连续跟踪,正是这种广泛集

---

〔1〕〔美〕奥尔波特等:《谣言心理学》,刘水平、梁元元、黄鹂译,辽宁教育出版社2003年版,第82页。

中的注意力集聚，给谣言的传播营造了相当程度的生长环境。

2. 相关信息的模糊性

除事件的显著性重要程度之外，相关信息的模糊性也决定了谣言的影响力。这主要是由于官方信息公开度低和更新滞后，难以取得公众信任造成的。

当人们对所处周遭环境缺乏必要的信任，且大众传媒等正式传输通道不畅通或其作用降低时，由于信源不明，一系列含有指向性的消息或言论通常未经官方证实便被肆意传播。作为一种主要的集合行为的信息形式，流言的扩散会引发公众的密切关注，从而给社会带来一定程度的消极影响。

在过去，政府通常采用屏蔽部分信息的方式来控制突发公共事件后的社会舆论，以降低消极影响。但随着网络信息技术的日益更新，以往的处理方式已不能达到稳定公众情绪的目的，人们更加期待的是来自官方媒体的声明。

回顾"8.12"事件，在瑞海公司危化品货仓爆炸事故发生之初，公众能够获悉的信息较少，天津市政府为使公众尽快得知事件真相，在短时间内多次召开新闻发布会，以避免谣言的不良影响。但由于数据的搜集和确认耗时巨大，对于事故现场的救援情况、化学品爆炸带来的空气污染以及事故发生原因等问题，官方也面临信息滞后的难题，想要在事故发生的第一时间获得确切消息极其困难。公众未能及时获得官方清晰正面的回答，使得整个事件更加迷离。

据公式 R（谣言的影响）= i（事件的重要性）* a（信息的模糊性）可知，当事件的重要性保持稳定状态时，那么该事件相关信息的模糊性直接决定了该谣言的影响力。而在互联网这样一个匿名环境中，一系列信息经过多次"不负责任"的转载之后，该事件的模糊性便会急剧增加，所以说网络谣言相较于过往形式上的谣言更加难以追责和治理。但在"8.12"这样的突发事件初发期，恰恰在微博里大量涌现所谓的"官方权威信息"，俨然已成为微博谣言的爆发期。再加上网络信息固有的不对称性，当官方媒体所公布的信息与此前传播的谣言不尽相同时，在"拟态环境"的作用之下，部分微博用户甚至会对官媒持不信任态度，质疑其信息的真实性，与此同时却增加了对谣言的认同感，于是他们更倾向于相信并传播该谣言。

3. 受传者传媒素养缺失

在突发公共事件中，受传者积极地获取来自各种渠道的信息，但出于本能的安全需求，人们在转载信息并发表个人意见的过程中，总是存在与多数群体保持一致的心理，这样的想法映射到行为上即模仿他人，形成"群体模仿"效应，越来越多的受传者不加思考地传播着"主流"意见。对这样的"安全感"的崇尚，甚至使得公众成为模糊虚假信息的接受者和传播者，随着共同心理的受众逐渐增多，最终导致"谎话说多了便成真"和"三人成虎"的局面。

另外，一些突发公共事件对于公众的科学知识水平要求相对较高，一般民众并不具备辨识信息真伪的能力。面对这样的尴尬境地，"沉默的螺旋"成为普遍情况。在天津港"8.12"爆炸事件中，化学品的存放与处理、爆炸的后续危害等问题便属于专业性较强的问题，普通民众十分关注此类信息却不具备辨识能力，因而出于从众心理盲目转载，致使谣言重复出现并被大肆传播。

当前，我国政府缺少对民众媒介素养缺失的足够重视，急需出台和完善一整套机制，用以保障和促进民众网络素养的学习和提高，进而培养普通民众在新媒体时代面对社会问题时应具备的责任意识和解决问题的能力，只有这样才能从多角度多方面来遏制谣言的产生和传播。

四、网络谣言的应对之策

（一）及时公开事实真相

真相如若未能及时公开，便创造了滋生谣言的温床。及时地向公众呈现清晰完整的事实真相，是终结谣言最有用的方式。事实上，突发公共事件发生之后，官方往往出于惰性，全然不顾社会舆论导向，不合时宜地保持着沉默。公众未能在第一时间获悉事件真相，使得他们凭借个人的主观意志及生活经验对事实真相加以揣测和臆造，导致谣言的最初内核形成并发展。突发公共事件发生后，信息公开是官方的第一要务，只有及时、准确、客观、公正地为民众释疑，才能最大限度地缓解民间的焦躁情绪，从而推动整个事件正常合理的后续调查。总而言之，谣言止于真相，官方媒体理应肩负起及时公开事实真相的使命。

（二）构建良好社会环境

当社会网络中的人们普遍存有对突发事件的恐惧以及对事件真相的渴望时，谣言制造者就能够轻而易举地借机传播某些具有指向型的言论。这些言论仿佛难以驱散的幽灵，在不稳定的社会局势之下迅速扩散，营造出令人恐慌的氛围，使焦虑不安的情绪深藏于事件受害者心中。在情绪高压之下，人们认定自身处于十分困难或危险的境地，既有知识与理性失去了辨识与调控的功能，变得易怒且倾向于责备他人，谣言就是在这样的环境中不可避免地滋长蔓延。

例如，在法国大革命时期，数百年来建立的统治秩序根基摇摇欲坠，面对动荡的社会环境，人们担惊受怕，缺乏安全感，而威胁感急剧增长，于是各种谣言急速扩散。正如勒莫所说，谣言是一种对社会失衡和不安状态的反映。卡普费雷也表示，谣言的反复出现表明了社会群体、城市和国家历经持久的混乱。[1]

很显然，为公众构建一个政治文明、经济发展、文化繁荣的社会环境，创设优良的公共秩序，完善社会福利和保障机制，实现充分就业和生活安定，提升公众的安全感和幸福感，就能在最大程度上铲除谣言滋长的根系和土壤。

（三）健全法制与监管

由于种种复杂的原因和条件限制，许多谣言制造者和传播者侥幸游走于道德边缘，甚至逍遥于法律之外，没有受到应有的批判与制裁。在现实条件下，既要保证公民言论自由的合法权利，又要防止恶意造谣和传谣，存在一定的难度。因此，有必要健全相关的法律法规，加大监督和管制力度，找到法律规范与思想自由这二者之间的最佳平衡点，用法律准绳和公共道德规范公众言论、约束谣言的制造和传播，让公众树立明确的意识，清晰地认识到制造谣言与传播谣言需要付出昂贵的代价。

（四）提升公众理性与鉴别能力

对于公众理性与谣言两者之间的关系问题，奥尔波特曾有过精彩的阐述："我们在大多数事情上都属于非专业人士，谣言就由此产生。至于我们

---

〔1〕 郭小安、王国华：《谣言定性与定量的再思考》，载《情报杂志》2012 年第 10 期。

所听到的和传播的言论，是否符合事实真相的外在标准，我们既没有时间也没有耐心去验证。所以，我们只有一种有效的方法遏制谣言，那就是对一切道听途说的消息都保持质疑的态度。"事实上，只要经过理性的思考与判断，谣言自会显露马脚，其荒谬之处也就无处遁形。毫无疑问，理性是谣言的天敌，智慧是谣言的屏障。

五、结语

综上所述，在突发公共事件中，信息的供需矛盾为谣言的产生创造了必要的土壤；此外，社交媒体也发挥了对谣言传播的助推作用，它在一定程度上误导甚至削弱了公众的判断力，进而为谣言在整个话语环境中的传播减小了阻碍。谣言的治理工作是当代社会的重要课题，如何行之有效地进行管控，以期在最大程度上减小它所带来的负面影响，多方必须共同努力、协同作用。首先，在突发公共事件发生后，政府官方必须在第一时间最大限度地做到信息公开，避免焦躁情绪的蔓延，其次，必须加快出台和完善相关的法律法规，不给任何想要通过散布谣言牟利的不法分子以可乘之机，与此同时，公众传媒素养的缺失是政府必须值得重视的关键问题，如今人类社会越来越离不开网络，二者相互渗透，可与我国是拥有6.68亿网民[1]的网络大国不相匹配的是，我国针对公众的传媒素养教育还处在非常落后的水平。由此，政府必须加大在传媒素养教育领域的关注和投入，以此来提高公众理性，增强鉴别能力，使公众建立正确的认知力。另外，本研究文本还存在一些不足之处，如对问卷调查的设计不尽合理，分析视角不够全面等，导致相关结论的说服力不够强，在今后的研究和学习中将对此类问题一一改进。

---

[1]《中国互联网络信息中心（CNNIC）第36次全国互联网发展统计报告》。

媒介景观视阈下"张继科现象"的消费机理研究

潘 荣 沈 忱*

在现代生产条件无所不在的社会，生活本身展现为景观的庞大堆积。作为景观制造的主要参与者，媒体不仅具备向公众提供阅读信息的功能，本身也形成一种特殊的景观，即媒体奇观。在充斥着媒介景观的时代，体育明星成为文化内涵与意识形态符号的载体，享受着往日不曾有过的"殊荣"，当然也承受着不能承受之重。曾在伦敦奥运会中获得冠军的张继科并没有迅速走红，里约奥运会中一句"醒醒啊，这是奥运会"却让张继科一夜之间被广大网友关注。之后，作为体育明星的张继科开始登上央视舞台、参加综艺节目、发布音乐单曲，并且网罗了一大批粉丝与迷妹。他集体育运动、综艺娱乐、商业化和媒体于一身，成为代表国乒的时代符号，也成为独特的体育文化景观。

一、媒介景观与作为景观的"张继科现象"

景观（spectacles）一词出自拉丁文"spectae"和"specere"等词语，意为观看、被看，景观原意为一种被展现出来的可视的客观景色、景象，也意指一种主体性、有意识的表演和作秀。1967年，居伊·德波在《景观社会》（spectacle society）中指出，当代

* 潘荣，南京师范大学新闻与传播学院 2016 级硕士研究生；沈忱，南京师范大学新闻与传播学院 2016 级硕士研究生。

社会存在的主导性主要体现为一种被展现的图景性，景观是以影像为中介的人们之间的社会关系，成为全部视觉和全部意识的焦点。景观同时将自己展现为社会自身，社会的一部分，抑或是统一的手段。[1] 因此，视觉被提高到以前曾是触觉享有繁荣的特别卓越的地位。就景观的统治形式而言，德波将景观分为两种主要形式：集中的（concentrated）景观和弥散的（diffuse）景观，集中的景观从根本上与官僚政治资本主义相联系。[2] 作为一种技术而言，它可能是由欠发达社会在试图加强国家权力时引入的，或者是在发达资本主义国家中特定的危机时刻出现的。弥散的景观是当代资本主义的社会控制新形式及其意识形态，它与商品的丰裕相联系，与现代资本主义不受干扰的发展相联系。[3] 1988 年，德波在《关于〈景观社会〉的评论》中提出一种新的景观形式，即综合的（integrated）景观，综合的景观显示自己的集中和弥散是同时并存的，它意味着景观已经渗透到社会的每个角落。

在德波的时代，大众媒介尚处于刚刚登场的初始状态，对社会生活的影响远不如现今霸权式的全球网络来得深刻和广泛。在德波的基础上，道格拉斯·凯尔纳于 2003 年在《媒体奇观》（media spectacle）中将景观理论发展为媒体奇观（media spectacle），媒体奇观指"那些能体现当代社会基本价值观、引导个人适应现代生活方式并将当代社会中的冲突和解决方式戏剧化的媒体文化现象，它包括媒体制造的各种豪华场面、体育比赛、政治事件"。[4] 德波提出的景观概念较为宽泛和抽象，凯尔纳考察的是媒体奇观的具体事例以及它们在当今时代里被制造、构建、流通和发挥作用的过程。由于《景观社会》中的"景观"和《媒体奇观》中的"奇观"是"spectacle"表述的不同形式，所以本文所指的"spectacle"统一表述为"景观"。

体育是景观社会中的商品。当人们参与体育时，必须消费各种体育文

〔1〕　[法] 居伊·德波：《景观社会》，王昭凤译，南京大学出版社 2006 年版，第 3 页。
〔2〕　[法] 居伊·德波：《景观社会》，王昭凤译，南京大学出版社 2006 年版，第 24 页。
〔3〕　[法] 居伊·德波：《景观社会》，王昭凤译，南京大学出版社 2006 年版，第 25 页。
〔4〕　[美] 道格拉斯·凯尔纳：《媒体奇观——当代美国社会文化透视》，史安斌译，清华大学出版社 2003 年版，第 2 页。

化商品，从职业体育的观赏到流行时尚的消费，体育成为象征符号与文化体验的载体。体育明星是体育领域的核心要素之一，他依托体育，形成和成长于体育活动之中，是体育的一种外在表现形式。大众在现实生活中并不一定认识体育明星本人，但是当人们提到体育明星时会不自觉地想到体育明星形象，这时体育明星是作为符号出现的。因此，体育明星是"由大众传媒用图像、声音、文字、色彩等复杂符号，对运动员本人的某些事件或信息进行选择和加工，重新加以结构化以后，展现在大众面前，并激发人产生象征意义联想的运动员形象"。[1] 传统社会中，体育成绩是衡量体育明星的权威尺度。景观社会中，即使是世界冠军也不一定是体育明星，北京残奥会游泳运动员田荣、黄敏都打破了世界纪录并获得冠军，然而他们很快就被人们遗忘。而在里约奥运会中成绩一般的傅园慧，却因为天然生动的表情包在网络中迅速走红。凯尔纳认为体育文化景观是"媒体运用高科技的魔法将体育运动转化为最高级别的媒体豪华场面的铺陈"。[2] 当观众看到媒体上反复展现的张继科形象：迅速的判断能力、精准的出球定位、出神入化的弧圈球以及决胜之后的呐喊，张继科已经成为观众视觉中的景观。卓越的体育成绩和特立独行的性格特征完美结合，再加上大众传媒的加工打造，张继科迅速地吸引了大批量的粉丝，成为一个全国性的体育文化景观，也形成了独具特色的"张继科现象"。

二、"张继科现象"的景观意义和消费机理

国际乒乓球联合会评价张继科为"为大赛而生的球员"，国家乒乓球队总教练刘国梁认为张继科拥有藏獒一样的野性。乒乓明星张继科是乒坛历史上第 7 位大满贯选手，也是继刘国梁、孔令辉后的中国男乒史上第 3 位大满贯选手。[3] 2012 年，张继科荣获伦敦奥运会乒乓球男单决赛中的冠军，这并没有让他快速走红。2016 年里约奥运会，张继科在乒乓球男单 1/4 决

---

〔1〕 杨文运、马国强：《体育明星的符号学解读》，载《体育学刊》2007 年第 8 期。

〔2〕 [美] 道格拉斯·凯尔纳：《媒体奇观——当代美国社会文化透视》，史安斌译，清华大学出版社 2003 年版，第 73 页。

〔3〕 王全立：《乒球 10 大满贯中国占 9 席 张继科最快张怡宁双满贯》，载《新浪体育》2016 年 8 月 13 日。

赛中状态不佳、昏昏欲睡，刘国梁喊道"一定要醒醒，别懵了！这是奥运会"，却让张继科迅速红遍网络，成为家喻户晓的体育明星。2016 年 12 月 31 日，张继科首发告白音乐作品《心藏》；2017 年 2 月，张继科登上央视元宵舞台演唱《同桌的你》，前后参加了《我是演说家》《极速前进》《天天向上》等十多档综艺节目。体育文化景观中受众被动地接受和消费大众传媒提供的体育明星形象，这促使他们膜拜体育明星或认同于消费社会的竞争和成功的理念；2017 年 2 月 14 日，张继科粉丝买下《新京报》一个版面为其送上生日祝福，并且于生日当天在青岛《地铁晨报》以及广州、重庆、南京等地铁报中刊登生日广告。集运动天才、独特个性与娱乐价值于一身的张继科已经成为独特的体育文化景观。

（一）集中景观：国家权力参与设计的"张继科现象"

德波认为集中的景观从根本上与官僚政治资本主义相联系。商品生产在官僚政治资本主义社会下发展较少，它以集中的形式得以存在：被官僚机构把持的商品是整个社会的全部劳动，它出售给社会的是社会的大批残余物。中国有着独特的举国体制，绝大多数体育明星有着从小进专业队，在封闭的环境中训练比赛的经历。相对于其他国家的体育明星，在这种环境下培养出来的体育明星在个性上大多沉稳内敛、不甚张扬，为国家争取荣誉、激发多数人主动地参与体育运动成为体育明星重大的使命。为挖掘中国乒乓球强大的生命力，实现中国乒乓球运动多元、协调、可持续发展，推动我国由体育大国迈向体育强国，中国乒乓球协会制定了"中国乒乓球第三次创业计划纲要"。

第三次创业计划的工作措施明确规定"积极稳妥地开发国家队无形资产，在开发数量和质量上要有所提高，不断积累资金，为完成奥运争光计划提供保证"。[1] 通过大众传媒的宣传作用，全方位报道乒乓球，进一步提高乒乓球在中国人民社会生活中的影响力成为中国乒乓球协会义不容辞的责任和目标。以张继科等人为代表的体育明星在结束里约奥运会之后，频频现身于各种时尚综艺场合；征程未洗的国乒队回国之后放弃休息全员参

---

〔1〕 中国乒乓球协会：《中国乒乓球运动第三次创业计划纲要》，载中国乒乓球协会官方网站，访问日期：2016 年 8 月 2 日。

加中国公开赛回馈球迷；国乒队员微博、直播平台与粉丝互动无不是为了完成第三次创业计划的目标。由大众传媒所打造的媒介景观包含了一切现存事物的好形象，而这一好形象常常集中于某一单独的个人身上，这个人也是景观社会中的英雄。[1] 随着体育产业国际化和市场化的进程，体育明星拥有更多自主选择的发展路径，个人意识与个性思想得到了解放与发展，这类体育明星成为大众传媒集中报道的对象，也成为景观社会中的体育英雄。张继科在训练比赛之余，经常在微博作诗，例如他为第三次创业计划赋诗"舞动团队责任感，三次创业在心间"，为国庆节赋诗"国庆礼炮震天下，神州大地披彩霞"。将"体育"与"文艺"相融合的独特气质不仅使张继科受到粉丝的喜爱，也成为大众传媒关注的焦点。

（二）弥散景观：社会资本制造的商业符号

在工业社会中，体育运动与劳动和生产活动紧密联系在一起。它有助于塑造出工业生产和劳动所需要的强壮和灵巧的身体，并且可以培养个人的进取心和团队意识。运动员只有通过良好的个人技术、勤奋的工作以及与团队的配合才会取得成功，获得公众的认可。[2] 相比之下，在媒体和消费时代，体育运动将体育与媒体奇观结合起来，打破了专业化和商业化的界限。消费社会中的每个人一定程度上均沾染了商品的色彩和属性，被不同程度地商品化，而"最有影响力的明星实际上是最完美的商品"，[3] 想要最完美的商品就必须将运动员打造成为体育明星，使体育明星彻底符号化。

弥散的景观中，每个个别的商品，都凭全部商品产品庄严伟大之权威，都借景观赞美的商品目录之美名被证明是正当的。[4] 在人们不断追求个性符号、地位符号、身份符号、时尚符号的过程中，体育明星作为体育领域的稀缺资源更容易成为特定历史时期被符号化的产物，成为大众竞相追捧的对象。作为一种象征符号，大众传媒中的张继科是现实生活中张继科个

〔1〕〔法〕居伊·德波：《景观社会》，王昭凤译，南京大学出版社2006年版，第24页。
〔2〕〔美〕道格拉斯·凯尔纳：《媒体奇观——当代美国社会文化透视》，史安斌译，清华大学出版社2003年版，第75页。
〔3〕陈刚：《大众文化与当代乌托邦》，作家出版社1995年版，第71页。
〔4〕〔法〕居伊·德波：《景观社会》，王昭凤译，南京大学出版社2006年版，第25页。

人和赋予其上的符号意义的综合体,其意义的生产过程和产生结果具有同时性:意义只是在产生时才存在,而且它具有无穷无尽的指意过程。[1] 当今的体育运动通过多种方式被彻底商业化,从而被置于景观法则的控制之下。景观社会中,运动员被职业化后,更容易受到市场和商业化逻辑的操控,张继科被打造成具有超高人气的体育明星,观众也被训练成"追星族"。2016年12月31日,张继科跨界发布了个人首支单曲《心藏》,歌曲上线第三天便在网易云官方新歌榜排名第一,单曲上市第12天销量突破20万。此外,张继科为艾康尼克、HANMAC、科颜氏、Butterfly 等涵盖汽车、手机、护肤品、服装多个领域的产品商业代言。作为知名度很高的体育明星,他们的一切都可以物化为商品。物化的程度越充分,体育明星的符号特征越鲜明,他们的市场价值和知名度也就越高。

(三)集中景观:国家权力和资本市场的博弈

不间断的科学技术的更新是现代化达到综合景观阶段的显著特征之一,科技创新已极大强化了景观的权威。[2] 凯尔纳认为,技术和文化已经成为当今全球资本主义和日常生活的重要组成部分,其影响已经拓展到了人类政治、经济、社会和日常生活的各个领域中。新兴的信息和多媒体技术改变了娱乐业的形式,新技术与娱乐的结合也改变了从因特网到政治生活各个领域的面貌。[3] 毋庸置疑,传播技术的革新也改变了体育明星形象传播的路径。

媒体通常利用曝光率和营造话题等手段来生产体育明星,尤其在电视、网络视频等媒介上,运用镜头的定格特写、慢镜头的回放、镜头的跟踪、蒙太奇剪辑等技巧,再配上煽情的解说、观众的欢呼等场景,从而烘托出赛场明星的特定形象,进而引发其象征意义。[4] 传统媒体时代,体育明星在受众心目中的形象几乎全部由大众媒体进行加工、塑造,受众只能单向

---

〔1〕[法]茨维坦·托多罗夫:《象征理论》,王国卿译,商务印刷馆2004年版,第273页。

〔2〕[法]居伊·德波:《景观社会》,王昭凤译,南京大学出版社2006年版,第112页。

〔3〕[美]道格拉斯·凯尔纳:《媒体奇观——当代美国社会文化透视》,史安斌译,清华大学出版社2003年版,第15页。

〔4〕李春阳:《消费社会语境下体育明星拟态生产的模式研究》,载《成都体育学院学报》2017年第1期。

度地接收媒体信息，无法与体育明星沟通互动。社交媒体的出现极大地提高了体育明星与受众之间的交互性，一方面体育明星可以借助微博、直播、论坛等途径展示体育赛事之外的日常生活，展现个人性格以及兴趣爱好；另一方面受众也可以与体育明星进行互动，对体育明星的行为进行评论与点赞。社交媒体使体育明星的个性化特征得到了局部回归，体育明星的形象传播由过去被大众传媒掌握主动权转向自身更具主动性，社交媒体传播呈现出明显的集群化特征。微博作诗使张继科的个性特征有别于同时期其他体育明星，因此吸引了更多粉丝前来围观与点赞，如下图所示，张继科的微博粉丝量高于同时期其他体育明星。虽然粉丝量不是衡量体育明星影响力的标准，但它一定程度上体现出体育明星运用社交媒体自我建构的活跃度以及受众关注热度。

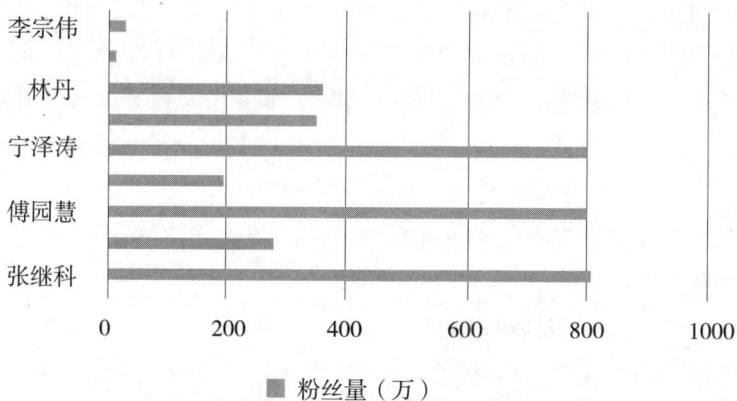

图1 张继科与同期体育明星微博粉丝量

经谷尼舆情——图悦对微博中与张继科相关的466个话题分析发现，体育赛事、偶像情感、身体状况、综艺娱乐是粉丝的主要关注点。如图2、图3所示，可以得知与体育明星最有关联的体育赛事被置于边缘性位置，而明星粉丝的情感宣泄、体育明星的综艺活动却成为被集中讨论的内容。社交媒体集中的信息传播在再现体育明星的"真实"生活的同时，体育明星被贴上了文化、商业的标签，整个体育传播文本成为一种具有象征性的符号系统。

图2 张继科微博话题热词权重图

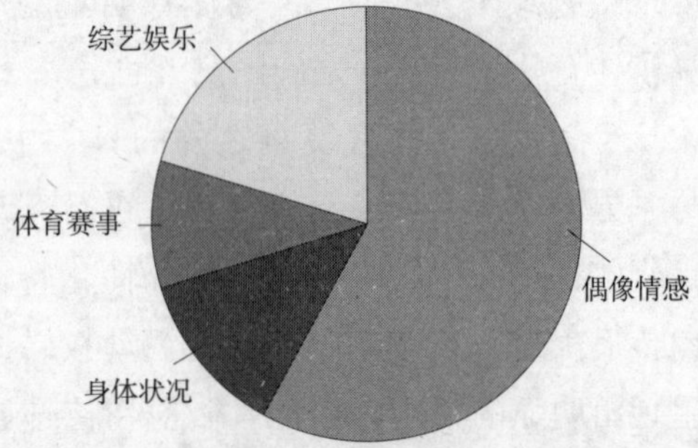

图3 张继科微博话题内容分布图

三、"张继科现象"的批判性解读

凯尔纳认为"批判式的媒体认知能力"有助于我们更好地理解媒介文化是如何运作并且衍生出各种社会意义和意识形态，有助于我们把握和有效地抵抗媒介文化景观的迷惑与操控。[1] 媒介文化成为展示和构建社会现实的舞台，民族、国家、商业、文化的身份认同和价值观成为构建媒介文化的重要文本。"张继科现象"正是多重认同与价值观的深刻体现，批判性地看待其中的文化景观有助于解开媒体塑造的各种"神话"，达到洞悉当代社会和文化的目的。

（一）媒介景观助推精英体育

皮埃尔·德·顾拜旦认为精英是在绝对平等的条件下产生的，他们身体条件的优势、力量以及参加训练的坚强意志决定了他们出众的地位。[2] 在多元性文化和民族国家话语的语境下，媒体以构筑英雄叙事的体育文化文本将体育精英与国家形象、民族意识联系起来，体育赛场内外暗含着相互缠绕的政治话语、精英话语和大众话语。媒体在受到政治权力规训的同时不断地推动民族主义话语体系的建构，体育精英则成为实现个体与国家

〔1〕 ［美］道格拉斯·凯尔纳：《媒体奇观——当代美国社会文化透视》，史安斌译，清华大学出版社 2003 年版，第 105 页。

〔2〕 程良：《奥林匹克精英体育制度背后的"以人为本"价值取向》，载《长春师范学院学报》2011 年第 6 期。

连接的关键性纽带。景观社会充斥着"少数人演出，多数人默默观赏的表演"，[1] 媒体通过过滤、剪辑、变形、述说、策划、重组的手段，以影像、图片、文字、声音共同打造体育明星表演的舞台，被支配的观众以痴迷和惊诧的全神贯注状态沉醉在"少数人"制造和操控的景观性表演之中。少数人制造出源源不断的影像群使观众对正在表演的体育明星表现出疯狂的喜爱与追逐，体育明星成为了体育精英。2017 年 3 月 2 日，国家乒乓球协会宣布张继科因伤退赛，导致深圳体育馆"上座率急速下降，观众席大片空缺"，[2] 张继科退赛第二天，"原价 480 元的门票黄牛收 50 元，最后开场前以 5 块钱卖出"。[3] 体育粉丝将对乒乓球运动乃至对国家乒乓球队的支持完全集中在张继科个人身上，于张继科而言是不能承受之重，于国家乒乓球队则是不能承受之轻。现代社会中，精英主义已经不能完全解释现代体育的精神内涵，但是"精英至上论"已经根植于普通人心中，他们认为顶级体育赛事是少数人的表演场，这与媒体的报道有着不可分割的关系。

（二）商业符号消解体育精神

商业符号已经成为书写当代体育文化的重要文本之一，意识形态、社会文化、商业利益等诸多目的在媒体中紧密地纠缠在一起，当代体育文化塑造与传播最具有当代特征的媒介文化，也显示着最具有当代特征的媒介政治经济学。媒体利用当代体育文化传播的巨大魅力光环，与各种商业组织制造出大量体育媒介事件，这些体育媒介事件正在逐渐消解体育精神内涵与媒介事件的严肃性。大众媒体利用自身强大的传播系统使这类体育媒介事件非日常化，突出其喜庆、狂欢、新奇、奢华、消费等特征，使其达到类似于媒介事件的传播效果，形成了一种商业化的常规媒介事件。在商业化的体育媒介事件中，体育明星成为商业化的符号载体，成为承载景观文化的对象。为了博取受众眼球、制造阅读量，媒体往往将与体育有关的人文信息、体育精神及本质等内容置于边缘性地位，大量地报道体育明星

〔1〕 〔法〕居伊·德波：《景观社会》，王昭凤译，南京大学出版社 2006 年版，第 11 页。

〔2〕 杨敏：《粉丝经济刷新中国体育圈上限 迷妹疯狂为哪般》，载《广州日报》2017 年 3 月 7 日，第 A12 版。

〔3〕 魏晓青：《张继科退赛球场少了一多半人 480 的门票 5 元卖出》，载澎湃新闻网，访问日期：2017 年 3 月 9 日。

的八卦新闻、花边消息。体育明星粉丝也将关注的焦点置于偶像情感与综艺娱乐两方面，这与媒体的报道取向有着不可分割的关系。在体育明星传播过程中，媒体的报道内容引导着受众关注的方向，并促使他们去挖掘自身更有兴趣的内容，其中猎奇心理、娱乐消遣心理往往起到一定的作用。商业组织利用受众心理取向，提供受众感兴趣的内容促使他们进行消费。德波认为"当文化仅仅变成了商品，它必定也变成景观社会的明星商品"[1] 体育明星作为一种大众流行文化已经成为企业竞相追逐的目标，他们成为商业品牌的代言人，而不是体育精神的代表。媒体对体育明星娱乐化信息的推崇，对"更快、更高、更强"等体育精神的片面化宣扬，将体育单纯地理解为娱乐、游戏或者脱离人类身心发展等的做法，把人们参与体育融入到景观的视觉满足中，使人们曲解了体育精神的深刻内涵。

（三）体育受众沉溺景观文化

布尔迪厄认为：（奥运会）表演是分两次完成的，第一次是运动员、教练、医生、组织者、裁判、记时员和所有仪式的导演等的共同合作，保证体育比赛在运动场上的正常进行；第二次参与的是有关这一表演的影像与话语的所有制作人员，他们往往处在竞争的压力之中，同时也承受着他们所处的客观关系网给他们施加的影响。[2] 大众传媒通过选择镜头位置和范围，剪辑、评论的方式，以及对当代体育文化传播形态进行不断地更新，实质上已经使比赛的性质发生了变化。大众传媒利用图像、声音、文字、色彩等复杂符号，对体育明星本人的某些事件或信息进行选择和加工、重新加以结构化以后，展现在大众面前并激发人产生象征意义的体育明星形象成为普通人心中的"体育明星"，此时体育明星是以景观社会中的文化符号出现的。大多数情况下，体育明星的文本和传播是受众不在场的情况下通过大众传媒完成的。如德波所说：景观与积极主动的主体的疏离通过以下事实呈现出来，个人的姿势不再是他自己的，它们是另外一个人的，而后者又将这些姿势展示给他看。[3] 景观制造出种种人们将会预期和追求的

〔1〕〔法〕居伊·德波：《景观社会》，王昭凤译，南京大学出版社 2006 年版，第 89 页。
〔2〕〔法〕皮埃尔·布尔迪厄：《关于电视》，许钧译，南京大学出版社 2011 年版，第 97 页。
〔3〕〔法〕居伊·德波：《景观社会》，王昭凤译，南京大学出版社 2006 年版，第 10 页。

东西，使不少人疯狂陷入迷恋张继科的漩涡之中。2017年2月14日，张继科粉丝买下《新京报》一个版面为其送上生日祝福，并且于生日当天在青岛《地铁晨报》以及广州、重庆、南京等地铁报中刊登生日广告，张继科享受着往日的体育明星所不曾享有的"殊荣"。社交媒体传播中，受众获得了话语权，他们原创或转载的体育明星文本对景观社会产生了一定的影响，也削弱了受众对景观文化的抵抗能力。

四、结语

随着传播技术日趋成熟、传播媒介愈发饱和的发展态势，当代社会成为由娱乐、信息和消费组成的新的符号世界。媒介景观是在新闻不断聚合与传播，媒介文化由原来独立多元的文化形态升级为一种集体的合力下形成的文化现象，并且以一种势在必得的姿态欲取得更广泛、更深入、更惊人和更超乎想象的社会震荡效应，它制造的景观也更为华丽、精致、主动和强势。不可否认，媒介景观打造了更具影响力的体育明星，扩大了体育信息的传播范围，改变和丰富了受众认知体育的方式。但是，景观文化中的体育明星不是真实的体育明星，景观文化对体育明星的非常态介入也会直接导致社会大众对体育精神的误读和对体育责任的漠视。

《叫魂》谣言背后的传播机制及现代性启示

冀鹏丽*

孔飞力所写的《叫魂》描写了 18 世纪中叶乾隆盛世下的叫魂谣言大恐慌，不单指叫魂谣言本身，它更深层次地反映了 18 世纪中叶中国社会中所暴露出来的政治、经济、社会、文化等深层次的社会问题。中国社会经过两百多年的发展，谣言似乎并未远离我们普通人的生活以及我们当下所处的社会。在移动互联网时代，全国性谣言和地方性谣言经常会发生，本文想通过对《叫魂》谣言发生的影响因素及其社会传播机制做一番分析，希望能给个体面对信息谣言进行何种理性的判断有一些启示，也希望借此对当下中国社会信息的良性和理性传播的探讨得出一点启示。

一、叫魂谣言的传播和发酵

(一) 什么是叫魂谣言

"叫魂指一种妖术，术士们通过作法于活人的名字、毛发或衣物，借此窃取活人的灵魂或者精气，便可使人发病或者死去，人们称此类事件为'叫魂'。"[1] 本文所指的叫魂"谣言"是在乾隆盛世时期，浙江德清县最开始的一起叫魂谣言事件，传播至杭州

---

* 冀鹏丽，西北政法大学新闻传播学院 2016 级硕士研究生。

[1] 孔飞力：《叫魂：1768 年中国妖术大恐慌》，陈兼、刘昶译，上海三联书店 2014 年版，第 1 页。

萧山、江苏苏州甚至席卷整个大清社会，在清朝社会引起了广泛的破坏性影响，最后却发现席卷整个乾隆盛世的叫魂案的审理结果竟是因为浙江两个寺庙间的利益纷争，而不断传播扩散的一个荒唐而巨大的谣言而已。

（二）叫魂谣言中的人际传播与群体传播

1. 人际传播中的小道消息

叫魂谣言在熟人社会关系中通过"小道消息"传播。弘历认为叫魂谣言危及"国家的统治秩序"，关于叫魂案的各种消息都是通过保密性较强的机要渠道来传播的。叫魂谣言被赋予政治层面的意义，从士绅阶层到普通百姓都基于各自立场有着焦虑和恐慌心理，叫魂谣言传播过程中来自官方正式渠道组织发布的信息缺失、信息的不公开和不透明容易引发人们的猜测和恐慌，叫魂谣言更多通过小道消息在人际间和群体间扩散开去。小道消息极易把个人的恐惧焦虑等情绪融入到信息内容中，引起信息的失真和变形，并强化谣言对社会秩序的破坏力。

2. 集体主义文化中叫魂谣言的传播

中国自古以来的集体主义文化传统更容易导致叫魂谣言的传播和发酵。英国伦敦传教士麦高温经过对中国清朝社会的观察曾指出："一所合住的大房子可以容纳六七户人家，人们当着邻居的面大声讨论很多理应是隐私性的事情，让默默站在一旁的邻居听的一字不漏。"[1] 在当时的社会背景下中国人常常基于血缘、地理空间等因素而聚集，且从社会的建筑结构和建筑空间来看，人们难以保守个人隐私和家庭隐私。社会资源有限的人们需要基于熟人关系间的"社会支持网络"去获得必要的生存信息，一旦社会有破坏性谣言产生，也会基于中国的建筑结构和空间设计及集体主义文化背景短时间内在较大范围内传播发酵。

3. 叫魂谣言中的群体传播

叫魂谣言中人们认为可以通过剪人发辫施展魔法左右个体的命运，熟人社区里的人几乎没有必要通过这一行为来破坏自身的社会关系，因此人们对陌生人抱有极深的恐惧。叫魂案中人们一致将矛头指向了乞丐、僧人等生活圈外围的流浪人群，其实这也是受基于社会现实中的利益冲突所形

---

[1] [英] 麦高温：《中国人生活的明与暗》，朱涛、倪静译，中华书局2006年版，第243页。

成的群体利益和群体心理所影响。

李普曼在《公众舆论》中提出"刻板印象",即人们会按照自己的兴趣和利益先入为主地理解这个世界。基于相同目的和意义结合到一起的群体成员,会基于群体的共同认知基础和群体规范而对非群体内部成员形成一种认知上的刻板印象,在叫魂谣言的传播过程中,普通百姓对乞丐僧人等外来群体的认知及排斥就体现了"刻板印象"。流动人口相对于被社会结构约束的群体而言是非群体内部成员,对于非群体内部成员,群体内成员会受到群体规范和群体态度的约束并出现群体排外等心理因素,以保持群体内部的同一性和稳定性,同时也会使得群体成员中的个体在接收叫魂谣言和解读叫魂谣言时缺乏批判性和理性的判断,容易形成"以讹传讹"。

(三) 清朝的文案报告制度

清朝的文案报告制度分常规渠道和机要渠道,皇帝也经由这两种渠道来回应官员奏报及发起个人动议。在叫魂谣言传播过程中,皇帝认为叫魂谣言直指清廷统治的合法性,在处理叫魂案时大多通过"机要渠道"来进行相关信息的传达。人治社会下整个社会缺乏现代民主国家良好的社会运行机制,信息从中央到地方经过清朝行政系统的层层传递,信息在到达每一层行政系统时都会被重新复制和解读,当信息从制度顶层传递到社会底层时可能会变得面目全非,导致在整个叫魂谣言的传播过程中清廷官方从中央到底层的信息传播沟通不畅,且清廷对叫魂谣言的应对决策也容易出现失误。

(四) 清廷官方和民间的新闻传播活动

清朝政府对提塘下官方的新闻传播活动管制严格。当叫魂牵涉到政治意义时,官僚们在对叫魂案的审讯中往往采用酷刑屈打成招,官僚士绅阶层在清廷社会拥有政治、经济、文化资本及社会话语权,但在整个叫魂案的公开审讯中并没有及早出面澄清叫魂谣言,反而充当了叫魂谣言的传播者角色,强化了叫魂谣言的传播和发酵。

乾隆时期对于民间的新闻传播活动管制很严,叫魂谣言在民间的信息传播主要经过基于人际关系的"小道消息"进行传播。叫魂谣言最开始传播发酵的长江中下游地区水陆交通颇为便利,加之18世纪中国社会文化经济发展迅速,人口激增,区域间经济发展不平衡,社会出现大量流动人口,叫魂谣言便通过社会商业网络和社会流动人口的人际传播渠道被传播扩散开去。

（五）叫魂谣言随着社会商业网络的扩散

随着 18 世纪下半叶中国社会与其他部分国家在贸易往来上联结的加强和深化，江南地区商品经济的触角已经延伸至社会基层及偏远地区。清朝社会商品经济发展中地区间、城乡间联系紧密，陆路交通也颇为便利，叫魂谣言也随着商品经济的网络传播扩散开去。社会人口激增，社会流动人口增加，出现了地区间和城镇间的大规模人口迁移，"大规模的迁移得到了政府的支持，向移民提供帮助，开始时免税，保护他们不受当地部落的伤害，"[1] 伴随着当时社会密集商业网络的发展，及传统农业社会结构变迁导致的社会人口的流动，叫魂谣言也随之传播开去。

二、叫魂案背后的谣言生成机制

（一）盛世阴影下民众的社会焦虑心理

叫魂谣言产生的根本原因是 18 世纪下半叶中国社会的经济结构及社会结构快速变迁，当时清王朝社会既有的社会政治制度无法解决社会快速变迁中所暴露出的问题，人们的日常生活遭受困扰，新的社会规范和社会共识难以达成，叫魂谣言也是在这种特定的社会土壤中滋生并传播发酵的。

第一，劳动力的解放，自由劳动力市场背后劳力过剩出现"买方市场"。很多从传统的农业结构变迁中脱离出来的人，由于离开了土地的生存依托又没有新的求生技能，大批人口沦为乞丐和僧人，成为不能被既有社会结构所容纳的社会边缘人群，社会流动人口增多。

第二，地区性甚至全国性的商业网也是信息传播的重要网络渠道。18世纪中国社会密集的商业网络，连通了城镇、城乡、乡村间的商品信息交流，各种社会上的消息见闻，也随着密集的社会商业网和外出旅行者传播扩散开去。叫魂谣言的传播发酵很快就在地区及全国范围内蔓延开来，造成大规模乃至全国性的妖术大恐慌。

---

〔1〕 韩书瑞、罗友枝：《十八世纪中国社会》，陈仲丹译，江苏人民出版社 2009 年版，第 129页。

第三，盛世图景下区域经济发展不平衡。由于区域间社会人口规模的大量流动，流动人口成为社会不同区域及群体间信息传播扩散的主要载体。叫魂谣言在传播扩散中，社会流动人口成为不同区域及不同群体间信息传播的主要角色。

第四，满汉文化差异的威胁。清朝统治者通过征战扩大了清王朝的疆土领域，但不同地区、不同民族及不同阶层间的文化认知上存在较大差异，清朝官员和民间百姓对同一符号的解读也存在较大差异，官员对不同地区民间文化及民间宗教用语的认知存在盲区。

第五，满汉文化对发式解读的意义不同。在满人看来削发是一种自制战胜放纵的象征，在汉人的眼中削发有着类似太监被阉割般的耻辱，清廷统治者认为对君民生活方式予以统一有利于"军民同心"，巩固其合法性统治，并认为接受削发是臣民对其统治认同及尊崇的一种态度。

（二）叫魂符号的集体记忆

1768年的中国社会中皇帝、官僚士绅及民间百姓都相信超自然力量的存在：每一位新皇帝继位都要举行祭天仪式；知县要在皇室规定的忌日去行礼；民间百姓也相信祈求神灵可以获得某种客观状况的改善。

在叫魂谣言的传播过程中，"割发辫"成为叫魂妖术的主要手段，由于中国社会的历史文化认为头发与身体是具有交感关系的，以割发辫为主要形式的叫魂案有很深的"社会集体记忆符号"印迹，家庭和社会传承成为了集体记忆的框架，社会对不同集体记忆的选择与谣言传播过程具有相关性。

（三）清廷和民间社会的信任危机——社会共识缺失

第一，社会经济结构和既有社会政治制度的失衡。18世纪下半叶中国社会的经济结构及社会结构快速变迁，清廷既有的社会政治改革滞后，很多现实的社会问题无法得到有效解决。人们的日常生活遭受困扰，新的社会规范和社会共识难以达成，叫魂谣言在这种特定的社会土壤中很容易滋生并传播发酵。

第二，满汉文化的交流沟通融合缺失。弘历的统治一开始就面临着既要保留满人文化传统的地位，又要接受汉文化以确保其统治的合法性。当时的清廷官员刘墉认为，江南商业化的富绅在力量与影响上超出了政府的控制能力，在弘历看来，江南文化的丰富性和优越性对满人清廷统治的合法性构成了最大的威胁，清廷统治者对此一直有所警惕。

第三，清廷社会阶层固化缺乏，流通社会共识缺失。由于清王朝等级森严的权力结构设计，社会各阶层之间缺乏有效的沟通和交流。儒家文化认为中国社会分为士、农、工、商四个阶层，赋予社会士绅阶层以政治、经济、文化等种种特权的合法性，甚至细化到对日常生活的饮食、衣饰、房舍等都做了严格规定，以确保贵贱有别，下不凌上，进而维护社会秩序。

清代的科举制度实质上并没有促成社会阶层的流动。"官僚权贵在科举考试的各个环节都有插手，科场内所实现的社会流通基本上是统治集团（由皇族、官僚、士绅、地主与富商组成）的内部流动。"[1] 在政治资本、经济资本一体化的社会里，文化资本性质上也是同一的，能常年参加科举考试的人必须具备经济资本和足够的闲暇时间，穷人根本没有相应的资本来作为参加科试的支撑，科举考试并没有促进清廷社会阶级的流通。

三、叫魂谣言中官方和民间的反应

（一）清廷、官僚和民间对叫魂谣言的认知错位

第一，皇帝认为叫魂案的矛头有可能直指清廷统治的合法性，可能会危及自身的统治。弘历想通过叫魂案破除官僚体制间对君主权力形成抗衡的力量，并提出政治罪，欲借助此事件不断强化皇权，维护其自身利益，巩固其统治的合法性；而叫魂妖术成为弘历破除其真实恐惧的武器，以抗衡来自谋反和汉化的双重威胁。

第二，官僚士绅阶层认为叫魂案是一种民间的迷信活动。由于叫魂谣言被赋予了政治概念，官员们对于叫魂谣言的处置不仅关乎官员的贤能还关乎对皇权统治的绝对服从。清廷官员在对叫魂案的公开审讯中常常会用酷刑或屈打成招，无疑也加剧了叫魂谣言的传播。

第三，普通百姓产生了一种权力的幻觉。集权统治下，政府集公、检、法职能于一身，社会司法制度腐败，百姓无法从社会制度中得到一种公平的权力补偿。叫魂妖术使普通人在社会上拥有了一种虚幻的权力——人们

---

〔1〕　苏萍：《谣言与近代教案》，上海远东出版社 2001 年版，第 62 页。

可以通过指控某人为叫魂者，或以提出这种指控相威胁而得到这种权力。叫魂谣言既是一种权力的幻觉，又是对人们缺失的权力在一定程度上的补偿。

（二）酷刑之下荒诞的叫魂事件与社会弱势群体的虚幻话语权

18 世纪中叶清廷君主专制的权力不断得到强化，整个社会缺乏公平理性的社会制度和司法体系。清廷关于叫魂案等类似妖术的惩罚手段有：采生折割人、夹棍等酷刑，叫魂案发生时，很多人其实并没有借用剪辫之术从事妖术活动，但是当人们被从大街上拉到公堂之上，很多涉案者在清廷的酷刑之下会捏造自己利用叫魂案作案的种种事端。叫魂案的审讯中可以看到很多这种司法制度下荒唐的审讯案例，集权统治下普通人拥有的权力非常有限，很容易在政治制度中成为无辜的牺牲品。

（三）叫魂谣言下的民众恐慌

18 世纪中叶清廷政治制度滞后于经济发展，普通人的日常生活中所面临的很多社会问题无法解决，人们彼此间缺乏社会共识和共有的社会认同规范，社会信任缺失，人们容易产生社会焦虑和不信任。当乞丐、僧人等大批流动人口出现，人们日常熟悉的生活圈子遭到侵扰，从而对流动人群出现一种排外心理和不信任感，加上乞丐和僧人又被社会文化赋予一种不祥的魔力，更会导致普通人的社会焦虑和恐慌。

叫魂谣言下的皮格马利翁效应——社会对乞丐、僧人等的标签化对此也产生影响。当原本安分守己的乞丐和僧人在一个社会中被贴上污名化的标签以后，由于自身所处的群体遭受歧视和被赋予一种不祥的话语标签，乞丐和僧人更有可能会因为社会文化赋予其的污名化标签而产生一种自我预期，这种非良性的"自我预期"心理会愈发导致其对社会产生破坏并给普通人的生活造成困扰的行为。

（四）"房间里的大象"

叫魂谣言被赋予政治意义的同时其本身成为了房间里的大象。叫魂谣言的传播过程中体现出一种"合谋的沉默"。美国社会学家泽鲁巴维尔在《房间里的大象》中提出，"每一个同谋者都对该人尽皆知的秘密有所认识，但同时又都不愿意公开讨论此事"[1] 受社会规范和政治压力的影响，人们进行自我审查不去谈论那些可能使谈话者感到痛苦、恐惧及尴尬的事物，有时候来自社会政治的压力比来自社会规范的压力更容易导致"沉默合谋"。在叫魂谣言的传播过程中，统治者作为支配者害怕被支配者，被支配者害怕支配者，这种沉默的合谋下权力本身的恐惧和权力本身下的恐惧共存。

德国学者诺依曼提出"沉默的螺旋"理论，虽然这个理论源于具体的社会情境，但当叫魂案被赋予政治性质，从士绅阶层到普通百姓逐渐形成了一种"沉默的螺旋式"的意见气候，这种意见气候更加激化了叫魂谣言的传播。

四、叫魂谣言产生机制与现代社会谣言产生机制的比较

（一）社会经济结构

政治体制改革与经济体制改革的失衡是造成各类社会问题的深层次原因。18世纪下半叶，在清王朝长期稳定和平的发展环境下，商品经济发展规模空前扩大，在当时世界资本主义经济萌芽并扩张的大环境下，中国与世界部分地区之间的经济贸易往来逐渐深化，中国社会传统的农耕经济结构被改变。清朝通过制度改革将大批的人口从土地上解放出来，以适应社会经济发展变迁的步伐。

1978年以后，中国社会改革开放近40年来，在政治权力干预下"以市场为导向"的社会经济发展模式并不等同于"市场经济"发展模式，但当"以市场为导向"的社会经济发展模式出现问题的时候，人们却常常把矛头指向市场，其实最应该受到指责的应该是非市场、反市场的种种力量，市场需要良好的秩序、法治、自由、契约精神、公共理性等条件来保障市场长时间有效运行。一个社会需要有良好的契约精神、权力制衡结构、公共责任、法律框架等因素，才能构建起良好的市场运行机制。

（二）信息传播渠道

清代对社会的新闻传播活动管理得较为严格，在叫魂谣言的传播过程

---

〔1〕 ［美］伊维塔·泽鲁巴维尔：《房间里的大象：生活中的沉默和否认》，胡缠译，重庆大学出版社2011年版，第11页。

中，官方新闻传播活动也较容易统一口径，在重大社会谣言事件发生时，信息传播的不透明容易引起人们的猜疑和社会恐慌。清朝早期的民间报房是需要得到官方认可的，清政府针对报房在《大清会典》《钦定六部处分则例》等中均有作具体的一些限制和处罚性规定。

中国当代社会的信息传播体制本质上是受政府严格管束的。随着互联网络和移动应用程序的发展，各种传播手段和技术层出不穷，媒介融合的本质其实是官方舆论场和民间舆论场的统一，并不仅是关乎音视频等全媒体传播技术的融合。虽然在当代社会传播媒介特别发达，但一旦有重大社会谣言事件发生，由于中国社会传播机制在根本上决定了信息不可能公开透明化，同时中国社会发展变迁中的很多社会问题不能得到有效解决，普通人会感觉到社会的不公等问题，对于官方媒体发布的信息并不是非常信任。这就容易导致在重大谣言事件发生时人们更愿意相信非官方的小道消息，这更容易使谣言借助各种媒介传播渠道在整个社会传播发酵。

（三）民众的社会心理

无论是在 18 世纪中叶的乾隆盛世还是当下的中国社会，谣言都发生在社会的快速转型期，虽然社会整体呈现发展上升的趋势，但是在社会发展变迁中人们遭受很多社会问题的困扰，这些困扰长期得不到有效解决，很容易出现一种"相对剥夺感"心理。如果这种"相对剥夺感"不能被有效地消除，在社会上会聚集起愤怒、怨恨和不满等不良情绪，就容易在社会谣言发生时对社会秩序产生巨大的破坏力。

当人们面临的社会问题长期得不到有效解决时，人们的社会认同感及合法性认同会下降。政治的合法性只有得到民众的认可才具有正当性和合法性，合法性构成了统治者权力的来源和基础，合法性使得权力具有权威性，进而使得统治权力更加稳固。在这种合法性认同下降的社会环境下，一旦有社会谣言产生，人们很容易轻信社会谣言，促使谣言在短时间内快速发酵传播。但是与 18 世纪中叶相比，类似"叫魂"这种荒诞的谣言不会在全国范围内引起人们生活的普遍性困扰，现代社会谣言符号的产生是我们当下所处的社会环境构建的产物。

（四）社会共识与社会信任

无论是在 18 世纪中叶还是在当下的中国社会，如果一个社会结构中政治权力缺乏制衡机制，政府集公、检、法权力于一体，那么社会制度就会缺乏权力制衡，社会缺乏良好的运行机制，社会制度设计上缺乏培养公民文化精神的土壤，人们不去要求限制公权力反而更多看到公权力所能带来的利益价值，而想要成为分享公权力的一份子，这种社会认知、态度及情感会使社会道德大幅滑坡，普通人难以形成公民理性，这种社会政治结构也会导致社会共识和社会规范难以达成，社会信任缺失。

在权力高度集中的社会环境中，社会缺乏孕育公民理性精神的土壤，公民缺乏有效参与政治的渠道和机会，政府用制度来限制人们接触政治话题和讨论社会问题的行为，人们会较少关注到社会政治问题，或更多用调侃或娱乐化的眼光来看待政治及社会问题，政治效能感较低，人们也缺乏参与社会政治生活的愿望和能力。

五、叫魂谣言对现代社会谣言治理的启示

（一）社会信任的重构和社会共识的形成

美国学者康豪瑟认为，中国公民社会的建设才刚刚起步，目前中国社会缺乏发育良好的社会中层组织，社会成员缺乏多元的利益表达机制，社会意识形态一元化，公众只能接受官方既定的价值观念，当这种价值观念与现实社会生活实际和公众对现实的认知不一致时，社会成员对政府的认同感降低，社会成员的离心力增强，社会公众易于受到极端意识形态的影响。社会中层组织在公民社会的建立中为社会大众和国家提供了对话的平台和渠道，有助于缓解社会矛盾，形成社会共识。

在中国现代性国家社会的发展进程中，政府通过土地改革实现了对中国农村社会基本结构的改造，消灭了基层乡村社会组织中作为骨干的士绅阶层力量，进而也扫除了国家与农民之间"中介力量"存在的社会基础，清除了基层社会组织中与国家控制相抗衡的社会力量。

中国社会缺乏有效的"中间阶层"，而这一阶层又是社会沟通的重要力量，在弥合社会各层认知中尤为重要。由于中国社会运行机制的设计问题，中间阶层力量被大大削弱了。政府应该优化制度文化改革，从制度上扶植社会中层组织力量的生长，以弥合社会分歧，促进社会共识和信任的达成。

（二）社会缺乏中坚的意见领袖——谣言止于智者

当叫魂牵涉到政治意义，在清廷社会拥有政治、经济、文化资本以及社会话语权的官僚及士绅阶层在整个叫魂案中却没有及早出面澄清叫魂谣言，且无形中充当了叫魂谣言的传播者，激化了叫魂谣言的传播和发酵。在叫魂谣言的传播扩散过程中，竟然没有一个"意见中坚分子"来出面阻止这场闹剧，直到最后弘历的心腹大臣思量再三才将事情的真相向弘历指明。

这可能与"合谋的沉默"心理有关，由于人们迫于政治压力和群体规范，群体意见不断被强化，敢于出面指出问题本质的人反而会遭到群体的排斥和攻击。或者人们出于一种"旁观者效应"心理，认为总有别人会出面阻止的，社会责任从群体心理上被分化了，个体的社会责任效能感降低。但在社会出现破坏性谣言并被广泛传播扩散时，作为个体一定要对信息有一个较为理性的认知和判断。

（三）谣言与理性传播

随着互联网络和移动应用程序的发展，人们的日常生活中充斥着各种各样的信息，当作为个体的我们接触到信息时，要对接收到的信息有一个理性的认知和判断，以免被大众文化时代的"文化工业"所操纵。随着传播技术的发展和新闻传播的愈发便捷，每个人都可以成为信息内容的生产者，技术的发展似乎赋予了大众新闻生产的权利，但是大众也要具有良好的新闻内容管控能力。人们要能穿过利益、管控、价值导向的丛林，来发布新闻事实，面对各种信息时又能保持清醒，不受利益、价值导向和碎片化信息的影响，对接收到的信息进行理性的认知、做出理性的判断。

媒介作为当代社会影响人们认知的重要力量，在进行信息报道时要尽量客观理性。媒体在进行信息传播时是极有可能受商业或政治利益操纵的，作为社会个体应该培养自己的媒介素养，判断分析信息本身背后存在的力量，以使个体保持理性认知，不会被纷杂的信息所误导。

（四）谣言传播的法律规制

我国《刑法》规定：以造谣、诽谤或者其他方式煽动颠覆国家政权、推翻社会主义制度的要接受相应的处罚。2007年《突发事件应对法》规定：对于自然灾害、事故灾难、公共卫生事件及社会安全事件等应该按照国务院有关规定统一、准确、及时地公布相关事态的情况及应急措施等信息。但在传播信息渠道越来越多的今天，政府统一、准确、及时地发布信息越来越难，且容易失去信息发布的主动权，若有地方政府利用权力对恶性的突发事故信息进行封锁，则不利于信息的透明公开，甚至有可能引起并恶化谣言的传播。2016 年颁布的《网络安全法》中规定：不得通过网络传播暴力、淫秽色情信息，编造、传播虚假信息扰乱经济秩序和社会秩序。

美国法学家桑斯坦在《谣言》一书中提出以法律手段规制谣言的"寒蝉效应"。在思想市场的自由交换中，人们会受到认知局限的影响而难以对谣言做出有效鉴别，而谣言会阻碍公民对社会事件的认知和判断，削弱人们应对危机的正常思维判断能力，因此对散播谣言的行为要加以惩罚，个体因为害怕惩罚会约束自己的行为。官方也有可能借此对言论自由的尺度进行进一步的约束，但这有可能会限制公民言论的自由表达权利，更不利于各种意见在思想市场的自由交换。谣言本身可能产生的危害和"寒蝉效应"的负面效应孰轻孰重值得思考。

（五）社会问题的研究和解决

谣言在社会上引起的大规模的传播和扩散要想从根本上得到解决，需要进行社会顶层设计的优化改革，让政府有效地发挥其职能，解决并应对社会变迁中所暴露出来的种种社会问题，建立起社会有效运行的机制，以促进社会共识及新的社会规范形成。

1949 年以后，中国社会逐渐建立起了"强国家弱社会的社会形态"，虽然在政府的主导下整个社会处在发展上升过程中，但中国社会缺乏培养公民理性精神的土壤，公民社会发育不良，"强国家弱社会"的社会形态使得很多社会问题一旦发生，矛头都会直接指向政府，尤其是地方职能部门和基层政府，因为在政府主导的社会中只有政府有解决这些社会问题的资源和权力，这使得政府在社会冲突中总是扮演重要角色，进而形成"民众与政府间的二元对立"。

谣言是一个社会正常的民意表达，政府不应该本着"维稳"的心态去压制和消除谣言。在维稳思维的主导下民众合理的利益诉求很容易被看作是不稳定的来源，被给予及时打压和消除。这种解决民众合理诉求的方式本身是违反法治的，这种维稳思维和实践也否定了任何一种社会表达和社会冲突的合理性。

清代政治家魏源认为人们通过政治参与表达不同的政治意见，并不会削弱中央集权制国家的权力及功能，且能进一步加强"国家的合法性"。通过"广开言路"可以形成具有深层次合法性的关于社会进步及现代性构建的共识，让更多公众参与到社会治理过程中来进一步构建起"公民社会"。谣言一旦发生，政府应该发挥政府职能调动社会资源力量去解决现实的社会问题，才能从根本上解决谣言对社会秩序的危害。

在强国家弱社会和刚性稳定两个因素的共同作用下，尽管政府极为重视社会秩序问题，但不断出现的社会冲突屡屡将矛头指向各级政府。在这种社会环境中，政府需要推动政治制度改革，以适应社会形态出现的新局面。政府应该理性地认识社会问题，公众利益的表达诉求并不是对社会秩序和社会稳定的破坏，政府应积极地解决各种社会问题，增强社会凝聚力，促进新的社会共识和社会规范的产生，弥合社会信任，加强政府的合法性认同，巩固政府的统治权力。

视频网站自制节目的品牌化建构分析

——以爱奇艺《奇葩说》为例

武文丽*

一、引言

随着电子产品的不断普及，网络的准入门槛的不断下降，网民的数量也在不断地增加。"截止到 2015 年 12 月，我国的网民数量已经达到 6.88 亿，其中网络视频用户规模已经达到 5.04 亿。"[1] 由此可见，网络视频行业已经成为互联网重要的一环。各大视频网站为了减少高昂的版权压力，以及避免陷入对影视剧内容版权的长时间的依赖，纷纷于 2009 年开始研发自制节目。自制节目也因其成本廉价、选材丰富、互动性强、广告形式多样而得到更多人的认可。但是，网络自制节目也存在着粗制滥造、品位低下和表现夸张的明显缺陷，这使得更多的视频网站为了得到更加长足的发展，开始提出并参与品牌化改革道路中的对策。

视频网站自制节目包罗万象，而视频门户网站和门户网站下设的专业视频网站是视频网站自制节目的主要生产者。所以视频自制节目的品牌化建构的研究价值不仅在于视频网站自制节目对电视节目制作有启发作用，更重要的是由于网络节目受众定位更为准确，以至于网络节目的受众体验高于电视节目。

---

* 武文丽，西北政法大学新闻传播学院 2016 级硕士研究生。
[1] 中国互联网信息中心：《第 37 次中国互联网发展状况统计报告》，2016 年版，第 1 页。

本文的研究对象主要是视频网站的自制综艺节目，而爱奇艺出品的《奇葩说》节目打破了以往的达人秀节目的界限，开创了一档定位准确、纯网络自制，还具有互动的辩论性的达人秀节目。因此，这个节目对于研究视频网站纯网综艺节目的自制化发展历程有着代表性的意义。

二、视频网站自制节目的发展环境

视频网站自制节目若要占据主导地位，必然需要认识到其自身的发展环境。视频网站自制节目的发展，不仅需要面对来自视频网站自身发展的不断迭代的压力，还需要面对来自新老媒体的压力以及不同视频网站之间的竞争。

（一）内部环境

目前视频网站自制节目的自身发展主要经历了三种模式，分别是 UGC（User Generated Content 用户生成内容）模式、PGC（Professional Generated Content 专业化内容生产）模式和 IPGC（Internet Professional Generated Content 互联网专业化内容生成）模式。

自 2005 年 YOUTUBE（视频分享网站）第一次出现在我们面前，视频网站便开始了 UGC 模式。在 UGC 模式下，用户可以自由上传视频，经过网站核查后便可以自由分享。虽然会出现大量热点话题，但是由于用户无法独立完成采、编、播、报等一系列工作，导致 UGC 模式不能形成一种周期化的盈利模式。比如，在 2004 年的《一个馒头引发的血案》中，因调侃当时热映的《无极》而引起了广大网民的关注，在那段时间之后，其制作团队就逐渐消失在我们的视野之中。由于 UGC 模式下的版权责任无法明晰，很多上传网友可能只上传一次，便不再更新，所以 UGC 模式存在着版权问题和监管问题。

视频网站中视频的主要来源是各家地面卫视以及各大影视制作公司等专业化的视频生产商。这些公司将视频生产出来后，各家视频播放网站通过引进，陈列在视频网页橱窗中，最后再等待受众的点击，便是一条完整的 PGC 模式流程。例如，爱奇艺引进浙江卫视出品的《奔跑吧，兄弟》，爱奇艺将其放在橱窗展示，通过用户的点击，完成一次视频播放。而这种 PGC 模式虽然为视频网站提供了大量的视频资源，但是随着专业化传统媒体视频的独播版权不断涨价，越来越多的视频网站开始走一条结合自身特点的自制道路。

自从 2012 年开始，随着各项限娱令的出台和受众收视习惯的改变，一些优质大台不再向视频网站提供资源，而是转向独立运营独播平台。如芒果卫视独立研制芒果 TV 网络平台进行独家播放。更多的视频网站便开始探索一条节目自制的道路，也就是进行 IPGC 模式生产。这个模式主要表现在：作为出品方，视频网站制作上传了大量原创视频，同时，少数视频作品也是和电视台、传媒公司、广告主等多方合作出品，网络自制节目的播出平台以网络为主，提高了用户对网站的依赖性，减少了电视播出费。

（二）外部环境

自从 2005 年网络迅猛发展以来，受众接触网络媒介的机会逐步提高，视频分享网站、视频门户网站、视频集合网站在此基础性下层出不穷，这也导致各网站间出现了显著的内容同质化问题。因此，各视频网站为了生产差异化内容，纷纷使用视频独播、影视首播等手段，致使视频版权费用在不断的版权竞争下水涨船高。《梅州日报》报道显示："《如懿传》首轮落户江苏、东方两大卫视，两家卫视每家各出 300 万一集，而某视频网站更是以 900 万一集的价格获得网络独播权。随后，又有消息称，还未开拍的《琅琊榜 2》，也有视频网站愿意支付单集 800 万的价码。"[1]

第三次网络时代的革命之后，互联网接触的方式更为便捷，更多的人可以接触到网络，而更多的网民接触网络，则会导致各大视频网站不断进行竞赛。

（三）视频网站自制节目模式的优势

目前，我国视频网站多采用 IPGC 模式和 PGC 模式。如《奇葩说》《晓说》《侣行》都是由专业化的视频生产公司进行生产，之后选择通过视频网站进行播出。而其自身所带有的优点也是其他媒体或者模式无法拥有的，其优点如下：

首先，视频的版权方便界定，可以有效减少法律纠纷。无论是 PGC 模

---

〔1〕 李萌：《视频网站电视剧版权向天价迈进 网络版权费 10 年涨 7200 倍》，载中新网，http：//www.chinanews.com/yl/2016/03 – 23/7808907.shtml，访问时间：2016 年 3 月 23 日。

式还是 IPGC 模式，视频的内容来源都是专业化、确定性的个人、团体、组织。视频网站通过购买、网站自制等途径获得稳定的视频版权，减少了 UGC 模式下因版权界定不明引起的经济问题。

其次，视频的内容丰富多样，减少同质竞争。近年来，各大视频网站纷纷根据 PGC 模式使用买断"独播权""首播权"的方式来确保内容不向同质化发展。在此情况下，各大视频网站开始大打价格战。

最后，视频网站用"独播权"来吸引某档节目的核心受众群体，提高视频网站的点击率，加深网站关注度，树立网站定位。视频网站具有较高的独立性和把控性，使得网络自制节目的播出平台较为稳定单一，增加了网站用户的粘性，降低了购买电视版权而产生的资金压力。

IPGC 模式和 PGC 模式不同于 UGC 模式，这两种模式不仅可以为视频网站提供丰富多样的视频内容来吸引核心受众，还可以有效规避版权法律纠纷。视频网站的自制节目多采用前两种模式。

三、节目品牌的塑造——以《奇葩说》为例分析

爱奇艺隆重推出的《奇葩说》在品牌塑造上不仅注重打造品牌内涵，而且善于使用"奇葩人物"来营造品牌氛围，更为重要的是善于使用现代化影视技术来提升品牌质量。

(一) 以"内容为王"的原则打造品牌内涵

《奇葩说》用色大胆，人物夸张，标语奇特，会让人把它归为 UGC 时代的粗制滥造节目，然而这档节目的第一亮点就是：以内容为王的精准营销吸引受众。

1. 话题开放之下的生活指导

一方面，《奇葩说》的话题呈现生活化特征。节目每期的话题并不是由领导拍脑门子决定的，而是编导从贴吧、微博上获取讨论度较高的话题，才有可能成为每场的辩题。

另一方面，讨论内容具有指导性。《奇葩说》的舞台有很多是关于婚姻观、价值观和人生发展的话题，比如："漂亮女人该拼事业 or 男人""人到 30 岁是做稳定的工作还是追求梦想""领导傻 X 要不要告诉他"等。这些话题很多都与我们的日常生活有着密切相关的联系，更为重要的是，这档

节目的 87% 的收看群体是 10—39 岁的年轻女性群体。所以，婚嫁问题、人生观问题、未来发展问题以及人生战略问题，这些都是目标收视群体想要了解的问题。通过辩论的形式，会让受众更加全面地认识到辩题的方方面面。

总体而言，尽管《奇葩说》的话题开放，但因为对生活有一定的指导意义，所以，更多的内容指向是朝着真善美的美好境界。

2. 辩论互动参与之下的人文关怀

《奇葩说》是中国首档纯网络的辩论节目达人秀。而这档语言类节目之所以会得到人们的喜爱，是因为其自身所要传递的文化内涵。从形式上来看，《奇葩说》前三季采用辩论的形式。在一个话题明确的前提下，辩手自由选择正反方，高晓松和蔡康永两位导师也分别选择不同代表方来进行三轮辩论。而隐藏在辩论互动参与之下的却是人文关怀。奇葩说的舞台是一个兼容并包的大舞台，而这里面所讨论的话题是一些走在时代前沿的问题，如"贾玲该不该被炸死""该不该向父母出柜""世界末日来了，要不要告诉其他人"等，话题所隐含的内容是"在多数人利益面前是否要以少数人的利益为牺牲""如何和与自己不一样的人交流""信息共享社会是否应该有秘密"等。很多话题都是哲学经典论题，在《奇葩说》的舞台上进行辩论，彰显出文化关怀。所以，"理，不辨不明"，辩论双方通过辩论的形式不仅能够让我们更深层次地了解一些事物，也是对我们自我认知的一次重新整合。更为重要的是，这种辩论形式下的话题更多的体现出了人文关怀方面的各种关心。

3. 选秀推进机制下的思想碰撞

《奇葩说》归根到底是一个选秀的节目，它是一档语言类节目。但是《奇葩说》是一档"与众不同"的语言类选秀的节目。无论选手的穿着是否暴露，妆容是否跳脱，最终决定能否取胜的还是在语言方面。尼尔·波兹曼说："我们将毁于我们热爱的东西，等待我们的可能是一个娱乐至死的美丽新世界，在那里'人们感受到痛苦的不是用笑声代替了思考，而是他们不知道自己为什么笑以及为什么不思考'。"[1] 所以，尽管这档节目的氛围

〔1〕 〔美〕尼尔·波兹曼：《娱乐至死》，章艳译，广西文学出版社 2004 年版，第 30 页。

是搞笑戏谑的，但是它只体现在语言上的犀利或者服饰妆容方面的夸张，更为重要的就是，在辩手和辩手之间的交流碰撞，不仅可以让一些事物得到更好的表达，更可以让受众得到一种精神上的愉悦。

21 世纪是一个喧嚣的时代，也是一个物欲横流的时代。《奇葩说》的舞台的魅力在于提供了一处平台，让各式各样的选手有表达的机会。正是在这种选秀机制的碰撞下，可以让思想的多样性得到更好的表现。《奇葩说》正视当前文化传播中的功利性、同质化和庸俗化问题，它回归文化和理性，担负起在这个社会的传播责任，为当代传播文化带来一股清新的气息。

（二） 以标榜个性的奇葩人物营造品牌氛围

在《奇葩说》的结构中，最为重要的便是台前参加辩论的选手和导师以及马东议长。通过选手、导师和嘉宾的不同表现，营造出《奇葩说》这个品牌独特的品牌氛围。

1. 形式各异的"奇葩选手"

在《奇葩说》的舞台上，最为夺目的便是奇葩选手。而编导们为了选到适合这个节目的选手也是大动干戈、煞费苦心。为了使《奇葩说》打破以往辩论节目刻板严肃的形象，编导们在海选阶段设定了四轮面试，除了通过编导熟人推荐的"师奶杀手"肖骁，其余海选的奇葩选手主要有以下三个来源：

（1） 从现有的辩论圈去寻找高手。最具有代表性的便是马薇薇、黄执中、专程从澳洲回国的包江浩和王敏、新加坡选手陈咏开和颜如晶。

（2） 在教育领域选人。无论是老师，还是学生，《奇葩说》的舞台都有代表人物。例如新东方英语老师艾力、武汉大学新闻学博士陈铭以及中国传媒大学学生姜思达等人。

（3） 综艺类选手。无论是影视剧还是语言类节目，《奇葩说》的舞台都有所包含。例如，在影视圈闯荡多年的范湉湉、东北 DJ 大兵以及相声演员李林等人。

如果按照选手的人生经历来划分，那么，《奇葩说》的选手大致可以分为两类：一类是情感经历十分突出的人物，擅长使用语言和情感来打动人心，有时还会讲述自己的人生经历来引导现场观众投票。例如，范湉湉就是这种类型的代表。范湉湉的人生经历十分丰富，无论是演艺圈的经历还是在职场的收获，或者是在两性问题上都有着自己独到的见解。另一类则以辩论选手为代表，他们信仰逻辑和理性。这类选手不善于使用自己的人生经历，而是喜欢寻找逻辑漏洞进行反驳。代表人物便是马薇薇。当然，还会有其他类型的"奇葩"：比如自称"肖少奶奶"的肖骁便是其中的一个特例，他有着自己独特的价值观，说话方式直接泼辣，并且阐述方式浅显易懂，容易被接受。

2. 喜欢念广告的主持人

主持人是节目和观众之间的桥梁，也是一个节目塑造的第一形象。而网络节目的节目主持人采取戏谑的方式播放广告会让受众接受。

广告，虽然是影视剧和综艺节目的主要收入来源之一，但是，广告与节目口碑和节目收视率一般呈现反比关系。这个节目的一大亮点便是，马东不同寻常的口播形式。例如，莫斯利安在《奇葩说》第二季撤了广告，主持人马东便在第二季开篇就调侃说，"莫里斯安酸奶，喝了能活到99。活到那时候也得饿死。"按照传统思维方式，主持人调侃广告商是一种不明智的行为。但是，在《奇葩说》的舞台上调侃，却是一个让人获得笑声的手段，可能这也是网络自制节目突出的特点：网络节目更加亲近受众，更加了解受众的收视习惯。

3. 针锋相对的"奇葩导师"

《奇葩说》不仅选手"奇葩"，主持人"奇葩"，还有两位带队的"奇葩"导师。《奇葩说》第一季和第三季的导师分别是清华大学才子高晓松和中国台湾主持人蔡康永。这两位导师一南一北，个性差异不仅表现在生活地域、人生经历方面，还表现在说话方式、为人处世方面，一直一温、一刚一柔；相同的是每位导师都有自己独立的思想体系。所以，由这二位导师最后总结陈词时，可以为辩论增加新的兴趣点。第二季的"奇葩"导师分别是蔡康永和金星，金星加入《奇葩说》虽然为节目注入了新的活力，但是思想性不及高晓松。

（三）以现代化影视技术为依托提升品牌的质量

节目的品牌塑造不仅需要通过节目内容充实内涵，也需要引进新颖的配套设施技术来提高节目质量。在技术方面，《奇葩说》采用多种新兴手段，以助提高节目质量。

1. 弹幕技术增加反馈渠道

爱奇艺旗下的《奇葩说》，非常注重与观众的交流，这也是播放平台特性的体现。视频网站为了更好地服务受众，必然需要提供一条行之有效的反馈机制。

"弹幕"，最早运用于电影营销策略中，由于实时评论像炮弹一样在观影画面飞过，深受广大网友追捧。国内第一家采用弹幕技术的是 AcFun 网站（该网站是一家关于 ACG 的弹幕式视频分享网站）。《奇葩说》在积极加以利用，开启弹幕形式，即时把观众的反馈发送到观影画面中。相比较于第三方软件，弹幕可以让用户第一时间说出自己的想法，表达自己的观点，这种形式是比较简单直接的。但是，弹幕只会在用户发出的特定时间点出现，所以尚且不能达到共同交流的效果。但是，弹幕的用户多为青少年，用语粗鄙，并不能代表全体观看者的态度。总而言之，弹幕技术是拓宽交流的一个新渠道，有待完善。

目前，比较有效的反馈渠道仍然是留言板和第三方客户端。这些反馈手段使受众的需求能够更有效地传播，会使制作方更加了解受众的需求，做出相应的措施。

2. "电脑—手机"多样化的播放平台

手机，在现代人的生活中所发挥的作用越来越显著，根据第 37 届中国互联网络发展状况调查报表 3—1,[1] 我们可以发现手机和电脑承担了现代人大量的生活娱乐活动，手机视频和网络视频都表现出明显的上升趋势，数量上也呈现出增长的趋势。

---

〔1〕 中国互联网信息中心：《第 37 次中国互联网发展状况统计报告》，2016 年版，第 62 页。

表3—1　2014—2016 年网络视频╱手机网络视频用户规模及使用率

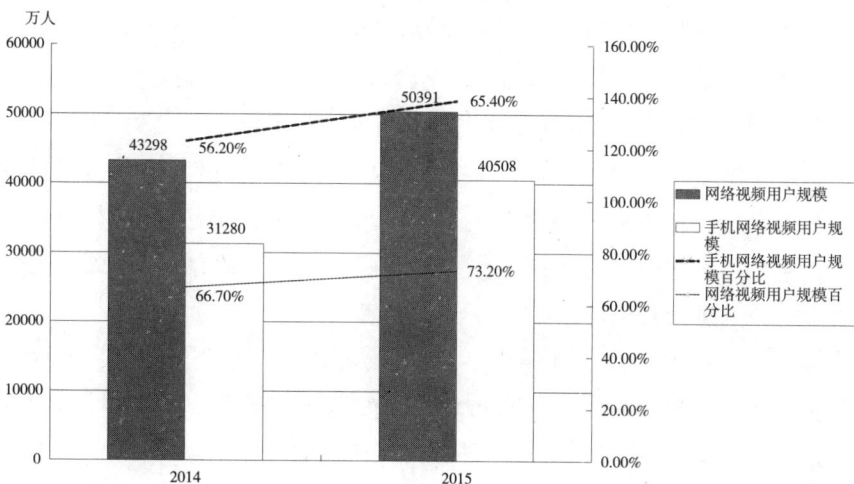

爱奇艺自成立伊始，就坚持"悦享品质"的公司理念，不断发展多平台的视频播放设备，做到了手机和网络双重准备。《奇葩说》作为爱奇艺的主打节目，也实现了手机和网络的多重播放。《奇葩说》不仅做到了网页、手机 APP（application 应用软件）、电脑插件等多方面的播放，也使受众接触视频的渠道拓宽点播更方便。

3. 色彩艳丽的包装方式

《奇葩说》的色调主要以暖色为主。为了贴近受众，节目标示多采用粉色、紫色、黄色和白色等带来轻松感的颜色与定位，而不选择比较严肃的黑色和灰色等色调。而视频网站的主要输出产物便是视频，而视频一出生便是视觉文化的宠儿，它融合音、视一体，更加立体地将所要表达的事物多方位地表现出来。《奇葩说》的编辑方式多种多样。不仅采用视频短片片头，播放选题时，还多次使用现场演绎、动画短片、蒙太奇剪辑短片等手法。

四、节目品牌的营销策略——以《奇葩说》为例分析

美国营销学家菲利普·科特勒在《市场营销》中表示："品牌是一种名称、名词、符号、标记、设计，或者是它们的组合，目的是使自己的产品或劳务与竞争者的产品或劳务区别开来。"[1] 视频网站自制节目的媒体品牌相较于传统商业品牌，其特有属性便是媒体属性。而《奇葩说》节目的营销手段就是建立在现代技术基础上，结合市场手段进行营销。

(一) 以大数据技术为支撑而进行的精准营销定位

根据使用与满足理论，任何人主动接触一个事物，必然有其自身目的。在这个资讯爆炸的时代，各种信息杂乱，受众和传者无法得到有效沟通。所以，越来越多的传者为了使受众更好接收信息，纷纷结合自己的形式使用大数据技术进行营销定位。

1. 节目功能与内容定位

视频网站自制节目多选择有市场空缺的领域，所以《奇葩说》这档节目的定位便是中国辩论达人秀，从而选择了市场空缺的辩论类选秀节目。从节目功能定位来说，便是选择到了一个空缺的位置，甚至他所打出的口号"U CAN U BiBi"（你行你来）。从字面理解，这档节目没有设定年龄、性别或者职业的界限，宗旨仅限于选择全中国会说话的人。

2. 网生代目标受众的定位

首先，根据第37届中国互联网络发展状况统计报告表 4 - 1[2] 可以发现，网民的年龄层重要分布在 10—39 岁。而爱奇艺和《奇葩说》这档节目的主要受众定位也是 15—25 岁之间的网生代，即按照人口统计学划分的 90 后和 00 后。主要受众的身份通常是学生或者是刚刚迈入社会的职场新人。网生代受众观看视频的主要需求便是放松娱乐。因此，《奇葩说》结合受众的主要需求，节目的主旋律是以轻松、搞笑、愉快的方式进行的。

〔1〕 ［美］菲利普·科特勒：《市场营销》，俞利军译，华夏出版社 2003 年版，第 170 页。
〔2〕 中国互联网信息中心：《第 37 次中国互联网发展状况统计报告》，2016 年版，第 47 页。

表4—1　中国网民年龄结构

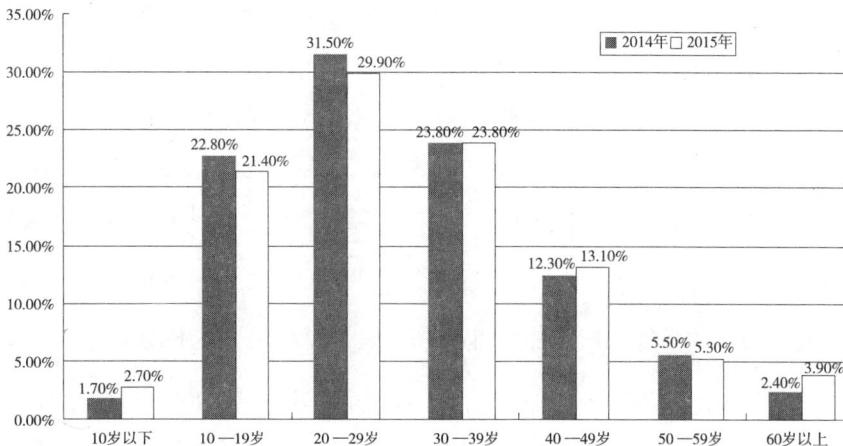

3. 植入广告的定位

《奇葩说》前三季的主要赞助商是美特斯邦威。这个广告主的用户年龄定位同样是15—25岁，所以《奇葩说》和美邦的合作便是顺理成章。除此之外，《奇葩说》无论是植入广告还是冠名广告，都是以同一年龄段为主要消费群体。第二季冠名广告商——有范APP，在奇葩说播放后，不仅其下载量明显上升，而且与此同时，有范APP也会将选手的服饰在有范APP上同时置顶，这个现象表明视频网站自制节目与广告商可以做到利益共享。

（二）以市场理念为导向进行节目包装

视频网站自制节目的品牌不仅需要有自己独特的内涵，更需要把握市场受众的需求，以市场理念为主要指导方向，进而提升品牌的魅力。《奇葩说》借助广告植入与热门人物宣传，达到一定的节目预热和包装效果。

1. 品牌广告植入理念

在传统媒体上，口播广告一般是在结尾鸣谢时出现，很少放在正片的时长中。然而在《奇葩说》的舞台上，花式口播却随时可以出现在正片当中。这可能是由于视频网站自制节目播放平台的节目无法像传统卫视一样分段播出，只能集中于一个统一的时间段内或者是插入节目当中播出。因此，《奇葩说》采用一种调侃的手段，不仅让受众接受商业广告，也使商业广告植入成为自制节目的特点。

2. 借力热门人物进行宣传

在这个粉丝时代，一档成功的节目不仅需要发挥自身的独特魅力，还需要借助他人的魅力进行宣传。《奇葩说》每期都会邀请一位嘉宾，如杨澜、李湘、赵又廷等人都曾经参加过《奇葩说》的录制。《奇葩说》的每一期宣传片花会采用在录制时发生的各种搞笑片段，如"高晓松要成为李湘女儿的老公"等，这些标题虽然有夸大之意，但是总体而言是一种借力宣传。

五、节目的品牌推广和品牌维护——以《奇葩说》为例分析

一个品牌的建构，不仅需要品牌内涵的深刻与品牌宣传时的手段，更需要采用多方位的手段进行推广以及维护。只有不停的代谢，才能使一个节目拥有长久的生命力。

（一）以多种资源为依托提升节目品牌推广效果

《奇葩说》的品牌推广不仅借助自身网站的推广力量，还使用社交媒体进行推广，未来还可以联合线上与线下进行品牌推广。

1. 凭借网站自身资源进行推广

爱奇艺对自制节目的推广力度强烈，不仅在视频网站的首页设置专门的关键选项，还在《奇葩说》播出日，展现专业的《奇葩说》页面。除此之外，无论是视频网站，还是手机 APP，首页滚动播出的页面，都会出现《奇葩说》的宣传页面。

2. 联合多方新媒体进行宣传

在这个讯息众多的时代，一档优秀的节目推广需要多样的宣传手段。《奇葩说》不仅使用视频网站自身的宣传推广方式，还使用微信公众号、官方微博、百度官方贴吧等多种手段进行宣传。此外，《奇葩说》播放界面的下方会出现分享、收藏等方式，借助受众的口碑传播会让更多的人知道或者是了解，从而获得更多的受众。

3. 联合线上与线下进行品牌推广

粉丝经济时代，视频网站自制节目不仅需要在内容、技术等方面下功夫，还需要关注受众的粉丝心理。而《奇葩说》也做过这样的尝试，为《奇葩说》火爆选手肖骁、马薇薇和范湉湉等人举办粉丝见面会。通过这样

的形式巩固忠实粉丝。同时，这也是一种线下品牌推广活动的形式。

（二）以原有节目为基础进行品牌维护

视频网站自制节目的生命力是很多视频自制节目思考的问题。节目需要不断发生升级更新以满足不断变化的受众需求，增强节目的粘性。《奇葩说》也在不断地变化，不仅表现在赛制的改变，更通过增加兴趣点来维护品牌。

1. 增加新的兴趣点

视频网站自制节目的一个重大特点便是——改变及时。由于网络节目的制作周期短、反馈迅速，所以根据反馈可以很快加入新的兴趣点。金星在《奇葩说》第二季接替高晓松作为奇葩导师。这个事件本身就是一个新的兴趣点，不仅表现在人物的改变，更在于金星本人就是一个热点话题人物。所以奇葩说第二季第一期在播放一周后便达到1亿的播放量。

2. 节目自身的不断升级

《奇葩说》的自我升级不仅表现在赛制的更改，更表现在选手能力的提高。《奇葩说》每一季的赛制都在不断地改进，由第一季自由意志选择演化到第二季加入奇袭机制，再到第三季变为团队对抗。并且不断引进新的关注点，如第四季吸收了何炅作为议长，马东等人参加辩论。通过形式或者内容的变化来增加新的兴趣点。

3. 向传统媒体反向输出

麦克卢汉所说的："媒介的交叉与混合，如同分裂或熔合一样，能释放出新的巨大能量。"[1] 视频网站自制节目生产商不仅需要顺应时代变化，更需要稳定其生产的品质与效果，寻找适合的传统媒体进行反向输出。对于视频网站来说，这不仅可以扩大传播面也可以获得新的收入以及与地面卫视进行合作产生新的碰撞。对于传统媒体来说，不仅可以降低生产成本，也可以获得新的受众。这样可以一举两得，更大效率地为受众服务。

六、结语

随着电子通讯产品的迅猛普及，受众接触媒介的途径不断扩大，网民

---

〔1〕 ［加］马歇尔·麦克卢汉：《理解媒介：论人的延伸》，何道宽译，译林出版社2011年版，第172页。

的数量不断增多，视频网站对自制节目的投入力度的加大，使得自制节目数量的猛增。在愈演愈烈的市场竞争当中，曾经的视频网站无法适应现代化发展需求，所以要寻求差异化、多样化发展，并纷纷开始集中于打造具有品牌发展价值的自制节目，逐步走视频网站自制节目精品化、品牌化道路以及反向销售的道路。

《奇葩说》作为门户网站自制节目品牌的杰出代表，它的发展流程完整地包含品牌建构的品牌内涵、品牌营销、品牌推广以及品牌维护。目前，《奇葩说》已经历四季的洗礼，经历过初创期的磨合、收割高潮期的盛誉、感受变化期的不易。目前《奇葩说》第三季和第四季改版后播放量明显下滑，主要原因是节目的制作周期缩短、前期准备不足、节目选手短缺，导致节目质量和口碑下降。另外，《奇葩说》存在着各种网络语言，不利于台网互动和内容返销。

通过研究这一档纯网络自制节目的发展历程，可以发现，在媒体融合的环境下，视频网站自制综艺节目的品牌化建构是一个长期而又复杂的过程。所以，视频网站自制节目不仅需要借鉴广播电视节目品牌化建构的经验，也需要结合网络发展状况做出应时改变。视频网站自制节目走坚持创新和改变的道路才能得到长足的发展。

城市官微在西安城市形象传播中的应用

——基于"西安发布"双微的实证研究

张珂郡[*]

一、绪论

（一）研究意义和目的

城市形象是社会公众形成对特定城市认知的印象总和。良好的城市形象能有效提高城市的"软实力"，为城市吸引更多的投资、人才并带动旅游产业的发展。城市形象是一种不可估量的无形的资源，是城市竞争力的重要体现。

西安作为一座十三朝古都，拥有着3100多年的建城史和1100多年的建都史，是西北地区的中心城市。随着"一带一路"纳入国家核心战略部署，西安作为丝绸之路的重要节点城市的区位优势日益凸显，如何在"一带一路"背景下抓好历史机遇，利用新媒体手段做好西安城市营销，提升西安城市形象的影响力，打造"丝路新起点"的品牌，向丝绸之路沿线国家传播良好的城市形象，这对促进西安城市稳固发展具有重要的意义。

移动互联网的发展为城市形象传播带来巨大变革，西安市政府也开始将"城市官微"运用于城市形象的传播实践中，将其作为展示西安城市形象的新窗口。"城市官微"即城市官方政务微博、微信，是以城市命名的，以政府官方为运营主体，承担着塑

---

* 张珂郡，西北政法大学新闻传播学院2016级硕士研究生。

造宣传城市形象、服务本地区民众、与民沟通、塑造主流价值观等职能的官方微博、微信。2013年11月，由西安市互联网信息办公室主办的西安城市官方微博"西安发布"开通运营，2014年6月，同名官方微信公众号也正式运营。多年来，两个平台为传播西安城市形象、促进西安城市发展起到了一定推动作用，但在运营过程中也存在一些问题，在平台功能完善、城市形象传播等方面还存在一定的提升空间。总体而言，城市官微在新媒体平台发展时间相对较短，缺乏相关的理论和实践的指导。因此本研究以塑造和传播西安城市形象为中心任务，以城市官微"西安发布"为研究样本，分析官微对西安城市形象的呈现形态、特点与优势，探索更好地利用城市官微塑造和传播西安城市形象的策略，并吸取其他优秀城市官微的运营经验，为西安城市形象塑造和传播提供个性化的理论与实践参考。

（二）相关概念界定

1. 城市形象

20世纪60年代美国城市规划学家凯文·林奇最早提出了"城市形象"这一概念，他认为"每个城市都有一个由多个印象叠加而成的公众印象，即城市形象"[1]并在其专著《城市意象》中强调了城市中道路、边界、区域、节点和标志物五要素的重要意义。在我国，"城市形象"最早出现在城市规划和设计领域，主要指城市景观。如王豪将城市形象定义为"城市中事物的表象特征和外部形态特点，包括了城市一切复杂多变的表象特征，以及透过这些表象所能感受到的特定精神内涵"[2]现代城市理论认为，城市形象不仅包括城市建筑景观、生态景观等物质元素，还应包括市民素质、政府形象、文化发展、社会安全感等诸多无形的精神元素，从这个角度而言，城市形象是物质文明和精神文明的有机统一。基于此，本文将城市形象的定义表述为：社会公众对特定城市认知的印象总和，它是物质景观和精神感受的有机统一，是主客观的结合体。

2. 城市官微

对"城市官微"的概念界定最早见于南京大学吴思思的2014年硕士论

---

〔1〕 ［美］凯文·林奇：《城市意象》，方益萍、何晓军译，华夏出版社2001年版，第12页。

〔2〕 王豪：《城市形象概论》，湖南美术出版社2008年版，第9页。

文《"城市官微"内容建设策略的设计》，文中指出"城市官微即城市官方微博，是政务微博的一种，承担着政务微博职能的同时也承担着塑造宣传城市形象、服务本地区民众、与民沟通、塑造主流价值的职能"。[1] 而近年来，城市官方微信也逐渐发展起来，政府开始将官方微信运用于城市形象的传播实践中。本文中的"城市官微"在原本单指微博的基础上进行了意义扩充："城市官微"即城市官方政务微博、微信，是以城市命名的，以政府官方为运营主体，承担着塑造宣传城市形象、服务本地区民众等职能的微博、微信平台。本文的研究对象"西安发布"双微符合上述定义。

二、"西安发布"城市官微的基本概况及特点

（一）"西安发布"新浪微博的基本概况和传播特点

1. 基本概况

"西安发布"新浪微博，作为西安市互联网信息办公室官方微博，注册于 2013 年 8 月 30 日，正式发布第一条微博是在 2013 年 11 月 20 日，该微博旨在"分享美丽西安好生活，为市民提供各类信息"。截至 2017 年 6 月 14 日 15 时，该账号共拥有粉丝 1 001 339 位，发布微博 33 929 条，关注对象 403 个。

"西安发布"的头像以蓝天白云下的西安标志性建筑钟楼为背景，在头像偏下方镶嵌红色大字"中国西安"，具有很强的视觉识别度。进入"西安发布"微博主页，会有滚动呈现的西安城市风光的摄影照片来展现西安的城市风貌。首页栏目上方挂着大明宫遗址公园作为大背景的头像信息栏，首页栏目左下方挂着"西安发布"发表的长微博和西安城市宣传片的视频播放窗口，整个首页版面规整典雅，独具西安城市特色。

2. 传播特点

据《2016 年人民日报·政务指数微博影响力报告》显示，"西安发布"微博在全国政务微博排行榜中居于第 90 名，相比其他副省级城市官微而言，排名稍显落后。为更好地分析官微发布的博文内容，本文选取了"西安发布"微博 2017 年 5 月 12 日至 19 日一周内的全部 167 条微博作为样本，以内容来源、内容议题、微博转发量、微博评论量 4 个维度来分析"西安发

---

〔1〕 吴思思：《"城市官微"内容建设策略的设计》，南京大学 2014 年硕士学位论文。

布" 微博的传播效果。

（1）内容来源：原创大于转发。

目前微博的内容主要有两种：原创和转发。在所选取 167 份微博样本中，原创微博有 158 条，约占总数的 95%；转发微博仅为 9 条，约占总数的 5%（见图 1）。转发的原博主主要为人民日报、央视新闻等国家级新闻媒体单位。这表明 "西安发布" 的内容基本为原创，运营人员注重内容编辑的自发性和创造性，在偶尔的转发过程中均采用了信源可靠性高的国家级新闻媒体，确保了内容的真实性和权威性。

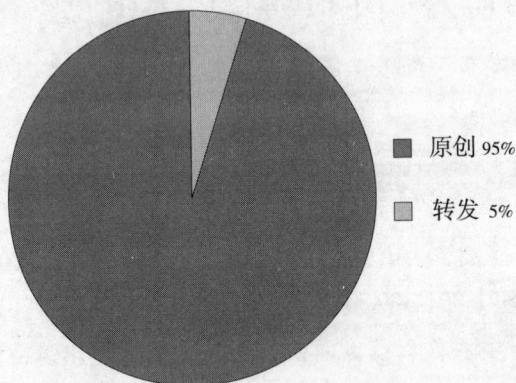

■ 原创 95%

□ 转发 5%

图1 "西安发布" 微博来源统计图

（2）内容议题：政治党建类内容最多。

内容议题即微博内容所表达的话题，在抽取的 167 份样本中，话题纷繁复杂，数不胜数。为了解微博文本内容的构成，本研究通过阅读样本内容—确定分类—编码—修改分类—再编码的尝试，把微博内容分为六大类别：政治党建、经济建设、文化旅游、社会生活、生态环境、早晚安问候，在对 167 条样本微博进行归纳后，得出比重降序排列依次为：政治党建（48条）＞社会生活（44 条）＞文化旅游（26 条）＞经济建设（19 条）＞生态环境（16 条）＞早晚安问候（14 条）。其中政治党建类内容占比最多，为 28.74%，社会生活类其次为 26.35%，这说明微博发布的内容与时政、社会热点有很大关系，内容政治性偏强。（见图 2）

内容议题

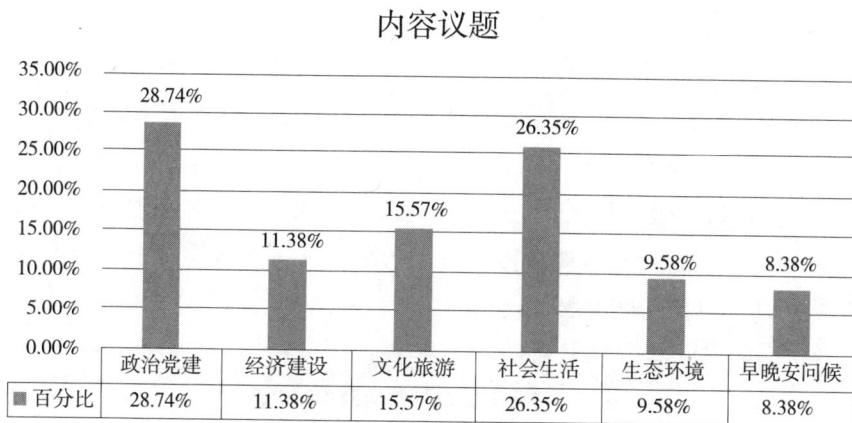

	政治党建	经济建设	文化旅游	社会生活	生态环境	早晚安问候
■ 百分比	28.74%	11.38%	15.57%	26.35%	9.58%	8.38%

图2 "西安发布"微博内容议题比例图

（3）微博转发量：平均转发量为54.57次。

转发量作为新浪微博政务指数影响力排行榜考核的一项重要指标，在一定程度上表明了该微博的影响程度和范围。通过对抽取的样本进行分析结果发现：所有微博均被转发，平均每条微博约被转发54.57次，但被转发量超过100次以上的仅有2条。

（4）微博评论量：存在零评微博。

评论量同样作为新浪微博政务指数影响力排行榜考核的一项指标，能在一定程度上能体现出该微博的互动性与参与程度。通过对抽取的样本进行分析发现，并非所有的微博均被评论，没有评论的微博共有15条，占比约为8.98%，平均评论量为14.69，最大评论数为89条，该微博主要内容是交警处罚"车不让人"的司机，说明公众对该社会热点问题保持高度关注。

综上所述，"西安发布"微博所呈现的传播特点是：注重原创、重视时政、社会生活类信息，转发量破百的稀少并存在零评论的微博。

（二）"西安发布"微信公众号的基本概况和传播特点

1. 基本概况

"西安发布"微信公众号于2014年6月19日正式开通运营。该微信公众号的功能介绍为旨在"每天推送西安最新的政务信息、政策解读、民生资讯,与您分享美丽西安好生活"。西安发布的功能介绍亲和力较强,也同时表明了公众号的服务属性和城市形象传播的功能。根据"微小宝"微信公众号数据平台,截至 2017 年 5 月 31 日,西安发布公众号预计每日活跃粉丝 13.8 万,头条文章日均阅读量为 12 607,文章最高阅读量为 10 万以上。

2. 菜单功能特点

"西安发布"微信公众号在运营过程中注重微信菜单栏建设,目前该公众号的菜单栏功能主要体现在传播城市形象、便民政务服务、西安发展规划三大板块。具体功能见表 1:

表 1 "西安发布"微信菜单功能表

一级菜单	二级菜单	内容	呈现方式
精品栏目	720°全景看西安	720 度全景,点击进入可以俯瞰西安多个景区的全景	H5、VR 全景呈现
	西安人的广告大片	用 2 分钟的视频展现不同职业西安人的积极良好的精神面貌	视频
	西安创业故事	讲述 20 多位创业者在西安创业的故事	文字+图片
	大西安微信 PK 赛	对入围的 35 篇西安主题微信进行呈现	文字+图片+超链接+视频
服务大厅	便民大厅	点击进去有住房查询、路况查询、证件办理等 11 项便民业务	超链接交互式网页
	西安政务微信矩阵	点击进去有西安各主要职能部门和区县政府的官方微信链接	
	西安政务微博矩阵	点击进去有西安各主要职能部门和区县政府的官方微博链接	
	网民建言	直接在线将意见建议反馈给后台,敦促办理	
	违法信息举报	可以将违法信息在线举报	

续表

一级菜单	二级菜单	内容	呈现方式
奔跑西安	奔跑吧西安	介绍西安未来发展政策方针、投资环境等	文字＋图片
	区县擂台赛	介绍各区县发展建设情况	
	开发区擂台赛	介绍开发区建设发展情况	
	一把手访谈	介绍领导对招商引资、城市发展等的执政理念	
	挂职干部实录	介绍挂职干部学习心得	

在精品栏目菜单中，西安发布采用了全景呈现、H5、视频、图片、文字多种呈现方式，从多个角度对西安的城市景观、市民形象、生态环境、投资环境等进行了展示，向人们塑造了一个开放包容、兼收并蓄的城市形象。

在服务大厅的菜单中，西安发布将一些便民业务从"线下"聚合到"线上"，原本需要市民在线下亲自跑腿才能完成的业务现在通过微信公众号便可轻松办理，提高了市民对政府高效办事的满意程度，是树立"高效政府、智慧城市"的有益尝试。

三、"西安发布"呈现出的城市形象特征

基于城市官微的传播特点，其呈现出的城市形象与传统媒体并不一样，传统媒体更多的是调动受众较为单一的感官体验，为受众描绘相对宏观的城市形象。而城市官微以其碎片化、多元化呈现的特点，为用户呈现了一个更为细致、生动的城市形象。城市形象作为一个庞大而复杂的体系，是由多个子系统组成的大系统。《中国城市品牌认知调查报告2015》中将城市形象分为六个维度，分别是政府形象、经济形象、文化形象、生态形象、

市民形象以及城市形象推广。[1] 本文结合研究实际，将从"西安发布"呈现的城市政府形象、城市景观形象、城市市民形象三个方面进行分析。

（一）城市政府形象

由上文图2可知，"西安发布"新浪微博传播的关于西安政治党建的内容最多，关注力度最大，占比为28.74%，可见"西安发布"是较为注重呈现政府形象的，其呈现的政府形象有以下特点：

1. 实干亲民的领导形象

在上文抽取的"西安发布"新浪微博样本中，通过关键词检索发现，有关市委书记王永康的微博有7条，有关市长上官吉庆的微博有9条，而有关领导干部的微博内容主要集中在会议讲话、走访调研、招商引资等方面。如2017年6月8日西安发布微信公众号头条文章《永康书记@创业小伙伴们，来大西安这个小清新创业咖啡街区喝杯咖啡吧》一文中介绍市委书记王永康赴高新区创业街区进行调研，文中特别配了王永康书记的手绘卡通形象，采用大量细节描写，生动突出了一位实干亲民的领导形象。文末也有不少网民留言为王书记点赞，有网友评论称"永康书记确实是位好书记，给西安带来了很多新点子"。

2. 关注民生、贴近百姓的政府形象

在"西安发布"双微中体现市政府积极关注民生、社会就业、公共安全、社会秩序、市场监管等问题，采用多渠道并行的方式，加强与民沟通互动。如2017年6月14日，微信推送的《扶持自主创业、拓展本地就业的这些就业扶贫政策你都了解吗》介绍了西安扶贫就业的新政策。2017年5月14日，针对勒索病毒侵袭，"西安发布"微博连发4条有关防范病毒的科普贴，在积极维护市民权益方面做出了努力。

（二）高大上的城市景观形象

在新技术的支持下，城市官微改变了以往城市景观形象的呈现方式，2015年初一款名为"living planet"的应用在微信圈火了起来，它利用技术手段将用户选中的图片、视频进行扭曲变形，成为星球状，给人留下惊艳

---

〔1〕 黄娟：《政务微博中城市形象的表征与建构——以南京城市政务微博为例》，载《合肥师范学院学报》2016年第5期。

的视觉效果。于是，"西安发布"采用这一新技术着重于传播"大西安"形象，在微信公号菜单栏"720°全景看西安"中展现了西安各大地标建筑的全景状态，如浐灞园区、高新区、航天城、纺织城艺术区，一个"高颜值"、现代化的"美丽大西安"形象拔地而起，用户通过浏览全景便会对西安的城市景观有独特感受，会发现西安不仅是一座历史悠久的文化古城，也是一座实现了高度现代化，并具有很高的开放程度的国际大都市，给人留下高大上的城市景观印象。

（三）友善敬业的城市市民形象

在"西安发布"公众号菜单栏中"西安人的广告大片"这一子菜单通过视频的方式，以"我是西安人"的口吻展现不同职业的西安人在各自岗位敬业奉献的精神风貌，集中展现了西安敬业奉献的市民形象。如在2017年5月13日"西安发布"微博推送的"西安好人榜"展示贴，讲述了10位上榜人物的优秀事迹，集中彰显了西安市民助人为乐、诚实守信、孝老爱亲的优秀品格。

四、基于城市官微的城市形象传播应用策略

西安是一座拥有璀璨历史文化的古城，也是开放包容、兼收并蓄的国际化、现代化大城市。以"西安发布"为核心的城市官方微博、微信推送的内容和西安城市发展紧密相关，为外界了解西安打开了全新的窗口；同时作为政务服务型平台，"西安发布"也为西安市民带来了极大的便利。但是和其他优秀的城市官微相比，"西安发布"在传播本地形象方面仍有地方需要改进。基于此，本文尝试总结一些城市官微传播城市形象的应用策略，以供参考。

（一）明确角色定位，突出城市特色

西安城市官微代表本地城市政府，主要受众对象是生活、学习、工作在西安的居民还有关注西安城市发展的人们。鉴于此，坚持立足西安本地信息是西安城市官微定位的第一要义，这样才能给城市官微的受众对象留下深刻的城市印象。

第一，城市官微要聚焦本地城市信息，即关注本地政府颁布的新政策、经济发展的新亮点、社会事业的新进展、交通路况的新动态、生态环境的新变化、民风民俗的新传承等。换言之，即限定内容范围，只关注与发布本地的信息动态，做到内容不越界。[1]

第二，要做有针对性的"议程设置"。在现实实践中，"西安发布"微信公众号菜单栏中"精品栏目"中的"720度全景看西安"中运用 VR 技术对西安主要地标性建筑进行全景呈现，使用户在体验过程中身临其境地感受西安这座古城的独特魅力，完美地呈现了西安的城市形象。"西安创业故事"则通过图文的形式生动展现了创客们在西安这片热土投资创业的事迹，也突出展现了西安优越的投资创业环境。上述子菜单的设置从不同角度呈现了西安的城市形象，展现了西安"华夏文脉，时尚古都"独特的城市魅力。

第三，官微定位要与其传递的信息保持一致，同时有计划、有侧重点地逐步强化城市形象。"西安发布"微博现有 3 万余条博文，加上微信推送的文章，数量庞大。面对如此海量的信息，要让用户从中提取可读性强、有意思的信息，并在脑中形成独一无二的西安城市名片，除了要紧扣西安城市形象定位，还要结合城市形象各子要素，增强博文内容的生动性、趣味性和可读性，可以借鉴"南京发布"新浪微博，该微博不仅常在自己开设的栏目中介绍本地的地方特色美食、非物质文化遗产、风土人情、旅游资源等，还会使用"莱斯（很好）""潘西（姑娘）""恩正（为人正直）""小杆子（小伙）"等南京方言穿插在微博信息中，地方特色鲜明，地域文化气息浓郁。此外，对于西安城市官微来说，语言表达方面往往显得较为官方严肃，可适当使用一些网络流行语，使语言风格俏皮灵动起来，或对每条博文加上标签，或设置一些有关西安城市形象构成要素的主题词，使用户能够方便快捷地获取有关西安城市各方面的信息，进而凸显西安的城市特色。

（二）坐实内容生产，优化栏目布局

与传统媒体相比，城市官微这一新媒体形式的确有个性化鲜明、受众层次广、表达方式多元化等特点，其展现出的西安城市形象也是集人文性、多元化、娱乐性等特性于一体。但是，如果想更好地吸引受众，扩大城市

---

〔1〕 肖阳：《新媒体中城市形象建构与传播研究》，苏州大学 2015 年硕士学位论文。

形象的传播影响力，内容生产仍是关键，因此运营者要从官微定位和用户需求角度坐实内容发布。在西安城市官微的内容规划方面应该包括常规性"硬内容"（如重要时政新闻、新政出台、县市动态等）和辅助性"软内容"（如介绍西安人文风情、旅游资源等）；热点、焦点问题的及时引导（如"勒索病毒"的防范、"H7N9"的防范等）；周期政策的提前预告（如陕西省高考新政策的提前公告）；年度事件和人物的评选等。此外，城市官微发布的内容要符合政府工作要求，要善于从政府常态工作中提炼民生信息，进行内容二次加工进而吸引用户。

针对"西安发布"微博发博频率高、用户停留时间短的现状，可以采用多元化传播手段来融合用户的视觉、听觉，在内容形式方面下点功夫，如设置九宫格图片、投放一些与西安有关的 GIF 动图、视频，开发一些与西安市民生活相关的 H5 页面等方式来吸引用户延长停留时间，帮助用户转移注意力、舒缓压力，进而来激发用户转发、评论、点赞的动机，提升官微传播效果。在双微的内容方面，微博要更突出时效性和可视化，微信要着重内容的深度挖掘。比如在"车让人"交通整治的报道中，微博可以充分利用直播平台的优势，实时对整治情况进行呈现，并与网友互动。微信可以梳理将"车让人"活动做得比较好的路段、全方位"样板路段"，进而呈现良好的市民素质形象和城市交通形象。

在栏目布局方面要根据用户使用习惯和时事热点进行合理调整。如在"西安发布"微信号内的自助菜单内设置了"精品栏目""服务大厅""奔跑西安"三个一级菜单，如点击"服务大厅"后就会呈现五个和服务有关的二级菜单，点击"便民大厅"会出现若干个与用户生活息息相关的按钮，如住房查询、交通信息、社保查询等供用户进行信息查询、预约等需要在政府相关部门去办理的事务，大大增加了用户生活的便利性。但同时，一些不常用或者能被第三方应用完全代替的功能如"机票查询""公园查询""天气查询"等稀释了政务应用原本紧凑的功能版面，因此官微运营者可以根据用户需求来调整栏目布局，提升用户交互体验。

（三）线上线下互动，推广城市形象

1. 线上积极与用户互动，树立亲民、高效的政府形象

政府是人民的公仆，以平等包容的"店小二"沟通姿态提供高质量的

信息服务是城市官微运营的另一大理念。平等包容是服务的态度，沟通姿态是互动的基础，城市官微要的是以平等包容的态度，发布高质量、实用性强的信息内容，增进与受众用户的互动与交流。

目前"西安发布"微博在与粉丝用户互动方面还存在提升空间，不少用户在微博下评论咨询后，得不到有效的回应。如2016年12月27日，"西安发布"微博推送的"我市降低黄标车老旧车提前淘汰补贴标准"博文中，有网友@南柯娘娘提问老旧车是什么概念，而"西安发布"至今都没有进行有效回应，难免给用户留下高冷、呆板的政府形象。反观在用户互动方面做得比较出色的"南京发布"，在其2017年6月12日有关"7月1日起南京到兰州只要9小时"的博文中有网友@努力哟star留言到"然而还有几天就离开大南京了希望再次回来可以坐"，二十多分钟后"南京发布"就回复"一定会有机会的！"这一举看似稀疏平常，却将原本呆板严肃的城市官微"人格化"，所体现的人文关怀也增进了用户使用的粘度，有利于树立"亲民"的政府形象。城市官微作为电子问政的重要手段，是政务工作的必要组成部分。政府机关高效的办事效能和令人满意的落实效果代表着优秀城市官微的发展方向，因而从城市官微未来的发展趋势来看，必须寻求各部门多平台联动机制，在用户在线上提交办事需求或要求意见反馈时，官微的职责就是要将用户的诉求第一时间派送到各职能部门，提升办事效率，建构高效的政府形象。

此外，为提升更好的互动效果，"西安发布"微信公众号还可以在收到用户发送的信息后，增加人工回复，以增进用户的粘性。此外，还可以把常见问题通过"关键词回复"的形式进行自动回复，将人工回复和自动回复相结合，提升用户线上的互动体验。

2. 线下组织活动，推广城市品牌

城市官微可以借鉴电子商务、网络直播等形式开展线下活动，增强用户的凝聚力。如2016年9月1日，"南京发布"工作室发起的"遇见宁，最美大学时光"2016南京全城迎新主题活动，该活动在南京火车站的高校迎新点举行，目的是第一时间欢迎来南京上大学的20余万大学新生，迎接他们成为南京的新市民，将最美好的南京呈现在他们面前，让他们感受到南京人的热情与博爱。该活动给学生们准备了15万份的大礼包，礼包内含手绘南京地图一张，旅游、美食、购物游玩攻略和合作商家赠送的购物券、优惠券等。活动中，不少新生表示第一次来到南京，就被迎新活动所感动，觉得未来在南京的四年应该会很快乐。同时，该活动采用了移动互联网直播的方式，让线上的用户在线观看，发表弹幕评论，增强了互动体验性。整个线下的迎新活动很好地展现了南京这座城市博爱包容、热情开放的城市形象特征。西安作为高校云集的科教名城，可以借鉴"南京发布"举办这样线下活动的经验，扩大西安城市品牌形象在高校新生中的影响力。

（四）内外合力，协同传播

城市形象推广的受众对象包括内部市民和外部关注该城市发展的利益相关者两大部分，因此在运营城市官微的过程中要注重官微在提升本地市民凝聚力和吸引外部城市利益相关者两方面所起的作用。

1. 利用内部地缘优势打造城市独有形象

微博、微信有着多向传播、内容形象生动、用户体验多元化等特点，因此，官微建构出的城市形象表现出了一定的离散化倾向。同时，虽然城市官微建构出的城市形象可视化程度高，但可视化并不代表着全景化，官方主流营造出的城市形象背后还可能掩盖了许多"另类"城市形象。基于此，城市官微要充分利用好地缘优势，利用好广大市民的"自媒体"优势，激发本地居民对城市本身的自豪感和荣誉感，让他们自觉地参与到传播城市的过程中来。如"西安发布"微信中有个栏目"大西安微信 PK 大赛"，该栏目发动广大西安市民创作有关西安的微信文章来进行参赛选拔。目前，已经有35篇优秀的微信文章进入榜单，这些文章从西安的历史人文、科教实力、生态环境、创业环境等方面单独展开对西安形象的建构。此外这些文章还有一个共同特点，在传播城市形象时，并没有一直停留在风景名胜、城市风光等视觉化层面，强化视觉的冲击力，而是更关注西安城市文化精神的塑造和传播，由此来提升市民对城市的归属感和向心力。城市文化精神代表了整座城市特有的内在气质，是城市提升魅力的核心因素，把它作为城市形象的传播核心，才能让视觉冲击得到质的飞跃，进而打造城市独有的形象。

2. 借力外媒提升城市形象美誉度

相比内部借力市民传播，借力外媒对城市形象进行宣传更能让城市形象"走出去"。城市官微进行城市形象宣传应具备"国际视野",让境内外媒体的交流、合作与互动成为典型趋势。在具体实践操作中,城市官微可以依托外部媒体的优势平台,邀请他们来进行实地深度采访报道,如2017年5月23日至26日,"西安发布"的账号主体——西安市网信办联合西安网开展了"追赶超越·奔跑ing大西安"全国百家网媒全媒体西安行大型采访活动,活动中包括人民网、新华网、央视网在内的国家级重点新闻网站通过直播、VR、航拍等丰富多彩的互联网传播形式和上千篇图文稿件为大西安集体点赞。通过邀请外媒前来宣传,经过短时间、集中立体式的宣传报道,树立了西安历史文化深厚、生态环境优美、城市风貌良好、宜居宜业的城市形象,改变了以往人们对西安刻板呆板、偏远城市的不佳印象,提升了城市形象的美誉度。

结语

在新型城镇化规划的引导下,城市形象日益成为城市健康发展的重要软实力。城市官微作为新媒体的一种表现形式,为城市形象的塑造和传播提供了更为方便、快捷的平台,它颠覆了城市形象传播的传统模式,开辟了更具交互性、用户使用率更高的城市形象传播方式。在探索城市官微构建城市形象新途径的当前,运营者要遵循社会化媒体的传播规律,不断强化学习精神,借鉴其他城市的优秀经验,为呈现独具地方特色的城市形象而不断努力。

从媒介建构理论分析
良好国家间关系对国家形象塑造的影响

——以《中国青年报》和微博为例

朱　敏[*]

引言

国家形象是体现一个国家综合实力的重要方面。良好、负责任的大国形象，有助于国家在国际经济贸易往来和国际交往中占据有利地位。积极正面的大国形象、民族形象有利于树立本国人民的民族自尊心、自信心和自豪感。对于中国这一世界上最大的发展中国家来说，在"一带一路"战略背景下，一个合理、正面、负责任的大国形象对于国家今后的长远发展至关重要。

国家形象研究由来已久，王竞博研究了网络社交平台、网络视频和网络游戏在塑造国家形象中的重要性和必要性。在国家间关系与国际形象研究上，丁磊通过五个视角，剖析了国际体系中国家形象与国家间行为的内在联系，并搭建了国家形象的理论研究框架，来强调塑造良好的国家形象对正处于黄金发展时段的中国的重要性；安静静分析了非洲与中国在经贸合作中，西方国家对中国国家形象的刻意抹黑，和非洲国家乃至世界各国对中国国家形象的认知，认为负面的国家形象不利于中国和非洲的长久合作和良好发展。

但是，对国家形象的研究不应局限在本国国家形象。目前，

---

* 朱敏，南京师范大学新闻与传播学院 2016 级硕士研究生。

已有一些针对其他国家国家形象的研究成果。例如张丽娜分析了外媒如何通过官方微博塑造其国家形象；崔萌对 1950 年代至 1970 年代《人民日报》的涉美新闻报道进行研究，分析其如何在冷战时期建构并塑造起一种关于美国的"刻板形象"；林皎以国家形象理论、国家形象与媒体报道的关系为基础，以《南方周末》为研究对象，运用内容分析法系统探讨了《南方周末》部分深度报道中所体现的日本国家形象。

但目前的研究仍存在一些可以改进的地方。其一，主要是以将国家形象与新媒体、国家性格、国家间经贸往来等问题两两相结合的方式来考察，而缺少将各种因素综合考虑的研究；其二，针对本国研究多，对国外研究少；其三，在研究方法上多只采用内容分析法，较为单一。

基于以上分析讨论，本文通过对中俄两国关系、中国主流媒体上所展现出来的俄罗斯国家形象和以微博为例的新媒体平台上的热门俄罗斯议题进行分析，探讨良好的国家间关系对国家对外形象塑造的影响，为新时期中国在世界范围内塑造良好积极的正面大国形象提供一个新的思路和方法。

一、研究理论、方法与思路

媒介建构论是社会建构论的核心部分。媒介在社会建构的过程中要跨越三个不同的现实：客观现实、符号现实、主观现实，三者之间是相辅相成、相互作用的关系。第一类现实是客观现实，它独立于个体以一种"事实"的形式存在，这种现实以常识的形式被大众接受。第二类现实是符号现实，即是以符号来表述的真实，例如艺术、文学和媒体内容。第三类是主观现实，它们是客观现实与符号现实相互融合之后在个体意识中的表现。[7]

针对符号现实和受众主观现实的再表达，本文将采用定性与定量相结合的方法进行研究，包括文献研究、内容分析、符号分析等。首先，在查阅前人相关研究成果的基础上，运用内容分析法系统探讨《中国青年报》2009 年—2016 年对俄报道情况，并将分析结果以图表方式呈现，归纳总结在一定时期内俄罗斯在《中国青年报》上所呈现的国家形象。其次，运用符号分析方法阐释微博上关于俄罗斯"战斗民族"形象的相关热门议题，并将其与俄罗斯在主流媒体上的形象进行比较，探讨国家关系、主流媒体对俄罗斯国家形象的塑造和微博上呈现的"战斗民族"形象三者间的关系，即客观现实对媒介建构、媒介呈现及受众主观现实的影响。

二、客观现实

（一）俄罗斯国家情况

俄罗斯地处欧亚大陆北部，幅员辽阔，冬季寒冷而漫长。独特的气候特点、恶劣的自然环境使俄罗斯人的做事风格剽悍、强劲。剽悍尚武的俄罗斯人用武力在不断的斗争中建立起幅员辽阔的基业，也用他们特有的方式彰显着民族的个性。俄罗斯是一个在国际上具有较强影响力的大国。同时俄罗斯也是中国的好邻居和好伙伴，近年来更是与中国在经济、军工等多领域有较好合作。

在此，本文对 2009 年—2016 年的全球和平指数、贪污感知指数等国际权威报告进行分析，探讨俄罗斯国家情况在国际社会的认可度。根据报告结论，在一起排名的 162 个国家和地区当中，俄罗斯在 2009—2016 年的全球和平指数排名中每年均在第 135 位以后，并且随年份增长名次逐渐下降，只在 2014 年后排名稍有进步。由此可知近来俄罗斯国内社会稳定情况在国际上的认可度较低（图 1）。贪污感知指数（CPI）是透明国际就世界各国民众对于当地腐败状况的主观感知程度予以评估及排名。清廉指数评分越高，意味着感知的腐败程度越低。以满分 10 分代表最清廉。为使数据更加直观，笔者将 2009—2016 年俄罗斯的得分情况统一换算成百分制后绘制图 2，可以明显看出，俄罗斯历年得分均在 30 分以下，在一起排名的 176 国中处于较低水平，说明国际上认为俄罗斯国内腐败状况较为严重。

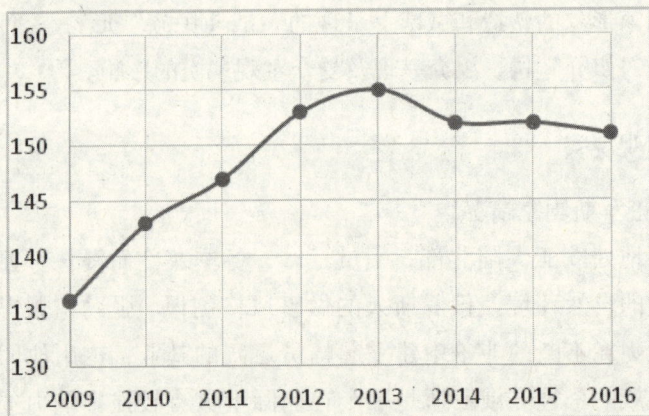

图1 2009—2016 俄罗斯在《全球和平指数》排名情况

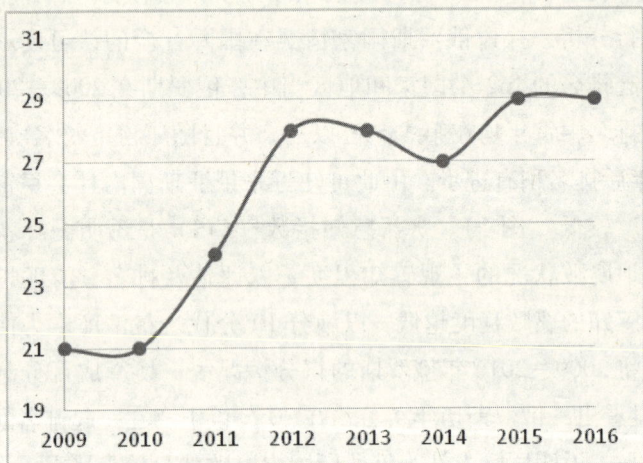

图2 2009—2016 年俄罗斯在《贪污感知指数》得分情况

综合以上两个指数可以发现，在最近的几年内（2009—2016），国际社会认为俄罗斯的国内安全状况处于较低水平，国内危险动乱频发；同时俄罗斯政府贪污腐败较为严重；俄罗斯在国际上的形象偏向负面。

（二）中俄两国国家关系

俄罗斯是中国最大的邻国，中俄两个大国是国际社会的好伙伴，中俄全面战略协作伙伴关系在世界范围内起到了战略稳定的作用。

中国社会科学院俄罗斯东欧中亚研究所课题组在 2008 年以"中国人眼中的俄罗斯"为题，对我国部分地区民众进行了一次舆论调查。其调查报告《中俄两国良好关系的印证——"中国人眼中的俄罗斯"社会舆论调查》[1] 中说明，"我国民众对俄罗斯、俄罗斯人民保持着很高的亲近度，对俄罗斯有着较高程度的了解和认知，积极乐观评价中俄关系发展，对两国关系的发展前景充满期待，期盼中俄面向未来，世代友好"。同时徐翔在《近十年俄罗斯民众对中国国家形象的认知——基于俄国内民调结果的实证分析》中通过对民调进行分析后认为："近年来，俄民众对中国国家形象的认知，呈现出了以下几个特点：总体对华友好、认可中国崛起现实、对华深度认知不足、合作与边防并存、民众个体差异明显。"[2]

在十二届全国人大会议新闻发布会上傅莹说道："中俄关系对中国来讲是非常重要的。我们说现在中俄关系处于历史最好的时期，也是总结历史的经验和教训后形成这样的看法。"

俄罗斯总理普京 2016 年曾言："中俄两国关系处于历史最高水平。"由此可见，客观现实是，俄罗斯国家特殊的政治环境和领导人的强硬作风使得其在国际社会上的形象处于较负面的水平，但由于中俄两国深厚的历史渊源和广泛的共同利益，无论是在两国的官方还是民众心里，普遍认为两国关系处于较高水平。

三、媒介现实：中国主流媒体对俄罗斯国家形象的塑造

媒介现实是指客观现实通过媒体所再现出来的现实。媒介现实常常以新闻报道、图片、影像的形式出现，媒体现实以客观现实为基础，是客观现实的升华。中国主流媒体对俄罗斯的报道上所呈现出来的俄罗斯国家形

〔1〕 潘德礼、吴伟：《中俄两国良好关系的印证——"中国人眼中的俄罗斯"社会舆论调查》，载《俄罗斯东欧中亚研究》2008 年第 5 期。

〔2〕 徐翔：《近十年俄罗斯民众对中国国家形象的认知——基于俄国内民调结果的实证分析》，载《世界经济与政治论坛》2012 年第 2 期。

象，一方面源自于俄罗斯的现实存在，另一方面也受到中俄两国国家关系的影响。

中国主流媒体对俄罗斯的新闻报道一方面反映了俄罗斯现实的国家状况、国际政治形势等，另一方面也无形地塑造了俄罗斯在中国媒体受众心中的形象。下面以《中国青年报》为例，分析其对俄报道的特点，以及俄罗斯在该刊上呈现的国家形象。

(一)《中国青年报》对俄罗斯的新闻报道

作为中国主流媒体之一的《中国青年报》是中宣部直管的中央级大报，以"推动社会进步，服务青年成长"为己任，是以中国各族青年、共青团员和干部为主要读者对象的全国性综合日报。《中国青年报》的涉俄议题报道关系到中国青年的对俄印象，对中国青年心目中的俄罗斯国家形象塑造有重要意义。

运用内容分析法对《中国青年报》2009年1月1日至2016年12月31日间所有的涉俄议题共504篇报道进行整理、分析和研究，得到如下结果：

1.《中国青年报》2009—2016年间以俄罗斯为主要内容的报道总量

《中国青年报》在2009—2016年对俄报道共504篇，每年的报道量如表1所示。

由表1可知，《中国青年报》在2009—2016年间对俄罗斯的报道量呈总体下降趋势。2016年最低，仅有30篇关于俄罗斯的报道。但在2012年《中国青年报》对俄的报道，一反之前的平稳局势，达到峰值。主要原因可能是2012年是俄罗斯的总统大选年，同时普京成功当选为新任总统，话题量足。因此该年《中国青年报》的对俄报道达到近年来最高值。

表1　2009—2016 年《中国青年报》涉俄报道数量

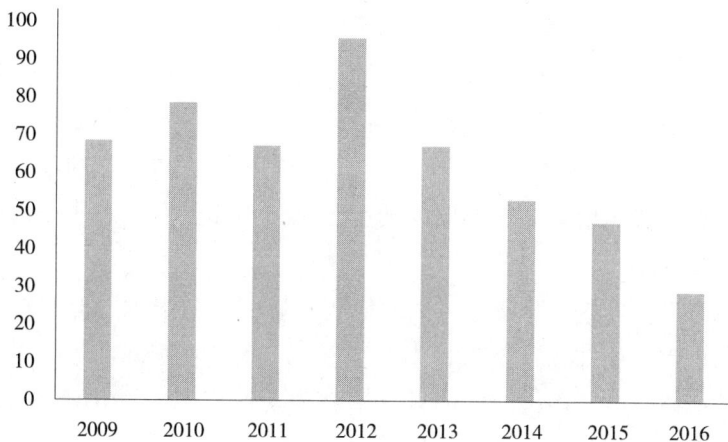

2. 与各国曝光量比较

根据柯惠新《中国媒体中的俄罗斯形象》一文中的定义，将报纸在某个期间涉及某个国家的所有报道的篇数定义为该国的曝光量。本文将2009—2016 年间《中国青年报》对俄、美、德、日、韩、法、英、朝鲜、欧盟、非洲共 10 个国家和地区的报道量进行统计，得到结果如表 2 所示。

表2　2009—2016 年间《中国青年报》对各国（地区）曝光量比较（篇）

国别（地区）	篇数
俄	504
美	1046
德	171
英	218
法	319
韩	309
日	1000
朝鲜	256
欧盟	176
非洲	124

由表 2 可以发现，俄罗斯在《中国青年报》上的曝光量与其他国家（地区）相比，处于中等水平。美国作为当今世界无可与之匹敌的政治、军事、经济大国，其曝光量位居首位。日本由于在国际经济市场中有较高位置，以及与中国的特殊历史关系，使得其在《中国青年报》上的曝光量也高居不下，达到 1000 篇。德、英、法作为老牌欧洲大国，在国际社会仍旧占有重要地位，其曝光量与亚洲的朝鲜、韩国不相上下。而非洲与欧盟的报道相对较少。

由此可见，虽然俄罗斯是当今世界较有影响力的强国，但其在《中国青年报》的曝光量却远远低于日本与美国，由于其在国际政治、军事环境中的重要地位，以及中俄两国的良好国家关系，又使得《中国青年报》对其报道量远高于英、法等其他国家，处于一个较特殊的位置。

3. 报道主题分析

(1) 政治类报道最多，军事类次之。

2009—2016 年《中国青年报》对俄罗斯的各类报道如表 3 所示。其中政治类报道最多，总计 194 篇，占所有关于俄罗斯报道的 38.5%；军事类次之，共 114 篇，占比 22.6%。分析认为这与中俄两国的国家关系、《中国青年报》的报纸定位以及俄罗斯自身国情等因素相关。首先，中俄两国不仅是友好邻邦，更建立起了全面战略协作伙伴关系。两国间平等互信、相互支持，共同繁荣。在过去的 8 年间，双方国家领导人间会见频繁，直接导致《中国青年报》对俄政治类报道数量最多。其次，由于俄罗斯军队继承了前苏联的大部分军事力量，俄军仍是一支装备精良规模较大的武装力量，在世界上占有举足轻重的地位，因此关于俄罗斯军事的报道也时常见诸《中国青年报》上。最后，《中国青年报》是一份中央级的全国性综合类日报，发行量大、覆盖范围广、影响力大，其读者群学历高、分布广，是中国社会和未来发展的中坚力量。因此政治、军事、经济等严肃类话题是《中国青年报》重点关注的主题，对读者具有引导作用。

表3 2009—2016 年《中国青年报》以俄罗斯为主要报道内容的文章报道主题

报道主题	篇数	占比（％）
政治	194	38.5
经济	81	16.1
军事	114	22.6
社会	53	10.5
文化	62	12.3
总计	504	100

（2）各类报道主题年际变化明显。

在 2009—2016 年间《中国青年报》所有对俄罗斯的报道中，不仅各类报道主题所占比重各异，每一类报道主题的年际变化也各不相同。如表 4 所示，由于 2012 年俄罗斯总统大选，政治及军事类报道在 2012 年达到了 8 年间的峰值，而经济、社会及文化类报道在 2012 年却无明显增加。文化和社会类报道所占比重均不高，且报道量年际变化平稳。同时受西方制裁影响，俄罗斯经济危机仍未结束，经济类报道呈逐年递减趋势。

表4 《中国青年报》各类报道主题年际变化

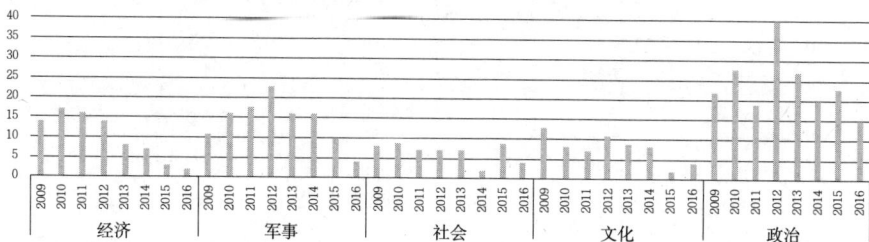

4. 报道倾向分析

（1）中性报道居多，负面报道次之。

2009—2016 年间《中国青年报》的对俄报道中，立场客观、态度中立的中性报道达 321 篇，即 63.7% 的报道是不带褒贬色彩的客观报道。正面报道 76 篇，占所有涉俄报道的 15.1%，而会使读者对俄罗斯产生不良印象的负面报道有 107 篇，达到了 21.2%。笔者认为负面报道多于正面报道的原因，可能与近来俄罗斯和欧盟间的关系、恐怖主义活动猖獗以及乌克兰危机有关。

（2）2010 年负面报道最多，大致呈递减趋势。

如上所述，中性报道不仅在八年间所有对俄报道总量中占据首位，在《中国青年报》各年对俄所有报道中，也远远多于正面和负面报道（表 5），充分说明作为中国的主流媒体，《中国青年报》竭力保持新闻报道的客观性和真实性。

除 2009 年外，《中国青年报》对俄的负面报道从 2010 年开始呈现逐年递减的趋势。这一现象不仅说明了中俄两国关系日益密切，也说明俄罗斯在中国的国家形象更加趋向积极正面。

积极正面的对俄报道，每年都会在《中国青年报》上出现，潜移默化中使读者形成对俄的良好印象，有利于中俄两国大国关系的长久健康发展。

表 5　2009—2016 年《中国青年报》对俄正负面报道量逐年统计

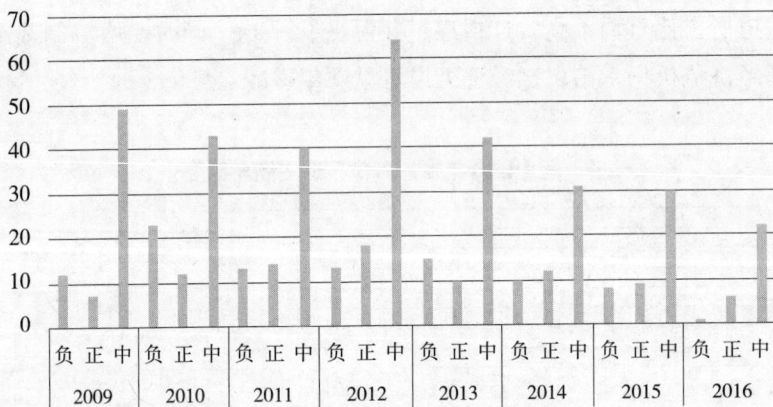

（3）经济及军事类负面报道最多。

《中国青年报》2009—2016 年间的对俄报道，不同主题的报道类别中正、负面新闻报道所占比重也不尽相同（表 6）。由于俄罗斯经济危机还在持续中，同时乌克兰危机、恐怖主义活动、武器出口等事件层出不穷，导致经济及军事类报道中，负面新闻不断。文化类报道主要围绕中俄两国之间的文化交流活动以及俄罗斯的一些体育盛事、悠久的文学历史资源等展开，没有负面报道出现。同时，政治及社会类报道中也有关于俄罗斯国内的腐败案件、俄罗斯干涉朝鲜核问题等负面报道。

表6 2009—2016年《中国青年报》不同类别对俄报道倾向统计

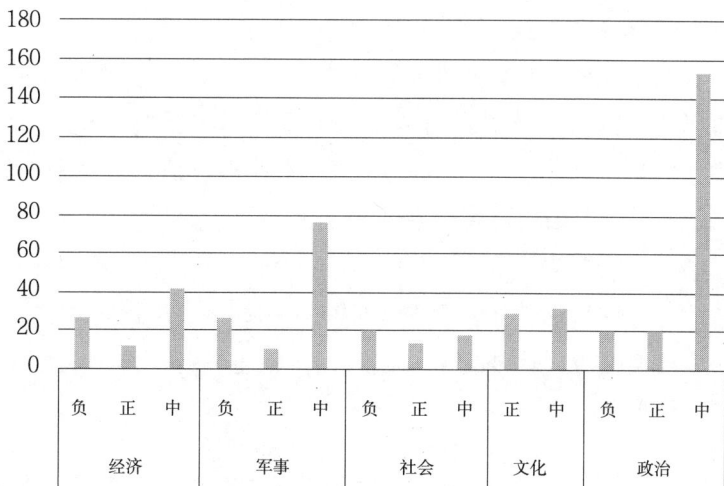

（二）《中国青年报》塑造的整体俄罗斯国家形象

综合以上对于报道类别、报道倾向、年际变化等因子的细致分析，我们可以发现2009—2016年《中国青年报》为我们塑造了一个拥有丰富资源和悠久历史，与中国相互支持、密切合作，但同时又面临着诸多国内外问题的俄罗斯国家形象。

1. 中国的好伙伴、活跃的政治大国

《中国青年报》2009—2016年对俄报道的主要议题有俄罗斯总统大选、新政府的组建、中俄领导人会晤、俄罗斯参与国际事务等。这些报道将俄罗斯塑造为一个活跃于世界政治舞台，却又特立独行的大国形象。

2. 军事实力有增无减

各类军事报道，或正面或负面，无不展现了俄罗斯强大的军备实力。各类新型武器的研发、军事演习、军事武器出口等无不使俄罗斯军事大国的形象深入人心。同时牵涉到各种地区战争、军事摩擦当中，俄罗斯"军事强国"的烙印在《中国青年报》近八年的报道中并未改变。

3. 国内国外问题不断

在2009—2016年《中国青年报》的对俄报道中,我们发现俄罗斯仍面临着内忧外患诸多问题。国际方面,叙利亚战争使其深陷舆论的旋涡,斯诺登"间谍案"又使其与美国关系一度紧张;国内方面,经济下行压力加大,官员腐败问题还在加速,各种恐怖袭击威胁着民众的生命安全。

4. 悠久的历史、灿烂的文化

2009—2016年间《中国青年报》对俄罗斯的文化类报道有62篇,占对俄罗斯总报道量的12.3%。报道内容多为中俄两国开展的文化交流活动、俄罗斯举办的体育盛事,介绍俄罗斯的人文地理风情等。一个地大物博、历史悠久、拥有丰富灿烂文明成果的文化大国形象通过《中国青年报》栩栩如生地展现,吸引着中国青年的目光。

综合以上分析和研究可以发现,2009—2016年《中国青年报》为我们塑造了一个虽面临着内忧外患诸多困难,但仍重视与中国的交流与合作的俄罗斯大国形象。

四、主观现实的再表达:俄罗斯"战斗民族"形象在微博上的风靡

受众现实,是受众通过媒介获得的对客观现实的认知。受众通过接触媒介现实,接受其认可的客观现实。媒介现实是受众现实存在的基础,而受众现实是否接收、如何接收媒介报道,也影响甚至控制对媒介现实乃至客观现实的认知。[1]

(一)新媒体消解严肃性

微博是当前普及度较高的网络新媒体,140字的字数要求以及照片、视频等多种传播方式对受众的受教育程度要求并不高,各阶层都可以无门槛地参与到信息制造中来。

微博上的信息呈现出碎片化、娱乐化的特点,对权威进行消解。用户不仅通过信息发布实现内容生产,各种评论也成为用户生成内容的方式。

---

〔1〕 张克旭、臧海群、韩纲等:《从媒介现实到受众现实——从框架理论看电视报道我驻南使馆被炸事件》,载《新闻与传播研究》1999年第2期。

网民可以对原来严肃的、正经的新闻事件进行调侃，新闻的严肃性、正式性逐渐降低，不断成为受众调侃的对象。[1]

新媒体普及之前，我们对俄罗斯国家形象和中俄两国关系的认识大多停留在传统媒体的常规性报道和俄罗斯的影视文学作品中，这种单向的灌输式传播，使得我们在接受信息并生成了特定的印象之后，并不能很好地将这种信息进行输出；自媒体的兴起不仅使得传统媒体的受众有了自己表达的渠道，同时受众的自由表达和评论使得俄罗斯在微博上呈现出又一种新的"国家形象"。

在微博搜索栏键入关键词"俄罗斯"后，截至 2017 年 4 月 18 日，与俄罗斯有关的话题分别是"今日俄罗斯""普京直播连线""俄罗斯文化""俄罗斯艺术""俄罗斯趣事""普京粉丝团"等。受关注度高的多为趣味性、休闲性的软新闻话题，话题偏向积极正面，充满新鲜感与吸引力。其中#俄罗斯#超级话题共有 1.3 亿阅读，共 700 条帖子，粉丝数 2249 个。

（二）俄罗斯的"战斗民族"形象

从 2015 年开始，类似于"俄罗斯作为'战斗民族'是一种怎样的存在?"的段子在微博平台上风靡，微博转发量及评论量常常过万。其描述的"战斗民族"的强烈战斗风格，主要体现在以下几个方面：

1. 被调侃的剽悍民风

（1）神奇的俄罗斯航班：在一些极端天气条件下，当国内其他航班统统取消的时候，俄罗斯航班却总是能准点抵达北京。

（2）力气大，一言不合就动手。

（3）酗酒和枪支问题：生活离不开伏特加。因为天气冷很多俄罗斯人都酗酒，不论男女老少都酷爱喝酒甚至沉迷酒精。俄罗斯枪支不受控制，民众往往抢起枪就开火常常导致场面失控，死伤惨重。

（4）妇女儿童也不"弱势"，俄罗斯大妈力大无穷，俄罗斯女人敢杀凶狼，最美金刚芭比满身肌肉；同时，俄罗斯的儿童从小就被培养出了剽悍的作风。比如一些地方的传统活动是把小孩往冰冷的河里扔，在零下 10—

---

〔1〕 李洁：《网络网民评论对新闻严肃性的消解——以新浪微博为例》，载《今传媒》2015 年第 5 期。

30 度气温下，小朋友的健身活动是冰桶挑战。

2. 网友眼中无所不能的"普京大帝"

现任俄罗斯总统普京是一个拥有传奇色彩的政治人物，在微博上拥有大量粉丝。微博关于普京的内容主要集中在以下三个方面：一是近乎完美的英雄形象；"十八般武艺"样样精通，给中国网民留下了集勇气与智慧于一身的形象；二是特工出身的背景更使其在中国人眼里平添了不少个人魅力；三是对抗西方国家的强硬态度，敢与美国"硬碰硬"的态势使其"硬汉总统"形象深入中国网民心中。微博搜索栏输入关键词"普京"，出来的相关话题是"普京的网红之路""普京大帝萌萌哒""普京一年挣多少钱"等趣味性内容。微博上的普京成为有着一众热血粉丝的"真网红"，是"战斗民族"的最典型代表。

这些关于俄罗斯"战斗民族不一般"和"网红普京"的段子在微博平台上不定期成为热门搜索。微博网民不仅成为俄罗斯形象的追逐者更是创造者。这种被塑造的剽悍的俄罗斯战斗民族形象本身内容搞笑、吸引力强，同时符合了微博作为自媒体快速、轻松的内容传播特点，也契合了中国人表达情感的方式。

由以上分析不难发现，将俄罗斯称为"战斗民族"的段子之所以在网络上风靡，是微博用户一种喜爱情感的玩笑调侃性表达。网络段子属于网络亚文化的一部分，一方面，这些段子确实展现了俄罗斯特有的民族特质，另一方面不管是强调俄罗斯航班的实力强大、俄罗斯人的个性剽悍还是调侃普京总统的"网红特质"都是在中国特有的传播语境下的特殊表达：中国人深受传统"中庸"文化影响，处世之道讲求"含蓄、内敛"，与俄罗斯人简单、直接的做事方式形成鲜明对比，因而诸如俄罗斯在国际社会与西方国家"硬碰硬"的态度反而满足了一部分中国人期望的国家外交方式，符合一部分网民的"热血"情绪。因此在中国人眼里，俄罗斯人的"剽悍""强硬"成为令人喜爱的个性特质。

受客观的中俄国家关系以及主流媒体报道的影响，受众接受了俄罗斯积极正面的国家形象，这样积极正面的形象为网民在自媒体上进行网络段子的创造提供了丰富的素材和灵感，将俄罗斯在国际社会上的强硬作风二次创作为俄罗斯的"战斗民族"个性，将俄总统普京塑造为最能代表战斗民族特性的"人气网红"。原本正经严肃的国家关系与国家形象问题变成对普京大帝的追捧和对"战斗民族"的调侃，更多的微博网民易于、乐于接受并宣传这样一种"偏执可爱"的俄罗斯形象。创作"战斗民族不一般"段子在网上传播的方式符合了中国人的个性，正像熟人之间的调侃玩笑一样，是中俄两国亲密关系的体现。

微博用户有内容制造的能力，他们将从主流媒体获取的媒介现实，与中俄两国良好国家关系的客观现实糅合加工后，进行再创造。原本只存在于受众心里的主观现实重新有了抒发和表达渠道，对于如何将主观现实中的俄罗斯国家形象在新媒体上创造性表达出来，中国网友显得热衷又熟练，形成微博上又一独特"景观"。

五、结论

通过对《中国青年报》一定时期的对俄报道以及微博上关于俄罗斯"战斗民族"的议题分析研究，笔者得出如下结论：

第一，被符号化的媒介现实如何展现客观现实，涉及各种各样的影响因素。良好的大国关系，是国家形象在媒介呈现中的关键影响因素。以《中国青年报》为代表的中国主流媒体在特定时间段内（2009—2016 年）所呈现出的俄罗斯国家形象总体是中性的，客观报道俄罗斯的正面和负面消息，与国际社会上的俄罗斯形象有一定的区别。在中俄两国关系处于历史"最高水平"的时候，媒介上所呈现出来的国家形象与现实国家关系具有统一性。

第二，微博呈现的俄罗斯国家形象是偏轻松性、趣味性的正面形象，这是微博用户也即主流媒体受众的内容和情感表达。

第三，受众受《中国青年报》等主流媒体对俄罗斯的报道的影响，形成了关于俄罗斯的印象，这种印象是通过媒介接触所获得的受众现实，受众现实又通过各种渠道表达出来。微博上的俄罗斯"战斗民族"形象与《中国青年报》上呈现的俄罗斯国家形象相辅相成，是受众现实在自媒体上一种新的变相的创作与表达，这种表达又形成了新的媒介现实。

在客观现实、媒介现实、受众现实的三者互动中，媒介现实发挥了至关重要的作用，其中间的桥梁和纽带作用是媒介建构得以发挥的关键。俄罗斯的"战斗民族"形象在中国社交网络上的风靡，一方面，说明新媒体传播已经成为国际传播的重要方式和技术手段，是国家形象塑造过程中不可忽视的因素；另一方面，新媒体上的内容也体现了俄罗斯在中国人眼中的形象深受中国媒体报道与国家关系的影响，而主流媒体对俄罗斯报道的内容和风格，也与中俄两国的国家关系密不可分。主流媒体与新媒体二者共同体现了中俄两国近年来平稳且密切的国家关系对一个国家对外形象的影响。

中国主流媒体如何呈现俄罗斯国家形象，关系到中国人民对俄罗斯的认知和态度。这种认知和态度在新媒体上被放大，被更多的人知晓和了解，对俄罗斯的正面形象又是一种无形的宣传。同样俄主流媒体如何呈现中国、中国在俄新媒体上的形象势必也受到国家政策、国际关系的影响。

推而广之，新媒体已经在当今世界大部分地区普及，中国要实现国家崛起、民族复兴势必要与越来越多的国家进行交流和交往，而如何在这些国家中塑造良好的中国形象，如何利用传统媒体和新媒体的特点进行中国国家形象的宣传，是当前新形势下不得不考虑的问题。

本文所做工作，仍有很多不足，由于微博上的信息较为分散，相关的资料收集还不够系统、完善。同时中国主流媒体不只限于报纸媒体，广播、电视等对于塑造俄罗斯形象依然起着举足轻重的作用，仅仅是对报纸的样本数据进行分析依然不够全面，希望在今后的研究中能够进一步完善。

传媒法治研究

国内新媒体新闻侵权的危害性分析

王圆圆[*]

一、新媒体新闻侵权的表现形式分析

依托于互联网的新媒体平台，是一个信息更替迅速的场域，也是一个具有人性化和个性化色彩的公众信息传播平台，个人拥有了更多的话语权和更大的自我发挥空间；隐匿性使个人能够在心理上卸下责任，畅所欲言。

（一）狂轰滥炸式采访

在新媒体要求更高时效性的前提下，媒体从业人员及自媒体新闻制作者是否掌握第一手或者更多"最新最劲爆"的新闻素材成为新闻事件报道出来之后能否迅速引起受众关注的"神器"。他们充分借助新媒体，密切关注其他媒体的相关报道动态，若发现比较吸引受众的新闻，往往采取深度挖掘新闻事件、跟踪式报道、预设假想结果等，采取狂轰滥炸的采访方式。在采访过程中，为抢最新消息，不顾受害者及其家属的感受，疯狂采访，粗暴提问，故意用伤害性、刺激性方式提问，唤起受害者的黑色回忆等。本身新闻事实可能已经给受害者造成了严重的身心创伤，而媒体人的这些行为无异于向受害者伤口上不断"撒盐"。

---

* 王圆圆，西北政法大学新闻传播学院 2015 级硕士研究生。

（二）无隐私与失实性的报道

新媒体迅速发展的今天，新闻线索来源增多，这为记者能够获得较为详尽的信息提供了便利。记者在报道时希望尽可能多地报道更详尽的信息，充当传声筒的作用，却往往忽视了报道给新闻当事人带来的负面影响。为了吸引眼球，满足受众的"偷窥欲"，记者不惜采用各种方式获得新闻事件的细节，甚至挖掘出不少隐私，未经许可展示当事人及其家属的详细资料。例如直接暴露未成年当事人的姓名、影像，公开受伤者的病例记录资料等，这些内容都对当事人或受害者造成了巨大的伤害。很多新媒体为了抢头条，抢独家消息，追求高点击率和高阅读量，往往来不及核实信息的准确性就抢先发出，以吸引受众的点击量和关注，达到获取经济利益的目的。

例如，在"海南校长开房案"中，众多媒体就"处女膜完整与否"等细节大量跟进报道，尽可能"呈现细节"。将酒店监控视频拍摄的受害儿童的画面未进行任何处理就发布至网络，不遗余力地吸引受众注意，媒体曝光了"带血内裤"，作为少女遭受性侵的证据。对家长而言，法医鉴定结果出现矛盾，拿出"带血内裤"作为证据为自己的孩子讨回公道实属无奈之举。但是新闻媒体对这一证据的大肆报道不仅给这些受害儿童和家长带来"二次伤害"，在给观众预设"儿童确实被性侵"的事实认知，利用观众的"窥私心理"引其关注事件，而且也会让读者觉得该报道有违伦理道德。

（三）煽情式报道手法

新媒体新闻不同于传统媒体新闻之处在于可以运用文字、图片和视频三者结合的方式发布新闻，尤其是图片和视频的运用，更是将"第一现场"带给受众，让受众更加真实地了解事件，但"有图不一定就有真相"。在不少报道中，记者刻意渲染犯罪细节、暴力场景、血腥场面等，放大当事人的主观情绪，甚至将罪犯塑造成"悲情英雄"等；或通过技术手段对视频内容进行剪辑整合等，改变事件本身的因果关系；或者在报道上，预设和营造特定氛围，诱导受众的认知等。

虽然煽情式报道不会对记者报道新闻造成损害，但是如果媒体偏离和违背新闻真实性和客观性的原则，密集地持续性地发布煽情信息，就会使新闻事件本身受到影响，干扰正常的社会舆论和公共秩序，也会对传媒自身的公信力带来"自损八百"的后果。

（四）多渠道与网络暴力式反馈

新媒体告别了过去单一、线性的传播方式，其交互性特征更加明显，而受众也通过这样一个交互的网络平台获得了更多的话语权。民众能够通过社交网络、自媒体等就某一新闻事件随意发表自己的观点和意见，其他民众也可以以点赞或跟进评论的方式来表达自己的支持或反对。这些观点通过社交网络和自媒体平台的快速传播就会产生惊人的裂变效果。但网络的便利和新媒体的匿名性有时会使新闻事件转变为网络暴力的侵权行为，一些用户在网上发表具有攻击性、煽动性和侮辱性的言论，损害了当事人名誉，对当事人造成心灵上的创伤。

表现最明显的是"人肉搜索"引发的网络暴力。"人肉搜索"是网络世界的集群行为。当网络上出现某一热点事件，尤其是一些涉及伦理道德的事件，例如婚外情、虐待动物等，网民往往对错误一方"群起而攻之"；以"人肉搜索"方式对该当事人进行"通缉"，站在伦理道德的高度对当事人进行人格贬低、羞辱当事人；网络暴力往往会延伸到现实中，变成现实中网友对当事人的骚扰、围堵或肢体冲突等，对当事人的身心和正常的工作生活带来搅扰。

二、侵权行为对个人的危害性分析

受害者或当事人是新闻侵权行为危害性最直接的承受对象。新闻侵权的危害性也在受害者身上体现得最为明显。侵权行为会给个人带来社会评价的降低、精神压力和伤害，甚至给个人带来直接或潜在的人身伤害，也会给其今后的成长和发展带来不利影响。

（一）造成个人社会评价降低和精神伤害

侵权行为主体发表的带有侮辱、诽谤性言论或虚假新闻、不实报道会使受害人的名誉、声望受损，从而引起其社会评价的降低。名誉受损对于公民和法人来说，影响都是巨大的。公民和法人的名誉权都是经过长期积累才获得的人们对其的社会评价，特别是对于一些需要靠名誉获得经济效益的公民个人或法人，对名誉的依赖性会更强。以名誉侵权为例，新闻事件或新闻报道中的不实评价、负面用词、侮辱性词汇等会直接或间接贬低当事人或受害者的人格，使当事人或受害者感到人格尊严受到伤害，引起心理和精神上的不适；再者当事人或受害者根据他人尤其是朋友、同事等周围人对事件的反应、态度和评价，获知自己在公众面前的印象，更使受害者感到自己的社会评价降低和负面影响。而且公民和法人的名誉一旦受损，在短时间内会比较难恢复。

隐私被泄露，侵权的伤害就已经形成，哪怕最后新闻侵权行为已经结束，但侵害隐私权造成的危害也不可能在短时间内消失。例如2008年的"艳照门"事件，媒体的新闻报道主要是侧重于陈冠希做口供、认错的行为和女性当事人在照片中暴露的尺度、事件发生后女性当事人家庭和感情的变化等个人隐私。2009年钟欣桐在接受《志云饭局》采访时，表示"事件发生后曾一度想过自杀，因为我看不到自己的前途，可能唯一可以做就是了结自己的生命，但想深一层，死也不能解决问题，要是我死了，可能很多人停止讨论这件事情"，"事件过了这么久，我希望外界能给我一些最起码的尊严，因为，我不觉得发生这件事之后是全没尊严，做人最起码要有做人的尊严"[1] 并且媒体多次拍到她面色憔悴，前往医院寻求心理医生帮助等，即使后来她复出继续从事演艺事业，但仍受该事件影响，难以有好的机会。

（二）造成直接或潜在的人身伤害

新闻侵权行为除了会给当事人或受害者带来精神方面的压力和伤害，新媒体新闻侵权行为也有可能转化为线下对当事人或受害者的骚扰、围堵或人身攻击等。尤其是新媒体隐私侵权行为，隐私虽然是当事人个人的信息、生活情况等，但若被侵权的是公众人物，那么在特殊时段和场合里，因为身份及其可能与他人发生的社会关系，就会导致当事人的隐私权益与他人利益相连，因此当其隐私权受到侵害，个人隐私信息如身份信息、照片、家庭住址等信息被泄露，就会在客观上给当事人或受害者的人身安全带来隐患。

例如，陈冠希作为"艳照门"男主角，在事件曝光后成为舆论批评和社会民众攻击的主要对象，也因此多次受到人身安全恐吓（如电子邮件恐

---

〔1〕 网易娱乐：《阿娇受访全文实录：男友中最爱陈冠希》，载 http：//ent. 163. com/09/0307/01/53P0HGU10003385U. html，访问时间：2009 年 3 月 7 日。

吓、黑道的砍杀恐吓和邮寄的子弹威胁信等），在前往警局接受调查时，曾受到批评民众的推搡、丢掷鸡蛋等人身攻击。网络甚至发布了针对他的"网络追杀令"，给他造成了巨大的精神恐慌。"人肉搜索第一案"结束之后，王菲在接受法制日报专访时表示，个别网友的极端行为引发了自己一家人的恐惧。新闻侵权行为带来的隐私泄露，给受害者带来直接或潜在的人身安全威胁，线上的网络暴力转为了现实中潜在的人身威胁。

（三）带来经济利益的损害

新媒体传播环境下，新闻侵权行为的危害性呈现出无限扩大化的趋势，新闻侵权给受害者带来的经济利益的损害也随着互联网的高速传播不断扩大，侵权行为会给受害者或当事人带来一定程度的财产损失，尤其是对一些企业、公众人物、娱乐明星等，其知名度与其遭受的经济损失呈现出正相关趋势。

侵害名誉权的不实言论与虚假报道通过网络媒体的传播，使受害者的名誉受到损害，导致其社会评价降低，从而丧失原本市场占有率和潜在客户群，直接影响到法人的资金链条，甚至给法人的存续和发展带来极其不利的影响。侵权行为还会带来一些潜在或间接的经济财产损失，如贷款被拒、货物被退、合同被解除等，以及客户和顾客减少造成的损失。一些名人、明星等名誉权受到侵害，会使其广告代言减少等，造成一定经济损失。

名誉权和隐私权是两种不同的民事权利，但两者有着密切的联系，当某些隐私被侵害时，其名誉权也有可能受损。虽然隐私权和名誉权均系人格权的内容，不具备财产性质，但是当隐私泄露，名誉随之受到不利影响时，可能会因其社会评价的降低和关系的变化等，带来经济利益上的损失。如涉及个人品行的负面信息泄露，造成领导对其看法和印象的转变，当事人可能会被调离原有工作岗位，降薪或者被解雇等，当事人或受害者的收入被迫减少甚至失去收入等。还有一些受害者因隐私泄露带来的巨大精神压力，或患上某种精神、心理疾病，因治疗所付的费用等，就构成了隐私侵权行为直接或间接的损害后果。而一些新媒体的新闻传播者为了获取经济利益，以当事人隐私为"卖点"，赚取大众的"眼球"和点击率，当事人的隐私被揭露，尤其是一些公众人物、明星等负面消息曝出，给其带来巨大的压力，造成工作停摆等，带来巨大经济损失。

（四）给个人今后成长发展带来不利影响

美国社会学家库利提出"镜中我"概念。他认为，人的行为在很大程度上取决于对自我的认识，这种认识主要是通过与他人的社会互动形成的，他人对自己的评价、态度等，是反映自我的一面"镜子"，个人透过这面"镜子"认识和把握自己。[1] 与他人的传播活动越丰富，形成的"镜中我"就越清晰，对自己的把握也就越准确。互联网技术的快速发展，使得人们能更好更快接近和使用媒介，能够随时获取新闻信息，感知外界环境等。人们也会通过媒介接触或新闻事件来评价他人、社会热点事件等，新媒体尤其是自媒体的使用，使得完全不认识的两个人通过新闻媒介或新闻事件建立起对彼此的印象、评价等。新闻事件通过新媒体发布出来之后，受众会通过评论、转发等表达对该事件的评价、态度和感情认知，侵权新闻和受众的评论会成为该事件受害者或当事人认识自我的一面"镜子"。人的自我是在与他人的联系中形成的。一些负面言论评价会给当事人或受害者认识自我的过程带来认知偏差，受害者或当事人关于他人如何"认识""评价"自己的想象会趋于负面，对自己的认知也会从正面、积极的评价转变为负面、消极。受害者或当事人从别人对自己的评价中来认识自己，而且自己对他人如何"认识"和"评价"自己的情感也会转为负面。受害者或当事人会意志消沉、怀疑自我，不愿与他人交流、沟通等，甚至自暴自弃，怀疑自己，对工作、生活提不起兴趣，对以后个人的发展做出相对"负面"的设想和展望。

三、对特定行业的危害性分析

在新媒体环境下新闻事件不仅可以得到快速广泛传播，网络的隐匿性和交互性还有可能使新闻事件进一步发酵，甚至出现反转。这些不确定因素使得新媒体新闻侵权行为对所涉及的行业造成更加巨大的危害和打击。侵权人所涉及的行业主要有新闻媒体行业等，被侵权人所涉及的行业，主要是一些被报道出负面新闻的行业，例如，娱乐、体育行业、食品行业等。

---

[1] 郭庆光:《传播学教程》，中国人民大学出版社 2011 年版，第 72 页。

（一）对侵权人所涉行业的危害性分析

尼尔·波兹曼在《娱乐至死》一书中提到："若是一个民族分心于繁杂琐事，文化生活变为轻松的娱乐活动，严肃的公众议题变成儿童游戏一般，那么这个民族及其文化就难逃被灭亡的命运。"[1] 新媒体新闻侵害隐私权行为给新闻行业形成的负面印象，带来不利于行业发展的负面影响。

新媒体传播情境下，新闻内容丰富、形式多样，一些新闻媒体为了点击率将一些能够吸引受众的娱乐新闻等放在了重要的位置以引起大众的注意，一些严肃的、值得思考的问题被淡化、被搁置；一些娱乐性的、表面的问题被强化、提上公众讨论日程，尤其是一些隐私侵权行为更是像放在公众的"显微镜"下一样，被仔细阅读、广泛讨论等。这些情况都给新媒体环境下的新闻行业造成了负面观感和不利影响。尤其是新闻媒体报道公众人物、娱乐明星的隐私事件，这种做法在一定程度上加大了大众传播的"麻醉精神"的负面功能，淡化了传媒的责任意识，削弱了其环境监视功能，给大众造成新媒体新闻传播的负面观感：紧抓明星隐私不放，而无视社会和国家发展的重大议题，缺少弘扬正气、积极向上的内容引导。还有一些新闻媒体因为挖掘公众人物、明星的隐私导致其与新闻媒体对簿公堂的案件频发，新闻行业牺牲他人隐私来谋取自身利益的做法广受诟病，更是引起社会各界对传媒业的广泛讨论和重新审视。这些因素在客观上不利于新闻行业的健康、稳定发展。借助新媒体平台的传媒行业如果一味追求经济利益，必然会受到社会的谴责和批评。

（二）对被侵权人所涉行业的危害性分析

互联网和大众传播媒介早已成为我们了解世界、联系世界的重要途径，而我们看到、听到的"事实"并不完全是现实的真实写照，在抵达受众之前，这些"事实"不可避免地经过各级、各类传播者的选择、解释、重组。在新媒体异常发达的今天，互联网和大众传媒既是大众了解世界的重要窗口，也是刻板印象形成的主要途径。[2]

刻板印象，即以选择及建构未经发展的、概括化的符号，将社会族群

---

〔1〕［美］尼尔·波兹曼：《娱乐至死》，章艳译，广西师范大学出版社2004年版，第202页。
〔2〕方建移：《传播心理学》，浙江教育出版社2016年版，第244页。

或某群体中的个别成员予以类别化的做法。[1] 简单地说，就是人们对某一社会群体形成的一种概括而固定的看法。生活在同一地域或有相同社会文化背景的人，在心理和行为方面会有一定相似性，相同职业或年龄段的人，在观念、社会态度和行为方面也有一定相似性，人们在认识社会时，会自然地概括这些相似的特征，并把这些特征固定化，这样就产生了刻板印象。这些刻板印象会包含有一定的社会真实。但是，这种固定而概括的方式有时可能是片面的，有时很难随着现实而改变，导致人们对某类群体的成见。

被爆出隐私信息负面新闻的行业，例如娱乐界、体育界等，由于大量负面新闻信息在互联网上大量传播、转发、评论，造成社会公众对该行业形成负面评价或印象。例如，近几年频繁曝出的明星吸毒、出轨、嫖娼等新闻，以"明星吸毒""明星嫖娼""明星出轨"等关键词使用百度引擎搜索 2013 年至 2016 年相关新闻报道，发现负面新闻涉及人数较多，新闻报道数量非常大。这些负面新闻信息会对明星所在行业产生不利影响。统计结果如下表。

2013—2016 年 明星负面新闻报道统计表

明星负面新闻事件	涉事明星人数	网络新闻数量（篇）
嫖娼	5	72700
吸毒	15	352000
出轨	8	786000

根据上表数据，可以看出网络新闻媒体对明星负面事件的报道数量十分巨大。部分新闻媒体都会对明星吸毒、出轨、嫖娼的细节进行详细介绍，这些负面信息使明星从昔日阳光正面的形象沦落为狼狈负面的"瘾君子""嫖客"等，这样大的反差是满足受众"窥视欲"的一类表现，关注这些负面信息缠身的明星及其事件的相关报道也是受众本能的心理动机。但明星的负面信息会给自身所在的娱乐行业带来消极影响，人们对娱乐圈固有的

---

〔1〕 方建移、章洁：《大众传媒心理学》，浙江大学出版社 2007 年版，第 22 页。

印象就是良莠不齐、纷繁杂乱，这些新闻报道更容易使人们在做出判断前就将对整体的判断思维加之于个体，网络上明星的负面信息铺天盖地，会给人造成娱乐演艺行业消极、颓废的印象，明星本身对受众起到的示范作用被负面新闻影响，正面引导的效果减弱。尤其是一些负面新闻的无限放大、宣传，很容易造成公众对该行业负面的刻板印象，引发公众对该行业的整体评价降低或转为负面，损害该行业的社会声誉，引发公众对该行业的不满和批评，这必然不利于该行业各项工作的有序进行和行业的发展与进步。

四、对社会的危害性分析

新媒体新闻侵权行为会随着互联网的快速传播造成巨大的影响。从长远来看，侵权行为也会对社会发展带来不利影响，而这种危害可能需要很长一段时间才能表现出来。例如，一些失实新闻报道、谣言等会引起民众对政府"权威性"的质疑，甚至有可能加深政府和民众之间的不信任；新闻媒体为了争夺"眼球""点击率"而形成的一场"舆论狂欢"，也会对社会文化价值等方面造成不利影响。

（一）冲击法治秩序

新闻侵权行为中，"人肉搜索"是一种网络虚拟世界的集群行为，互不相识的人们通过网络平台，对某个话题或新闻事件任意发表自己的见解。集群行为具有自发性、狂热性、非常规性等特点，在突发事件中极易引发人的非理性行为。[1] 在集群行为中，个人具有匿名性、过激性、情绪化、被暗示性等特质，而网络本身就是一个高度匿名、高度自由和低度控制的平台，在集群行为中，个人是作为整体的一部分而存在的，行为本身代表的是整个群体的意见，这就使得个人在集群行为中责任感缺失。特别是在网络中，由于网络的匿名性这种责任感的缺失就更加展露无遗。当网络上某一事件发生，网友们要么听风就是雨，要么人云亦云，使得事件走向不明朗；在该事件引起网友注意时，只要有人提出"人肉搜索"的请求，很快就会有网友积极响应。他们在不知道事件真相的情况下盲目"帮助"，甚

---

[1] 方建移：《传播心理学》，浙江教育出版社 2016 年版，第 189 页。

至对事件多次发表不负责任、带有侮辱性质的言论等，只图一时痛快，不顾他人痛苦，以卫道士自居，以语言暴力为武器，猛烈抨击那些"有罪"的当事人。而且"人肉搜索"这种网络集群行为往往会演变为现实集群行为，两者互相推动。

"人肉搜索"多以伦理道德作为立足点，站在道德的高地对他人进行非理性的批评和声讨。其行为却超过了合理的限度，甚至越过了法律对人格尊严的保护，使得道德维护行为演变成了不道德甚至是违法行为，失去了道德维护的正当性，也违背了法治精神。"人肉搜索"忽视了道德和法律之间的界限。背离道德界限的搜索行为成了侵害他人合法权利的违法行为，网络民主演变为突破道德底线、挑战法治秩序的侵权行为。值得注意的是，"人肉搜索"引发的网络暴力，其表面上是群体狂欢和群体暴力，但其本质上却是道德失控对法制的冲击和对法治秩序的破坏。

（二）加深政府和民众间的不信任

新媒体时代的出现和快速发展，尤其是自媒体的广泛使用，使公民拥有了更多的话语权和更多的发声平台、方式等。一些个人为了能够获得更多的粉丝和更高的关注度，并以此来谋取利益，或达到其他目的，利用网络这一虚拟平台，编造谎言，侵害他人权利。尤其是一些网络"大V"发布一些针对名人或国家机关、社会组织的不实新闻和虚假信息，恶意抹黑政府形象，发表不负责任的言论，吸引受众注意，误导大众，影响人们正常的生产生活，影响正常的社会秩序，甚至引起社会恐慌，不利于社会的健康稳定与和谐发展。

例如，"秦火火造谣事件"中，秦火火在微博上发布"原铁道部已向动车事故中意大利遇难者协议赔偿三千万欧元"。秦火火针对原铁道部处理动车事故中天价赔偿外籍乘客的微博一出现，在两小时内就被转发了12 000次，评论3300余次，引发了网络舆论的哗然，大量网友质疑国家机关的公信力，铁道部被迫当晚辟谣。更使当时的铁道部再次处于负面舆论的旋涡中而无法脱身，引发现实社会中民众对铁道部的不满，造成了恶劣的社会影响，给当时事故的处理带来了更多的困难，扰乱了正常的事故善后工作，造成了政府说什么，民众不信什么的情况，加深了政府和民众之间的"不信任"。

新媒体的迅速发展给社会带来了更为便捷的信息交流和沟通，但网络的匿名性、准入门槛低、把关人缺失等因素加重了新闻侵权的危害性。新媒体新闻名誉侵权不仅给个人造成了名誉损害、精神压力和财产损失等，给受害人社会关系以及社会舆论和发展带来的危害也一步步显现出来，我们应该看到，网络传播速度快、传播范围广的特点更是将新媒体新闻名誉侵权的危害性迅速扩大到几十倍、几百倍、几万倍；这种危害不仅仅止于对个人、对企业的危害，而是可能上升到对国家、对社会发展的危害。我们更应该在微博、微信等自媒体出现不实信息、谣言出现时做好准备，避免陷入"塔西佗陷阱"，消除信息的不对称性、降低模糊性、增加透明度，提高新闻媒体和政府的公信力。[1]

(三) 冲击社会文化价值观念

"奇观"是一种新的社会文化现象，它多半是以视觉形式出现的一种表征，一种表面热闹、富有吸引力的文化外在形态。[2] 新媒体传播模式下，"奇观即商品"。新闻传播者考虑更多的是获取经济利益，新闻侵权行为在这种利益的驱使下更是变本加厉。一是侵害隐私权获得当事人的隐私信息，"大爆猛料"、制作耸人听闻的标题等，并将此作为新闻传播给受众，目的在于制造热闹、引发狂欢之后获得高额的广告利润和流量红利。长此以往，新闻传播将失去教育、教化意义，而更加成为一种真正意义上的商品。二是新媒体传播情境下，新闻侵害隐私权行为尤其是自媒体的侵权行为正逐渐成为一种"正常化"的社会行为，这本身就传播了一种不正确的价值观。"奇观化"解读情境下，受众只关注外在表现，而不关注或不深入关注内涵和思想。[3] 这种情境下，新媒体吸引受众的将是各种隐私"猛料"，侵权得来的新闻内容就会成为受众关注的焦点，而让受众忽视了这一侵权行为本身，新媒体新闻侵害隐私权行为就变得再正常、普通不过了。三是"奇观化"解读情境下，受众极易产生从众心理。在该情境下大众的意见虽然不一定是正确的意见，甚至往往是偏激的、情绪化的，但在各种隐私信息，

---

〔1〕 匡文波：《新媒体概论》，中国人民大学出版社 2015 年版，第 23 页。
〔2〕 陈龙：《媒介文化通论》，江苏教育出版社 2011 年版，第 115 页。
〔3〕 陈龙：《媒介文化通论》，江苏教育出版社 2011 年版，第 128 页。

尤其是视觉信息的煽动下，极容易成为大众意见。德国传播学家诺依曼提出大众传播强大效果理论的"沉默的螺旋"假设，她认为，在大众传播的攻势下，持反对意见的人最终会保持沉默，让人错以为是赞同者的声音强大，从而倒向赞同者一边。新媒体环境下，尤其是视频、图片的大量使用更是加大了信息的可信度和说服力，其强大效果是显然的。这种"奇观化"解读情境下，受众会更加相信媒体所报道的隐私细节，对事件内容高度、持续关注，贡献极大的热情，而侵权事件中的意见也往往呈现出一些极端、缺乏理性的声音，传递出一些不正确的文化价值观。如果这种事件大量发生，受众将对这种事件表现出见怪不怪的态度，而侵权事件本身和负面隐私事件传递的不正确的价值观，将逐渐为人们所接受。例如，公众人物、娱乐明星的出轨事件，出轨细节、个人隐私等"隐私"变成"无私"状态，展现在受众面前，受众对侵权行为本身采取的是一种纵容的态度，甚至可能出现受众认可新闻侵权的价值观念，认为侵权正常，受众自身也有可能从"围观者"变为侵权的"行动者"；而对于事件本身，对婚姻不忠等行为是该受到道德批评的，但近几年明星出轨事件多发，受众对明星出轨行为已经见怪不怪，这也给社会文化价值观念造成了一定冲击。

结语

新媒体传播情境下，新闻传播的主观目的变得复杂多样，追名逐利是最重要的目的之一，这在客观上加剧了新媒体新闻侵权行为的发生。我们应该看到，新媒体传播情境下，新闻侵权行为的危害性变得越发严重，侵权行为的波及范围更广，有些危害在短时间内并不能完全显现出来，这将是一个长期过程，也将是一个"慢性危害"逐渐作用的过程。我们应该看到，信息技术高度发展，算法、AR、VR、语音识别、人工智能等技术在不断发展进步，以后也必将会出现更便捷高效的新媒体平台，而新媒体新闻侵权的危害性也将是一个长久的问题，我们应该以发展的眼光来看待新媒体新闻侵权的问题。防止新闻侵权，减小新媒体新闻侵权的危害性也必将是一个任重而道远的过程。

视觉传播安全法律规制初探

——网络安全的视角

王　恩[*]

绪论

视觉传播这一古老而又独特的传播方式伴随互联网技术的快速发展与广泛普及，在现代传播中的地位与影响力与日俱增。得益于图像、视频技术的突飞猛进，视觉信息的制作与发布日益低门槛化，一台 DV、一台微单加上 PC 甚至仅仅一台具备拍摄功能与数据连接功能的智能手机就可以随时随地、轻松胜任大部分简单视觉信息的制作、上传与发布。视觉符号形象、生动、直观、易感的特性更使得视觉传播在信息传递与意见表达乃至情绪渲染方面比其他方式更快速、更有效、更具冲击力。视觉文本契合网络社会"浅阅读"的习性，其文本内容的直观性与冲击力易引发网民对事件的关注与参与。在互联网时代，伴随网络技术的开发与应用，视觉传播方式日益成为建构网络舆论生态的主力军，富有冲击性的视觉文本不仅能快速地传递信息，还使得意见表达的声音更响、感情渲染的力度更大，迅速获得了广大的受众，深刻改变了以往传统媒体占据主流地位的传播格局。需要指出的是，视觉传播的快速发展在便利人们获取信息、参与生活的同时也带来了一系列新的安全隐患，这些隐患既包括物理层面，也包括内

* 王恩，西北政法大学新闻传播学院 2016 级硕士研究生。

容层面。前者如，视觉信息制作工具、视觉传输系统基础设施遭到人为的物理性破坏等；后者如，记录某明星隐私信息的视觉图像之传播侵犯了该明星的人格权；某些断章取义、歪曲事实的视觉文本的传播如"纸馅包子"事件，引发了民众恐慌，扰乱了社会秩序；某些片面宣扬民族仇恨或刻意强调官民对立的视觉信息传播如"邓玉娇""庆安枪击"事件等易引发官方与民间舆论的持续对冲，客观上不利于社会秩序稳定，危害国家安全。综上，视觉传播安全所面临的日益复杂的问题单单依靠公民社会自身的力量难以解决，急需国家层面统筹全局，制定相关法律法规维护视觉传播秩序，保障社会稳定与国家安全。

一、视觉传播安全

（一）视觉传播新内涵

明确视觉传播安全的概念与范围需要厘清视觉传播的含义。视觉传播，古已有之，它作为信息传播的形式早于语言文字，具有直观、易感、生动、形象的特质。在最开始的人类社会，早期人类还未习得语言之时，视觉传播就已经开始表情达意为人类先祖传递最初的信息了。学者韩丛耀认为，图像是人类的元语言，在语言产生之前的漫长时代，正是图像在意义的传递、社会的维系、宗教祭祀等方面起着很重要的作用。[1] 鉴于当时人类所能利用的工具属性的限制以及人类文明初级阶段人类自身认知能力的不完善，最开始的视觉传播还只能传递最简单的信息，其传播规模较小、传播距离较近，更多的还属于传播学研究中亲身传播的范畴。斗转星移，视觉传播伴随互联网技术的快速发展而一日千里，成为意义传递与意见表达的关键途径。自互联网技术诞生以来，我们获取视觉信息的渠道便不再局限于报纸、广播、电视等传统渠道，公众借助广泛普及的网络技术能够便利、及时、有效地获取新闻、综艺、电影、电视剧等传统长视频；第四代通讯技术、即时通讯应用的开发与应用也为 DV 短片、视频聊天、广告、实时直播等新兴短视频、微视频描绘了更为广阔的使用场景。如上所述，我们今日所讲的视觉传播更多的是指网络视频、网络图片的传播。

---

〔1〕 韩丛耀：《图像传播学》，威仕曼文化事业股份有限公司 2005 年版，第 9—13 页。

（二）攸关网络舆论与国家安全，视觉传播立法的必要性

互联网时代的突出特征是视觉文化的繁荣，视觉符号开始并逐渐成为当代文化传播的重要语言，图像作为主要的社会呈现形式的地位日益显现。图像是最古老也是最新近的、最容易也是最难的、最普遍也是最独特的描述世界、表征世界、理解世界的方式。[1] 互联网本身是一种信息媒介，该媒介显著改善了人与人之间信息搜集、识别、交换、流通和利用的机制，在提高沟通和交流效率上展现出了强大的功效。[2] 互联网技术的飞速发展日益改变了我国的社会结构与面貌，其突出表现在视觉传播之于网络舆论建构的关键作用。视觉传播在网络舆论的生成、发酵、发展过程中的角色伴随着 P2P、流媒体、[3] 即时通讯技术的发展而越来越令人瞩目。一方面，以图像为中心是当今时代的主要特征，影像图片作为记录社会的文本和信息传播的载体，已经成为公众认知世界的主要方式；另一方面，视觉影像的形象性、直观性、生动性、易感性等特征，使其在唤起人的记忆、联想、情感和形象思维方面有着无可比拟的优势，在这个方面视觉语言的传播效果远远超过书写符号，从而成为诱发、推动、影响并主导舆论的关键工具。当被问及记忆深处的社会事件时，最先浮现脑海的总是那些直观易感、富有冲击力的影像，如巴东邓玉娇躺在病床上的画面，[4] ISIS 无辜斩杀或纵火烧死人质的血腥画面等，这些传递信息并暗含传播者某种态度与立场的视觉符号，在建构人们对现实环境的认知与判断中产生了有力的影响，公众基于这些极具视觉冲击力、极富情绪感染力的画面对社会现实做出感知，深化固有成见赞成，或改变既有态度反对某种意见，进而影响到网络舆论的生成与发展。美国学者李普曼认为，大众传播所建构的社会环境并不是客观环境镜子式的再现，而是新闻供给机构通过对新闻信息的选择、加工

---

〔1〕 朱永明：《视觉语言探析——符号化的图像形态与意义》，南京大学出版社 2011 年版，第1—26 页。

〔2〕 王海军：《论网络谣言的法律治理》，载《中州学刊》2014 年第 7 期。

〔3〕 流媒体又叫流式媒体，主要指采用流式传输的方式在网络上播放的媒体格式。一般采用HTTP/TCP 来传输控制信息，采用 RTP/UDP 来传输实时声音数据。

〔4〕 《湖北巴东邓玉娇事件》，载 http://www.71.cn/2013/0201/703385.shtml，访问时间：2013 年 2 月 1 日。

与传递，重新加以结构化后向公众揭示的环境，[1] 而现代社会，视觉语言已然成为新闻供给机构或者是作为社会人的普通个体，认知社会、描摹事件、传递意义、表达意见与交流情感的主要并且有效的方式。图像符号的本体性地位使得视觉传播方式极易迎合受众的想象、成见、偏见与个人情感等潜在心理，而这正是横亘在主观真实与客观真实间巨大屏障的心理基础。[2] 例如在"快播案"的审理过程中，网上大量传递的是被告人王欣及其辩护律师（以下简称"快播"）驳倒公诉人指控的精彩瞬间，[3] 无疑该类信息迎合了受众同情弱者的心理，这些上传与扩散的图像、短视频也显然暗含传播者的态度与立场，即快播无罪。如若不对整件事情的来龙去脉了解清楚，不认真了解快播公司确有传播淫秽色情物品牟利的违法乃至犯罪行为，仅仅是观看这些快播"吊打"公诉人精彩瞬间的画面，就很难对快播的行为作出准确的认知与判断。

有别于一般的言语符号，视觉传播所基于的图像符号具有符号本体性的地位，其信息传递更直观、传播渠道更广泛、感情渲染更热烈，但与此同时，客观、真实、准确视觉信息的传递与扩散也更加依赖于全面、充分、建设性的传播语境。伴随着大数据、云计算、[4] AR/VR、[5] 移动互联网技术的普及与融合，视觉传播焕发出强大的活力，日益成为诱发、推动、主导乃至建构网络舆论的主要工具与关键影响要素，与此同时，诸多的社会问题与法律问题也随之而来，亟待国家制定视觉传播专门性的或相关性的法律法规予以规范，其原因有三：首先，单纯依靠公民社会自身的调控越来越难以平衡、协调乃至解决，包含视觉传播在内的诸多互联网使用行为因网络技术的开放性与匿名性而导致的网络空间与现实空间层出不穷且日

---

〔1〕 沃尔特·李普曼：《公众舆论》，阎克文、江红译，上海人民出版社 2006 年版，第 65—69 页。

〔2〕 柯泽：《论李普曼舆论宣传研究及其心理学特点》，载《湖北大学学报（哲学社会科学版）》2014 年第 5 期。

〔3〕 《快播的庭审，一场不容错过的辩论赛》，载 http://learning.sohu.com/20160109/n433968996.shtml，访问时间：2016 年 1 月 9 日。

〔4〕 云计算，NIST 定义为一种按使用量付费的模式，这种模式提供按需的、便捷的、可用的网络访问。包括网络、服务器、存储、服务等在内的共享资源，用户或客户只需投入很少的管理工作或与服务供应商进行很少的交互即可获得。

〔5〕 分别译为增强现实和虚拟现实，其重点在于人机交互。

益复杂、突出、迫切的问题，客观上来讲线上线下日益交织、彼此影响的矛盾急需国家与政府制定视觉传播与网络安全专门性或相关性的法律法规予以规制；其次，在主观上正如学者郑永年所讲，面对互联网时代国内公民力量的崛起与全球范围内国家主权的争夺，各国政府亟需通过法律手段来监管和最小化由互联网带来的政治风险而不至于伤害到政权本身，从而捍卫自身权力的正当性与稳定性；[1] 最后，我国当下已制定了若干关于网络安全与视觉传播秩序保障与维护的法律、行政法规与部门规章，理顺、补充、修正与丰富法规内容，发展并完善该项法律体系也是建设法治国家的应有之义。一言以蔽之，视觉传播是网络舆论的重要影响因子，其攸关社会稳定与国家安全，在丰富和完善互联网法律法规体系进程中，视觉传播安全立法有必要得到格外关注。

二、视觉传播立法与网络安全立法的关系

2016 年 2 月，习近平总书记在主持召开中央网络安全和信息化领导小组第一次会议时就曾谈到网络安全问题，"网络安全和信息化是事关国家安全和国家发展、事关广大人民群众工作生活的重大战略问题，要从国际国内大势出发，总体布局，统筹各方，创新发展，努力把我国建设成为网络强国"。[2] 密切参与并将持续参与人们生活方方面面的视觉传播，尤其是在网络视频技术快速发展的前提下，其在网络舆论的生成和发展阶段的关键影响力更是有目共睹。如上所述，今日语境所提及的视觉传播并非传统意义上的视觉传播，其主要是指网络图片与网络视频的传播，它主要包括：借助网络技术在数字虚拟空间传播的图片与新闻、综艺、电影、电视剧等传统长视频以及 DV 短片、视频聊天、广告、实时直播等新兴短视频、微视频[3] 等形态。故而，有关视觉传播安全的论述便难以忽视互联网技术因素

---

〔1〕 郑永年：《技术赋权——中国的互联网、国家与社会》，邱道隆译，东方出版社 2014 年版，第 3—9 页。

〔2〕《中央网络安全和信息化领导小组第一次会议召开》，载 http://www.gov.cn/ldhd/2014 - 02/27/content_ 2625036. htm，访问时间：2014 年 2 月 27 日。

〔3〕 微视频是指短则 30 秒，长则不超过 20 分钟的视频短片，以"短、快、精"、大众参与、随时随地随意为主要特征。

的影响，对于视觉传播安全的阐述更离不开对互联网安全的考察，辩证来讲，视觉传播安全立法与网络安全立法是整体和部分的关系：一方面，在保障网络安全的有关法律法规中或多或少地都会提及对于视觉传播的规制，比如，全国人大常委会于 2016 年 11 月 17 日通过的《中华人民共和国网络安全法》，该法虽不是为规范视觉传播而专门制定的法律，但在它的法律条文中可以找到对于包括视觉传播在内的多种传播行为之传播内容与传播主体的规制，如第 1 章第 12 条规定任何个人和组织均不得利用网络传播暴力、淫秽色情信息，编造、传播虚假信息扰乱经济秩序和社会秩序等，从传播内容方面对包括视觉传播在内的多种传播行为作出了规制；另一方面，在有关视觉传播的法律法规中，如《互联网视听节目服务管理规定》（此处简称"规定"）第 7 条从市场准入方面对传播主体作出凡是从事互联网视听节目服务的主体，应依照本规定取得广播电影电视主管部门颁发的"信息网络传播视听节目许可证"或履行备案手续的规定。该规定旨在维护视听节目市场秩序，进而维护网络秩序，本质上从属于网络安全法律法规的体系，即网络安全法律体系包含视觉传播安全法律体系，后者是前者的子集，二者之间是整体和部分的关系。

三、视觉传播与网络安全立法之现状

（一）互联网领域立法已初具规模

视觉传播在新的历史时期所面临的安全威胁兼具多个维度的特征，从整体出发，多维度思考视觉传播安全保障机制，进而建构一个安全、有序、开放、合作的互联网生态秩序是解决当下网络安全失序症结的关键所在，这说到底有赖于网络视觉传播安全与网络空间安全相关法律法规的指引、评价与强制，其关键在于该方面法律法规的制定与实施。2014 年 10 月 23 日，《中共中央关于全面推进依法治国若干重大问题的决定》在中国共产党第十八届中央委员会第四次全体会议上获得通过，该决定特别强调要加强互联网领域的立法，其后全国人民代表大会常务委员会于 2016 年 11 月 7 日通过《中华人民共和国网络安全法》（以下简称"网络安全法"）并于 2017 年 6 月 1 日实施，其主要意图就在于维护网络空间秩序、保障网络空间主权与国家安全。事实上，从数量上来讲我国互联网法律法规已初具规模，由

北京大学法律中心统计并编写的《互联网法律法规汇编》一书可知，我国互联网立法领域已有《中华人民共和国电子签名法》（下文简称"电子签名法"）与《全国人民代表大会常务委员会关于维护互联网安全的决定》（以下简称"维护安全的决定"）两部专门性的法律；[1] 已有包括《刑法》《民法》《著作权法》等在内的包含互联网法律规范的相关性法律 21 部；已有我们通常所讲的"行政法规"即对互联网直接进行专门规范的行政法规及行政法规效力的规范性文件，共 51 部，具体包括：《中华人民共和国电信条例》、《计算机信息系统安全保护条例》《互联网信息服务管理办法》《互联网新闻信息服务管理规定》等；一般统称为"部门规章"的各部门规章和各部委的规范性法律文件，计 800 余部，如：改组前的国家广播电影电视总局与信息产业部联合颁布的《互联网视听节目服务管理规定》、国家广播电影电视总局颁行的《电视剧内容管理规定》以及近期国家工商行政管理总局于 2016 年 7 月 4 日颁布的《互联网广告管理暂行办法》等，皆属于部门规章的范畴。综上所述，从数量上看，我国互联网领域相关法律法规已初具规模，这些具有强制力的规范性文件具体包括法律、行政法规、部门规章并广泛涉及民法、商法、刑法、行政法以及经济法等多个法律领域。

（二）我国视觉传播与网络安全立法尚有不足

1. 整体立法位阶不高

上文归纳的我国互联网方面相关的法律法规，当然也包含视觉传播与网络安全领域，从数量上看已初具规模，然而不难发现，在法律层面仅有《电子签名法》、《网络安全法》与《维护安全的决定》三部，行政法规亦不多，其余多为部门规章。一言以蔽之，位阶较高的法律与约束力较强的行政法规相对较少，而绝大部分多为部门规章与地方性法规。正如学者张平指出的，我国在互联网领域的立法工作缺乏冷静的思考和体系化的构建，出了什么样的法律问题，主管部门就做相应的部门规章，被动性、应景式地进行互联网领域的法律规制，大量地做着应急性、被动性、补丁式、低

---

〔1〕 该书出版于 2012 年，《中华人民共和国网络安全法》于 2016 年 11 月 7 日通过，故未收录。

位阶的立法工作〔1〕。

2. 部门立法特征明显

部门立法特征明显是我国当前视觉传播与网络安全基础性立法的另一不足。现有的网络安全与视觉传播立法多为法律层级与法律效力不高的行政命令及部门规章，这些命令与规章一般由相应政府监管部门制定并以维护公共秩序或社会稳定的名义发布，这就给行业利益的形成与部门利益的成长提供了生存空间。正如学者唐建英所说，在我国，工业和信息化部与国家新闻出版广电总局，既是行业政策的制定者又是资产所有者，与其下属机构、企业的经营管理之间有着难以切割的利益关系，裁判员与选手兼具的多重角色使得两家机构为各自所代表的行业利益争夺对网络视频服务的管理权，并促使规制决策偏向各自所代表的利益集团的情形客观存在；〔2〕而这同时也使得网络视觉传播领域的监管行为某种程度上呈现出"九龙治水"的尴尬困境，比如，网络视频服务提供者的经营行为与传播行为就同时受到工业和信息化部、国家新闻出版广电总局、国务院新闻办公室以及国家互联网信息办公室的交叉监管，不同监管部门间的行政规定与部门规章冲突的情况时有发生。

3. 视觉传播领域的专门性立法较少

现有《互联网信息服务管理办法》、《互联网视听节目服务管理规定》、《中华人民共和国电信条例》与《非经营性互联网信息服务备案管理办法》等规定我国对经营性 ICP 实行许可证制度，对非经营性 ICP 实行备案制度。我国当下虽有以上如《互联网信息服务管理办法》等专门规范视觉传播的行政法规与部门规章，但也不能忽视该领域的专门性法规较少的现实，即适用于整个视觉传播领域的宏观的、高位阶的法律较为缺失。诚然，《广告法》、《反垄断法》与《著作权法》其规制范围包含传播领域，在一定程度上可以视为规范视觉传播行为的专门性法律，但仍不能改变高位阶、专门性法律缺失的现状，因此导致了我国从宏观领域整体把握保障视觉传播安

---

〔1〕 张平：《中国互联网立法相当一部分领域仍空白》，载 http://tech.qq.com/a/20120612/000339.htm，访问时间：2014 年 12 月 6 日。

〔2〕 唐建英：《博弈与平衡：网络音视频服务的规制研究》，中国广电出版社 2011 年版，第 208—212 页。

全秩序的举措处于被动、不利的局面。

四、视觉传播安全保障的整体思路

(一) 应制定专门的视觉传播单行法

现有规范视觉传播行为的行政法规与部门规章的法律效力稍低，体系亦稍显杂乱，故而笔者认为，有必要从全局考虑、从整体出发，制定一部规范视觉传播行为的专门性法律。笔者认为制定有关视觉传播专门性法律的原因有三：首先，视觉文本契合网络社会"浅阅读"的习性，其直观性与冲击力易引发网民对事件的关注与参与，互联网时代，伴随网络技术的开发与应用，视觉传播方式已然成为建构网络舆论生态的主力军。同时视觉传播的低门槛化与网络空间的匿名性与"去中心化"特性交相辉映，使得网络舆论的引导难度加大，视觉传播所面临的安全威胁越来越多，急需一部专门性的法律规范其行为。其次，作为信息技术手段的互联网技术，本质上乃是一种社会公共资源，正如学者王利明所说，现代社会中互联网技术已广泛应用于科学、教育、文化、交通、出版、娱乐等诸多领域。正是因为互联网技术使用与应用的范围过于广泛，所涉及的主体关系和行为类型过于复杂，使得制定一部"大而全"的互联网法律规范在客观上是做不到的，即使勉强制定出一部"大而全"的互联网法律规范，其也难以分别对网络侵权、网络安全、个人信息保护、视觉传播安全等诸领域提出可操作的条文规范，其实际规范效果也会因法律条文规定过于宽松、难以适用而大打折扣。[1] 最后，针对互联网各细分领域制定专门的单行法，有国外经验可资借鉴。互联网实时、互联的特性使整个地球连接起来成为名副其实的地球村，国内外在视觉传播以及互联网技术应用中所遇到的难题有很大的相同之处。国外针对互联网领域的个人信息保护、网络侵权与网络安全等各领域分别制定相应单行法的经验值得我们借鉴，如美国颁布《网络免税法》与《电信法》等高位阶的单行法来调整与规制网络视听领域的

---

[1] 王利明：《论互联网立法的重点问题》，载《法律科学》2016 年第 5 期。

关系等。[1]

（二）应完善对网络传播平台的认识

作为视觉传播中心节点的网络平台，相比其他视觉传播参与者具有无可比拟的信息优势，且互联网时代平台自身往往具有监管其网络社区的能力与意愿，故而笔者认为，在今后的网络立法中应丰富对于网络视觉传播平台的认识，即：一方面要加强对平台的禁止性规范的讨论，另一方面要构建以网络平台为依托的新型网络治理体系。

从视觉传播的主要形式可以看出，视觉传播的主要参与主体通常分为如下三种：其一，个人参与了视觉传播的大部分过程，其作为视觉传播的主要组成元素，可谓是视觉传播机制运行的基础，我们称之为一般主体；其二，政府部门的参与，一般视为公共权力在网络上的延伸，我们称之为公权力主体；其三，乃是网络平台。平台聚集了大量的网络一般主体，平台本身作为视觉信息传播的中枢节点，在网络社会中为公众提供各类互联网服务，这就决定了平台在具有无可比拟的信息网络优势的同时还具有一定的公共服务和公共管理属性。故而笔者认为在对传播主体进行规范的层面，应侧重于对平台主体的规范，防止其利用自身的信息优势危害一般网络主体的正当权益，危害网络社会的发展秩序。

此外，视觉平台自身类似于一个社区，具备一定的规范能力与意愿，应努力构建政府部门与网络平台合作监管的新模式。其原因如下：其一，视觉平台本身往往集视频信息的搜索、分析、存储、发布乃至推广为一体，是视觉信息得以传播的中枢节点；其二，视觉平台本身拥有一定的网络社会治理能力，诸如优酷、土豆、腾讯视频、微信、微博等大型网络平台，其视觉信息在上传阶段要经过严格的审核，在这个意义上，网络视觉平台同传统的政府监管部门一样，具有诸多技术的、制度的规范工具与能力，扮演着重要的监管角色；其三，平台的经营行为须符合法律法规的要求使得平台本身有意愿执行监管的职责；其四，政府直接监管视觉信息的传统监管模式已不能满足互联网技术发展的需要，故而有必要充分调动并合理

---

〔1〕 彭光明、邓楠、杨莉英：《我国网络视听法律规制：WTO "必要性" 司法检验下的审视与思考》，载《法律适用》2015 年第 9 期。

利用网络平台的监管资源，构建以网络平台为依托的网络治理体系。正是基于以上原因，笔者认为确保网络社会安全有序的关键在于更新对于网络视觉传播平台的认识，加强对其的引导与规制。

(三) 权利与义务须统一

当下法律法规对于视觉传播行为的规范往往有侧重规范其义务而轻视其权利保护的倾向，治理水患在疏不在堵，这种失衡状态易引发传播者不满，某些情况下会引发民间话语与官方话语的对冲，客观上加大了网络舆论引导的难度。诚然，鉴于互联网的开放性与"去中心化"特性，网络安全面临的威胁日益复杂，有必要对各传播主体作出禁止性规范，但不能忽视的是我国当下对视觉参与者的权利保护尤其是网络传播权的保护稍有不足。网络传播权是一种网络信息权益，是著作权人通过网络信息的传播获得利益的基础，推及视觉传播领域则为个人、团体等通过网络视觉信息的传播与扩散所带来的金钱、流量、名望等。该项权益的获得，关键在于保护公众的网络传播权与发表权。[1] 诚然，我国虽在第一次修订《著作权法》时提出"信息网络传播权"，并在《侵权责任法》中提高了对该项权益保护的法律地位的举措；[2] 但仍未改变我国对视觉传播各参与主体权利保护重视不足的局面。故而笔者认为在今后的视觉传播立法中须平衡传播主体权利与义务的关系，回应广大视觉传播以及网络行为参与者的重大关切，切实维护视觉传播与网络安全秩序。

(四) 应有前瞻意识与国际意识

视觉传播所依赖的国际互联网技术日新月异，具有更新速度快、迭代周期短的特点。20 世纪 60 年代末美国国防部将几个联邦政府用于军事目的的电脑主机用 ARPAnet 网络联接起来，以期实现多个指挥中心之间数据的共享。最开始的 ARPAnet 网络只联结了 4 台主机，目的在于军用，事实上，当时从技术上来讲它还不具备对外推广的条件。而技术的发展是飞快的，那些很多在过去看来不可能的事情，最后都在现实社会得到了验证，1983

---

〔1〕 牟楠：《网络传播权保护的法律思考》，载《中国律师》2012 年第 12 期。

〔2〕 林凌：《论我国网络舆论引导法律规制特征》，载《学海》2016 年第 5 期。

年始，TCP/IP 协议[1]的流行开启了互联网时代的闸门，如今互联网的触觉已伸向地球的每个角落，深刻地改变了我们社会的结构与面貌。今日，一部智能手机就可以完成简单网络视觉信息的制作、上传与发布；云技术[2]介入互联网、AR/VR 技术走进普通消费者领域更是为影像传播描绘了更加宏伟的场景，这就使得我们在视觉传播立法中要有足够的前瞻意识，而不仅是出了什么样的法律问题就应激性地补足相应的规范，互联网领域虽有法律长期落后于实践的现状，但立法者还应具备一定的前瞻意识，增强法律的适用性。密切关注并且持续关注视觉传播乃至互联网开发、应用的最前沿技术，力争出台的法律法规体现一定的前瞻性乃是当下视觉传播立法与互联网领域立法的题中之义。

在研究和制定视觉传播与网络安全相关法律法规时，立法者还需具备一定的国际意识，争取国际话语权。原因有三：其一，我国自 1994 年接入国际互联网以来，至今已然成为互联网大国，截至 2015 年 12 月我国网站总量已达 426.7 万余个，网民规模逾 7.10 亿，互联网普及率达 51.7%；手机网民规模近 6.56 亿。截至 2015 年，我国互联网行业营收规模保持 40% 以上增长，上市互联网企业总营收达到 7500 亿规模。[3] 与此同时，我国的科技企业，如腾讯、阿里巴巴等都在世界舞台也有着广泛的影响力。我国今日所面临的互联网安全威胁很多都具有国际影响的因素。其二，许多困扰国外的网络问题，如视觉信息审核与追责、个人信息保护、网络传播权益维护、网络犯罪制裁等同样也是我们亟待解决的难题；其三，现有国际条约多由欧美发达国家主导制定，长期以来在许多领域我国只能被动地根据这些国际条约更新本国法律，长期受制于人的局面应得到改变。正如学者于志刚所说，所谓的大国崛起不仅要在经济领域取得成就，更要注重自身文化软实力的提升，应努力改变被动接受西方发达国家法律的现状，力争实

---

[1] Transmission Control Protocol/Internet Protocol 的简写，中文译为网络协议，主要适用于异构网络。

[2] 云技术本质是一种托管技术，在广域网、局域网内将硬件、软件、网络等诸多资源统一连接以期实现数据的计算、储存、处理和共享。

[3] 数据来源于《中国互联网络发展状况统计报告》、《中国互联网站发展状况及其安全报告(2016)》与《2016 年中国互联网行业发展景气指数报告》等。

现自身的法律输出。[1] 1994 年我国正式接入国际互联网，开始了自己奋起直追的步伐，而今在互联网领域我国与发达国家已基本处于同一水平线并且在电子支付与线上贸易等方面稍有领先，[2] 在视觉传播安全法律规制领域的研究与探索方面，我国并未落后欧美国家太多。故而笔者认为在此方面，立法者应具备一定的国际视野，在世界舞台上以更加积极的态度发出自己的声音。

---

〔1〕 于志刚：《中国互联网领域立体系化建构的路径》，载《理论视野》2016 年第 5 期。

〔2〕 新华社：《中国消费者在网购方面领先发达国家》，载 http://finance.sina.com.cn/world/gjcj/2016 - 12 - 09/doc - ifxypipu7456783.shtml，访问日期：2016 年 12 月 9 日。

新闻聚合新媒体的版权之困

宁　静*

当前，以新闻聚合为代表的新媒体在全球迅速发展，国外有雅虎新闻、谷歌新闻、Blendle，国内有今日头条、一点资讯、ZAKER新闻、界面新闻及百度新闻等。新闻聚合新媒体利用网络链接技术，包括普通链接（也称浅层链接）[1]和深层链接（也称深度链接），[2]将传统媒体（包括以其为基础搭建的网络媒体[3]）以及自媒体的新闻搬运至平台，并将这些信息按照主题、来源等分类展示实现聚合，越来越多的用户抛弃传统媒体转而使用聚合新媒体，因为较之传统媒体而言，聚合新媒体具有一站式获取多方信息的优势。新闻聚合新媒体利用的平台一是新闻聚合网站，

* 宁静，西北政法大学经济法学院2015级硕士研究生。指导老师：杨巧，西北政法大学知识产权学院副院长、硕士研究生导师。

〔1〕 普通链接是指网络用户在点击设链者提供的链接地址时，直接跳转至被链网站，并且该过程完整呈现于用户面前。例如，当用户在今日头条网站（设链网站）中点击标题为"日本要为'台海冲突'搞演习 中国国防部：将严重破坏中日防务关系"的新闻时，网页跳转至环球网（被链网站），用户可直接看到这一跳转过程。

〔2〕 深层链接是指设链者通过链接技术将被链网站的内容直接呈现于设链网站，使网络用户无需脱离设链网站即可获得被链网站的内容，但内容仍存储于被链网站而未存储在设链网站。例如，当用户在今日头条网站（设链网站）中点击标题为"机器人时代 欧洲'全民工资'理念逐渐蔓延"的新闻时，该新闻内容直接呈现在今日头条的网站页面上，而并未跳转至该新闻信息的原始来源网站——参考消息（被链网站），但该新闻内容并未存储在今日头条的网站中，而仍存储于参考消息的网站。

〔3〕 如《南方周末》和《光明日报》不仅有纸媒，且设立有网站、手机移动客户端、官方微博以及官方微信。

以电脑为显示终端，可以显示新闻信息的网站网址；二是新闻聚合应用软件，安装于手机、IPAD，并以其为显示终端，无法显示新闻信息的网站网址，其在普通链接下的跳转过程不如电脑端明显，而且手机终端的网页可能是经过转码处理之后的网页。但传统媒体与聚合新媒体间信息采集成本与用户资源的严重不对等，导致纠纷不断。2014 年，搜狐公司和广州市交互式信息网络有限公司（广州日报运营商）分别起诉"今日头条"的运营商（北京字节跳动科技有限公司）著作权侵权，前者同时诉不正当竞争。如何认识新媒体聚合新闻信息的行为，解决网络传媒产业的"阿喀琉斯之踵"——版权之困，[1] 使聚合新媒体与传统媒体融合发展，成为当前理论界和实务届亟待解决的问题，本文拟从《著作权法》与《反不正当竞争法》的适用予以探讨，以期对实践有所裨益。

一、新闻是否构成作品的认定

在涉及聚合新闻的纠纷案件中，纠纷双方通常为新闻聚合新媒体与被聚合的传统媒体，只有在传统媒体享有著作权的情况下，新媒体才可能构成著作权侵权，此类案件才可能适用著作权法。我国《著作权法》第 5 条将仅仅是单纯事实消息的时事新闻排除在著作权法保护的客体范围之外，《著作权法修订草案（第三稿）》第 7 条第 2 款第 2 项亦规定，本法不适用于通过报纸、期刊、广播电台、电视台、网络等媒体报道的单纯事实消息。只有新闻在文字内容的叙述表达上反映出作者的思想情感，才能成为著作权法意义上的作品受到保护。法院在南方都市报诉搜狐焦点网非法转载纠纷案中指出，所谓时事新闻，其内容是由时间、地点、人物、事件为要素组成的，具有时效性和客观性，不带有报道者的主观色彩、评论和修饰。而涉案文章，从其文字叙述、篇幅布局、素材内容等，都反映出作者的智力创作，不属于著作权法中单纯事实消息的时事新闻。实际上在目前的新闻报道中，单纯事实消息类新闻已较为少见，多数新闻报道为吸引受众大多含有评论性质的内容，蕴含着作者的主观思想感情，属于文字作品受著

---

〔1〕 吴汉东：《网络著作权的技术革命、产业变革与制度创新》，载《中国版权》2016 年第 6 期。

作权法保护。在一些新闻报道中，不仅有文字作品，还有配图涉及摄影作品及美术作品。在德国，摄影照片受著作权法保护的要求很低，具有较高智力创作成果的摄影作品受到著作权的保护，具有较低智力创作成果的照片则被给予邻接权保护，只要是自然人运用摄影技术制作的照片都属于德国著作权法保护的范围，而不论摄影技术的难易，也不论是摄影者手动完成还是借助数码相机拍摄完成。虽然我国著作权法并未给予摄影照片类似德国的较强保护，但是实际上在司法实践中，由于对独创性的判断较为困难，法院考虑到摄影者为拍摄照片付出了一定的努力，而他人未经许可即使用，因而在多数情形下都给予了涉案照片以著作权法保护。目前，采用美术作品作为新闻报道配图并不少见，媒体在使用美术作品时也必须取得权利人的许可。所以多数新闻聚合新媒体链接的新闻信息都可以受到著作权法的保护，特别是其中包含配图的新闻信息，不仅涉及文字作品，还涉及摄影作品及美术作品。

二、聚合新闻作品与聚合非新闻作品的法律适用

（一）新闻作品——著作权法与反不正当竞争法之争

首先需要指出的是，普通链接在实践中普遍被认为满足"实质性非侵权用途"，不构成侵权，[1] 如果聚合新媒体采取普通链接的方式，无论被链接的新闻是否属于《著作权法》上的作品，都不构成著作权侵权。同时，在普通链接下，由于用户被引导至被链的传统媒体，设链的聚合新媒体并未利用不正当手段获得传统媒体基于用户浏览量而获得的广告收益，而是扩展了传统媒体的新闻信息传播范围以及速度，有助于其提高知名度和影响力，聚合新媒体也不构成不正当竞争。因此，下文对链接行为的探讨仅针对深层链接。

聚合的新闻信息构成作品，传统媒体为著作权主体的情形包括两种，一是新闻撰写由其主持，代表其意志创作，并由其承担责任，则该新闻属于法人作品，传统媒体享有著作权；二是撰稿人与传统媒体有雇佣关系，

---

〔1〕 参见陶钧：《北京市高级人民法院关于审理涉网络知识产权案件的调查研究》注释11，载 http：//www.zhichanli.com/article/43284，访问时间：2016 年 12 月 28 日。

新闻属于职务作品，双方通过订立合同约定由传统媒体享有除署名权之外的著作权。在传统媒体享有著作权的情形下，新闻聚合新媒体不仅可能侵犯其著作权，也可能构成不正当竞争，正如有观点所言"宏观上，在市场经营过程中，所有侵害他人合法权益的行为实质上都是具有不正当竞争的属性，网络环境下更是如此"，[1] 适用《反不正当竞争法》规范聚合新媒体的深层链接行为具有一定的正当性。其一，从传统媒体与新闻聚合新媒体的成本收益角度分析，二者处于严重不对等的状态，新媒体的聚合行为明显违反公平竞争原则，违背基本的商业道德。传统媒体作为内容提供者，对新闻作品的创作与刊载付出了包括人力、物力、财力等在内的多项成本，而作为设链者的聚合新媒体无需进行新闻调查的投入支出，也无需支付新闻作品的创作成本，仅在传统媒体刊登新闻后，迅速采用链接技术将其聚合呈现于平台，而且其呈现方式与传统媒体基本无异，此种模式减少了用户在信息数据大爆炸时代下搜寻新闻的成本，以致于越来越多的用户抛弃传统媒体选择聚合新媒体，新媒体依托用户对原本来自传统媒体的新闻的点击量和浏览量获得越来越多的广告收益。与此同时，作为内容提供方的传统媒体的用户越来越少，访问量越来越低，广告收入也因此减少。其二，《反不正当竞争法》属于行为法，较之设权性的著作权法具有更多灵活性。聚合新媒体的产业模式不同于传统媒体，对其竞争模式的评价标准也不同于传统媒体，借助《反不正当竞争法》第2条一般条款的适用，对聚合新媒体的深层链接行为进行评价认定，而不必拘泥于必须具有具体的法律条文规定，从而能够尽早为主动寻求司法判定的新兴网络产业经营者确立正当行业经营模式的风向标。

虽然适用《反不正当竞争法》规范新闻聚合新媒体设置深层链接的行为具有一定的正当性，但是不容忽视的是，就目前的情形来看，仍存在一些问题。由于我国的竞争法律制度制定于1993年，主要以传统领域的不正当竞争行为作为规制对象，因此在面对新型的网络不正当竞争行为时呈现

---

〔1〕《反不正当竞争法》第2条规定："经营者在市场交易中，应当遵循自愿、平等、公平、诚实信用的原则，遵守公认的商业道德。本法所称的不正当竞争，是指经营者违反本法规定，损害其他经营者的合法权益，扰乱社会经济秩序的行为。本法所称的经营者，是指从事商品经营或者营利性服务（以下所称商品包括服务）的法人、其他经济组织和个人。"

出规制不能、规制不适的现象，进而导致在司法实践中法院过多依赖《反不正当竞争法》第 2 条一般条款作为涉网络不正当竞争案件司法救济的主要条款。我国现行《反不正当竞争法》对聚合平台设置链接的行为尚未有具体规范的法律条文，《反不正当竞争法（修订草案）》也未就何种提供链接行为构成不正当竞争作出具体规定，因此在现阶段下也仅能诉诸一般条款。但是此条款的适用存在法官自由裁量权大、操作性较弱、对行为产生的结果不具有可预期性等天然的不足，所以适用应当谨慎，遵循"谦抑性"规则，不应被泛化。况且针对第 2 条是否属于一般条款，学界仍然存在争议。特别是面对如今过度依赖司法评价的包括新闻聚合新媒体在内的网络新型产业发展模式时，一般条款的适用更应当谨慎。我国《著作权法》中规定有信息网络传播权，倘若此种行为能够直接落入该权利的范围，采用著作权法规范则具有不可替代的优越性。北京市高级人民法院曾在关于审理涉网络知识产权案件的调查研究中指出：从该权项所保护的权利客体分析，侵犯的行为对象应当属于著作权法所保护的权利客体范畴，而被链网站的"传播利益"可能包含了广告投入、点击访问率、浏览量以及作品的传播等，而具体的利益客体并非全部是我国著作权法所保护的权利客体，至少并非"信息网络传播权"所保护的客体范畴，因此只有对"信息网络传播权"的保护客体进行准确界定后，才能有利于该条款的法律适用。网络下所谓"传播利益"到底是基于网络技术所产生，还是基于著作权保护客休而产生，应当进一步明确与厘清。而且所谓的"传播利益"是否能纳入《著作权法》第 10 条第 17 项所规定的其他权利范畴，也是值得商榷的。[1] 笔者认为著作权最重要的价值之一体现在著作权人对作品传播流通所获得的商业利益上，而设链网站和被链网站所获得的传播利益中的订阅费用、广告收入和授权许可等收益均是以作品为传播内容而获得的衍生利益，网络技术是辅助作品传播的手段，作品是获得衍生利益的基础。因此应首先保障作为作品创作者的著作权人的利益，所以从信息网络传播权保护客体来看，应将新闻聚合新媒体的链接行为纳入著作权人享有的信息网

---

[1] 参见陶钧：《北京市高级人民法院关于审理涉网络知识产权案件的调查研究》注释14，载 http://www.zhichanli.com/article/43284，访问时间：2016 年 12 月 28 日。

络传播权的规范范畴，无需舍近求远诉诸《反不正当竞争法》，至于究竟应如何认定聚合平台的深层链接行为，《著作权法》究竟应以怎样的姿态回应，需要回归到对信息网络传播权权利本身的探讨。

针对聚合平台提供深层链接的行为是否直接侵犯原始来源网站信息网络传播权的问题，我国理论界存在"服务器标准"[1] "用户感知标准"[2] 以及"实质替代标准"[3] 等不同的判断标准，究竟应采用哪种判断标准，仍然存在诸多争议，就目前而言，多数法院采用的是服务器标准。例如，在幻电公司与奇艺公司侵害作品信息网络传播权纠纷一案中，二审上海知识产权法院即否定了一审法院采用的"用户感知标准"以及"实质替代标准"[4] 在腾讯公司与易联伟达公司侵害作品信息网络传播权纠纷一案中，北京知识产权法院终审判决认定，信息网络传播行为的认定标准是服务器标准，而非实质性替代标准或用户感知标准[5] 王迁教授赞同服务器标准，其认为：如果设链者意图"搭便车"，利用深层链接不当攫取被链网站的利益，造成作品来源混淆，可适用我国《反不正当竞争法》进行规范。如果作品未经许可在被链网站传播，设链者在有过错时可能构成间接侵权，此时适用我国《著作权法》予以规范。如果被链网站采取了技术保护措施，设链者通过一定的手段破解了技术措施，进而设置了深层链接，此时适用

---

[1] 该标准的缘起是由于我国对"信息网络传播权"的定义源于《世界知识产权组织著作权公约》（WCT）第8条，WCT的基础提案将此条中的"提供行为"解释为"初始提供作品的行为，仅仅提供服务器空间、通讯连接、信号传输或寻址设备的行为不属于此条中的提供作品的行为"。也就是说该条中的"提供"行为是指将作品置于网络服务器上的行为，而不是单纯提供搜索链接等网络服务的行为。依据该标准，若设链网站并未将作品内容存储在其服务器上，而仅仅是采用深层链接技术向公众提供搜索链接服务，则设链网站的行为仅仅是网络服务的提供行为，不构成直接侵犯信息网络传播权。

[2] 依据该标准，只要网络服务提供者提供的网络技术行为的外在表现形式使网络用户感觉是该提供者在提供作品内容或使用户认为可以从该网络服务提供者处直接获得作品内容，该网络服务提供者即构成信息网络传播权的直接侵权，作品是否存储在其服务器上则在所不同。

[3] 依据该标准，虽然设置深层链接的网络服务提供者并未将作品存储在其服务器上，但若其深层链接行为已经在实质上替代了被链网站向网络用户传播作品，并获取了应属于被链网站的传播利益，则该网络服务提供者即构成信息网络传播权的直接侵权。

[4] 参见上海知识产权法院（2015）沪知民终字第213号民事判决书。

[5] 参见北京知识产权法院（2016）京73民终第143号民事判决书。

我国《著作权法》中保护技术措施的条款[1] 崔国斌教授则认为：增设新的著作权权能使之覆盖网络聚合行为，或者应在信息网络传播权的框架下尽快抛弃"服务器标准"，而采用"实质呈现标准"，《反不正当竞争法》不宜介入。[2]

信息网络传播权是否系"类复制权"，是作品传播过程中的基础性前置权利？[3] 如在图书出版的过程中，将图书复制在纸张上是图书得以发行传播的前提，在歌手演奏歌曲时，往往要在练习阶段先将词曲呈现在纸张或其他载体上，才能实现表演权。如果信息网络传播权仅仅是类似"复制权"，作为作品传播过程的基础性前置权利，则采用服务器标准将作品的提供行为界定为"初始提供行为"是恰当的，即"只要将作品上传至或放置在网络服务器中供网络用户下载或浏览就构成作品的提供，而无论是否有人实际进行过下载或浏览"。[4] 作品可在任何时间或任何地点为公众获得是提供行为造成的结果，但是这个结果是否已经实际发生并不影响该行为的成立，不影响信息网络传播权直接侵权行为的认定，只要该"提供行为"使作品"可"被在任何时间或任何地点获得即可。换言之，信息网络传播权对是否已经实际造成后续结果，即已有公众实际获取到作品，不再进行评价。信息网络传播权是否类似著作权人享有的"发行权""广播权"等，控制的是作品的后续传播行为？发行权是指以出售或赠与的方式向公众提供作品原件或复制件的权利，是对作品传播方式的控制，如果信息网络传播权属类发行权，主要控制作品的传播方式，则应重点关注传播的后续行为和后续结果。上文已述，服务器标准意在控制可能造成损害著作权人利益的结果发生的前提，而对是否已造成实际后果不再评价，所以采用服务器标准是不恰当的。对著作权人利益的损害最关键的是结果，则抛却控制作品传播的基础性前置行为，结果也仍然应该由著作权人掌控，因为控制

---

〔1〕 参见王迁：《论提供"深层链接"行为的法律定性及其规制》，载《法学》2016年第10期。

〔2〕 参见崔国斌：《得形忘意的服务器》，载《知识产权》2016年第8期。

〔3〕 当然，并非所有作品的流通传播都需要经过复制这一环节，仅仅是说在多数环境下，复制权的行使是作品得以流通的前提。

〔4〕 王迁：《知识产权法教程》（第4版），中国人民大学出版社2014年版，第154页。

作品传播的基础性前置行为的目的实际上也是为了防止结果的发生。既然控制作品传播的基础性前置行为没有达到效果，有必要对结果予以评价，从而更好地保护著作权人的利益。著作权法保护著作权，保护作者基于作品创作而应取得的收益在各项影响因素中占大比重，取得收益是权利实现的重要价值目标和归宿，而传播则是取得收益的关键环节，在源头控制不力的情况下，控制传播成为首选，只有将传播控制在一定的范围之内，才能使著作权人的商业利益得到保障。综上所述，信息网络传播权的设立初衷是为了使著作权人在网络环境下能够控制作品的传播，其并非"类复制权"仅作为作品传播的基础性前置权利，[1] 而是"类发行权"，更应控制的是作品的后续传播行为，采用仅控制源头行为的服务器标准是不恰当的，新闻聚合新媒体作为新闻信息的二次传播者应该受到著作权人享有的信息网络传播权的限制。

（二）非作品类新闻不应保护

如果被链接的是非作品类新闻，能否适用《反不正当竞争法》对传统媒体予以保护？美国联邦最高法院曾在著作权保护之外，给予新闻材料以"准财产权"的反不正当竞争保护。在 International NewsServices v. Associated Press 案中，原告是处于美国东海岸的新闻出版商，被告购买原告最新发行的报纸后，即刻复制、改编原告的新闻报道并在美国西海岸出版发行。美国联邦最高法院承认原告的事实新闻内容不受著作权保护，但是认为新闻收集需要花费相当大的劳动、技术和金钱，属于"准财产"（quasi‐property），被告的行为是在未曾播种之处索求收获，属于窃夺他人劳动成果的不正当竞争行为。[2] 是否对非作品类新闻进行保护，需要在私人利益与社会公共利益之间进行权衡考量，尽可能使二者达到相对平衡。笔者认为，如果对非作品类新闻予以反不正当竞争法保护，则意味着作为链接者的新闻聚合新媒体构成不正当竞争，而单方媒体的信息发布范围较小，传播范围有限，势必使得这些非作品的新闻信息无法尽快传播，降低新闻的时效

---

〔1〕 当然，并非所有的著作财产权的行使都以复制权为前提，因此，也并非所有作品的流通传播都需要经过复制这一环节，仅仅是说，在多数环境下，复制权是作品得以流通的前提。

〔2〕 何怀文、陈如文：《〈今日头条〉动了谁的"奶酪"——新闻报道的独创性价值与时效价值保护》，载《电子知识产权》2014 年第 8 期。

性，限制公众能够获得新闻信息的渠道与时速，影响公众获知时事的能力，进而影响到公众的知情权、社会参与度与社会责任感。之所以在上文中探讨只要被链接的属新闻作品，聚合新媒体就构成不正当竞争，是由于其实际上已经排除了很大一部分单纯是事实消息类的时事新闻，即已经排除了急需使公众了解的一类新闻信息，所以即使适用《反不正当竞争法》予以保护，也不会损害到公众利益。但是，作为内容提供者的传统媒体为创作新闻信息确实投入了很多成本，新闻聚合新媒体仅仅付出了微不足道的劳动即劫取了原本属于传统媒体的广告收益，获得了不当利益，此种行为明显具有不正当性，虽然基于信息传播便利和公众利益的考量，笔者认为应当适当容忍这样的行为存在，不宜采用《反不正当竞争法》予以规范，但是此种行为并不值得鼓励。

三、新闻聚合新媒体版权之困的出路

在新闻聚合新媒体通过链接技术聚合传统媒体的新闻作品时，明显使得作为权利人的传统媒体丧失了利用其新闻作品的著作权进行再次许可交易的机会，使其可期待利益降低，而传统媒体实际上是要求聚合技术的使用应以其著作权许可收益的同步提高为基础的，新闻聚合新媒体则坚持认为著作权法不应阻碍传播技术的发展与进步，不应阻挡公众的信息获取源的多元化，以致二者间利益严重失衡，此时需要以利益平衡为基本原则的著作权法介入，对二者间的利益进行平衡，著作权法也本是不同利益集团博弈的结果。

（一）重新界定"提供行为"

在将现有"提供行为"定义[1]之下的服务器标准作为信息网络传播权直接侵权的认定标准时，无法有效规范新闻聚合新媒体利用深层链接技术

---

〔1〕《最高人民法院关于审理侵害信息网络传播权民事纠纷案件适用法律若干问题的规定》第3条规定："网络用户、网络服务提供者未经许可，通过信息网络提供权利人享有信息网络传播权的作品、表演、录音录像制品，除法律、行政法规另有规定外，人民法院应当认定其构成侵害信息网络传播权行为。通过上传到网络服务器、设置共享文件或者利用文件分享软件等方式，将作品、表演、录音录像制品置于信息网络中，使公众能够在个人选定的时间和地点以下载、浏览或者其他方式获得的，人民法院应当认定其实施了前款规定的提供行为。"

聚合传统媒体新闻信息的行为，而必须借助既有规则——《反不正当竞争法》的一般条款，但是一般条款的适用具有不确定性等一系列固有的缺陷，无法弥补。笔者认为，新闻聚合新媒体版权之困的出路之一是对《最高人民法院关于审理侵害信息网络传播权民事纠纷案件适用法律若干问题的规定》第3条第2款的"提供行为"进行重新界定，使其能够有效规范聚合平台未经许可的聚合行为，信息网络传播权的直接侵权行为将不仅仅限于作品的初始提供行为，只要网络服务提供者利用其网络服务器或文件分享软件使作品得以传播，除却法律特别规定的合理使用和法定许可等情形外，就应当认定其实施了提供行为。当传统媒体的链接端口处于开放状态时，新闻聚合新媒体在链接其新闻作品后，应将其取得的收益分享给传统媒体；当传统媒体的链接端口并未向聚合新媒体开放时，聚合新媒体应征得传统媒体的同意，其未经许可聚合新闻作品的行为即构成对传统媒体信息网络传播权的直接侵权。我国《著作权法修订草案（第三稿）》第11条第3款第（七）项将现行《著作权法》中第10条第1款第（十二）项规定的信息网络传播权修改为"网络传播权，即以无线或者有线方式向公众提供作品，使公众可以在其个人选定的时间和地点获得作品，以及通过技术设备向公众传播以前述方式提供的作品的权利"，修改后的法律条文将通过技术设备向公众传播以原有提供行为提供的作品纳入著作权人享有的网络传播权的范围，如果修订草案顺利通过并施行，则无需就《最高人民法院关于审理侵害信息网络传播权民事纠纷案件适用法律若干问题的规定》第3条第2款的"提供行为"进行重新界定。

（二）新增聚合网站聚合作品的法定许可

2013年德国修订了《著作权与邻接权法》，在"邻接权"中新增"对新闻出版商的保护"，新闻产品的生产者出于商业目的对其出版的作品或者其中的部分进行公开传播享有独占权，对大规模系统利用其新闻材料的行为享有获得报酬权。[1] 笔者认为，德国此项规定存在问题，新闻出版商在多数情况下本身就是新闻作品的著作权人，其享有法律所赋予的著作权人

---

[1] 于凯旋：《新闻出版商的尴尬德国第七次修改〈著作权法〉》，载《电子知识产权》2014年第1期。

所享有的几乎所有的著作权，无需再画蛇添足赋予其一项邻接权对其予以保护。2015 年，西班牙正式施行重新修订后的《知识产权法》，保护原创新闻，对聚合型新闻报道网站媒体征税，该法第 32.2 条规定：互联网信息聚合平台转载复制的内容可以不经权利人授权，但相应的权利人（主要是新闻出版者）有权获得经济补偿。新法案出台后，著名新闻聚合网站谷歌新闻退出了西班牙。[1] 笔者认为我国可以仿照西班牙的模式，在《著作权法修订草案》中增加"提供聚合服务的网络服务提供者，可以不经著作权人许可聚合其作品，但应当支付报酬"，依据此条规定，聚合新媒体可在设链前取得传统媒体的许可，抑或无需经其许可但需将其取得的部分收益分享给传统媒体。新增聚合网站聚合作品的法定许可，不仅能够有效地保证新闻信息的有效性以及公众的知情权，使传统媒体从其内容提供中获益，而且并未阻碍新闻聚合新媒体发挥其传播技术的优势，对新闻聚合新媒体的版权之困而言不失为一条好的出路。

结语

新闻聚合新媒体利用深层链接技术聚合传统媒体的新闻作品的行为，应被纳入传统媒体享有的网络传播权的规范范畴，由《著作权法》予以规范。将在现有"提供行为"定义之下的服务器标准作为信息网络传播权直接侵权的认定标准时，无法有效规范新闻聚合新媒体利用深层链接技术聚合传统媒体新闻信息的行为，破解新闻聚合新媒体的"阿喀琉斯之踵"——版权之困的方式有二，一是对《最高人民法院关于审理侵害信息网络传播权民事纠纷案件适用法律若干问题的规定》第 3 条第 2 款的"提供行为"进行重新界定，使其能够有效规范聚合平台未经许可的聚合行为；二是可以仿照西班牙的模式，在《著作权法修订草案》中新增聚合网站聚合作品的法定许可。

---

〔1〕 梁晓轩：《西班牙：剑指新闻聚合》，载《检察风云》2015 年第 11 期。

网络舆情对司法审判的影响探析

杨 芸[*]

一、网络舆情和司法审判概述

(一) 网络舆情概述

1. 网络舆情的概念界定

关于网络舆情概念的界定，有的学者将"网络舆情"归纳为对事件的认知、态度、行为的集合。有的学者从社会学角度出发，将网络舆情看作社会结构和社会关系二者的交融表现，将其界定为社会中不同阶层（知识分子、白领、商人、工薪阶层等）、不同群体、不同利益体、不同诉求的表现方式，也可以说成是宣泄方式，以上主体借助网络平台关注政治、经济、社会、文化领域的热点话题。还有学者认为，可以将"网络舆情"通俗易懂地阐述为：人们在网络虚拟空间，表达其对某种现象和问题的态度和情绪的综合。

通过以上定义，笔者认为，网络舆情是指人们通过"网络"这一平台，对某一热点事件集中发表言论，表明态度。

---

* 杨芸，西北政法大学新闻传播学院 2015 级硕士研究生。

2. 网络舆情的特征[1]

通过上述案例，笔者总结出网络舆情的四个特征：

其一，突发性。一个备受争议的热点事件一旦出现，网民的反应非常迅速，有很多网民能够做到"秒回"，在一个热点事件中加入情绪化的网民反应，就成为了舆论的导火索。其二，多元性。由于网络的虚拟性、匿名性，网络环境中许多网民都能够畅所欲言，大到天文地理，小到鸡毛蒜皮，主题非常宽泛、随意。从微博中的每日热搜榜就可以看出，网民讨论的话题既有"萨德"这样的有关政治军事的敏感话题，又有关于交通事故这样的突发新闻，还有关于养生的生活类话题，甚至不同城市的网民关注的话题差异度也很大。其三，交互性。网络舆情属于人的思想意识，自媒体时代蓬勃发展的时代，网民早已不是以前的那样，他们更爱表现自己，爱发表言论，在网上异常活跃。其四，偏激性。由于互联网环境中对于网络舆情的监管措施不够严格、到位，虽然网民的观点越来越趋于理性，但网络上还是不可避免地出现偏激言论，并且这些偏激言论始终贯穿于每一件舆情实践中。我们经常可以看到网络中骂人的言论，比如小商小贩骂城管暴力执法，只要有这一方面类似的言论，网民就会衍生出许多骂城管的语言，有些语言还不堪入耳。殊不知，有时候网民的一些偏激言论往往是因为对事件了解片面造成的。

3. 网络舆情的功能

第一，对话功能——实现信息的双向互动。在现在，微博平台依旧支撑着大量的网络舆情的呈现，在这个时代，借用薛之谦在一档综艺节目中说的：自媒体已经强大到足以把一个人变为公众关注热点，就看你有没有真正的本领与才华。可想而知，以前是说在人人都有麦克风的时代，现在可以说成是在自媒体足够撑起一个热点的时代，每个人的信息表达与传播都非常重要，每个人说的话、发表的言论都可能成为主体。

第二，信息功能——提供丰富的观点。有的舆情事件发生后，会引起高度关注和大量评论，正如"长春随车被盗婴儿"事件。这件事发生后，

---

〔1〕 陈佳佳、骆正林：《人民网舆情报告折射的我国司法舆情特征》，载《新闻爱好者》2015年第2期。

一天之内就已经在网络中传遍，两三天内，网络中出现的各个版本的视频约为十万多个，全国上上下下的网民在网络平台上发表各种各样的评论，如同上文所述，呈现了多元化的观点。正因为这些评论和意见不断发生，不断出现，不断推进，才形成了信息丰富、观点多样化的信息平台。

第三，导向功能——进行舆论引导。在郭庆光的《传播学原理》中阐述了诺依曼的"沉默的螺旋"理论。在网络舆情中这种情况也会出现，网络意见汇聚时，会分为大部分人持有的意见和少数人持有的意见，对于顺应大部分人意见的，就会被鼓励、接受，对于反对这种意见的，就会被抨击，最终导致多数人的意见形成了舆论引导的基础，少数人的意见被忽视，因此，在网络中，网络舆情是可以进行舆论引导的。

第四，监督功能——监督司法审判过程。电子政府、网络问政、微博直播等平台，可以使民众更好地参与司法审判过程。在 2007 年许霆案被网络曝光之后，仅仅在天涯论坛，网友的发帖数量就高达两三百万条，2008年对许霆判处有期徒刑时，发帖的数量达到二次高潮，正是因为网友的这种参与热度，才能对每一次审判给予密切关注和良好监督。

(二) 司法审判概述

1. 司法审判的定义

根据孟德斯鸠三权分立的观点，司法是一种国家权力，它由司法机关行使，解决并裁判社会突发事件中造成的财产纠纷或利益冲突。因此，司法审判是一项专门的活动，由司法机关和工作人员在法定职权范围之内运用法律的相关知识，对司法案件进行审判。

2. 司法审判的程序

司法审判的程序按照案件的简单复杂程度可分为普通程序和简单程序两种，本文探讨的是普通程序。普通程序的流程依次为，一是起诉，通常是书面形式起诉，通常被告、诉讼请求和缘由是必不可少的要素。二是受理，受理遵循的原则为是否符合立案条件。在法院审查下，只有符合立案条件的才会被留下。三是审理前的准备。给被告送传票，被告提出答辩状，双方交换证据，法院允许自行调解。四是开庭。分为开庭之前的准备、法庭中调查，开庭时如果原被告双方有不一致的意见，即可进行法庭辩论，最终是法官的宣判。

3. 司法审判遵从的原则

其一，独立性。司法独立在专业术语中包含两层含义：第一层是司法机关独立行使权利，不受他人干涉。这里的权利指的一般都是审判权和检察权，他人指的是人民群众、社会团体和行政机关。我国的司法独立原则实际上跟西方的相同，均为体制上的独立。第二层含义是行使权力机关的独立，即为人民法院、检察院均独立行使审判权、检察权，在行使权力时，必须遵守国家根本大法——宪法的约束和规定。其二，公正性。在公正性中，一个是实体公正，实体公正指的是用看得见的事实说话；另一个是程序公正，程序公正是从审判的各个环节入手，严格遵循法律条款，由立案、调查到审理到判决，最大限度地从每一个步骤保障当事人的合法权益。其三，权威性。权威性主要体现在以下两方面，一方面，司法应该，也必须受人敬畏，人民群众必须尊重和信任司法，也必须心生敬畏，司法权威是司法的一种内在力量，如果人民群众重视司法权威，那么这也成了建立权威的重要来源。另一方面，司法的地位应该是至高无上的。

二、网络舆情对司法审判的影响过程[1]

（一）事件曝光，个人意见扩散，热点议题出现

司法案件的发生基数就很庞大，但是大部分不足以让网民高度关注，笔者认为有以下两点：其一，与网民自身利益无关；其二，没有足够的新奇性，不能满足网友的猎奇心理，因为大多数的网民都抱有一种看热闹的心态。当案件进入网民视野时，首先引起的是小范围的思想触动，网络将这些分散的意见联系起来，在网络这个病毒性传播的环境中，分散的意见很快汇聚在一起，引发大量讨论，网络热点话题由此出现。

（二）挖掘事实，意见整合，网络舆情形成

不同社会群体和不同阶层的人对于同一个案件的判断标准也是不尽相同的，广大网民都会基于自己对事件的认识，根据自己已有的知识进行判断，而评论者会从事件各个角度出发去评，通常这些评论是根据法律专业知识和司法审判的原则评判的。以下笔者将通过"西安城管1死8伤"

---

〔1〕 王超：《网络舆情对司法审判的影响浅探》，载《行政事业资产与财务》2014年第3期。

事件来进行具体分析。2016 年 6 月 24 日，西安市公安雁塔分局官方微博发布消息："西安市雁塔区城管执法中队，在依法取缔辖区公园南路一餐饮商户违法占道经营的执法过程中，一名执法队员不幸遭受重伤，被第一时间送去医院进行抢救的时候，没能抢救过来。目前，雁塔警方已经全面开始调查，将事件造成此严重后果的嫌疑人锁定，努力寻找办案突破口。"通过官方微博报道的此事立刻从微博中扩散开来，引发舆情爆点，引起人民群众的高度关注。

根据人民网舆情监测室的数据结果，此舆情事件发生不过 5 天，"西安城管 1 死 8 伤"事件引发的舆情数据如下：

舆情事件	报道载体	报道数量	网友观点
"西安城管 1 死 8 伤"	传统报刊	40 篇	1. 批评城管暴力执法 2. 理性声音："不要让戾气蒙蔽双眼！""城管没有暴力执法，也没有权利滥用。""对于执法人员被打事件，需要国家出台相应的法律政策，一旦违法被告知还不改正的，行使处罚。"
	网络互动社区	568 篇	
	微信	632 篇	
	微博	2673 条	
	新浪话题	1662 万次阅读量	
	网易新闻客户端	43 万人讨论	

由以上实例可以看到，当涉事部门官方发布消息之后，会引起网友大量讨论与转发，通过网民在各个平台中的讨论与观点碰撞，通过媒体从事件各个角度的报道，案件事实逐渐浮出水面，网民观点逐渐规模化。规模化的网民意见从事件各个角度进行分析，进一步形成网络舆情。

（三）网络继续关注，网络舆论得到发展

网络舆情对于司法案件产生影响时，这一案件就成为了社会事件，处理好的话会成为"民间佳话"，为人民群众所称赞，也会成为榜样和典型；相反的，如果处理不好，有可能会引发社会问题，尤其是网民素质参差不齐，不排除过激行为的出现。2016 年 5 月 7 日晚，雷洋离家后身亡，根据昌平警方的描述可知，警方当天晚上去足疗店查处涉嫌嫖娼人员，雷某也算其中之一，在带回审查的途中，雷某曾进行反抗，与警察发生冲突，在去往警察局的路上，雷某出现突发情况，当警察迅速将其送往医院抢救后，雷洋因抢救无效而死亡。雷洋案一发生，引起很多网友关注。笔者认为，这个案件中的两个关注点分别是：一是雷洋的人大硕士研究生身份；二是"涉嫌嫖娼"字眼。在案件发生的那段时间内，由于主人公身份和事件的敏感性，案件持续牵动着大量网友的神经。

为了更清晰全面地分析雷洋案，笔者将雷洋案发生以及进展的重要时间节点列表如下：

时间节点	事件进展
2016. 5. 7	迎接亲属后失联，身体不适送医死亡
2016. 5. 9	昌平警方通报此事，涉嫌嫖娼被警方控制，期间雷洋两次试图逃跑
2016. 5. 10	家属要求尸检
2016. 5. 17	家属递交刑事报案书
2016. 5. 19	北京警方表示绝不护短
2016. 6. 1	对涉事五民警进行立案侦查
2016. 6. 30	公布尸检鉴定意见
2016. 11. 29	北京市检察院对邢某某、孔某、周某、张某某、孙某某等 5 人涉嫌玩忽职守案侦查终结

在雷洋案中，笔者整理了以下四个方面的网民观点：

其一，避重就轻，说辞模糊。其二，多重解读，质疑心态。其三，点赞检方，认可结果。其四，持续关注，期待公正。从雷洋案可以看出，事发之后的两个月内，雷洋案的每一个进展都牵动着网民的神经，都引发了大量的讨论。从刚开始的网友质疑案件中的几个疑点到立案时对执法机关不迁就、不隐瞒的态度点赞，再到之后对检方尸检结果的不满，网络舆情在对事件保持高度关注的同时，也发生了态度和热度方面的变化。

（四）对案件定性，网络舆情聚合，影响个案审判

从河南大学生掏鸟窝事件可以看出，网络舆情逐渐趋于理性：从刚开始网友对大学生的同情到后来知道行为严重后觉得判案合理的舆情反转，网络舆情的情绪化并没有对掏鸟窝事件的最终审判造成影响。网络舆情的积极意义是在网络舆情发展前期，越来越多的网友会对事件进行细致的分析，最后还原事件的真相；也有越来越多的网民参与辟谣，使许多网络谣言被识破，网络环境的自我净化能力确实在逐步增强。

然而，有一个事实无法改变，由于网络舆情匿名性、言论自由的特点，网络舆情的情绪化并没有得到本质上的转变，在遇到一些重大舆情事件或者自己本能反感的事件时，网民们很容易情绪化。由于网络舆情的情绪化，对个案审判会产生不可避免的影响，司法部门在严格依法履行法律程序的同时，千万不能忽略网络舆情的存在，也不能完全抑制网络舆情的出现，因为一不小心就有可能成为舆论攻击的"靶子"，使司法机关在审判时处于"秀才遇到兵，有理说不清"的尴尬境地。

三、网络舆情对司法审判产生越来越大影响的原因

（一）关注人数众多引起舆论压力，司法独立难以保证[1]

抛去法官的职业身份，在社会中，法官也是参与社会活动的普通人，所以在网络舆情爆发并且热度不减的情况下，也会给法官带来困扰。更进一步说，目前我国还需大力执行依法治国方针，在现有环境中，司法独立并不能很好地实现，司法从业人员的素质也不能达到完全依照法律进行司法活动的要求，面对外部因素的干扰，他们的定力和理性约束力不足以支撑他们做出完全客观的审判。再加上网络舆情的非理性，人们会施加压力在法官身上，认为判案不公正、不公平都是由法官主观决定的。因此，在药家鑫案件发生后，迫于网络舆情的巨大压力，法官向民众下发了调查问卷，向民众征求意见。由此可以看出，在网络舆情的压力下，法官开始考虑群众的意愿和心声。

---

〔1〕 孙鉴：《网络舆情与司法审判良性互动机制研究》，载《法制与经济》2016 年第 3 期。

（二）网络舆情与司法审判的矛盾点：倾向性与专业性

1. 网络舆情侧重于对道德理念的维护，司法审判追求程序公正、事实充分

前面已经强调过很多次，网络舆情与司法审判的评判标准不一，关注的侧重点也不一样，网络舆情侧重于维护道德理念，而司法审判追求实体公正与程序公正，正是上文中提到的司法审判遵循的原则，因此，由于评判参考标准的不一致，导致了评判的结果也不一致的情况发生。

2. 网络舆情思维方式以情理法兼顾为原则，干扰法官的理性判断

因为网络环境自带的不确定性和交互性，网民有时会通过特殊渠道了解信息然后公布于网络。例如 2016 年发生了很多娱乐圈大事件，例如王宝强离婚事件，有很多网友将王宝强上法庭的细节都爆料出来，还爆料出王宝强家庭和工作方面的信息，这种现象会使法官在调查的过程中受到干扰。类似地，杭州七十码飙车案就是一个典型。案件中有关交通肇事罪和当事人的行为受到了高度关注，网民最终对于审判的质疑和审判结果的不悦都表达得淋漓尽致。

四、网络舆情对司法审判消极影响的化解

（一）营造良好的网络舆情环境

1. 培育网络"意见领袖"

培育网络意见领袖是网络环境中一直需要执行，并且要发挥所长、大力执行的行为。可以挖掘各行各业说话有分量的人物，可以是大学生、大学教师、政府工作者、媒体工作者等，在发生舆情事件后，这些人可以积极发声，使网络中理性声音增多，从而使整个网络环境中少一些非理性言论，多一些理性的分析。

可以像电视媒体一样，培养网络舆情中的主持人和专家评论，也可以在微博热门话题、知网讨论话题和贴吧中培养言论领袖。网络舆情中的主持人一定得是能够玩转网络的人，能够熟练操作各类网络媒体，喜欢运用网络语言，有分析和推测网友心理的能力，这样才能在网络舆情事件发生时，引领网民的思想与观点，抑制网民非理性情绪的发生。

2. 学会使用多种网络舆情处理方式

第一，对恶意炒作的网络舆情冷处理。针对一些无关紧要的负面网络舆情，甚至是网络舆情的炒作，需要在严格监控事件的前提下做出正确判断，暂不做应对处理，按照舆情发展的生命周期，七天左右舆情自动消退，因此不必为了此类舆情大动干戈，而是采取不予处理的原则。

第二，稀释网络舆情的过多负面信息。当对负面网络舆情的讨论过热时，可以发动工作人员发布无关内容，把网友的兴趣点引向另一个方面，比如最受网友关注的娱乐新闻，这样能够冲淡负面消息；也可以减少信息发布，通过与媒体沟通，减少新闻报道，使网络舆情事件较少出现在大众视野。

第三，通过专家权威解释借力处理舆情。发生舆情危机事件时，可通过连线法律方面的专家对舆情事件涉及的法律专业知识进行解读，专家的权威解释能够使更多的人民群众信服。

3. 加强主流网络媒体的议程设置引导

网络新闻媒体照样可以跟传统新闻媒体一样具备议程设置功能，把网民关注的热点引导到网络媒体满意的方向，议程设置在网络中更容易实现，因为网络空间的"病毒式"传播能够将事件报道的力度放大到最大程度，因此更能够使议程设置的功能发挥到极致。

对于现在的新闻媒体，有些人认为它已经形同虚设，随着报纸和杂志的相继停刊，更是有人认为它们的存在变得毫无意义。但是，即使是这样一个时代，权威媒体的声音依旧是权威的，只要专注做新闻，还是会赢得网民的赞赏。因此大众媒体可以继续进行议程设置，只不过跟以前会略微有所不同，那就是大众媒体需要引进一些熟悉互联网运作规律、讨论话题，热爱互联网互动的人才进行专门的互联网方面的话题挖掘。

(二) 政府协同司法部门高效管理网络舆情

1. 加大政府网站建设力度，及时解决网民诉求

强调政府需要形成与网民的积极互动是为了加强政府与民众之间的沟通交流，增强网民对政府的理解、支持和信任。搭建互联网互动平台，是一种双向互动，既包括社会自下而上地反映问题，也包括政府自上而下对多样化的网络民意的整合与积极回应。在当今的网络社会，对网络舆情的

治理早已不是政府单方面行使权力，更重要的是政府与整个社会共同作用的努力结果。

2. 要合理利用法治，尊重互联网信息传播规律

政府需要有法治化的网络认知，依照既定的法律法规而非主观意愿来引导和规范网络空间网民的行为。塞缪尔·P.亨廷顿曾指出，"处于现代化之中的国家，首要的问题不是自由，而是建立一个合法的公共秩序。人当然可以有秩序而无自由，但不能有自由而无秩序。"在互联网特定发展阶段，秩序非常重要。如果将网络行为置之不理，那么网络水军、网络侵权事件就会时常发生。要解决这些问题，就需要法治发挥作用，虽然网络技术的发展和广泛运用极大促进了人们自由权利的实现，但这种自由是限定在法律规定范围之内的。

（三）促进司法机关理性、专业面对网络舆情

1. 开通多种互动渠道，促进司法机关与民众互动

第一，建立司法案件微博发布厅服务民众。大家都知道现在有政务微博发布厅，并且微博问政逐渐成为治理舆情的新途径，能够与民众充分进行互动，因此如果开通了司法案件微博发布厅，就能够利用互动性强、高效的特点，形成一问一答的对话模式，有利于与民众进行交流。

第二，建立微信公共平台。越来越多的政府机构、企业、媒体、个人开设了微信公众号。微信公众号作为信息公开的方式，也能够成为维护各单位形象的有效工具，还能抒发情感，甚至引导网络舆情。通过建立微信公众服务平台，政府可以通过微信后台关注民众反映的信息，通过微信文章的留言和对话框留言及时了解群众想什么，及时回复，有效沟通。

第三，通过手机APP确保更多民众获取信息。"舆情秘书"和"网络舆情"是目前开发出的手机APP，它们可以实现手机舆情24小时报警机制。下一步可期待实现准确显示网络转载量和网站分布、网民倾向性分析数据统计、舆情处置和研判等更加智能全面的服务。

2. 建立网络舆情预警机制[1]

预警监测及应对体系分为以下四个步骤：

第一步：发现，由司法部门发现网络舆情事件。

第二步：确定这个事情性质如何。比如有政治敏感性（关系到上级领导）、涉及利益群体、有冲突性、有对抗性。接下来是事情分级，可按事情严重程度由轻到重分为一般、较大、重大、特大。

第三步：处置舆情事件。一般等级的事件协调处理，涉及具体的部门具体负责。司法部门需要对事件写一个分析报告给上级领导，也可以给下属部门提出意见建议。删除或者引导信息可以定为由司法部门决定。需要删除的信息一般是网上影响太大，不利于社会安定和国家安全的信息。有些信息需要淡化处理，如不要让网站将此消息放置在头条或者频繁地进行报道。关于引导部分，需要下属各部门发正面报道，或者及时进行澄清回应，回应民众的质疑。

第四步：公信力修复。事件处理好坏可从以下几个方面看出：处理的结果群众是否满意，对公安和政法系统有无影响。要时刻紧密关注舆论走向，防止再炒作。应对网络舆情的关键要素是看动态发布和第一时间应对的方式是对还是错。简单来说，可用以下流程图来表示：发现→定性（特大、重大、较大、一般）→处置（删除、淡化、引导）→公信力修复。

（四）努力实现网络舆情与司法审判的平衡

1. 网络舆情中对于"乌合之众"的正确态度

在勒庞的《乌合之众》这本书中，勒庞明确指出："个人一旦融入群体，他的个性便会被湮没，群体的思想便会占据绝对的统治地位，而与此同时，群体的行为也会表现出排斥异议、极端化、情绪化及低智商化等特点，进而对社会产生破坏性的影响。"有的时候，网民就像是"乌合之众"，一方面，对于网络环境中的个人意见，即使对一件事有不同的意见要表达，但是看到网上大部分网友的呼声，自己会选择不发表意见。另一方面，在微博这样一个网民自由表达观点的平台中，看到最多的不是冷静理性而全

---

〔1〕 韦嘉燕、乐永兴：《舆情民意扩张与刑事司法审判危机应对》，载《中国刑事法杂志》2012年第12期。

面地分析问题的言论，反而是激烈的言论、情绪化的发泄，甚至还有网友间的互相攻击。一旦网上激烈的情绪蔓延，会对个体心理产生强烈的冲击和共鸣感，因此越来越多的网民加入其中，非理性的情绪逐渐在网上蔓延。

对于以上两种情况，首先网民自身要学会冷静判断，在一件事情发生时，不要去凑热闹，加入网络舆情的大旋涡中，而是可以通过亲身体会、媒体各方报道，再结合自己的知识储备进行判断，避免盲目跟风；其次，努力将现实生活跟网络环境区分开来，保持对事件认识的觉悟，因为即便随波逐流，跟网上民众一起打抱不平，或"贡献"骂声，也并不能解决任何问题，司法审判遵从法律，遵守准则，一定要清楚地认识到自己非理性的做法只会增加司法部门的判案压力，甚至歪曲事实。

2.《网络安全法》对网络舆情的新启示

《中华人民共和国网络安全法》是为保障网络安全，维护网络空间主权，维护法人的合法权益而制定的法律，由全国人民代表大会常务委员会于 2016 年 11 月 7 日发布，自 2017 年 6 月 1 日起施行。笔者之所以提到《网络安全法》，是因为该法律中的某几条法律条款对网络舆情的约束和规范性。

第 25 条规定：网络运营者应当制定网络安全事件应急预案，在发生危害网络安全的事件时，立即启动应急预案，采取相应的补救措施。网络舆情有时也存在着安全隐患，比如网络水军的出现，有可能跟网络侵入有关，一旦造成网络侵入，就有可能散布大量不实网络舆情，对某个司法案件造成不良后果，因此这一条规定是保障网络舆情安全规范的前提。第 40 条：网络运营者应当对其收集的用户信息严格保密，并建立健全用户信息保护制度。通过这一条基本的约束管理，在网络上活跃的网民的话语权受到了保护和约束。

五、结论

在"依法治国、以德治国"环境下，网络舆情作为社会公众表达民意的方式，因其所具有的多元性、突发性、交互性、偏激性等特征，能够实现网民在网络中的信息交流便捷和言论表达自由。不仅如此，网络舆情自身也存在引导与监督的功能，能够作为映射社会舆情的一种重要途径，因而可以对司法审判的过程进行监督，促进司法审判在遵循法律和参考严格程序时更加公平公正。不可避免的是，司法审判同时也遭受着网络舆情非理性、情绪化、大规模爆发的冲击与影响。在面对这些影响时，对于司法机关可以尝试从思想上和行为上做出转变。思想上不要排斥网络舆情，行为上要尝试建立网络舆情预警机制，引进专门监测网络舆情预警的人才。对于政府，既可以借鉴国外的相关法律和规定，又可以加强地方政府电子政府的建设，配合司法机关消减网络舆情的负面影响，尊重事实，遵循司法的权威性、独立性，既不要一味迁就网络舆情，又要充分认识"舆情介入司法实行是对司法实行监督的有效形式，网络舆情的介入是一种来自民众的监督，是一种体系外监督，可以发挥体系内监督所代替不了的作用"的重要性。对于网络跟媒体，有关议程设置引导，培养意见领袖，不陷入沉默的螺旋等，还是要遵循新闻传播学领域的一些理论，并利用即将要实行的《网络安全法》对网络舆情在一定程度上的规范与制度保障，进一步使二者互相促进，互相约束，促使法官在审理案件时，必须以事实为依据、以法律为准绳，做出合理合法的公正裁决，实现在对法律事实与证据认定的基础上进行的司法机关对案件的独立公正审判，实现"社会公平和正义是司法审判与网络舆情所一致追求的"的终极目标！

从隐私权性质的拓展
看新闻侵犯隐私权救济方式的变化

魏修治[*]

传统民法将隐私权归纳于人格权范畴中，并且自觉不自觉地排斥隐私权的财产权属性。在市场经济条件下，隐私权是否具有财产权的属性自不待多言，隐私权在人格权和财产权的双重属性下的利用和保护问题更是值得探讨。本文从隐私权人格权属性的流变出发，分析市场经济条件下隐私权的财产性质，并就其利用及保护问题从法律角度提出立法建议。

一、隐私权性质的拓展

论及隐私权的性质，首先要对隐私权进行一种全新的界定。学界传统观点对隐私权的界定方法是，首先明确隐私权作为基本人权的存在，明确隐私权应当属于公民所享有的宪法性权利，再对隐私权的主体、客体等具体范畴进行界定。事实上，人类历史上第一次明确地界定隐私权，也是沃伦从他女儿婚礼被记者所打扰所引发出的应当有些什么权利能够保护公民宁居的思考出发。传统观点对隐私权的界定是从维护人格尊严、保障生活宁居的利益出发，"凭空地"构造出"隐私权"这样一种权利。笔者认为，传统观点对于隐私权的界定虽有可取之处，但是也存在着根基不牢固的弊端。一方面，维护人的宁居不仅可以通过隐私权来进行，物权也

---

* 魏修治，西北政法大学新闻传播学院 2015 级硕士研究生。

可以做到（比如沃伦可以向他女儿婚礼上不请自来的记者主张物权，即妨害排除请求权），名誉权也可以做到（比如沃伦也可以婚礼上不请自来的记者对他本人以及家庭的报道导致其名誉受损为由主张名誉权）。这样一来隐私权似乎并不是维护宁居的"不二法门"。因此我们认为，可以以一种新的方式定义隐私权。众所周知的是，我们将民事权利分为人身权和财产权两大类，人身权又可分为人格权和身份权。对于人格权，我们一般又进一步将其分为精神性人格权和物质性人格权，其区分标准在于权利对物质性的人体本身是否具有直接依附性。如果某种权利（当然是在人格权的范畴内）对人身具有直接依附性，那么就属于物质性人格权，如生命权、健康权等；如果某种权利对人身不具有直接依附性，那么就属于精神性人格权，如名誉权、隐私权、姓名权等。就精神性人格权细分，又可以权利保障的客体是否公开为划分，将其区别为以名誉权为代表的公开性权利和以隐私权为代表的不公开的权利。名誉权是民事主体所享有的保护自己的名誉不被以侮辱、诽谤等方式加以丑化的权利，[1] 即保护自己的社会评价的权利，"社会评价"就是名誉权所保护的客体。人的社会评价一定是在社会交往中形成的，没有与任何人接触过的刚刚出生的婴儿尚未进行社会交往，也就不存在名誉，但是他仍享有名誉权；同样，他也享有隐私权。隐私权就是希望保护自己的隐私不被他人所获知的权利，隐私权的保护客体就是自己的隐私。而个人隐私的形成几乎排斥了他人的干涉，所以我们把隐私权作为与名誉权相对应的精神性人格权的两大基本类别。如下所示：

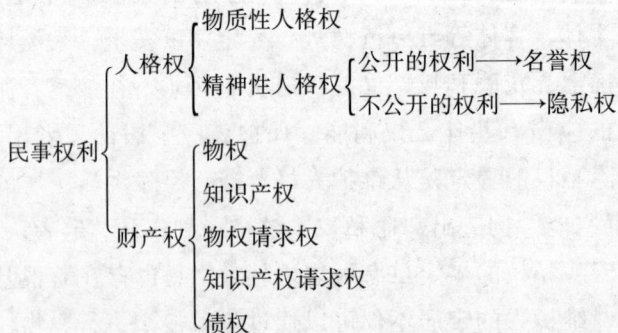

```
                      ┌ 物质性人格权
              ┌ 人格权 ┤
              │        │              ┌ 公开的权利──→名誉权
              │        └ 精神性人格权 ┤
              │                       └ 不公开的权利──→隐私权
      民事权利 ┤
              │        ┌ 物权
              │        │ 知识产权
              └ 财产权 ┤ 物权请求权
                       │ 知识产权请求权
                       └ 债权
```

----

〔1〕 魏振瀛：《民法》，北京大学出版社、高等教育出版社 2010 年版，第 631 页。

从民事权利的分类出发来界定隐私权，将隐私权规定为"保护自身隐私不被他人获知的权利"，一方面包含了传统理论从维护人格尊严、保障生活宁居出发界定隐私的观点，另一方面也使得隐私权在硕大的民事权利中找到自己的立足之地，而更加凸显其对于公民的意义和价值。

在合理界定隐私权的基础上，我们提出隐私权所保护的客体问题。有学者认为，隐私权的客体是个人信息与个人私事，[1] 也有学者把隐私权的客体分为私人信息、私人活动和私人空间。[2] 学界关于隐私权客体具体界定的观点并不统一，但都具有"隐"和"私"两种基本属性，"隐"和"私"也是隐私权的本质所在。隐，即权利人的主观意思表示，是不愿意为外界所知的意愿；私，是隐私事务的客观属性，是无关公共利益的特征。对于某件事务是否能够被确定为权利人的隐私，首先应当考虑该事务的客观属性，即是否与公共利益有涉。只有当一件事务在与公共利益无涉的前提下，同时加上权利人不欲为外界所知的主观意思表示，方能构成权利人隐私。即对于某件事务是否能够被确定为权利人隐私，应当采取主观与客观相符合的方法，即"因私而隐"。简而言之，隐私权所保护的客体就是公民的隐私本身，是公民所不欲为外界所知的与公共利益无涉的事务，具体地说包括私人事务、私人空间和私人信息。私人事务就是权利人不欲为外界所知的与公共利益无涉的个人私事，如婚恋家庭、起居生活、通信社交等。需要注意的是，即便权利人的私事违反社会公序良俗，但只要不违反法律规定，如通奸、婚外情等，行为人对权利人此类私事的宣扬仍构成对其隐私权的侵犯。私人空间包括物理上的空间和心理上的空间。物理上的空间如权利人的房屋、信件、手提包等有形物，对此类物品的侵犯当然构成对权利人隐私权的侵犯；心理上的空间是从隐私权的社交性所推导出来的概念。隐私权无疑具有重要的社交功能，每个人在与他人交往的过程中或多或少地会让渡自身的部分隐私，这种让渡部分的多少是由交往双方的关系所决定的：两个人之间关系越紧密，其相互之间知晓对方隐私的范围就越大。具体地说，交往双方的交往的内容和方式是由该特定双方之间的

---

〔1〕　张民安：《无形人格权侵权责任研究》，北京大学出版社 2012 年版，第 428 页。
〔2〕　魏永征：《新闻传播法教程》，中国人民大学出版社 2016 年版，第 147 页。

关系所决定的，如果交往双方的关系不甚紧密，而其中一方却以一种比较秘密的方式交流比较私密的内容，也是对对方隐私权的侵犯，这种侵犯就是对心理意义上的私人空间的侵犯。私人信息是个人在生产生活过程中所形成的不以人的意志为转移的资源，对私人信息的侵犯体现在公开他人私人信息、非法获取他人私人信息以及强迫他人接受信息等方面。《民法总则》第一次明文规定了对公民个人信息的保护：

"第111条，自然人的个人信息受法律保护。任何组织和个人需要获取他人个人信息的，应当依法取得并确保信息安全，不得非法收集、使用、加工、传输他人个人信息，不得非法买卖、提供或者公开他人个人信息。"

综上所述，隐私权就是权利人为维护自身不欲为外界所知的与公共利益无涉的事务的权利。隐私权在民事权利构成中属于人格权，是支配权。一方面，权利人能够支配其所享有的隐私权的权利利益，即支配权的积极权能，另一方面，权利人也有权排斥他人对其权利的侵害，即支配权的消极权能。就隐私权而言，其消极权能就是排斥他人干涉的权能，是第二性的权利。隐私权的消极权能表明隐私权无须被打扰、无须被干涉，其自身便可成立。

但是现代社会中隐私权的经济利益和价值日益被重视，隐私权改变了原先纯粹消极权利的性质。隐私权的积极权能包括保有、控制、处分和救济四项。隐私权的保有权能就是指权利人对其隐私的事实上的控制权，这是隐私权的消极权能的必然延伸，也是隐私权其他积极权能的基础。隐私权的保有权能将权利人事实上的控制转变为法律上的占有（当然要通过相关的法律）。隐私权的控制权能是指权利人有权利自行管理自己的隐私，而排除他人妨害，也就是对他人侵入其隐私的行为进行控制的权利。隐私权的处分权能是指权利人有权根据其自由意志自主地处分其隐私权的权利，也就是说权利人可以抛弃其对于其隐私的不欲为他人所知的主观意思表示，而使得他人可以知晓自己的隐私。隐私权的处分权能内在地包含权利人能够通过对其隐私权的处分而获得收益的权利，这也是隐私权能够具备财产权属性的理论基础。隐私权的救济权能是指当权利人的隐私受到或者即将受到不法侵害时有权要求公力救济，必要时可以进行私力救济，并在具有实际损害结果的情况下获得赔偿的权利。

不论是哪种界定方式，隐私权一直是被划分在人格权领域内，或多或少地在排斥其财产权的性质。如 2001 年《最高人民法院关于确定民事侵权精神损害赔偿责任若干问题的解释》（法释〔2001〕7 号）有关条文规定：

"第 1 条，……违反社会公共利益、社会公德侵害他人隐私或者其他人格利益，受害人以侵权为由向人民法院起诉请求赔偿精神损害的，人民法院应当依法予以受理。

第 8 条，因侵权致人精神损害，但未造成严重后果，受害人请求赔偿精神损害的，一般不予支持，人民法院可以根据情形判令侵权人停止侵害、恢复名誉、消除影响、赔礼道歉。……"

隐私权到底是不是财产权？或曰隐私权是否具有财产性质？其结论是肯定的。我们可以从以下四个方面理解隐私权的财产性质。

首先，隐私权本身即具有财产性因素，只不过传统民法观点有意无意地没有提及这一点。英国哲学家洛克、布莱克斯通等曾提出了一个无所不包的财产权的概念，在强调财产的排他性权利的同时认为对财产概念的充分描述还应包括更为根本的权利，即对财产的获得、使用、处分的权利。美国第四任总统詹姆斯·麦迪逊继承并发扬了洛克的理论，认为财产权有着更为广泛和公平的含义，该含义包括了一个人对其赋予价值并享有权利的任何一件东西，即一个人对自己的人身安全和自由也享有财产权。[1] 隐私权在这种广义的财产权语境下因其对权利人的价值以及权利人对其所享有的隐私权益而得具有财产性质。

其次，个人信息愈发成为一种重要的社会资源，其财产性质日益显著。世界新科技革命所不断取得的发展，推动着人类在信息社会的道路上愈行愈远，而个人信息一方面受到国家机构、商业机构和各种社会机构的觊觎，另一方面作为隐私的重要组成部分，又天然地具有不愿被公开的特性，这种巨大的信息落差使得以个人信息为代表的隐私的财产性质更加凸显。

再次，隐私权和财产之间事实上存在着一种动态的相互实现和转化的途径。以隐私权侵权过程为例，隐私权的保护和隐私权的侵犯都需要一定

---

〔1〕 向燕：《从财产到隐私——美国宪法第四修正案保护重心之变迁》，载《北大法律评论》2009 年第 1 期，第 130 页。

的成本，前者如时间或精神上的付出、购买相应的设备等；后者如设备成本、信息整合成本、信息传播成本等，对于隐私权的保护与侵入这个过程而言，本质上就是财产之间的对弈。退一步说，隐私权所保护的私生活安宁本身就是一种利益，是一种无法用具体的数字量化但是可以转化为具体的财产的利益。

最后，确认隐私权的财产性质有利于实现对被侵权人全方位的保护。现有的法律基本上将隐私权归纳为人格权范畴而排斥其财产权性质，对隐私权受到侵害后的救济也局限于精神救济，那么对于这样一个问题就没法解决：某新闻媒体以越战老兵某甲的回忆为蓝本，创作出小说披露了有关某甲在越战期间的一些负面行为并出版。这种行为根据1993年《最高人民法院关于审理名誉权案件若干问题的解答》该解答第9问第2句答语的规定：

"描写真人真事的文学作品，对特定人……披露隐私损害其名誉的；或者虽未写明真实姓名和住址，但事实是以特定人或者特定人的特定事实为描写对象，文中有……披露隐私的内容，致其名誉受到损害的，应认定为侵害他人名誉权。"

构成对某甲隐私权的侵犯（有关技术的问题在此不述），此时一般某甲只能够主张停止侵害、恢复名誉、消除影响、赔礼道歉等精神性救济，而相对于新闻媒体出版小说所获之利而言，这些精神性救济何其渺小，无法实现对被侵权人的全方位保护。笔者认为，隐私权是具有财产性质的人格权。人格权是隐私权的基础，是其本质属性，而与此同时隐私权并不当然排斥财产权的性质。

我们承认隐私权的财产性质，并不是要把隐私权归结为财产权的范畴中。隐私权的根本属性仍然是人格权，对于隐私权的保护首先应当考虑精神救济，在精神救济明显不足以抚慰被侵权人或者明显不足以惩罚侵权人时，方得考虑财产救济，而不是以财产救济代替精神救济。

二、新闻侵犯隐私权救济方式的变化

我国法一般将对隐私权的保护归结于对名誉权保护的项下，如《最高人民法院关于贯彻执行〈中华人民共和国民法通则〉若干问题的意见（试行)》（即"民通意见"）第 140 条规定：

"以书面、口头等形式宣扬他人的隐私，……造成一定影响的，应当认定为侵害公民名誉权的行为。"

这种立法技术一方面在人格权法尚不健全的情况下提高了司法效率，简化了司法程序，有利于实现对隐私权的保护；另一方面却将对隐私权的保护与对名誉权的保护混为一谈，忽视了隐私权相对于名誉权的特性。这样，从理论上来说，对隐私权新闻侵犯的救济也得援用名誉权新闻侵权的救济方法，但是这样就会出现一些矛盾的现象。

第一，对新闻侵犯名誉权的救济可以采取更正制度进行，而新闻侵犯隐私权则不可以。我国《出版管理条例》第 27 条对更正（也包括后文的答辩制度）作了规定：

"出版物的内容不真实或者不公正，致使公民、法人或者其他组织的合法权益受到侵害的，其出版单位应当公开更正，消除影响，并依法承担其他民事责任。报纸、期刊发表的作品内容不真实或者不公正，致使公民、法人或者其他组织的合法权益受到侵害的，当事人有权要求有关出版单位更正或者答辩，有关出版单位应当在其出版的报纸、期刊上予以发表；拒绝发表的，当事人可以向人民法院提起诉讼。"

更正制度是指新闻媒体对于已经刊发的作品中不准确的地方在原载新闻媒体上所作的自我纠错。新闻媒体是重要的信息中转机关，它无时无刻不在对信息作出搜集、选择、整理、复制和传播工作，新闻既要求真实性，也要求时效性。而新闻的时效性就决定了新闻媒体不可能对其经手的每一条信息进行逐一核实，这是不必要的也是不可能的；另一方面，由于新闻媒体极大的影响力和传播力，一旦其所传播的信息有差错，给新闻作品的相对人造成损害几乎也是不可避免的，但是只要新闻媒体在发现错误后及时纠正，既有可能获得被侵权人的谅解，也是新闻媒体自身负责的表现。对于隐私权新闻侵权而言，更正制度一般不适用。更正制度是针对先前发表的新闻作品中的错误而言的，是一种纠错机制。但是名誉权和隐私权的一个重要区别就是，新闻媒体所发表的错误的言论对于前者而言构成侵权，而对于后者而言并不构成侵权。相反，新闻媒体所发表的越是正确的言论，就越有可能构成隐私权侵权。所以对于新闻侵犯隐私权的救济，一般不采用更正这一方式，否则非但不会给被侵权人带来精神抚慰的效果，还有可能会对权利人造成二次伤害。

第二，对新闻侵犯名誉权的救济可以采取答辩制度进行，而新闻侵犯隐私权则不可以。答辩，是新闻报道和其他作品的相对人对于涉及自己的内容提出公开说明或异议。[1] 这种新闻媒体主动刊登或者邀请被侵权人刊登答辩文的制度设计一方面可以为被侵权人提供一个申辩的机会和场所，也可以为新闻机构在被认定为侵权后的责任承担方面占据有利位置，还能够使新闻机构在很大程度上避免讼累，在确定涉及侵权后亦可以减免自身责任。答辩也是权利人自身恢复被侵权人名誉，抚慰被侵权人精神创伤的手段。从答辩制度的设计来看，这一制度设计亦应当是针对名誉权新闻侵权而言，并不适合隐私权新闻侵权。对于隐私权新闻侵权来说，答辩制度无异于让被侵权人自揭伤口，不利于权利人人格利益的保护。对于隐私权侵权而言，应当确立符合其隐私权特定的救济方式，而不应该完全套用名誉权新闻侵权的救济方式。

考虑到隐私权的特殊性质，我们认为，对于新闻侵犯隐私权而言，可以采用道歉声明的办法对被侵权人进行救济。道歉声明，就是新闻媒体针对已经刊发的新闻作品中出现错误给被侵权人造成损害的，在下一期或者合适的刊次上所发表的给被侵权人的道歉启事。以报纸为例，发布道歉声明在效果和范围上一般应当与侵权作品一致，主要就体现在版面的位置、大小和字体等方面。侵权作品与道歉声明一般应当放置在相同或相近的版面，使用相同大小的字体，占据相同大小的版面。如果侵权作品所占据版面过大而道歉声明内容较少的，则可以根据实际版面安排适当调大道歉声明的字体，以求两者在影响效果上的平衡。就道歉声明的内容而言，应当提纲挈领、简明扼要，尤其应当避免重复给权利人隐私造成侵害的事实，以免给其带来不必要的再次伤害。同时道歉声明中不宜过多地作出解释说明，要言不烦地说明侵权并致歉即可。我们认为，道歉声明的写法可胪陈如左：

---

[1] 魏永征：《新闻传播法教程》，中国人民大学出版社 2016 年版，第 179 页。

道 歉 声 明

本报×年×月×日（星期×）第×版的《×××》构成了对××先生/女士的合法权益的侵犯，在此对××先生/女士致以最真挚的歉意。本报保证此类错误绝不再犯，希望广大读者不吝批评指正。

再次向××先生/女士表示诚挚的歉意！

×××报社编辑部
×年×月×日

道歉声明应当经过被侵权人审核同意，如果纠纷已经进入法院审理程序的，还应当经过法院同意。此外，对于具有物质载体的新闻作品而言，在法院明确了该作品的确为侵权作品以后，还可以采用收回侵权作品的物质载体的方法防止影响扩大，包括收回已经刊印但尚未销售的作品、回购正在销售的作品等。

以上对于新闻侵犯隐私权的救济方法，不论是对名誉权新闻侵权相对应的讨论，还是单独针对隐私权新闻侵权的道歉声明，都是基于传统的隐私权的人格属性而言的。传统观点坚持对隐私权（新闻）侵权采取精神抚慰为主、财产救济为辅的方法，并不承认财产救济在人格权侵权中的重要作用。我们认为，包括隐私权在内的人格权益受到侵害，对被侵权人进行财产救济也是很必要的。一方面是对被侵权人包括物质损失和精神损失在内的利益进行救济，另一方面也是对实施侵权行为的新闻媒体的惩戒。通过对我国现行法律的补正解释，我们也可以为新闻侵犯隐私权主张财产救济获得法律依据。我国《民法通则》第120条第1款规定：

"公民的姓名权、肖像权、名誉权、荣誉权受到侵害的，有权要求停止侵害，恢复名誉，消除影响，赔礼道歉，并可以要求赔偿损失。……"本条规定了公民的姓名权等具体人格权遭到侵害时，既可以主张精神性救济也可以主张财产性救济。上述法条所列举的四种具体人格权，都是精神性人格权，但并未涵盖所有的精神性人格权。若坚持文义解释，那么公民的隐私权、信用权等精神性人格权受到侵害，就不能要求停止侵害、恢复名誉、消除影响、赔礼道歉、赔偿损失了么？进一步说，这里所列举的可以主张救济的权利，是不是也应当包括物质性人格权呢？这是司法解释的一个漏洞，该法条所列举的四项权利，应当予以补正。根据该解释第117条（财产权）、118条（知识产权）、119条（生命、健康、身体权）的有关内容，我们认为，本条应当是对公民精神性人格权的保护，当然应当包括隐私权在内，法条进行的列举是举例列举，而不是穷尽列举。通过补正解释我们认为，新闻媒体对公民隐私权造成侵害的，公民既可以向其主张精神抚慰，也可以主张财产赔偿。

第一，直接的财产损失。新闻媒体应当赔偿被侵权人的因主张权利、进行诉讼所产生的一切支出，使其财产恢复到侵权行为产生前的水平。首先，被侵权人对其所主张的直接损失，应当提供相应的证据，并且经过双方的质证和法院的审核。确实与被侵权人主张权利、进行诉讼有关的，如诉讼费用、往来交通住宿费用、律师费用等，新闻媒体应当予以赔偿。其次，对于被侵权人私力救济所产生的花费，新闻媒体应当在必要和合理的范围内予以赔偿。比如新闻媒体发表了涉及被侵权人隐私的报道后，被侵权人在另一媒体上也发文声明抗议，对于这种支出，应当考虑该媒体与侵权媒体的影响范围的大小。被侵权人的私力救济所采取的新闻媒体应当与侵权媒体的影响力相当（不大于）。当然这里也是抽象地谈论这个问题，事实上很难比较新闻媒体之间实际上的影响力，而只能够大概区分中央级媒体的影响力高于地方媒体，综合性媒体的影响力高于专业性媒体等。如果被侵权人私力救济所采取的新闻媒体的影响力明显地大于侵权媒体，那么侵权媒体对于超出的部分可以不予赔偿。最后，对于新闻媒体侵犯公民隐私导致其精神不适所产生的医疗费用，应当由被侵权人自身对于精神不适和侵权行为之间的因果关系进行举证，否则应当承担举证不能的责任。

第二，间接的财产损失。隐私权新闻侵权的间接损失是指可得利益即预期收益的损失，也有观点将间接损失界定为因违约或侵权行为所造成的损害后果所产生的损失。如前所述，隐私权既具有人格属性，又具有财产属性，且这两种属性之间事实上存在着一种动态转化的途径。比如说演艺明星某甲一直以温文尔雅的形象出现在大众面前，而新闻媒体在对另一明星某乙的报道中涉及了两人的婚外情，使得某甲在公众面前的形象轰然崩塌，导致原本希望与某甲签约的广告公司放弃了与其合作的计划。以演艺明星为代表的一些公众人物，其隐私的维护与财产性利益的获得之间是存在着转化途径的，也就是说，其隐私可以成为获得利益的保障。如果新闻媒体在报道中对这类人的隐私进行不当披露，很有可能导致其预期可得利益的损失，这部分损失就是间接损失。另一方面，隐私本身也可以转化为事实上的财产。美国前国务卿康多莉扎·赖斯的回忆录《至高荣誉：我在华盛顿的岁月》详细描述了她在华盛顿任职国务卿的经历，该书出版后赖斯获得了不菲的稿费。这种将自身经历写成回忆录并出版的行为即可视为权利人对其自身隐私的处分，并且这种处分使得隐私权向财产权的方向转化。如果新闻媒体在报道中未经权利人同意擅自披露权利人隐私或者篡改权利人隐私的，构成对其隐私权利的侵犯，因此妨害权利人对其自身隐私权处分而获得收益所导致权利人间接损失的，新闻媒体应当予以赔偿。

第三，精神损害赔偿。传统观点认为："在精神损害中应坚持抚慰为主、补偿为辅的原则……应首先考虑适用停止侵害、赔礼道歉、消除影响、恢复名誉。对于侵权人侵权的行为方式不恶劣、社会影响不大、没有造成明显的精神损害后果的，一般不适用精神损害赔偿。"[1] 这种观点将对人格权侵权的救济手段限制在精神抚慰方面，并未注意到精神损害赔偿对于被侵权人救济的意义。我们认为，隐私权新闻侵权中对被侵权人进行精神损害赔偿是对被侵权人实现全方位救济的重要部分，一方面精神损害赔偿是对被侵权人的精神抚慰，另一方面也是对侵权人的惩戒，是侵权人真心悔过、希望被侵权人谅解的意思表示。因此，精神损害赔偿在隐私权新闻侵权中有其适用的必要。同时，《最高人民法院关于确定民事侵权精神损害赔偿责任若干问题的解释》也明确了隐私权受到非法侵害的，权利人有要求精神损害赔偿的权利。

"第一条，……违反社会公共利益、社会公德，侵害他人隐私或者其他人格利益，受害人以侵权为由向人民法院起诉请求赔偿精神损害的，人民法院应当依法予以受理。"

对于新闻侵犯隐私权中精神损害赔偿的数额的确定，首先，精神损害赔偿不同于对直接损失和间接损失的赔偿，后者是对被侵权人损失的弥补，

---

〔1〕 王利明、杨立新：《人格权与新闻侵权》，方正出版社 2010 年版，第 583 页。

侵权人对被侵权人的直接损失和间接损失的赔偿，适用"填平规则"，不能超过其损失额度，即被侵权人不能因对直接损失和间接损失的赔偿而获利，而精神损害赔偿则不考虑被侵权人获利与否的问题。退一步说，精神损害实际上很难用一个具体的数字进行衡量，尤其是像隐私权这种一次性公开的权利，一旦被影响力和传播力无远弗届的新闻媒体侵害后，对权利人的影响是非常深远的。

具体地说，由于精神损害难以以具体的数字表示，国外对于精神损害赔偿的数额的确定也有多种方式，如英美国家将精神损害赔偿的数额交由法官自由裁量；德国是按照医疗费用的一定比例进行；埃塞俄比亚则是法官在精神损害赔偿的最高限度下自由裁量精神损害赔偿的具体数额。[1] 笔者认为，对于新闻侵犯隐私权精神损害赔偿数额的确定，首先要考虑到被侵权人的实际损害、实际精神痛苦以及就医情况；还要考虑到新闻媒体的主观恶性和获利情况，因故意造成的侵权的赔偿数额应当高于过失；同时，还应当结合当地经济发展水平等。依笔者愚见，新闻侵犯隐私权给被侵权人带来精神痛苦的，其精神损害赔偿可以参考新闻媒体因此获利的数额；新闻媒体没有获利或者获利较低的，可以参考被侵权人的直接损失和间接损失；被侵权人的直接损失和间接损失明显过低的，可结合当地经济发展水平由法官裁量。

三、隐私权新闻侵权的立法建议

既然已经承认了隐私权既具有人格权基础上的财产权性质，也已经明确了新闻侵犯隐私权既得主张精神抚慰也得主张财产赔偿的这一特点，笔者针对隐私权新闻侵权提出了若干立法建议：

应当首先确立隐私权的概念。目前我国法对于包括隐私权在内的人格权的规定仍尚欠缺，仅《民法总则》《妇女权益保障法》等法律明确地提出了"隐私权"的概念，但是没有对其进行明确的界定；同时，对隐私权的保护仍被放在名誉权保护的项下进行；此外，对于新闻侵权（新闻侵犯隐私权）并没有作出特殊规定，只得援用一般法条。要对新闻侵犯隐私权的

---

〔1〕 王利明、杨立新：《人格权与新闻侵权》，方正出版社 2010 年版，第 185 页。

完整过程进行规范保护，首先就是要确认隐私权的内容，明确其在人格权法中的地位。

目前在我国，即便独立的包括隐私权人格权的观念和制度已基本形成，但对于人格权的保护和救济仍是通过侵权法（一般条文）来进行的。一方面，我们承认人格权法和侵权法的密切联系，另一方面，人格权法和侵权法仍属于不同的法律规范，以作为救济法的侵权法代替作为确权法的人格权法实在是本末倒置，尚未确权，何来保护？因此，为更好地对（新闻侵犯）隐私权进行保护，首先应当在民法典或者单行人格权法中确认隐私权的概念，并作出科学合理的界定。

在确权法明确了隐私权的概念后，救济法即可据此明确对权利的保护。隐私权新闻侵权有其不同于其他种侵权方式的特殊性，一方面，新闻媒体侵权因其传播速度快、覆盖范围广、传播过程中容易出现变异等特点，远比自然人之间的侵权责任要复杂；另一方面，隐私权与名誉权作为精神性人格权的两大基本范畴，其内在差异决定了两者在构成要件、归责原则和抗辩事由等方面又有不同。同时，在新媒体语境下，新闻侵权因其所处的特殊环境又有责任主体难以确定、所侵害之法益具有多样性和不定性、归责原则和救济手段难以确定等诸多问题。因此，新闻侵犯隐私权不能够单纯地适用一般条文，而应当在《侵权责任法》中明确隐私权新闻侵权的特殊性。基于人格权请求权的基本原理，笔者认为，对新闻侵犯隐私权的法律规定可采取下列思路：

第一，对新闻侵犯隐私权的界定。新闻侵犯隐私权，是指在新闻报道中，对他人无关社会公共利益的私人事务的侵犯，从而损害他人人格的行为。

第二，对新闻侵犯隐私权构成要件的明确。新闻机构侵犯公民隐私权，应当对以下事实进行确定：①新闻媒体的侵权行为；②被侵权人的损害结果；③新闻媒体的侵权行为与被侵权人的损害结果之间的因果关系；④新闻媒体的主观过错。

第三，对新闻侵犯隐私权归责原则和举证责任的确定。被侵权人对新闻媒体的侵权行为和自身损害的后果以及两者之间的因果关系承担初始的证明责任。新闻媒体如果不能证明自己没有过错的，应当承担侵权责任。

第四，对新闻侵犯隐私权的抗辩事由的规定。在新闻媒体能够举证证明下列事实的情况下，应当减免新闻媒体的责任：①新闻媒体举证证明涉及侵权的信息已经公开；②当事人事先同意；③新闻媒体是正当的舆论监督；④当事人为公众人物。

第五，对新闻侵犯隐私权救济方式的确定。被侵权人可以要求新闻媒体承担停止侵害、消除影响、恢复名誉、赔礼道歉的责任。侵权行为给被侵权人造成损失的，还可以要求新闻媒体赔偿损失。造成精神损害的，还可以要求精神损害赔偿。

第六，对新闻侵犯隐私权诉讼时效的规定。新闻侵犯隐私权的人格权请求权不适用诉讼时效。损害赔偿请求权的诉讼时效为 3 年，自权利人知道或应当知道之日起算。最长不超过 30 年。[1]

结语

隐私权的性质伴随着经济的发展和社会的进步而从传统的人格权领域逐渐具备了财产权的性质，社会经济的发展对法律的影响是巨大的，同时法律的发展相对于日新月异的社会经济的变迁而稍显滞后。提出隐私权新闻侵权既得主张人格权请求权，同时明确损害赔偿请求权，既是对被侵权人隐私权利的全方位保护，也是对侵权媒体的惩戒。同时需要指出的是，法律手段只是保护被侵权人隐私权利的多种途径之一，新闻媒体的自律、一些非讼方式的采用等都是解决新闻侵犯隐私权的途径。法律也好，自律也罢，只是工具性的存在，保护人格尊严才是最终的目的。

---

〔1〕 参考德国《民法典》第 195 条、第 197 条第 1 款第 1 项、第 199 条第 2 款，中国《民法总则》第 196 条。

媒体改革研究

供给侧改革背景下的传统媒体转型

杨伟强[*]

近年来，供给侧改革成为我国经济领域改革的重点发展方向。供给侧实质上是调整经济结构中的供给方面，重点在整个供给消费链条上的源头部分，以供给的优化直接带动产品质量与数量的提升。在新兴媒体快速发展与普及的今天，传统媒体的供给状况日益显出乏力之象，面对新兴媒体技术、资源等方面的不断冲击，传统媒体在内容生产、内容输出、内容反馈等多个供给侧结构性方面，均表现出结构性失衡的问题。因此，对供给的内容层面进行转型，对传统媒体的发展具有重要意义。在新媒体技术快速发展的媒介环境中，信息的生产和传播渠道更加多样，信息的传播也比以往更为迅速、便捷，传统媒体在坚持"内容为王"的同时，必须及时调整、改变自身的供给和传播方式。从供给侧改革的大背景出发，结合自身的特点，以必要的改革与转型来应对自身所面临的困境。

一、我国传统媒体产业供给现状

（一）媒体信息产出滞后，信息重复率高

当前以微信、微博、手机客户端为代表的"两微一端"等新媒体，凭借其信息供给的海量化、多样化、快速广泛传播等优势，

---

　*　杨伟强，西北政法大学新闻传播学院 2016 级硕士研究生。

迅速将传统媒体的众多受众变为了自己的用户，而这些用户在接收新媒体信息的同时也可以为新媒体平台提供信息，这使得传统媒体和新媒体在生产要素上有了很大不同，如彭兰教授所说：传统媒体的核心要素是内容和形式，互联网时代到来后"社交成为内容生产的动力"，移动传播时代又增加了"场景"这个要素。[1] 传统媒体信息的单方面传播方式与新兴媒体构建的双向互动式"场景化"传播方式相比，受众更乐于选择后者。传统媒体与新媒体在生产要素上的不同，决定了传统媒体生产出的信息相对于新兴媒体具有一定的滞后性。以"西安地铁电缆事件"的披露为例，此事件包含新闻价值的重大性、接近性、时新性、趣味性等要素，对于传统媒体来说是非常有价值的新闻素材，可是首先披露此消息的是天涯论坛上一名叫"烟波雨笠"的人，他称西安地铁三号线存在安全隐患，线路所用的电缆偷工减料，各项指标均不符合标准。西安地铁三号线存在安全隐患的消息爆出后，传统媒体虽也对事件跟进报道，但传播内容同质化，缺乏对事实的细致调查。而新媒体平台上传播的信息却表现出非常显著的差异化特点，不同的消息发布者从各自的角度对此事件进行披露，有的分析西安地铁电缆发生问题的原因，有的寻根溯源直接对提供商陕西奥凯电缆有限公司进行采访，还有的媒体深挖新闻细节对成都地铁也进行了调查。相比之下，传统媒体在内容供给方面严重滞后，且信息供给的重复现象明显。

（二）优质内容产出稀缺，创新能力不强

优质的内容产出，有赖于高素质的人力资源。传统媒体因为受自身人力资源管理体制的限制，人员配置与调度不灵活的问题突出。这种管理体制虽然在一定程度上保证了传统媒体机构内部的稳定运转，但却不能保证传统媒体的人力资源始终处于最优模式，进而也会导致其在内容生产和内容创新方面，滞后于新媒体。

从内容生产上看，一些传统媒体在新闻报道方面还是以报道会议类新闻、政府政绩类新闻为主，轻视其他类型的社会新闻。而在传统媒体的会议报道中，常常只报道会议流程，较少挖掘所报道的会议议题与对社会民生的意义。这与受众想要接收更多与自身利益相关的信息的需求相悖，没

---

[1]　彭兰:《场景:移动时代媒体的新要素》，载《新闻记者》2015 年第 3 期。

有真正做到为受众服务；同时，不同的传统媒体都聚焦会议，也导致了内容生产同质化严重，缺乏创新能力。以电视为例，伴随着媒介融合的推进和制播分离的推行，电视节目虽然在内容创新和质量方面取得了一定进步，但也暴露了诸多问题。诸如优质节目缺乏、粗制滥造横行、节目之间同质化严重、缺乏原创性、盲目引进外国内容产品、本土化创作匮乏等。一些电视节目，只是模仿已经取得了高收视的成功节目样式，节目内容却乏善可陈，其结果只能是内容供给的重复和创新能力的下降。这些都是传统媒体不能生产出更多优质内容、创新能力不足的表现。

（三）信息供给模式错位，反馈效果不足

供给侧改革较为重要的一点是强调结构性生产中各要素效能的发挥与合理配置，这也就意味着信息的传播需要最优的供给模式支持；同时将信息供给、信息内容本身、信息传输渠道以及信息的反馈变成一个有机整体，以达到信息供给模式的最优化。然而，传统媒体在这方面存在的问题集中表现在传统媒体的信息供给模式无法满足大量出现的新需求上。

目前，报纸、广播、电视等传统媒体的信息供给模式仍以单向度提供给受众信息的供给模式为主，并没有真正做到以受众为中心、受传之间的良性互动。所谓报纸写什么，广播电视播什么，受众就被动地接收什么，传者和受众之间几乎很难进行互动。即便部分传统媒体进行渠道扩展，开设了自己的门户网站或者微博、微信等网络客户端，但由于传统媒体管理模式的固化与人力资源管理的滞后，受众反馈的内容也不会被立刻采纳，反馈机制很难发挥其应有的作用，致使传统媒体很难摆脱以传者为中心的供给模式，无法适应当今受众对信息传播广泛而多样化的需求。

二、传统媒体供给结构性失衡原因

（一）传统媒体自身产业性结构矛盾

事物的发展本身存在内部和外部两个层面的制约因素，而传统媒体供给结构性失衡归根结底还是自身产业型结构内部存在的矛盾造成的。传统媒体面对的最大的挑战未必是新兴媒体，而是自身产业结构内部的矛盾。

第一，我国传媒机构具有双重性质，属于"事业性质、企业管理"，传统媒体虽然在经济上按照社会主义市场经济的规则运行，自主经营，自负盈亏。但是在行政上仍然需要恪守党性原则。一句话总结就是媒介分级化，媒体条块化。而这也导致我国传统媒体数量过多并且高度分散。从中央级别的媒体，纵向延伸至县级媒体。机构的庞大必然导致传统媒体的产能过剩。所以传统媒体的内容供给必然不是稀缺物，与新兴媒体相比生产出的内容没有议价能力。

第二，生产内容的传统媒体在我国行政体制内部，不能作为公司或者企业进入市场，所以缺少兼并收购或重组等自主权，这在某种意义上对我国传统媒体经济链条起到了部分保护作用。但是没有竞争，规模自然不能扩大。这对于传统媒体的从业者而言，难以调动起他们的积极性，同样也会失去企业迅速扩大发展的良机。反观美国的情况，许多报纸的纸质版虽然已经不再出版，但是报社却鼓励传统媒体人员进行内容的生产，凭借优质的内容倒逼新兴产业主动与其进行媒介融合。当下我国传统媒体的改革难就难在缺乏优质内容，同时不能进行资本的整体融合，使得企业发展成为难题。

第三，由于传统媒体人力资源管理本身也存在诸多问题，使得传统媒体内部人才大量外流。我国传统媒体的人力资源管理部门管理理念落后，缺乏合理有效的人才流动机制，对员工的绩效考核也没有十分明确的标准，因此导致有的媒体人力资源达不到最为合理的配置。在业绩不断下滑的传统媒体中，部分业界精英选择转战新媒体。在传统媒体没有达成的职业抱负在新媒体那里却可以完全实现。这也说明解决传统媒体自身产业结构性矛盾的紧迫性。

（二）新兴媒体对信息传播环境的改变

麦克卢汉的媒介即信息理论认为，人类有了某种媒介后才能从事与之有关的传播或其他活动，每种新媒介的出现都会开创社会行为的新方式，媒介是社会发展的基本动力，会改变周遭的环境。这表明新兴媒体的产生不但对传播渠道产生影响，更是对整个媒介生态产生了较大的影响。新媒体革新甚至颠覆了人们对媒体、传播、受众等概念的传统定义，改变了既有的传播平台、工作流程、成果形态、评判标准，乃至思维方式和营利模式。[1]

第一，新媒体生产内容的方式完全打破了传统媒体固有的生产方式。从原有的专业人员生产模式转变为大众生产模式。新媒体内容生产的客体已经不仅仅局限于原先单一的传播者，而是转化为内容生产、传递、反馈为一体的媒体用户。相较于传统媒体记者和采编人员的单打独斗，新媒体在内容采集的过程中更好地做到了内容供给的个性化。每个人几乎都可以便捷地在新媒体平台上找到自己需要的信息。

第二，在新的媒介生产环境之下，新媒体使得内容的传播方式也发生了较大的变化。传统媒体受版面或播出时间的影响，内容传输受到了极大的限制。而新兴媒体凭借其自主平台使得内容可以打破原有版面或播出时间的限制，海量化的内容可以在新媒体平台上展现。以今日头条客户端为例，其内容源头主要来源于各大传统媒体的门户网站，通过手机移动端对其用户每日进行推送，再通过大数据技术，抓取用户信息使用频率，最终完成内容推荐。这使得今日头条清晰地知道每个用户的信息偏好，并对其输出海量化的信息，从而达到牢牢抓住每个用户的目的。

第三，新媒体营利方式的革新也反作用于信息传播环境。新媒体起初并非完全单纯售卖内容，而是以技术作为自身出发点，靠技术抓取传统媒体的内容。但在形成规模之后，新媒体逐渐形成自身内容供给的产业链。而这条产业链的形成方式虽脱胎于传统媒体，但和传统媒体完全不同。传统媒体主要是靠二次售卖内容的方式营利。而新媒体则牢牢依靠电商平台，将自身进行全方位的广告投放。以微博为例，微博主要的营利模式包括关联广告，实时搜索，捆绑销售，购买会员，流量套现，旗下其他周边产品营利等多种方式。这些方式完全和传统媒体的营利方式不同，而获得更多的盈利。这些盈利部分又可以反补其内容生产，达到良性循环。

---

[1]　王媛、吴金明：《新媒体时代都市报如何做好"供给侧改革"》，载《新闻知识》2016 年第 4 期。

三、传统媒体供给侧改革的"四则运算"

（一）加法：加快传统媒体媒介融合之路

由美国马萨诸塞州理工大学浦尔教授提出的媒介融合概念，演变至今，在我国更多的是指在网络、数字化技术等的基础之上，传统媒体和新媒体之间在内容生产，媒介运营上的一体化发展。我国的媒介融合经过几年的发展虽然有一定的成效，但是想要真正完成对传统媒体供给侧结构性失衡的变革，还需要从包括媒介所有权、媒介从业人员、媒介信息源、机构设置等多个要素层面进行合理融合。

第一，破除传统媒体人心理枷锁，使得媒介融合向更深层次迈进。媒介融合对于每个媒体人而言都不陌生，可是经过了一段时间的探索，传统媒体的媒介融合状况却不是十分理想。这和我国传统媒介从业者的创新能力有一定关系。部分传统媒体认为只要给其子报集团开设门户网站，或者在手机移动端开设相关 APP 就算是做到了媒介融合。这种观念其实是传统媒体创新理念不强的结果。传统媒体从业者要真正进行媒介融合，就不能理解为只是对内容的"搬迁"，而要真正树立跨媒体思维，努力对传统媒体内部运行机制进行改革，避免仅仅在表面的融合。

第二，从内容渠道、体制改革、技术更新进行"三位一体"式媒介融合。其一，在内容渠道方面，国内传统媒体的媒介融合大多还都是依托其他自媒体进行内容传播。这种方式无形间使得消息传播多出一道环节，不利于自身对舆论全方位、全天候的跟进报道。要想真正做到媒介融合，传统媒体必须拥有自身的新媒体内容渠道。其二，当前传统媒体的体制供给结构繁冗，需要对现有的采编队伍和新媒体人员配置整合，使两者在内容生产方面真正做到资源配置一体化。其三，新时代背景下科技日新月异，传统媒体应该抛弃原有的陈旧工作方式，将先进科技真正融入内容的供给流程之中，以技术作为驱动，积极在大数据、移动直播、H5、云数据、VR等新兴技术上有所作为，并将其大量运用于内容传播中。

第三，吸取之前媒介融合的失败案例，谨防陷入科技怪圈。近年来，很多媒体引进了多种技术来壮大发展新媒体。但是片面追求技术上的优势，也会限制内容传播的创新，陷入技术的泥潭中不能自拔。传统媒体在与新技术结合时，一定要全面了解具体技术的特点，不能不顾自身媒体特点，盲目进行媒介融合。

（二）减法：坚持内容为本供给，优胜劣汰

所谓供给侧结构改革就是要从供给端出发优化配置资源，在经济领域表现为"去库存""优化供给"。在新的媒介生态环境下传统媒体坚持"内容为王"的原则发展自身，就需要从内容层面考虑媒体供给问题。对于内容的生产进行严格把关，将粗制滥造、制作不精良的内容进行整合，优胜劣汰。从传统媒体的供给源头出发，进行改革。

第一，传统媒体的从业人员首先应该有良好的职业认知，明确自身新闻记者的定位，以新闻专业主义理念为依据，在生产内容时明晰两个问题：谁握着媒体记者的笔杆；记者写出来的东西是要给谁看的。在搜集内容阶段，需要做更加充分的准备工作，确保采访的信息来源可信度，设备的正常使用，采访提纲的科学性，做到信息采集的充分全面。

第二，在内容生产方面，应该尽量突出自身特色，形成相应的媒体内容产业链。以优质内容带动传统媒体发展。对于一家媒体而言，受众也许会因为其具有某种特色，而对该媒体产生独特的偏爱。如河南卫视以戏曲节目为先导，主打节目《梨园春》，舍弃了原有的几档收视率不佳的综艺节目。这一举措在全国卫视频道中独树一帜，赢得了多数中老年人的喜爱。而目前中老年群体恰好又是观看电视的主力军，河南卫视的这一举措显然考虑的是坚持内容为先，将内容进行整合，优胜劣汰。

第三，以内容为本，还应考虑供给与需求的平衡问题。传统媒体在制作内容时，不但要与新兴媒体进行产业融合，报纸、广播、电视还应互相学习先进经验，以开放的心态广泛学习专业知识与经验。此外，还要具有良好的政治素质，关注党和政府的最新动向，创新会议新闻的报道方法和手段，而不是简单的会议介绍。最后还要注意聆听受众的意见，真正使得供给的内容满足受众的需求。

（三）乘法：拓宽传统媒体供给传播渠道

随着科技发展的日新月异，传统的媒体内容渠道显然不能适应当前多维度的媒体传播渠道。传统媒体要想完成对供给内容的完全输出，就要创新输出渠道。依托新科技开发更多的内容传输渠道，让内容以更为快速和便利的方式传输，最终到达用户端。

第一，传统媒体首先要做的就是维护自身原有的受众市场。与新媒体相比，传统媒体在受众心中的口碑更好。且传统媒体拥有新媒体无法比拟的专业化采编团队和更为专业的新闻理念。这些特点都使得传统媒体可以凭借其纪实新闻、大型新闻纪录片、长篇报道等深度报道取得优势。在美国，纸媒会利用自身优势，创办属于自己社区内部的报纸，只要缴纳很少的钱，就可以看到社区内部的社区报。每周有74%的成人阅读社区报，高达94%的读者花钱买报。社区报在美国人的生活中具有不可替代的作用。[1]

第二，在媒体传播渠道日益丰富的今天，传统媒体在坚守自己的传播渠道的同时还应顺应历史潮流，寻找新的传播渠道，为内容的快速全面传播提供渠道的支持。如湖南卫视依托原有频道资源，将节目内容投放至互联网平台芒果TV上，将其频道内正在播出的电视剧、综艺等内容与网端实现统一，还研发了如《超女学院》等热播电视剧、综艺的衍生节目。但是这些节目的首播权还在传统电视端，使得想要观看首播的观众不得不回归传统电视。这种方式在保持传统电视媒体持续发展的同时，带动了内容的广泛传播，还使新媒体用户回归传统媒体，拓宽了传统媒体的内容渠道。

（四）除法：优化传统媒体人力资源模式

随着我国"互联网＋"思维的深入发展，传统媒体的人力资源管理方式已经不能完全适应当今社会的媒介发展现状。同时因为传统媒体人力资源管理模式的落后，也使得其暴露出一些难以回避的问题。而这些问题又直接关系到传统媒体的新闻供给，要想对传统媒体进行结构性供给侧改革，解决人力资源模式问题是破题之要。

第一，需要变更当前传统媒体员工的永久聘任制为工作任期制。美国学者霍夫兰提出的人才任期联盟制度可以更好地运用于当前新型的媒介生态环境中。这种新型的工作制度是一种本着相互信任、相互支持、相互投资为前提的新型人力资源关系。这种人力资源关系一般来说需要经历三个阶段，即轮转期、成长期、成熟期。轮转期指的是普通应聘者经过社会性

---

〔1〕 王梓宁：《从供给侧结构改革浅析纸媒转型发展》，载《中国报业》2017年第3期。

质的考试，进入企业内部，这时工作内容为可替换的基础性岗位。经过轮转期后，员工对公司所有的部门均有所了解，与所在企业签订协定后，进入到自己最为擅长的一个部门，这时达到其工作的成长期。最后一个阶段因其在工作岗位上已经熟练，与本公司双边目标也会达成较为一致的想法，所以这时员工处于工作的稳定时期。他所需要的工作是与公司协商完成一个让双方均有收益的任期计划。任期一般为三到五年。每完成一个任期，员工都可以和公司决定是否需要进入下一个任期。

第二，除了破解任期难题外，传统媒体还应对其内部的人力资源管理模式融入跨界思维。对于人力资源管理者而言，除了过去学习的心理学、社会学、管理学等知识外，还应在当今瞬息万变的环境下引入互联网思维、战略思维、媒体经济思维等多种思维方式。与其说传统媒体的人力资源部门使得内容的生产者的重点发生变化，不如说是传统媒体的人力资源本身就要发生许多新的变化，而融入跨界思维就是其中重要的一个方面。

结语

面对新媒体对传统媒体的冲击与媒介生态环境的变迁，我国传统媒体要想走出困境，应进行供给侧结构性改革。传统媒体供给侧改革的目的一方面是让内容供给从根源上得到优化，另一方面是促成内容本身优胜劣汰。

在众声嘈杂的时代，受众因为找不到可用的内容信息，很容易迷失在资讯的海洋中，无法自拔。优质的内容是受众的刚需，这也决定了媒体的传播力、影响力和公信力。所以进行供给侧结构性改革是传统媒体的必由之路。推动传统媒体自己改革的只能是媒体本身，必须要总结之前媒介融合失败的教训，走出科技的漩涡，将媒介融合引向更为科学的方向。同时应该继续坚持"内容为王"，对内容优胜劣汰，不断拓宽优秀内容的传输渠道。最后从传统媒体本身的层面出发，对媒体内部的人力资源管理模式进行改革，以此推动传统媒体行业成功转型发展。

媒介文化研究

丧文化：青年群体的话语转向研究

吕清远*

不知从何时起，一向积极乐观的青年人开始变得"颓废"起来，他们不再信守"越努力，越幸运"的成功，而是青睐"不努力一定很轻松"的安逸，每天"漫无目的"地活着，"什么都不想干"，直言自己"差不多是个废人了"。这些在青年群体之间快速流传的话语表达被人们称作丧文化，它一改往日的朝气蓬勃与健康向上，以一种"急刹车"式的话语转向扭转了人们对于青年群体的认知，开始变得"消极颓废"和"不求上进"，曾经意气风发的"青年才俊"变成了铩羽而归的"败军之将"，那些执着追求的人生理想也开始走向"夭折"和"流产"，这种流露着颓废与堕落的消极话语越来越引起人们的关注。美国社会学家乔纳森·特纳在《人类情感》中揭示了人类情感的动力学机制，认为人类是地球上最具情感色彩的社会动物，人类的行为模式、人际互动和社会变革背后都会受到情感的力量驱动。[1] 在乔纳森·特纳看来，人类的情感可以分为正性情感和负性情感，如果人们的正性情感被唤醒，就会对现实实践中的言说对象给予奖励性支持，认同其文化表征的合法性与社会意义；如果人们的负性情感被唤醒，则会对现实世界中的言说对象给予惩罚，消解其在文化世界中的合法性与价值资产[1]。丧文化本身就是负性情感能量的集中表达，背后折射的是青年群体对于自身现实的不满、悲观和无奈，不利于青年群体树立积极的人生观和世界观。丧文化长期而大量的话语实践必然会对青年群体产生消极的社会影响，亟待我们对青年群体话语背后的社会心理进行深刻地洞察，探究丧文化大行其道的精神实质，这样才能帮助青年群体摆脱"消极颓废"的阴影，更好地引导青年群体实现自己的人生价值。总之，丧文化是内生于青年群体的话语实践，他们用饱含负性情感能量的话语体系来表征现实世界中的社会意义，重构和发展青年群体自身对于这个世界的认知、情感和态度[2]。

一、话语实践：丧文化的文化形态考察

（一）话语主体：青年群体是丧文化建构的主力军

米歇尔·福柯认为，每一种话语都是特定群体信仰的联结，话语持有者必须具备相应的主体资格和使用规范才能进入到话语应用的圈子中[3]。丧文化不是青年人的独创，也不是当今社会才有，却得益于当下年轻人共享的网络时代精神。他们面对生活上的挫折和工作上的失意并没有选择回避，而是勇敢地说出自己的心声，用一种"自黑"式的黑色幽默来嘲讽自己，进而审视自己的现在和激励未来的自己。这种"声东击西"式的颓废话语只有丧文化话语圈子内部的人才能领会，话语圈子外部的人则很难理解这种怪诞的话语表达，这些自嘲式的黑色幽默往往被外界解读为自甘堕落和消极颓废，毫无积极的社会意义和价值可言。通过对丧文化的话语主体进行考察发现，在丧文化密集出现的微博、微信、弹幕视频、二次元网站等客户端的活跃用户多是 18—25 岁年龄段的青年群体，他们往往被打上"90 后"的标签；此外，据中国互联网发展状况的报告统计，10—29 岁年龄段网民数量占整体网民的 50.5%，这也说明了青年群体是丧文化建构的

---

〔1〕 见乔纳森·H. 特纳：《人类情感》，孙俊才、文军译，东方出版社 2009 年版，第 72—76 页。

〔2〕 ［美］克利福德·格尔茨：《文化的解释》，韩莉译，译林出版社 1999 年版，第 1 页。

〔3〕 许宝强、袁伟编选：《语言与翻译的政治》，中央编译出版社 2001 年版，第 1—5 页。

主力军[1]。青年群体之所以能够根据自己的意志建构与主流文化相悖的丧文化，主要得益于积极拥抱新媒体而获得的技术赋权和充分展现消费能力而获得的商业支持，这两大因素为青年群体的丧文化建构获得了更多的话语权。青年群体是信息社会的原住民，他们因为积极拥抱新媒体而在网络社区互动、信息共享和意见表达中拥有了更多的话语权，喜欢按照自己的思维方式能动地理解现实世界，积极地表达自己对于特定社会事件的看法和态度，最终把这种讽刺性的黑色幽默发展成为一种话语体系。另外，相较于勤俭节约的老一辈，当下的年轻人拥有更加殷实的经济基础和更加前卫的消费能力，深受商家和营销机构的青睐，纷纷将自己的品牌向青年群体热衷的丧文化靠拢，江小白、网易云音乐、新希望酸奶等品牌的"丧文案"为青年群体的丧文化传播提供了意识形态支持，促使更多的年轻消费者参与到丧文化的"意志狂欢"中去。

（二）话语空间：网络空间是丧文化得以传播的公共语境

美国跨文化研究学者爱德华·霍尔在《超越文化》中论述了语境中的意义解读模式，认为语境是意义生成的特定场域，是符号编码者与解码者共同解读文本内涵的意义通道，语境的存在为人们从符号文本中获取意义提供了选择性屏障[2]。丧文化的话语表达虽然渗透着颓废与堕落的消极意志，但是它的本意并非如此，话语主体只是通过这种嘲讽式的黑色幽默来警醒和鞭策自己，背后凸显的是青年群体想要做好自己的主体意识。显然，丧文化话语中的价值观判断与社会主流的意识形态格格不入，也不符合青年群体在社会生活中形塑自我的理想人格，只有在自由、开放和包容的网络空间中才能彰显丧文化的话语效力，具有假定性的网络语境让青年群体更准确地读出丧文化想要表达的社会意义。欧文·戈夫曼在《日常生活中的自我呈现》中对人们的印象管理进行了剖析，用"拟剧论"把人们日常生活中的社会情境分为前台和后台两个区域，认为人们会通过不同的情境

---

〔1〕 以上数据引自中国互联网络信息中心 CNNIC 发布的第 39 次《中国互联网发展状况统计报告》，载 http：//www.cnnic.cn/hlwfzyj/hlwxzbg/，访问时间：2017 年 7 月 15 日。

〔2〕 ［美］爱德华·霍尔：《超越文化》，何道宽译，北京大学出版社 2010 年版，第 77—84 页。

定义采取不同的区域行为〔1〕。当人们处在有他人在场的前台区域时，他们的行为会受到社会文化的支配，按照社会规约积极建构自己的理想人格；当人们处在没有他人在场的后台区域时，他们的社会化自我就会式微，人性化自我迅速膨胀，内心当中的原初意志和本能行为也会大胆地"流露"出来〔2〕。以微博为代表的网络空间是丧文化滋生的发源地，这里没有熟人在场，没有社会结构的约束，也没有面对面接触的尴尬，成为个人"畅所欲言"的后台区域。处在网络空间这个后台区域的青年群体，会暂时忘掉社会文化对他们的角色期待与形塑，充分释放自己内心当中的消极情绪，大胆表达自己在社会生活中遭遇的挫折与失意，用"我丧气地活着""漫无目的地颓废""感觉身体被掏空""躺尸到死亡""颓废到忧伤"等话语表达自己的悲伤与不满。流行于网络空间的"葛优瘫"是丧文化的典型代表，这张充满"颓废意志"的照片在微博一经晒出，迅速引起了广大网友的情感共鸣与纷纷效仿，"葛优瘫"的图片、表情包和广告宣传图出现在各大社交媒体中，丧文化也开始作为一种流行的意识形态出现在网络空间中。总之，开放包容的网络空间为丧文化的建构提供了参与通道，多元假定的媒介场域为丧文化的共享创造了公共语境。

（三）话语形塑：丧文化话语建构的规则系统

福柯在法兰西学院的就职演讲中论述了话语的秩序，认为话语不是基于语义结构的符号表达，而是系统地塑造言说对象的社会实践，自身属于规则系统，拥有一套限制话语秩序的排斥机制〔3〕。丧文化看起来是青年群体对自身悲观情绪的幽默宣泄，其实话语本身也属于规则系统，话语表达背后也存在着一套控制话语形成的排斥机制，它决定了丧文化以何种形式出现在人们的话语体系中。通过对丧文化的文案、图片、表情包、歌曲、影像等文本进行分析，可以将丧文化的话语系统概括为消极性、讽刺性和主体性三大特征，他们共同形塑了丧文化的话语陈述和符号表征。

---

〔1〕 ［美］欧文·戈夫曼：《日常生活中的自我呈现》，冯钢译，北京大学出版社 2008 年版，第 19—25 页。

〔2〕 ［美］欧文·戈夫曼：《日常生活中的自我呈现》，冯钢译，北京大学出版社 2008 年版，第 93—99 页。

〔3〕 许宝强、袁伟选编：《语言与翻译的政治》，中央编译出版社 2001 年版，第 1—5 页。

第一，丧文化的话语陈述本身就是"沮丧"的，反映的是一种消极颓废的处世态度。例如，"我就是个废物""其实并不怎么想活""有时候你不努力一下，不知道什么叫绝望""什么都不想干"等话语表达了青年群体的悲观、失望与无奈，折射出青年群体内心积压的负性情感能量，需要通过这种"堕落"的话语表达来疏解。

第二，丧文化的话语风格是具有讽刺意味的，看似失落无奈的话语陈述实则是对言说对象的反讽与嘲弄。例如，"我差不多是个废人了"是对理想的嘲讽，"你以为他是不会表达，其实他就是不爱你"是对爱情的嘲讽，"你学画画的，免费给我设计个 logo（标志）吧，对不起咱俩不熟"是对人际关系的嘲讽，"现在银行卡密码都不想设了，用六位数去保护个位数的存款，想想都心累"是对工资收入的嘲讽，可见，青年群体通过这种"自黑"式的话语陈述来表达自身对现实处境的不满，重新审视自己与理想自我、人际关系和现实世界的社会关系，在砥砺自我中寻求自身与外在世界的平衡关系。

第三，丧文化的话语表达是青年群体主体意识的觉醒，消极颓废的反讽话语是青年群体对自身生命价值的反省。罗兰·巴特在《神话修辞术》中将符号的意指系统分为直接意指和含蓄意指两个层面：直接意指指向符号的文本意义，它是事物在现实世界中约定俗成的原意；含蓄意指指向文本之外的意义世界，它是事物在意义世界中被赋予的隐喻和象征，具有意识形态的功能[1]。丧文化中的"我几乎是个废人了""颓废到忧伤""躺尸到死亡""感觉身体被掏空"等话语表面上是在诉说自己的悲观与无奈，实际上则是对自身主体地位的觉醒与审视，折射了青年群体想要实现自身价值和人生理想的社会抱负。总之，丧文化的话语表达并不是"漫无目的的忧伤"，而是深受消极性、讽刺性和主体性规则的制约，丧文化的每一句话语陈述都是话语系统的作用产物。

---

〔1〕［法］罗兰·巴特：《神话修辞术》，屠友祥译，上海人民出版社 2016 年版，第 14—17 页。

二、社会心理：丧文化的精神实质探究

（一）认识自我：社会结构视域下的自我认知

"颓废到忧伤"的"葛优瘫"，致郁系代表作《马男波杰克》，集颓废、悲伤、失败于一体的 Pepe 蛙，一条心塞的咸鱼，一脸生无可恋的拖延症患者懒蛋蛋，这些饱含负性情感能量的丧文化之所以能够迅速俘获年轻人的心，并不是因为他们"躺尸到死亡"的慵懒生活方式，而是因为他们悲催的自身命运仿佛让年轻人看到了当下的自己，每天"漫无目的"地活着，努力的付出赶不上梦想的脚步，自身的价值得不到"应有"的体现。

维克多·特纳在《仪式过程：结构与反结构》中诠释了人生的两种存在形态，一种是既定的社会结构，另一种是处于中介状态的共同体，人们需要通过交融的中介过程才能从共同体过渡到社会结构当中去[1]。建构丧文化的社会主体多是 90 后的年轻群体，他们多是在校的学生和初入职场的工作者，正处于青年共同体这个中介状态，现实社会的压力和磨炼还没有将他们的本能意志完全驯化，社会结构中的圈层文化还没有完全形塑他们的社会化自我，所以他们在经历了生活和工作带来的"阵痛"后难免会产生悲观的失落情绪，对自身赖以生存的社会环境进行否定和质疑。我国学者赵斌认为，社会中的个体必然会受到现存的社会结构的制约，个人的主观能动性必须在社会结构的范式下发挥作用，每个人都很难摆脱自身与社会之间的二元对立关系，更不能超越主观愿景与社会结构之间的现实鸿沟[2]。一方面，青年群体是有理想、有抱负、有朝气的一代人，他们每天都被那些"鸡汤"式的年轻话语形塑着，"越努力越幸运"的成功、"说走就走"的旅行、"一言不合就壁咚"的爱情、"时尚休闲"的生活、"张扬自我"的个性，都会对青年群体的理想自我产生形塑影响，难免会使他们对自我的评价产生过高的期待。另一方面，青年群体又是刚刚步入社会的"初学者"，缺乏游刃于社会结构中的社会经验、人际关系和话语权力，自身的能

---

〔1〕［美］维克多·特纳：《仪式过程：结构与反结构》，黄剑波、柳博赟译，中国人民大学出版社 2006 年版，第 132—134 页。

〔2〕赵斌：《社会分析与符号解读：看晚期资本主义社会中的大众文化》，载《光明日报》2001 年 12 月 13 日，第 2 版。

力和价值不能全面地在社会生活中得到体现。所以，认识到理想自我与现实自我之间的差距，青年群体就会重新审视个人的主观能动性与客观的社会结构之间的关系，反思个人的价值追求是否与社会的运行发展相匹配，追问心中美好的爱情是否与伴侣的性格相适应，思考理想的生活方式是否与现实的收入水平相一致，等等。如果不能正确处理个人主观能动性与社会结构之间的社会关系，这些反思就会让青年群体产生自我服务式的社会归因，将这些不满、失落与无助转嫁到客观的社会现实中，认同马男波杰克的"生活本身太沉重了，看得太透彻未必就有光明的未来，还不如丧一会儿继续滚去上班"，直面"如果一个人秒回了你，也只能说明这个人在玩手机"的人际关系，鼓吹"我丧气地活着，就是不死"的人生，在网红青蛙 Pepe、有四肢的咸鱼、懒蛋蛋等丧文化中找到情感共鸣。总之，青年群体在经历了初入社会的失意与迷茫之后，会在社会结构中更加客观地看清自己，对自身的社会价值和人生理想有一个更加理性的评价。

（二）印象管理：基于自我防御心理的幽默嘲讽

理想自我与现实自我之间的社会差距让青年群体看清了客观存在的现实，自身的现实处境难以满足社会对于青年群体的角色期待。青年群体既想要在生活中树立一个聪明能干、风华正茂和事业有成的社会形象，又无力扭转青年群体在社会结构中的现实地位，只能从最基础的工作开始做起，个人的主观意志只能暂时委身于公司的规则和章程。主体精神难以凸显的青年群体容易在内心当中出现焦躁和不满的紧张情绪，害怕受到来自他人的质疑和误解，会对社会中的自我印象进行防御性的管理。在弗洛伊德看来，心理防御机制是为减轻和克服本我与自我的冲突所带来的挫折、焦虑、紧张情绪而采取的一种防御手段，借以减轻外界影响所导致的精神焦虑和压力，通过心理调节来保护自我[1]。丧文化就是青年群体借以保护自我的防御手段，他们用这种嘲讽式的黑色幽默来缓解理想自我与现实自我之间的社会差距，减轻和释放积压在内心当中的焦虑情绪，调节自身与外界环

---

[1] 郑林科、王建利：《大学生自我防御机制对心理危机的调节效应预测研究——基于西安石油大学 2002～2009 级学生心理普查实证分析》，载《西安石油大学学报（社会科学版）》2011 年第 1 期。

境之间的社会关系，进而更好地投身于当下的工作和生活中。通过对丧文化的话语文本进行分析，可以发现丧文化中蕴含着自我否定、外界投射和直面现实三种心理防御机制[1]。自我否定是把导致青年群体焦虑的理想自我进行彻底的否定，不再认可理想自我在现实世界中的社会意义，只剩下"行尸走肉"的现实自我，所以他们会发出"我差不多是个废人了""躺尸到死亡""感觉身体被掏空""其实并不是很想活"等看似颓废的感叹，借以防御自己免受外界的质疑和嘲笑。自我否定是青年群体经常采用的心理防御机制，因为话语主体已经把自身的社会意义加以否定了，所以他人也就不好再横加指责，可以有效避免来自周围其他人的情感冲击。外界投射是把造成青年群体自身失意的原因归结于外在的社会环境中，将人们"口诛笔伐"的对象转移到自身之外的事物上，进而保护自己的努力和心智不被伤害。"条条大路通罗马，而有些人就生在罗马""你全力做到的最好，可能还不如别人随便搞搞""当你觉得自己又丑又穷，一无是处时，别绝望，因为，至少你的判断还是对的"等话语都把外在因素看成是个人失意的主要原因，将自己的悲观在社会环境中加以合理化，进而保护自己的主观努力免受谴责。最后，直面现实是把青年群体赤裸裸地暴露在社会现实中，让那些所谓的失意与命运最大化地刺激自己的心智，进而提高自身抵御他人质疑和嘲讽的能力。青年群体通过"人生已经如此艰难，为何不落井下石""人生不过是对你尿道口猛踢一脚""最怕你一生碌碌无为，还安慰自己平凡可贵"等话语直面自身的现实命运，反讽自己的失意人生，鞭策自己向更好的未来迈进。总之，丧文化并不"丧"，并非像话语本身那样悲观厌世和消极堕落，看似颓废的话语背后是青年群体保护自己的心理防御机制，也是青年群体用另一种方式向世人表达自己的理想和抱负。

三、文化收编：丧文化的现实命运展望

（一）群体快感：丧文化对主流文化的解构

罗兰·巴特在论述解构主义的时候提出了漂流的核心概念，认为符号

---

〔1〕 郑林科、王建利：《大学生自我防御机制对心理危机的调节效应预测研究——基于西安石油大学 2002～2009 级学生心理普查实证分析》，载《西安石油大学学报（社会科学版）》2011 年第 1 期。

的能指会在所指上方漂流，从一个意义滑向另一个意义[1]。丧文化的符号文本意指青年群体的消极颓废和自甘堕落，而话语背后的社会意义则是青年群体对现实社会的不满与嘲讽。例如，"我差不多是个废人了"语义上是指一个人的自暴自弃，实则是指一个人对自己的反省；"人生不过是对你尿道口猛踢一脚"语义上是指个人理想的破灭，实则是对人生价值的憧憬。显然，青年群体就是利用丧文化的符号意指关系来表达自身的情感诉求，通过这种"正话反说"式的话语表达来解构社会主流文化建构的话语权威。约翰·费斯克在《理解大众文化》中将大众创造自身文化的内在驱动力视为一种快感，它能够为社会个体的意义建构提供能量、动机和权力，推动人们在具体的社会实践中实现自身的价值[2]。对丧文化而言，快感将青年群体从社会所构造和规训的"青年群体"中解放出来，突破社会对于青年群体"有理想、有抱负、有朝气"的固有认知，赋予青年群体更多建构自身文化的话语权，让他们充分利用自身在新媒体领域中的资源优势，运用自身喜爱的话语风格表达自身的社会诉求。青年群体一改往日"积极、健康、向上"的话语体系，通过一种自嘲式的幽默话语倾诉自己内心当中的悲观与不满，用颓废的话语基调表达自己在现实生活中的处境和遭遇，"消极颓废"的话语风格与主流文化形塑的"青年群体"格格不入，对主流文化中的意识形态和价值体系造成了强烈的冲击。丧文化对主流文化的解构不仅仅体现在青年群体的自身，还体现在社会生活的方方面面。相较于"越努力越幸运"，"努力不一定成功，但不努力一定很轻松"是青年群体对"打鸡血"式成功学的解构；相较于"陪伴是最长情的告白"，"你以为他不会表达，其实他就是不爱你"是青年群体对忠贞爱情的解构；相较于"世界那么大，我想去看看"，"钱包那么小，哪都去不了"是青年人对理想生活的解构。总之，丧文化消解了主流文化建构的这张意义之网，将社会生活中的一切重新拿来审视，从否定的视域重构了青年群体对于现实世界的认知和态度。

---

〔1〕 李侠：《漂游与游戏——谈谈罗兰·巴特的解构艺术》，载《传奇·传记文学选刊》2011年第 8 期。

〔2〕［英］约翰·费斯克：《理解大众文化》，王晓珏、宋伟杰译，中央编译出版社 2001 年版，第 60—62 页。

（二）权力规训：主流文化对丧文化的收编

青年群体对主流文化的解构容易招致社会规训力量的到来，最终臣服于一套权威与控制的话语体系中[1]。主流文化是社会运行法则的精神实质，深受社会结构和社会秩序的制约，是全国人民共同意志的集中体现，拥有绝对的权威性和话语权。我们的身份地位和社会关系也是在主流文化的意义之网中建构的，任何有违社会信仰和价值判断的行为实践都会被看作潜在的威胁，招致主流文化的权力规训[2]。丧文化的话语主体虽然并不是真正的颓废和沮丧，但是它的话语实践却无不流露着迷茫和绝望，极易对其他社会个体的意识形态造成消极的影响，与主流文化倡导的积极、健康、向上的青年精神格格不入，必然要经受主流文化的声讨和改造。主流文化对青年群体进行规训和引导的过程，也是主流文化对丧文化进行收编的过程。收编是主流文化对青年群体建构的丧文化进行采纳和利用，将丧文化的意义系统整合到自身的话语实践和意识形态中，并进一步强化自身建构的社会秩序和文化形态[3]。主流文化对丧文化的收编主要体现在两个方面：一是对丧文化进行重新定义，二是对丧文化进行舆论引导。查阅百度百科和搜狗百科等主流文化平台，它们对丧文化的定义均为"一些在现实生活中失去目标和希望的90后年轻人，陷入颓废和绝望的泥沼而难以自拔，他们丧失心智，漫无目的，蹒跚而行，没有情感，没有意识，没有约束，只能像行尸走肉一样麻木地生存下去"，将丧文化理解成青年群体的自甘堕落和消极颓废，否定了青年群体幽默嘲讽背后的主体性和上进心，这显然与青年群体创造丧文化的初衷不相一致[4]。可见，一方面，主流文化通过自身的话语实践，为丧文化赋予消极颓废的社会意义，重新定义丧文

〔1〕［英］约翰·费斯克：《理解大众文化》，王晓珏、宋伟杰译，中央编译出版社2001年版，第84—85页。

〔2〕［英］约翰·费斯克：《理解大众文化》，王晓珏、宋伟杰译，中央编译出版社2001年版，第85—92页。

〔3〕［英］约翰·费斯克：《理解大众文化》，王晓珏、宋伟杰译，中央编译出版社2001年版，第85—92页。

〔4〕《丧文化》，载《百度百科》，http：//baike.baidu.com/link? url＝dbQySO94uW1kQ41 agJm-rxEcUydNoZ9BXvrAhgIBtwV ＿ 8TWJWumq9UF739qn09KuHgpsU0pCWNO6zF8B2eTUjg2oMK70xuTdKU3j J＿U＿5p－l8xSvZ9nAZI8LH7lbmCsaL，访问时间：2016年8月11日。

化的内涵和价值，将丧文化的符号表征收归到自身的话语体系中。另一方面，丧文化的话语鼓吹"漫无目的地活着"，认为"人生这玩意儿不努力也可以"，直言自己"差不多是个废人了"，与我国艰苦奋斗的光荣传统相背离，也不符合我国精神文明建设对"四有"新人的培养目标，必然会招致主流社会舆论的声讨和评议。以《光明日报》为代表的主流舆论阵地针对丧文化发表了《引导青年人远离"丧文化"侵蚀》的评论，认为青年群体是全社会最富有活力和创造性的群体，应当胸怀理想、敢试敢为，远离形容枯槁、志向全无的丧文化侵蚀，社会也要引导青年人走上积极向上的人生道路[1]。总之，主流文化基于自身在意识形态当中的话语权，利用舆论引导人们树立积极的人生观和价值观，坚持正确的价值判断和道路选择，自觉抵御丧文化对人们思想的侵蚀，通过合理的未来规划和踏实的努力奋斗，一步一步实现自己的人生价值。

---

[1] 夏之焱：《引导青年人远离"丧文化"侵蚀》，载《光明日报》2016年9月30日，第10版。

新媒体时代网络综艺节目对人文价值的建构

——以《奇葩说》为例

张 晗*

一、《奇葩说》节目概况

爱奇艺马东工作室制作的《奇葩说》，是由爱奇艺打造的说话达人秀，旨在寻找华人华语世界中，观点独特、口才出众的"最会说话的人"。自2014年11月29日上线后已经完整播出三季，第四季节目由何炅主持，马东、蔡康永、张泉灵、罗振宇担任导师。节目组通过知乎、新浪微数据、百度知道等数据平台，在民生、人文、情感、商业等各领域，选取网民最关注的问题，发动网友参与调查投票。节目中辩题的选择取决于网友参与这道题的积极程度。每周五、周六20：00在爱奇艺播出，高收视率的同时引发了巨大的社会反响。

最初接触《奇葩说》的人可能会觉得这是一档形式大于内容的搞笑节目，节目的名称"奇葩说"让很多人觉得有炒作的嫌疑。但是认真观看一期节目，会被《奇葩说》一直坚持"寻找最会说话的人"的诉求所吸引。《奇葩说》挑选选手有很严格的流程和标准，和其他综艺节目不同，在挑选选手进节目组时，如果只是举止夸张，即使有很强的争议性和话题性，一旦语言上不具备过人的本领，免不了被淘汰的结果。《奇葩说》贯彻"说话为王"这一

---

* 张晗，西北政法大学新闻传播学院2016级硕士研究生。

理念还体现在节目录制中,节目内容偶尔偏离当期辩论主题时,导演组会及时引导和调整,并不会像有些娱乐节目,为了创造节目所谓的话题性,在一个点上不断延伸,违背节目初衷的同时还打乱了节目的节奏。《奇葩说》甚至在后期剪辑中,为了把握节目节奏,删除录制中偏离主题的内容,将重点聚焦在节目本身。

《奇葩说》成功地顺应了快节奏、高压力环境下,人们通过娱乐化的个性化表达释放内心情感的心理诉求。对大家都关心的人和事从不同角度娱乐化解读能让人们在彻底放松的情境下更加清晰地认识独立于自己之外的价值观。现在很多网络综艺节目,靠邀请某领域活跃度高的人参加节目吸引粉丝提高影响力,这些明星们背负着偶像包袱,端着架子惺惺作态,除了带来高话题度,实则没有多大内涵,也是对受众不负责任的表现。很显然,《奇葩说》横空出世,满足了受众的现实需求。

二、人文价值的科学内涵

人文,一直是先进思想的代名词,表示先进的价值观和规范。近代以来,人文一词便被翻译成 humanism,主要含义为:①人道,对人关心,褒扬人的价值,捍卫人的尊严;②人本主义,又译为"人本学",主张人是万物之本。并且会集中体现在关注人、关爱人、重视人、爱护人,简而言之,人文,即重视人的文化。而价值是人类对于自我本质的维系与发展,为人类一切实践要素本体。因此,"价值"只有相对于人才能存在,离开了人就谈不上价值,更谈不上具有何种价值。人文价值即尊重人性为本的价值理念。

社会的快节奏发展,人们为了低层次享受而奔波时,容易忘记自己存在的价值,具有启发意义节目的出现能让人们寻找自我,唤醒最初的梦想,对于实现自我价值的态度会变得更加积极。因此节目不仅仅局限于呈现最基本的节目形式,还在贯穿人文价值中承载并激励着部分人的梦想,推进人们追求更高级的享受,实现节目审美趣味的同时满足人们的精神需求。

搭载着"互联网+"的顺风车,网络综艺节目以井喷的态势不断推陈出新,互联网平等、交互、多元的信息环境,用户至上的服务特性,使得人文价值在网络综艺节目中显得尤为重要。宽松、有趣的节目形式和内容,使得网络综艺节目越来越呈现出平等和尊重。《奇葩说》很好地运用了宽松的网络环境，在定位年轻受众群的基础上，将人文价值合理地体现在节目的方方面面，并因此获得了良好的节目效果。

三、《奇葩说》的人文价值体现

（一）规则的人文价值

规则是保证节目正常进行的重要条件，也是各大制作团队让节目内容不拘一格的重要手段，有特色的节目规则能够带动观众情绪，带来良好的节目效果。作为以辩论赛形式支撑节目主要内容的《奇葩说》，为了营造剑拔弩张的节目氛围，将选手分为观点对立的两群人，并由马东、蔡康永、罗振宇、张泉灵（第四季）分成对立两方参与到辩论中。一方面，节目舍弃辩论赛标准的流程和语言风格，只要能自圆其说，获得观众投票就是胜利。这给节目中风格迥异的奇葩们大显身手，完全进行自己的个性化表达的良好环境。另一方面，虽然节目由何炅主持（第四季），但是主持人在节目中的功能、作用等都发生了变化，并不是像传统综艺节目中独自担任节目权威引导者的主持人，依赖固定的规则和程序进行现场协调，往往在严格的流程进行中，不可避免地使节目带有深深的个人印记。而在《奇葩说》中，规则和程序是弹性的存在，主持人在协调关系、尽可能客观分配节目资源的同时，及时筛选出需要进一步阐发、淡化、驳斥和遏制的线索，使参与者真实地表达诉求和情感，保障节目有序、精彩地进行。不仅何炅发挥了主持人的现场协调能力，在节目现场未被"冠名"主持人头衔的马东、蔡康永等人不着痕迹地协商和沟通也恰当地梳理了现场多元的人际关系，发挥了主持人的作用。所以节目中随意性的规则处处透露着温情，导致节目中的竞赛属性总是在双方的观点对垒中被削弱，特别是在涉及人性或者价值观的议题时，输和赢就变得不重要，甚至会出现改变规则，只求遵循内心真实想法的结果。争议颇大的"要牺牲贾玲救大家吗"那期辩题中，由于讨论的深度、广度不断加大，节目后半段，马东中止辩论进程，蔡康永首次倒戈，而节目也是破例没有淘汰选手，《奇葩说》节目温情的细节引人深思。

（二）性别宽容的人文价值

性别宽容是一个长期变化着的过程，在我国的社会发展现实中，受众对于中性化、同性恋才刚刚接触或者接受，并且充满着极大的好奇，相对于部分受众的生活环境中，甚至处于一种"解密期"。很显然，性别宽容整体在媒体中的反应会比社会现实要慢，因此在节目中极少出现涉及性别宽容的内容。虽然网络媒体在性别宽容方面比传统媒体的反应要快，但是依然没有多少节目会在节目中展示性别宽容。而通过网络传播的《奇葩说》对性别宽容的人性化处理较为明显。正如《奇葩说》节目展示的那样，节目组进行了一定的尝试，"奇葩"选手肖晓、姜思达均为同性恋取向，节目录制过程中，选手们不仅不避讳性取向的话题，甚至会在同性恋的相关辩题中大胆阐述同性恋取向的真实情感和生活，极富表现力的表达方式，运用自如的辩论技巧不妨碍他们成为受众们喜欢的"奇葩"选手。另外，作为节目核心嘉宾之一的蔡康永的同性恋取向已不是秘密，他也会适时阐述对于同性恋的观点，介绍同性恋的生活，让更多的人了解和接受这一群体。凡此种种都彰显了社会进步带来的人们的性别宽容，尤其是在网络上，同性恋已经是一个大众能够接受的存在，而节目本身也深表认同。

（三）辩题的人文价值

对《奇葩说》开播四季以来所讨论的辩题（海选辩题未算）进行分析可以发现，节目中所选择的辩题涉及社会热点、工作社交、两性关系等各个方面，甚至不时还会出现"开脑洞"的联想题。一方面，选题的确定过程体现人文价值，前面我们提到，《奇葩说》节目录制中的辩题都是通过大数据收集人们关注的话题，在知乎、新浪、百度等平台发布，根据网民参与讨论的热度来挑选决定的，因此这些话题都是大众普遍关注的。另一方面，辩题内容也充满人文价值。公共话题占据了辩题的大半，由于依附百姓生活、贴近群众路线，因此节目中所呈现出的金句、段子成为观众广为传播的话题。第四季中"老奇葩"陈铭在辩论"奋斗的城市空气越来越差要不要离开"时提到的"有能力离开的人也是有能力改变的人"，引起了广泛的共鸣。节目辩题不仅讨论深入公众生活的热点话题，着重"眼前的苟且"，还在辩题中体现着对"诗和远方"的眷顾。比如，第三季中"有后代和没后代谁该进核电站""爱上人工智能算不算爱情"，第四季中"如果发现火星可以生存，该不该做第一期火星移民"。正如马东在节目中谈到，如果我们一直停留于对社会已存在事件的讨论，而不去思考未来，我们永远不知道讨论的边界在哪里。所以说，不管是着眼于现在公众关心的热点话题还是关心未来的思考，作为一档说话类网络综艺节目，《奇葩说》在辩题的选择上体现了人文价值，值得其他综艺节目学习。

（四）儿童化传播的人文价值

开放的网络语境给综艺节目营造了一个多元化的传播语境，节目的内容如果和网络语境良好契合很容易获得广泛的受众。《奇葩说》是一档开放的节目，清晰地认识到网络融入并渗透影响着大家的生活。网络文化中，儿童化语境成为一种趋势。因此，对于节目价值观的儿童化传播，《奇葩说》大胆尝试，代表性极强。首先能看到的是幼儿园教室一样的演播室，明亮的色彩、张扬的造型、随处可见的卡通形象，让人有置身于幼儿园的错觉；另一个是演播室里面的选手，每个人都是可爱到像幼儿园大班的服装造型，和幼儿园般的教室布置融为一体，还有节目经常出现的大嘴标志，都具有极强的视觉冲击力，让人感觉很轻松、很随意，情绪很积极。成年人的世界一定程度上是倡导行为举止符合一定规则和价值观的世界，人们以自己认为符合自身形象和身份的话语体系和外界进行沟通，因此会约束自己的言行。但是儿童不同，他们和如今网络文化中的幼稚化表达比较类似。从《奇葩说》节目的走红，选手获得广泛关注可以看出，这个节目是得到大家认可的。而且《奇葩说》并不是单纯的搞笑节目，它的节目内容是在幼稚化表达的"外衣"下，蕴含着深度，可以引发观众的思考。为了让参与者和受众时刻明确这是一个大胆的说话类节目，鼓励人们随心所欲地说话，节目组将宣传语定位为"思想就是武器，能说就是火力，脱下虚伪的假面好好说话"。

（五）受众定位的人文价值

网络综艺节目的受众群大部分都是青年群体，《奇葩说》也一样。《奇葩说》从开始宣传就明确定位为青年群体，但是它更进一步的特别之处是，第一季开始时明确提出"四十岁以上人士，请在90后的陪同下观看"，这种明确年龄分层的"界线"划分带来的结果是，契合了90后的"代际"优越感，因此从刚开始接触这个节目时就有节目"认同感"，这种获得存在感和独特话语体系产生的共鸣感聚集了特定的消费群体。另外一点，90 后独生子女较多，在众星捧月的关怀下长大，社会的迅速改变使得旧有的世界观和价值观被打破，因此急需重塑符合这个时代的价值观。然而新鲜事物接踵而至，面对各种新事物的冲击和前所未有的压力，他们对社会事物的看法虽然多元化但是伴随着消极特性。所以，即使互联网将世界带到了人们的面前，想要快速了解不同群体的价值观是费力的，冗杂无序的信息可能不仅使人们无法掌握自己想要的信息，反而容易使青年产生"与世隔绝"的无助感。

《奇葩说》详细分析了解年轻的受众群体，将年龄、学历、职业、性别不同，价值观等也不同的人群聚在一起，承认每个群体的差异性，提供平等的表达平台，目的明确地拉近了目标受众与节目的距离，总有一款适合你的"奇葩"。并且，节目中的"奇葩"以"过来人"的角度阐述不同的人和事，具有相似社会身份的受众可以和节目选手们产生共鸣，在开放多元化的辩论过程中，网友也能反观自己的价值观判断，检验自己的想法及可能带来的结果，以及是否符合主流价值观。

四、网络综艺节目人文价值的构建路径

随着我国综艺节目的大热，传统媒体和视频网站经过数轮洗牌，形成了激烈的综艺节目竞争格局。在这种态势下，想要脱颖而出，培养忠诚的用户群，人文价值的构建显得尤为重要。尼尔·波兹曼认为文化交流的媒介决定着文化的物质和精神的形成，互联网与生俱来的"平等""自由""开放""多元"等媒介倾向建构了独特的网络文化。网络综艺节目对人文价值的构建路径探讨如下：

（一）以人为本的精细化制作

互联网的迅速发展使得网络节目进入传播渠道的门槛变低，而且网络综艺节目的前景广阔，不乏有实力的潜在进入者，因此在以"内容为王"的互联网竞争环境中，精细化制作依然是抢夺受众资源的重要基础。毫无疑问，不断推出的优质节目已经提高了受众的消费标准，因此，想要让节目受追捧，节目制作组在节目的前期筹划、制作到后期的编辑、播出等各个环节都应该坚持人文价值为核心的良心制作。以市场占有率同样很高的

《最强大脑》为例，作为传统媒体平台推出的一档节目，极具人文价值的节目制作方案值得网络综艺节目组的借鉴。首先，节目的口号是"让科学流行起来"，和以往"科学"严谨的刻板印象带来的距离感不同，它贯彻的口号拉近了和"人"的关系。栏目组为了将这口号贯彻执行，精心选择召集了多方面的专家组成了幕后"智囊团"，包括国内外脑科学、运动神经学、生物学等专业领域，只要是节目内容涉及的专业知识点，节目组一定把专家邀请到位，并且让专家们全程参与到节目的创作及执行中。这样不仅保障了节目的科学严谨性，更体现栏目组以人为本的精细化制作。从这一角度来看，《奇葩说》作为一个网综，虽然在节目的制作经费上和传统媒体可能存在一定的差距，但是，节目内容上的精细化制作是它受追捧的重要原因。《奇葩说》的众多用户体验是"智商被尊重"，这意味着节目的制作定位不仅满足受众的快乐和情感共鸣，还在辩论方式选择和社会性辩题设置的基础上，避免了很多娱乐节目有意思但没意义，一味地狂欢后带来的空虚和落寞，它将人们的感性体验上升为了理性思考。节目组准确了解到当下青年拒绝传统"灌输"式理念的植入，通过创新性的辩论方式，让青年们进行"代入式"思考，因此获得了大批忠实粉丝。

（二）对人文价值的守望

随着我国综艺节目的进一步发展，已经进入了一个媒介价值引导和市场化经营相统一，节目社会效益与经济效益相统一的新时期。在泛娱乐化的大背景下，人文价值的回归是受众普遍关注的，而媒体更应该自觉提炼和反观普通百姓的人生体悟，从而实现对整个社会的人文守望。值得一提的是，《最强大脑》栏目的主要创作内容本来是"科学"，但是却很好地借用了综艺栏目的模式及框架，尊重每一位具有超能力的个体，将节目的焦点集中在不为大众普遍关注的少数人身上，关注这群具有超群脑力的特殊人群，节目的各个环节都给予最精细的考虑，在给观众带来新鲜感和愉悦感的同时，构筑起一道富有人文气息的藩篱。

再谈《奇葩说》，除了节目定位的准确、节奏紧凑外，优质的内容依然是《奇葩说》制胜的重要原因。把现实社会不同人群可能面临的问题提炼成节目的辩题，在扮演不同社会角色选手不断地讨论和演绎下，我们不仅能够和一些辩手产生共鸣，还能在观点的交锋中了解生活中与自己不同的人的真实感受，在一来二往的价值观交流中，逐渐明晰问题的解决方式，使自己更能够站在全局性的角度科学地看待问题。因此节目获得高经济效益的同时兼顾了对社会效益的创造。并且，为了使节目的笑点和话题点在线，节目组采用了大量的特效和音效，用消音或字幕代替部分涉嫌"煽色腥"的内容，来保证节目本身通俗但不低俗，特别是节目最后还会对辩手的精彩表现或引人深思的话题进行回顾和评论，对辩题进行升华，引发受众的思考和共鸣。

（三）定位：细分产品满足多元需求

多元化时代的趋势带来了受众细分，社会愈发多元，小众的需求也在递增，不断细分的市场愈发成为内容供应商争相追逐的部分，不仅发展多线产品满足各层次受众，扩大节目的市场占有率，而且通过优质的内容资源引导和培养受众消费习惯，形成目标区间外受众的回流，积极的受众也成为现如今各大网媒竞争的重要对象。由腾讯视频和上海笑果文化传媒有限公司联合出品的喜剧脱口秀节目《吐槽大会》是对脱口秀这一垂直细分领域的一次精心布局，节目中采用明确的人物设定，标签化风格标识，有内容的主张和观点，力图通过特有的风格建立起与观众的连通感。节目以网络独有的"吐槽文化"为切入点，邀请具有话题性的名人，通过邀请节目常驻嘉宾和与名人直接或间接存在关系的嘉宾对名人进行吐槽。依据精准锁定受众心理又极富现实意义的内容，不仅能够成功引发目标受众的强烈反响，更通过他们的转发与分享在社交平台上掀起"病毒式传播"，引发大面积人群的关注和参与，拓宽节目受众区间，提升节目的覆盖面和影响力。目前来看，网络综艺节目数量繁多，整体处于"买方市场"，青年人作为这一市场的主要成员，对于内容提供商来说，具有广阔的前景和开发潜力，因此，在受众细分的大环境下，对目标受众的准确定位显得尤为重要。

（四）新媒体互动，让受众发声

2016年，全新的凤凰网凤眼大数据系统重装上线，为凤凰提供了良好的互联网内容，凤凰全媒体大获成功。在数据驱动生产的议题成为热点的背景下，我国视频网站也在探索内容生产的大数据路径，在微博的受众市场如此庞大的现状下，综艺节目可以考虑将新媒体分众营销理念运用在建构人文价值观的传播过程中。在大数据的帮助下，针对人们习惯根据共同崇拜的对象集结成庞大组织的特点，通过微博整合引导受众话题，通过官方微博和粉丝群进行互动，增强节目关注市场的同时，还可以达到良好的收视效果。同时可以看到，零碎视频片段虽然内容的完整性欠缺，但是也为受众根据自己喜欢的内容进行选择提供了便利，自由的话题式传播方式，也为各个媒体提供了人性化的表达途径。网络综艺节目在立项阶段，就可以通过对播出平台收视人群的精准定位，确定受众区间；在宣传方式上，有针对性地确定宣传手段及宣传平台，将信息投放至目标受众聚集区域；在具体的制作中，依靠大数据确定目标受众关注的内容；节目播出后，综合多方的数据信息，及时调整优化。即，在不断地和目标受众的信息交互中寻找共通的意义空间，使得节目在前中后期适时和观众同步。但是，注意不要盲目依赖大数据，导致对受众审美过度迎合而偏离节目初衷。"内容为王"依旧是主旋律，盲目迷信"技术乌托邦"将带来预期之外的负面效应。

五、总结与思考

网络综艺节目的兴起是社会发展多方面综合作用的产物，《奇葩说》凭借其独特的节目运作方式和新颖的内容占据了一席之地，通过对人文价值的建构获得了受众的认可和青睐，在娱乐大众的同时还源源不断地传递着正能量，这对未来网络综艺节目的发展有一定的借鉴意义。但是《奇葩说》节目的成功培养了"挑剔"的观众，使得未来的受众对节目的要求越来越高。就目前来看，我国网络综艺节目在形式、风格、定位上虽然都有了个性化的发展模式，但是在快节奏时代中，受众将不仅仅考虑节目的娱乐性，还会考虑节目的意义，是否需要慢下来，用人文价值取代有意思但没有意义的泛娱乐化节目值得深思。特别是对于综艺节目来说，人文价值和娱乐性是相辅相成的，只有关注人文价值，将人文价值和娱乐性相统一，才能把握正确的方向，给人以审美趣味和审美享受。当然，在未来也许还会有更多的问题出现，但是新媒体环境下实现人文价值一定是无法改变的趋势，因此，需要我们在未来实践探索的道路上寻求更好的方法来完善网络综艺节目人文价值的建构。

媒介影像研究

中国电影的三种怀旧表征

陈 璇*

一、怀旧的三种表现形态

作为特殊的文化现象，怀旧的呈现方式本身像个悖论。一方面，它在任何时代、任何人身上都会出现，作为传承文化的一种方式存在；另一方面，它又像新生儿的疾病那样，随着现代性的到来，让人类在生存困境中时不时地发出一声咳嗽。

就怀旧的本意而言，"思乡"的对象本身是客观存在的所指，这里的"家"就如个人成长的家庭、乡村、城市、国家。当人们迎来现代社会之后，传统的乡愁、家园从存在上被连根拔起，在外延上含混而抽象。相比较于古典、田园、可以具化的家园意象，现代家园不再拘泥于地理环境，更像是"流动的帐篷"，传统家园转为理性的技术场景，伴随着速度、碎片化，人的身份也随着城市变迁而逐渐演化为一个户籍、一份档案、一个编码。乡愁也不再停留在时间和空间上——人们可以通过便捷的交通还乡，却也不愿再回到乡村，也就彻底没有了根。对许多现代人来说，他们的家不是出生的故土，而是大城市的任意一处栖息地。因此，在现代性话语下的"家"则内容更抽象、更庞大、更模糊，表现为超验层面上的无家可归。

---

* 陈璇，西北政法大学新闻传播学院 2015 级硕士研究生。

当人们的怀旧需求不断增强，怀旧的表现形态也愈加凸显。回归、反思、认同代表着不同深浅程度的怀旧层面。在现代视阈中碎片化生活逻辑的矛盾下，三种怀旧不同程度上处理着诸多对立关系：自我与他者、回忆与现实、历史与将来、片刻与永恒、自我意识与集体无意识……不同怀旧形态包含着对过去的不同态度，不涉及价值观的优劣，伴随着主体自我身份认知的加深，这三种形态可能在任何一个怀旧个体上先后出现。

（一）回归式怀旧

回归式怀旧具有乌托邦的成分，回归即怀旧行为的直接表现。怀旧主体对现实世界表现出诸多不满，认为它抛离了许多单纯、诗意、有意义的美好事物；忽略或无视过去，诸如艰苦、愚昧等负面特征，将其优越之处跟现在作比较，也看不到其中衰败的迹象。不可否认，过去一定是真实存在的，但回归式怀旧对这种真实性的处理方式呈现出简单回望过去的姿态，对过去做了极端而盲目的美化，甚至有些"唯心"地认为过去的都是好的，在高悬的理想面前，回归式怀旧表现略带虚假的意识形态。

一旦怀旧主体意识到带有自我麻醉性质的怀旧行为势必与现实发生摩擦，加之生活经验，会使其不那么轻易地简单耽溺于过去，也就不再对过去产生盲目的信任和膜拜。这时，当怀旧需要深化时，就指向了反思式怀旧。

（二）反思式怀旧

相比之下，反思式怀旧是一种更有张力的怀旧，开始质疑家园神话的真实性。在个人经验上，它注意到过去与现在之间最重要的区别：距离。这种距离既表现为物理意义上的时空距离，也表现为不同历史条件下，人们对于命运、环境、政治、经济、文化等因素的不同看法，这种清楚意识到距离的状况是很少存在于回归式怀旧中的。当个人所熟知的地理环境发生变化，脱离从前所掌握或认可的环境因素，他的优越感和舒适感多多少少会减少，甚至面临重塑。这时怀旧就会作为一种心理反应而出现。

另外，当个人真实感受到时间对生命的蚕食，也会回首怀旧。尽管异乡人的身份在任何时代都存在，但只有在现代性环境中，当全球化、网络、虚拟空间等因素同时作用于个人，距离才有了本体论的地位和意义——因为离个体远去的不仅是家乡故土，也是个体的本真。距离将个人抛离到远离自我中心的边缘位置，在那里，个体本真性和统一性遭到破坏。

结合全球化、大移民等现实，我们能发现在所有类型的怀旧中，反思式怀旧显现出普适性，与"距离"所产生的问题构成互文关系。

反思式怀旧在所有现代怀旧的形态中出现得最频繁，直接指向"过去是否就那么好，现在是否就那么糟糕"这个疑问。面对这个状况，怀旧主体对过去既寄予了怀念，又怀疑这种美好是否完全真实。其一，对他们而言，过去不再局限于具体特指的怀旧对象，例如存在于某个历史时间、地点的事件或某个具体的人。正因为怀旧主体对"真实性"的更多斟酌，他们对过去的理解也就更广、更深，从而把个体经验上升到了集体经验，也把怀旧对象上升到了怀旧行为本身。其二，怀旧主体在审视中对怀旧行为有了较客观的认识：作为极为普遍的文化现象，它能给人痛苦也能给人甜蜜，能让人深陷过去而对将来踟蹰不前，也能产生正向的作用使人受益致用。

对比回归式怀旧，反思式怀旧相对冷静——即便对曾经饱含感情进而缅怀它，却并不贪恋其中美好，也不打算回到旧日时光中去。正因为过去无论何种情况下都是以一种美好形象出现的，也就更加证明了怀旧行为具有粉饰过去的作用，淡化甚至抹除过去有瑕疵的部分，这也是怀旧的经验本质。

可以说，反思式怀旧概括时间与经验两种层次。在时间上，它牵扯到过去、现在、未来，并且能将过去"现在价值化"，焦点也放在思考过去，即便过去与当下的差距极大，反倒能驱使他们享用这种差距和片断记忆。[1]在经验上，用长远的眼光设想前人如何对待历史、后人如何对待今日。这也是我们在目前涉及怀旧文化的文献、电影中能看到的最多的态度：虽是关乎过去，但着眼当下，思考着许多新的可能性。

（三）认同式怀旧

根据以上我们已知：反思式怀旧相对于回归式怀旧更为理性，多产生于对现实的不满，质疑过去的本真性，更多时候怀旧主体对于怀旧对象是会做出价值评判的。相应地，其目的也就是为美好的将来缔造更多可能性，

---

〔1〕　[美] 维特兰娜·博伊姆：《怀旧的未来》，杨德友译，译林出版社 2010 年版，第 55 页。

一边体味过去的余韵，一边亦不会龃龉于过去、关上朝向当下世界的那扇门。

但必然有一些事情是无法仅仅通过反思就能解决的——最明显的莫过于现代性所带来的三个问题：人格认同、自我认同、连续性。当怀旧对象的本真性变得扑朔迷离，孤独求索就显得苍白无力。这牵扯到如今社会、生活的很多现象：传统文化的传承问题、移民问题（包括异国、异族文化的碰撞）、城市发展畸形问题、信息化和机械化对手工艺的吞并、各种历史遗留问题……随着反思程度的加深，怀旧主体的反思必然将其引向连续性，关于自我认知，关于历史，关于传统。所以反思式怀旧只能解决曾经的身份，但现在和将来的身份问题依旧被搁置。

由此可见，认同式和反思式的怀旧主要存在以下差异。其一，价值判断上，认同式怀旧更包容，因为没有差异就没有认同，这是两个互文的关系；它不对怀旧对象和当下现实作出好或坏的评判（反思式怀旧则多产生于对过去的不满），力图保证历史（怀旧）主体于变迁中的同一性、连续性。其二，经验维度上，认同式怀旧追求的不再是本真性的证实，因为无可证实；除了曾经、当下，它也关心着未来，以及这三者的相互衔接性。它不再仅仅思考"曾经的身份"，也更关心"当下的身份"，以及如何走下去。其三，文化的角度看，无论对自我、传统还是历史，认同式怀旧都更关乎发展的规律性、持续性。

认同式怀旧是与人类社会生存和发展交织最深的怀旧，并且，它关乎现代性问题，任何层面的认同——个人，民族，国家，世界，以及故乡——对现代社会的发展都至关重要。笔者认为这种抽象的认同可以上升到集体的层面，意义深远。

需要说明的一点是，认同式怀旧是抽象的，也是形而上的，它未必需要依托于具体怀旧承载实体。换句话说，只要严重关乎个人认同、集体认同、有效承诺（即"特殊身份"）的失效，即使还没成为现实，只要可以预见，那么这种对象便是可以被怀旧的。这也是非常有意思的一点。

（四）三种怀旧形态的关系

文化现象也是有自己的行为规律的，这种行为规律在任何文化现象中都会体现。先是由一种物质、思维甚至是单独的物体引导，紧接着情绪附上去，人们给这种情绪一个附加价值，然后这种情绪引导它成为一种现象、文化，随着这种现象、文化发展成熟，体量增加，在后期转换的周期，更多的人去反思它，无论是批判也好、改进也罢，这都会使之逐步从主观变得客观，从情绪化变得理智化，最终必然会促使这种文化现象变得更客观、更理智、更完善。

怀旧也不例外——回归式怀旧是相对情绪化的、主观的，反思式怀旧是相对理智的、客观的，从回归到反思是一个必然阶段，先是情绪引导的出现，逐渐成熟后的状态就是理智主导的情绪，展现出冷静、独立、怀旧的姿态，这也是必然的。认同是反思的深化和延续，反思是认同的源泉；基于各种矛盾、差异而产生的认同式怀旧，则是缓解认同危机的最终途径，这三种状态在现实中并不互相排斥，甚至可能同时存在。

二、中国电影的怀旧表征

在把怀旧电影看作一个经典现代性命题的前提下，笔者对怀旧电影定义如下：怀旧电影指的是相对于现在而言，以过去的人物、事件、生活等为题材的一种电影类型或者电影风格。它们往往寄托着当代人对过去的怀恋、想象，也往往寄托着对当代现代性等问题的反思。怀旧隐喻着一种参照、一种对比，也就是现在与过去对照、今天和昨天对照，将对当代问题的反思寄托到对逝去生活的怀念和想象之中。

笔者在下文分析的电影仅仅作为引证，绝不意味着该部电影只体现出一种怀旧形态，这其中三种怀旧形态的转变、交织是必然存在的，不过说明了某种怀旧倾向较为明显罢了。

（一）回归式怀旧——以《花样年华》为例

《花样年华》拍摄得足够禁欲，足够暧昧，把六十年代拍得令人回头瞭望不已。这部电影在爱情主题和演员启用上被普遍看好，2000 年电影一经问世便摘得美国 CNN 影史 18 部最佳亚洲影片第 1 位，不仅摘得戛纳电影节金棕榈奖，又在 2011 年英国《星期日泰晤士报》影史百大必看电影名单里排第 4 位。作为唯一入选的华语电影，《泰晤士报》的评价是："这是一场奢华的视觉盛宴，旗袍、探戈取代了人物间的对白，闪烁着两位主角之间似是而非微妙的情感。"

　　主角苏丽珍和周慕云的婚外恋没有吻戏和床戏，言辞委婉而小心翼翼。双双经历背叛的婚姻反而催使两人生出感情，互相爱慕却浅尝辄止。"那是一种难堪的相对，她一直羞低着头，给他一个接近的机会，他没有勇气接近，她掉转身，走了。"[1] 片头黑底白字的这段话已经阐述完故事的结局。

　　上海是王家卫的出生地，《花样年华》中是否注入了乡愁不言而喻。六十年代老香港的琐碎人生在王家卫眼里显然有了特别的意义，周璇的《花样的年华》戏剧性地直奔片名。故事的时间点充满深意，正是在 1962 年，这年 5 岁的王家卫随家人离开上海迁往香港。

　　随着游移在暗处的摄影机，王家卫"巴尔扎克式"地无休止地堆砌着镜头细节：移居香港的上海人守着原本的生活方式，房东太太操着一口吴侬软语，小阁楼拥挤地住着一户户租客，苏丽珍身上穿的永远是旗袍。影片一开始的镜头给了喧嚷的麻将桌，苏丽珍拎着保温瓶走过街灯下的楼道转角，墙是旧的，雕花窗是破的，收音机、打字机也是老式的。平淡而生活化的画面转场昏暗而暧昧，每次慢三的探戈响起，出现在画面上的就是她踩着高跟鞋轻声走过。电影全程作了暖色调处理，照理说应是烘托温情才对，但王家卫塑造的却是潮湿、清冷。

　　疏离感是王家卫的特色。这在《花样年华》里展现为人物的神情、动作特写，一些不露面的对话也暗示了人际关系的疏离：

　　——"她先生常年在外，她一个人怪可怜的。"

　　——"下楼买个面，穿得真漂亮。"

　　有别于某些电影追求的强烈冲突感，王家卫的电影多在塑造内心戏，演员的情感流露中真实多于矫饰，跟本人相差无几，比如《堕落天使》（1995）里的王菲，《东邪西毒》（1994）里的梁家辉，《阿飞正传》（1990）里的张国荣。

　　张曼玉在电影里一共换了 26 身旗袍。多数观众会被这种美到极致的视觉效果所吸引，却容易忽略其价值符号的作用。王家卫的野心绝非仅为了展示旗袍的华贵，这些旗袍起着代表苏丽珍的作用，是苏丽珍的符号，以

---

〔1〕　张浩、冯晓临主编：《影视作品分析教程·电影分册》，国防工业出版社 2008 年版，第179 页。

至于日后观者提到苏丽珍，首先映入脑海的便是这旗袍。事实上，王家卫是非常在意细节的，绝不会耽溺于细节的堆砌而忽略每个镜头下意义的表达。在张叔平的摄影处理下，《花样年华》的后期剪辑近乎严苛，可以说没有冗余的成分。

纵然《花样年华》摘奖无数，笔者依旧认为，在怀旧的深度上，它更倾向于回归式怀旧。上海人移居香港的生活处境更多地被轻快的节奏和暖调的镜头语言所修饰，让观者也生出"那个年代真好"的感叹。在怀旧对象的真实性上，那个世界是否真的美，这样的感情是否真的存在，都有待推敲，因而也呈现出一种"简单回归、拥抱过去"的姿态。

(二) 反思式怀旧——以《海上花》为例

相比之下，反思式怀旧要比回归式怀旧来得深刻，常在寻根文学、自省类文学、上海城市研究、文学史重写中展现，此外，张爱玲和鲁迅的作品中也含有许多自省的成分。"反思型怀旧"是种深层哀悼的形式，它通过深思的痛苦，以及指向未来的游戏发挥悲痛作用。[1]

《海上花》改编自清末吴语青楼小说《海上花列传》[2]，读者早期局限于上海一带。时隔90年之后，张爱玲将其翻译成通俗易懂的国语才得以广泛面世[3]，侯孝贤翻拍电影《海上花》时已经是1988年。电影几乎只涉及了倌人、恩客、老鸨之间的来往。与其说是谈论风花雪月，毋宁说更像在闲道家长里短。在许多影评家眼里，它背后的深度是有待考量的，这也许就是为什么当年的戛纳电影节上，《海上花》没有斩获一个奖项的原因。

史诗性的原著共60回，涉及一百多人。把体量庞大的小说搬进电影自然是要大刀阔斧删减的，因此情节被拧成了一条：王莲生、沈小红爱情线。张爱玲曾写，"书中写情最不可及的，不是陶玉甫与李淑芳的生死恋，而是王莲生、沈小红的故事"[4]——王包容沈，沈为了王也几乎不与其他倌人来往。后来沈却与一个戏子做了姘头并被王撞上，后者打翻了他送给沈的

---

〔1〕 ［美］维特兰娜·博伊姆：《怀旧的未来》，杨德友译，译林出版社2010年版，第63页。
〔2〕 作者韩邦庆（1856—1894），清末人，字子云，号太仙，江苏松江（今属上海市）人。《海上花列传》原题"云间花也怜侬著"。
〔3〕 燕俊：《重读〈海上花〉》，载《电影评介》2006年第9期。
〔4〕 燕俊：《重读〈海上花〉》，载《电影评介》2006年第9期。

所有礼物。这段感情比生死恋接地气，仿佛看邻家情侣吵架一般真实。

《海上花》的性质是厅房话剧，没有任何室外的镜头。长镜头让电影呈现出一种"舞台式"美感，从始至终不到五十个镜头，切换场景通过黑幕过渡，淡入淡出，像极了剧场一幕幕之间的间歇；每切到下一个场景，油灯渐渐亮起，镜头中每个人物都在忙着手头的事。后景又使得电影的舞台感不显得枯燥无味：前景在拍摄主角人物，后景有人送水、烧烟、打扫。

《海上花》为何是反思性的？

首先，全片没有涉及任何外景，情节也能从言谈中听懂，做到了原著的"俱系闲话"，这些闲话则成就了一个平淡如水的真实世界。但这并不意味着电影没有价值评判——不同于《海上花列传》的劝诫目的，侯孝贤显然抛却了这种先入为主的观念，在镜头里不添加一句自己的所感所想，所有线索都由冷静理性的镜头来呈现。

此外，用现代的眼光去窥视礼教文化下的青楼间的爱情，电影的反思立场就已经摆清楚了。王、沈的爱情是双方的，并没有哪一方处于低一等的地位，所以有了王莲生大闹荟芳里、沈小红怒打蕙贞这两出戏。在原著里，王、沈闹掰以后，当王得知自己所为毁了沈，接过水烟筒，"自吸一口，无端吊下两点眼泪。"与我们所熟知的现代化的语境中以商业法则为主导的感情相比，在《海上花》当中，妓家少了几分谄媚的姿色，多了几分平常人家的柔情，对待男女之情尤其专注，所以才会因爱生恨。

在结尾处，我们也看到了反思的根本特征——侯孝贤冷静的镜头表达了他对于传统社会里爱情的大多命运的看法——缅怀尚好，回去就罢了。以平静的黑幕作为收尾，留给观者许多思考的余地：怎样看待过去的爱情，又怎样对待当下的爱情？情爱的笃实也许并不反映在爱情的最终选择上，日常的呢喃耳语、不完美的占有欲其实都是爱不为人知的体现。

正所谓"失去的才是天堂"，电影道出了消费时代下怀旧的本质——对现代社会"速度"的抵抗。国内其他缅怀过去的怀旧作品也体现了相似的反思——比如《戏梦人生》《活着》。现代性把人们的传统理念从根底掘开，造成一种"断裂"，无论是精神、生活方式还是思考方式。在《霸王别姬》里，在现代性这个大漩涡中，真正的矛盾统一可以说是不存在的，程蝶衣用死证明了他不愿意回去。无法回到过去的不仅是片中的程蝶衣和小楼，所有人也都被抛入一种无尽的矛盾：时尚与传统的矛盾，历史与当下的矛盾，融合，反抗，解体，斗争周而复始。

（三）认同式怀旧——以《钢的琴》为例

鲍曼认为："做现代人就是发现自己身处的环境预示着有冒险、权势、喜悦、发展、自我和这个世界要变革——而与此同时，这种环境威胁要毁掉我们所有、所知、所是的一切。现在环境和现代体验切断了所有地理的和种族特性的界限、阶级和国际的界限、宗教意识形态的界限；现代性在这个意义上可以说是同意了全人类；但是这是个矛盾的统一，是个解体的统一；它将我们全抛入无休止的解体和更新、斗争和对立、含糊不清和悲痛的大漩涡之中。"[1]

正是在现代性的漩涡中，自我认同危机才成为普遍的社会症候。认同不免牵扯到文化的划界，20世纪60年代以来本土文化亚文化的重塑现象在随后的半个多世纪里愈加普遍，八十年代的海子和贾平凹等作家的一系列寻根文学就是这个现象的缩影。一旦传统的完整性被推到悬崖的边缘，人们的自我认同感也势必要一同滑落，导致安全感、自在感的缺失。电影方面关乎认同式怀旧的电影不多，《钢的琴》是让人惊艳的一部。

《钢的琴》是一个关于挽留的故事。如果说前两部都是表现结缘于老上海、老香港的爱恋，后者则讲述了东北老工业区小人物的穷折腾。

导演张猛把这个体量庞大的故事通过两条故事线有张力地表达了出来：一边是下岗离婚、以经营喜丧小乐队为生的陈桂林为了挽留要跟母亲走的女儿所做的付出，一边是陈桂林和老钢厂的下岗工友们对工业时代的挽留。陈桂林和工友们保留着工业时代工人的特质：女儿说只要能有一架钢琴她就不走，陈桂林左求人不成偷琴又不成，一拍脑瓜决定自己做架钢琴。他找来俄文的钢琴制作书，请了有本事的老工友们，在老钢厂的破楼里扎营开始造琴。伴随造琴进行的，是老钢厂烟囱的爆破。两根烟囱的去留成了陈桂林、父亲、工友们的关注热点，所有人都企盼留住老钢厂集体记忆的象征。

---

〔1〕[英]戴维·莫利、凯文·罗宾斯：《认同的空间》，司艳译，南京大学出版社2001年版，第117页。

但这挽留注定是失败的，就如同影片里被政治化的小人物命运一样。钢厂前老板在钢琴钢板浇筑完成时戏剧性地被警察带走，跟陈桂林相好、嘘寒问暖的小乐队女主唱跟了别人，陈桂林父亲的死又把不敌命运的痛感再次加强。张猛从一开始就没打算让陈桂林成功——他注定成了工业时代的送葬者。钢琴不造了，女儿跟了富裕的母亲，钢厂烟囱倒了，陈桂林迎来了一个新时代。

《钢的琴》注入了无数工业时代的符号，最明显的莫过于电影里那些与苏联挂钩的音乐符号，如《三套车》《山楂树之恋》、口琴、手风琴、造钢琴参考的俄罗斯文献、双排扣大衣。细心的观众还会注意到室外室内摆设的特征：砖墙、烟囱、下岗、厂房，甚至汪工家里那套俄罗斯套娃。其次是陈桂林这一批人：他们沉得下心撸起袖子做事，手艺好，什么都能造，什么都敢造，这也源于工业时代提倡的艰苦团结的价值观。

张猛曾自白，"我一直都还活在那个年代里，现在这个年代让我有点惶恐，不如那会儿有序。建设的步伐越来越快，整个铁西一点烟都不冒了，建筑、房地产，整个的吞噬了过去。我那时候骑个自行车天天在铁西晃。辽钢是最早倒闭的一个，废弃工厂特别像动物世界，一头牛被弄死了，然后会有很多野兽来吃，这个工厂就这么一点点被蚕食，人们都到那边去捡废钢铁。"[1]

镜头特征上，中、长镜头颇有几分意大利新现实主义的影子。动人的几处场景安排充满舞台感，后景的处理也非常宏大，充满怀旧情绪，暗示意义甚至超过了主角的对白。电影开端，陈桂林和妻子小菊笔挺地站着，互相不对望，戏剧性的画面暗示俩人走到了尽头的婚姻。

——小菊："你知道什么是幸福吗？"

——陈桂林："你别拿幸福吓唬我。"

紧接着是陈桂林和乐队伙伴们在葬礼上演奏的一幕，前景是个灵堂，后景是钢厂那两根烟囱。但葬礼画风转换到了喜庆的唢呐，主人公裹着黑塑料袋子的手风琴还有点搞笑。石川曾评价，"换个人来拍这部电影，可能

---

〔1〕 石川：《钢的琴》导演观众四人谈，载豆瓣网，https：//www.douban.com/group/topic/21247898/.

会用所谓批判现实主义的手法，要么声色俱厉，要么哭天抢地。"[1]

《钢的琴》用诗性的现实主义视角，揭示了我们现在正在经历的一个现代性问题——工业时代里成长的个人在现代市场涌进本土时感受到的认同危机，包括迷失自我的茫然，也包括"家园"异化的体验。"家园"在《钢的琴》里表现为烟囱等工业废墟的意象，在废墟后面出现了火车，这是时代更替、社会转型的象征，这废墟是工业社会向商业社会转型期间所必经的。

在《钢的琴》中，可以看到这样的审美意象：主人公经历了钢铁时代摧毁，工厂沦为废墟文化的一隅，如何对待过去就成了他心头的一个疑问。意识到传统的权威旁落是不可逆的，虽然留恋，他拒绝回到那个时代。对答案的追寻无果制造了一个困境，一个巨大的、混沌的坑，并间接影响了他对人生的态度。在现代性这条汹涌的大河中，历史的衔接如何不被冲散？

电影里有这么一段话："这两根大烟囱，在我看来，是某些人成长的记忆，也是某些人回家的坐标，但他们更像是两个被我遗忘的老朋友。我不知道是应该极力地挽留，还是应该默默地看着他们离去。如今时代的发展进程要求他们离开，我们总还是要试着做点什么。如果我们成功，他们将会成为一道亮丽的风景；如果我们失败，他们也将成为一段美好的记忆。"[2] 在工业时代，机器是冰冷的，但人是连在一起的。老钢厂、烟囱象征着无数的废墟意象，为观众打开了潜意识的集体狂欢的大门——在这场凭吊里，怀旧已经不再需要依托于老钢厂的烟囱这个实体，工业时代的消亡不再重要，这是一场向死而生式的舞蹈。《钢的琴》一语双关，"钢"和"琴"作为两种意象串起一代人的怀旧情，故事结尾不完美，但人们为之奋斗过，并成功地把善良和团结的心性留了下来。人性即是最后的救命稻草，也是在废墟上建起新时代的根基。所以到最后我们看明白了，这个电影拍的是废墟，但废墟不是主角，这一批工人阶级才是主角——张猛要传达的，是人在时代转型时一种向上的精神状态。

---

〔1〕 石川：《钢的琴》导演观众四人谈，载豆瓣网，https://www.douban.com/group/topic/21247898/.

〔2〕 苏也：《〈钢的琴〉：温情悲悯的时代挽歌》，载《文学教育（上）》2014年第7期。

就像在钢铁厂洒了半辈子汗水的人们一样，被现代性碎片化的不止有我们的时间观、信息观，还有生活方式。在现代性这个"含糊不清和悲痛的大漩涡"之中，集体出力、邻里团结的交流方式被更现代也更虚拟的社交取代，草长莺飞、时代更替必然带来失落。技术与文化间的较量已久，当传统文化终于被技术撼动并分解，速度和信息面前再无关卡，人们就真的手无寸铁了，世界也就真的难以把握了，这大概就是所谓的"技术垄断文化阶段"的缺口。

对于这代人来说，工业时代是一个已经死掉的理想主义。在电影里陈桂林偷钢琴计划失败后在雪夜里演奏钢琴的场景是美妙的一幕，把工人阶级的个性、粗糙又浪漫、面对困难的胸怀暴露出来了。中国电影市场体量如此庞大的时代，是否就是张猛的时代？笔者想，这雪夜弹琴的，或许是张猛。

在大批怀旧电影中，《钢的琴》所显示出的怀旧之路是曲折的，是往复反思的结果，本雅明口中的"碎片"在这里既是岁月的碎片，也是时代的碎片，是老钢厂被炸碎的碎片。这碎片中凝聚着一代人"被托付给救赎"的过去和"被企盼的、尚未到的将来"[1]，这里的怀旧也便呈现为对记忆与当下现实矛盾的调节，自我和时代、自我和传统以及自我身份的认同。

2010年，中国国内票房创造了过百亿级的神话，电影商业化势不可逆。《钢的琴》真的就跟老钢厂一样，有点儿跟不上大气候。用陈桂林评价前妻的话来说："跟了个卖假药的。她终于过上了她梦寐以求的不劳而获的生活。"

〔1〕〔德〕瓦尔特·本雅明：《本雅明：作品与画像·论历史哲学》，孙冰编，文汇出版社1999年版，第149—150页。

浅析贾樟柯《公共场所》的后现代主义特点

史雪枫*

当代中国社会仍旧处于一个急剧变革的特殊时期,表现最为强烈的就是社会思潮的变化,人作为生存主体所具有的独立性在新时代得到进一步重视,后现代主义充满怀疑的社会特征很好地契合了这种需要。[1] 贾樟柯执导的人文哲理纪录片《公共场所》就是这样一部影片,充斥着摸不着头脑而随意的场景切换、长镜头带来极度慢节奏、混乱的画面背景、真实甚至嘈杂的现场收音,以变革下的工业城市中公共场所流动的普通人为题材,触及了当代中国老百姓的生存现状和精神状态,如同意识流文学代表作《墙上的斑点》般颇具后现代主义特质,充满着作者对传统秩序、宏大叙事甚至对理性的反抗。

后现代主义作为一种先锋文化,虽然没有明确的理论体系和观点知识,但其核心是质疑,是对现代传统工业社会秩序、理性、宏大叙事、意识形态一些内容的质疑,主张多元的大众文化,最主要的表现形式就是冲突。就电影文化来讲,后现代主义的冲突主要表现为极致化的反传统电影符号语言及其造成观感上的不适

---

* 史雪枫,西北政法大学新闻传播学院 2016 级硕士研究生。

〔1〕 郭亮:《后现代文化语境下的贾樟柯电影》,载《重庆工学院学报(社会科学版)》2007年第 21 卷第 10 期。

和反思。"语言从来就是文化的第一标志"[1]，在后现代理论中，语言被当作独立的对象，语言符号的功能被大肆开发，反传统的、多元的表达符号和表现手段以及创作主题受到推崇，其重要性不亚于作品本身。电影符号语言主要包括两个方面：一是视觉语言，包括叙事结构、镜头运用等表现手法；另一个就是声音语言，包括同期声、解说、音乐甚至字幕等。所以本文尝试就电影符号语言的角度，从空间叙事结构、长镜头拍摄手法、声音元素、多元主题四个方面中极致夸张的部分来分析《公共场所》内含的后现代主义特点。

一、空间叙事结构

无论从影片的标题还是发展线索和内容的呈现上，都可以确信《公共场所》具有典型的空间叙事结构，而以绝对的、随意的、摸不着头脑的空间变换为代表的空间叙事结构则颇具后现代主义色彩。

（一）定位公共场所

影片围绕与"车"有关的空间展开，火车站候车室、矿区公共汽车站点、大巴、废旧汽车改装的小餐厅、汽车站候车室以及一部分候车厅改装成的台球厅、舞厅都依次切换。广义上的"车"指是就是交通工具，现代社会科学技术和大众交通工具的发展，极大地突破了人类空间活动的限制，促进了跨地域的交流沟通。在大众交通工具交汇处的社会空间也因人流量大而诞生了各种类型的公共场所，公共场所成为展现社会发展和大众生活的最佳载体。某种程度上讲，一隅之公共场所可窥一民族之精神面貌。贾樟柯导演的作品从来不缺少与"车"有关的形象载体，《站台》里的火车、《三峡好人》里的码头、《世界》里的飞机等，叙事的焦点不再是只有精英和英雄人物出现的宏大场面，而是立足于在现代生活中扮演着越来越重要角色的大众交通工具上。后现代主义"强调了艺术与日常生活之间界限的消解、高雅文化与大众通俗文化之间明确分野的消失、总体性的风格混杂

---

〔1〕 ［美］杰姆逊：《后现代主义与文化理论——弗·杰姆逊教授讲演录》，唐小兵译，北京大学出版社 1997 年版，第 95 页。

及戏谑式的符码混合"。[1] 所以贾樟柯对以大众交通工具为代表的公共场所的重视也体现了某种程度上他对大众文化的推崇，而大众文化恰恰是后现代主义推崇文化的代名词。

（二）近乎平白的空间叙事

公共场所成为承载影片故事的空间容器，各色人物在这些公共场所轮番登场：深夜小火车站候车室焦急等人的男子；黄昏矿区公共汽车停靠点不停地拉拉链的老人、错过大巴车的长脸女人；大巴车里目不转睛盯着摄像机镜头的乘客、低头翻着眼看车外的乘客、牙痛吸气的男孩；废旧大巴车改装的小餐馆里吃夜宵的人们觥筹交错；车站候车厅私刻公章的小摊，门帘内改装的台球厅和舞厅，轮椅上的男子、练习跳舞的一对男女和跳交际舞的一群人。

没有明显的四季晨昏的时间逻辑变化，反而是让人摸不着头脑的场景转换，区别于传统蒙太奇手法，显然已经超越了典型的空间叙事结构范畴。工业社会发展的产物之一就是秩序，传统的叙事结构都遵从时间或空间上的内在逻辑和各场景之间的联系，而《公共场所》随性的空间切换和基本没有情节性或戏剧性的空间场面无疑打破了这种逻辑和秩序，整个近乎平白的叙事气氛以及与之相伴的极度长镜头拍摄手法成为了影片的结构支撑，这样就造成了观众观影时对逻辑线索变化的不适，这是冲突之一。平白的空间叙事气氛之下还蕴含着开放性的思考方式，导演的思考通过影片结构暗示给观众，不拘泥于传统的开放式结构产生多元的组合方式，电影开放性的叙事策略、不确定的影片结尾、简洁的人物构成、直白的故事线索都使得观众对影片难以有一个确定的认知。由这种突出的平白叙事结构带来的逻辑冲突以及不确定性正是后现代主义主张的认知倾向。

（三）空间叠加的意义

对于空间的认识，除了叙事气氛还可以从空间内部的联系上理解。影片中一些公共场所还具有空间叠加的特点，包括过去空间和现在空间的叠加、空间社会功能的叠加以及此空间与彼空间特征的叠加。比如废弃的公

---

〔1〕 ［英］迈克·费瑟斯通：《消费文化与后现代主义》，刘精明译，译林出版社2000年版，第94页。

共汽车被改造成夜晚容纳招待各色小人物的简陋餐馆；汽车站的候车室，卖票的前厅可以打台球，一道布帘的后面又成为舞厅，也有偷摸之辈在私刻公章，它变成了四个场所，也承担了四种功能。

叠加的意义在于，就像后现代艺术绘画里多个画面的叠加，空间叠加可以使人感受到纵深复杂的社会现实。比如改革开放以来社会政策的放宽，人们的经营头脑逐渐活跃，原来的公共场所一旦废弃或者有利可图就会被改装和兼用，而改装后的公共场所功能又无不与休闲娱乐挂钩，平头百姓的日常生活也许正是依赖这些算不上多有价值的享乐活动，这已经成为当时社会的普遍现象。相对于城市通过不断翻修的建筑物获得发展，"候车室"显然在内部空间消化了这种变化，不同的人因为不同的目的进出车站，车站也随社会的发展变化增加和更替着新的社会功能，这一点凝结了作者对于表层物质性和深层文化性的思考。

空间的叠加也体现了人与时间的僵持感，物品的废旧、旧物新用本身就是时间上的冲突，人与时间的冲突正是需要空间功能的调解缓和，无形之中给整个叙事展示增加了层次感和矛盾感，这是又一种冲突。多元功能带来的冲突也是一种美，为原本普通的空间类型增加了情趣，所以与其说影片叙事气氛太过平白无味，不如说在慢节奏的叙事过程中仍可以感受到冲突带来的情趣，并有可能获得一定的反思。叠加背后纵深复杂的社会现实和时间功能的僵持感和冲突感都提醒着我们跳出现代性的框架去感受后现代主义叙事美学的情趣。

二、长镜头拍摄手法

电影纪实性理论的奠基人法国电影评论家安德烈·巴赞在《摄影影像的本体论》中指出，影像和客观现实里的被摄物具有同一性，电影就是现实的再现和反映，人不应该打破这种和谐。[1] 如果说传统现代性电影是对客观现实里被摄物进行艺术化处理形成影像，后现代主义则主张影像即客观事物，是对影视文化本源的回归。虽然长镜头也不完全等同于客观真实性，但却无疑是最接近客观性的方法。长镜头更能客观完整地呈现事件发

---

[1] 林黎胜主编：《影像本体论：作为创作的电影》，中国电影出版社 2004 年版，第 97 页。

展，表现出现实生活内含的抽象内容，从而给观众留下充足的思考空间来探寻观众眼中人物的内心世界和作品立意。影视蒙太奇对于电影镜头的剪辑和组合，体现的则是导演创作上的主观认识和逻辑思维，多样的镜头切换和剪辑方法能为观众展现一种视觉和听觉上的刺激和冲突，甚至造成一定的观感不适。虽然长镜头和蒙太奇拍摄手法是现代电影拍摄最基本、最常见的场面调度拍摄手法，但是当这种以长镜头为代表的拍摄手法变得频繁、夸张和极致，与传统影视手法和观感发生冲突时，则变得颇具后现代主义色彩。

《公共场所》作为观察式记录片和练习式纪录片短片的代表，甚至有点模糊了纪录片的概念，但确实少了浮躁，最大限度还原了生活本身。以极致地、长时间地、频繁地长镜头使用为代表的场面调度将几类公共场所的特点冲突性地展现出来，体现了贾樟柯导演一贯遵从的"强调表面，拒斥人为深度"的真实作风。

（一）长镜头传达僵持感

《公共场所》以及贾樟柯导演的另一部纪录短片代表作《狗的状况》也具有一个鲜明的特点，就是不同于其他影片使用手持摄影的做法而坚持使用 DV 长镜头拍摄，加之三人以下的拍摄团队可以自由地行走、观察和拍摄，获得基本不做作的人物表现，捕捉到微小细节，甚至是抽象的一面。长镜头以真实、淡然的镜头语言完整地展现较长一段人物或环境的发展状态，在长镜头中，落后社会角落里麻木、粗鄙的人们呈现出一种静态感，似乎一切势必这样继续下去，缓慢节奏下人与现实的僵持感同样会带来观感上的不适。

后现代主义的核心是颠覆与消解，面对严肃庄重的传统叙事，粗糙和刻意涂抹理所当然成了后现代的同位语。影片中，矿区简陋破败的公共汽车站点、凌乱暗淡到处冒着滚滚黑烟的矿工宿舍区、拥挤不堪的马路上行驶的拉煤卡车和公共汽车的混乱画面，配合因陋就简的嘈杂现场收音，既是现实也是刻画，它摆脱了传统现实主义的束缚，以一种粗粝、碎片化的叙事风格对真实生活进行还原，力图复制真实，这种新的影像使观众与角色的距离彻底消失。后现代主义也强调回归感性的审美意识，理性的深邃与结构的规范渐渐淡出人们的意识层面，生活变得更加平面化，影片背景的视觉观感也更加精致、奇异、具有对比性，电影中的日常生活情节也突然变得陌生和不平凡。

（二）DV 拍摄的反工业化

贾樟柯导演认为电影是一种工业，拍电影是一项非常有计划性的工作，导演独立制片的方式也是为了尽量减少工业化带来的捆绑和束缚，这种束缚包括制片人的压力、电影审查的控制和电影制作方法本身的规范，所以DV 拍摄本质上带给人的是一种摆脱工业的快感。

中国"第六代导演"从其诞生之日起，就在电影语言的运用方面体现着他们与前辈的截然不同：他们排斥传统电影的"符号暴力"和"模式暴力"，采用定点摄影、自然光状态下拍摄、同期录音、长镜头拍摄，追求最常态的镜头人物、最简单的生活呈现、最朴素的语言表达、最基本的感情传达。[1] 很明显，对比张艺谋导演在商业片中对恢宏的历史画面的使用，观众在欣赏贾樟柯作品时能够感觉到他对表达自我感觉的重视。获得 2001年法国马赛国际纪录片电影节最佳影片奖的《公共场所》，将反现实主义的电影语言与内容上的纪实性和底层性结合起来，制造出既原始又新鲜的视觉影像。公共场所里车辆和行人来来往往，尽管时间和空间在流动，但是镜头人物的生活在贾樟柯导演冷静的"零度记录"中实际上还是停留在原点。这种手法容易给观众造成沉闷感、压抑感甚至奇异感而被大部分商业片回避，但贾樟柯正是用这种略带固执的沉闷，提醒观众画面背后的绝望。这种敢于和传统影视艺术和观众审美习惯叫板的勇气充分体现了"第六代导演"身上的后现代主义精神特质。

三、声音元素

影片除了充斥着摸不着头脑随意的场景切换、长镜头带来极度慢节奏和混乱的背景画面外，还包括以真实甚至嘈杂的现场收音为代表的声音元素。嘈杂的现场收音和消失的人物发声与突起的音乐声的对比都带来了听觉上的异感，体现了后现代主义核心的冲突特质。

---

〔1〕 张文杰：《视觉叙事带来的震搏与过度个性化的"省略"———第六代导演的尝试、突破与存在的缺憾》，载《文艺评论》2011 年第 1 期。

（一）真实甚至嘈杂的现场收音

在大量长镜头运用的同时真实地保留了日常生活中的同期声，不过对于真实生活中大量无序的声音元素影片并未进行刻意地选择和处理，而是因陋就简地有意呈现出嘈杂的现场收音本色。贾樟柯导演热衷于使用现场录音，这使得影片中的火车鸣笛声、汽车喇叭声、"改装过的"餐馆和娱乐场所人声鼎沸，层出不穷，这些现实感的同期声缩短了观众与电影人物和电影场景的距离，仿佛进入剧中人物生活的世界，深切地体会着剧中人的生活方式和精神状态，某种程度上又成为巴赞所强调的"对于影视文化本源的回归"。而在现场收音带来的最基本的真实感之外，同期录音也带来一种过分的嘈杂感，产生这种夸张的声音体验的原因除了未经处理甚至刻意加强的声音效果呈现之外，还包括与传统影视文化声画和谐叙事习惯完全不同的体验，也就是异样的观感强化了对于声音元素夸张化的认识。在影片声音元素运用方面既基于生活又比生活更加夸张，这是贾樟柯导演对于当代现实生活非理性的一种表达。正如后现代主义中所强调的，事物在发展中旧的含义被否定，而新的含义没有诞生，这就使人们陷入了混乱和无序的状态中。

（二）消失的人物发声和突起音乐声的对比冲突

在大量长镜头运用的同时虽然真实地保留了大量的日常生活中的同期声，不过特别的是镜头下的人物都没有发声，镜头下人物或沉默，或讲着听不清的方言，甚至没有字幕。相比于华丽复杂的语言，单纯的状态呈现就已经足够，没有必要听清人物究竟在说什么，说什么已经不重要，重要的是他们的样子。安东尼奥尼有句名言"你进入到一个空间里面，要先沉浸十分钟，听这个空间跟你诉说，然后你跟它对话"。只有站在真的实景空间里面，去除先入为主的想法，聆听现场的声音，才能知道如何拍这场戏，在空间里面找到一种东西，感觉到它，然后信赖它，[1]这也是贾樟柯导演一直以来坚守的创作信条。这与传统影片的声画运用产生巨大差异，当一部影片更多情况是无声的画面，那么你将有更多空间去思考画面真正的深层含义，也是对观众感官体验的释放和对视听觉语言表达的开发。

---

〔1〕 贾樟柯：《贾想 1996～2008：贾樟柯电影手记》，北京大学出版社 2009 年版，第 103 页。

　　根据影片声音元素运用的复杂程度，还可以将影片大致分为三个部分：第一部分包括火车站接站、矿区等车及大巴车内部的场景，声音元素相对单一即主要是交通工具声，充满长镜头人物特写，但镜头人物却鲜有发声，呈现出沉默、呆滞、麻木、无聊、没有思考冲动的精神状态，营造出一种疏离、异样的效果气氛，让人尴尬甚至倍感压抑；第二部分大巴改装的餐厅的场景是过渡部分，声音元素和前一部分相比稍微复杂，由于没有镜头特写和特别关注，镜头人物较为自然地享受夜宵生活；第三部分则是具有多种功能的候车厅场景，多种声音元素复杂地交织在一起，在拥有诸多种类娱乐活动的封闭空间里，人们受到音乐和享乐气氛的刺激而精神亢奋，即使镜头长时间对准特写，人物神态大多也是放松活跃的。候车厅墙上挂着"坚决贯彻落实江总书记对安全工作的重要指示"的红色横幅，男男女女在旋转彩灯下扭动着舞步，在入口处掀动门帘进出往来，门口坐在挂有毛主席像装饰轮椅上的墨镜男人抽着烟不时露出笑容，远处还有人打台球和私刻公章，影片在嘈杂的环境和宏大的音乐声中达到高潮。

　　这样，宏大音乐背景下小人物享乐的亢奋状态就与之前普通公共场所下镜头人物的呆板无声状态形成鲜明对比，加重了影片听觉叙事的冲突感。相比于传统艺术作品明确展现出社会矛盾，《公共场所》没有主题先行，也没有明确突出的主题指向，但是带来的冲突感却更具震撼力，这与后现代主义拒绝确定性和强调冲突性的特质不谋而合。

四、多元主题

　　就艺术作品的创作和传播过程来讲，"语言符号"的编码和解码不仅受到自身条件的限制还容易受到外部环境的影响，包括艺术形式和电影语言的复杂性、解读者和创作者在生活阅历和认知方式的差异等，所以从影片的"文本叙事""话语传达"到"受众接受"等各个层面都引入多元化的概念，不再强求表达的至善至美和获得观众的接受、共鸣，转而更宽容地面对影片各层面的断裂、矛盾、局限、不确定性与不稳定性。

　　在这一点上对应的后现代主义关键词就是多元。反释义学认为释义是智力对艺术的报复，后现代主义大师依哈布·哈桑和德里达在论及后现代主义时都提到的一个词就是"不确定性"，贝尔认为后现代审美观应该对

"批评"加以质疑，并使批评陷入无以为"评"的难堪的处境。相比于传统电影通过"梦幻般完美的故事""逻辑缜密的对白""封闭的结构""完满的结局""单一明确的主题解析"，以同一性的中心论维系实现整体思想的一致，把元叙事追求的共时性看作是自己的终极目的，后现代电影更倾向于运用开放式的文本结构与晦涩的审美表达将观众从理性思辨的习惯中解放出来，引导观众的个性化审美体验。

贾樟柯先生曾经口述过他到大同拍摄《公共场所》的初衷，却没有明确自己要传达的主题或者价值取向是什么。没有必要过分揣测作者确切的拍摄意图，一部纪录片真正的意义在于看电影的人，得到自己独有的感悟是最重要的。

（一）随性的创作

很多人认为贾樟柯拍摄《公共场所》的目的只是倾听空间的诉说，展示空间本身蕴涵的信息。当时贾樟柯为了参加韩国全州电影节"三人三色"计划，需要拍摄以"空间"为主题的三十分钟的数字电影作品，虽然刚开始拿到计划后并不太知道要拍什么，但是带着对一个城市的幻想去了大同，最终也被这个特别的城市吸引。三人拍摄团队在大同的街道上自由行走、感知和拍摄，运用长镜头拍摄手法记录了火车站、汽车站、候车厅、舞厅、卡拉 OK、台球厅、旱冰场、茶楼等多处场景素材，矿区车站突然闯入的女人也能带来仪式感的拍摄经历，完成夕阳下女人的背影和身后昏暗破败的平板工人宿舍区这样的画面组合。整个创作过程自由随性，不受传统电影拍摄方法的拘束，镜头下的每分钟成为上帝赐予的礼物。

（二）反思的主题

1. "2001 年大同这座城市的传说"

贾樟柯导演的许多影片讲述的都是山西大同的故事。之所以选择大同是因为这座城市完全是传统北方工业城市变迁的代表，煤炭资源开发殆尽，却因为得不到转型发展而前景黯淡，传言矿工要迁到新疆开采石油，由于煤矿与石油开采的巨大差别，这种说法也显示出某种后现代的荒谬意味。当年山西人和其他地方的人对大同的印象只是特别乱、特别恐怖，传闻这里每个人都在及时行乐，大同不再如其名"天下大同"，而成为一座没落的现代工业城市。大同的命运和大同人的精神状态是那个时代发展的产物，大同的命运也是世纪之交下中国的命运。

2. "所有的纪录片都在讲述人类的困难"

贾樟柯先生曾说过"所有的纪录片都在讲述人类的困难"。《公共场所》也不外乎讲述了中国人的苦难，是观察、表达和探索世纪之交下中国老百姓的生存状况和精神状态所遭遇的苦难，向世界展示了正在经历沧桑巨变、处于转型期的中国社会以及当代中国人精神内心的空洞无力。改革开放以来，严肃的政治话语退到了幕后，人们莫名其妙地活着，沉默而沉迷于享乐，似乎一切已经没有价值、没有意义，非理性的生存状态下是人物内心的挣扎和喧嚣社会对底层反抗的熟视无睹。整部影片都体现着一种直面残酷现实的强烈悲凉感，表达了作者对于社会改革变化之下的人性异化的排斥。

贾樟柯导演的一系列山西纪录片作品都消解、调侃着中心权力话语和世纪之交下小人物命运与宏大叙事气氛的冲突，但是调侃并不同于讽刺，讽刺所具有的攻击性并不适用于调侃，贾樟柯作为一名电影导演正是想运用这种反传统的电影语言向世人展示被忽略的民族面貌和精神状态，表达自己的古道热肠，也许只有展现出来才能被触动，才能受启发，才能有改变。

3. "纪录片是一面镜子"

福柯说过"在虚构地点与这些截然不同的基地，即这些差异地点之间，可能存在着某种混合的、交汇的经验，可以作为一面镜子"[1]影视形象和观感与现实生活体验在纪录片的时间空间点上交汇，形成了一面镜子，我们可以通过这面镜子感知和反思非我之处和自我缺失之处，由此回到我们本身，重新审视和建构自我。

世纪之交中国社会公共场所里人们会因为无聊尴尬而发呆，惘若病态，二十年后的今天我们同样如此，只不过换成人人低头刷手机，大家沉浸在自我构建的精神世界中，连和旁人搭话聊天都变得稀有起来；世纪之交社会的公共场所里人们会因为激扬的红色歌曲和流行歌曲而精神亢奋地沉迷于娱乐享乐，二十年后的今天我们同样如此，只不过我们面对的是以指数速度增长的娱乐形式，网络手游、网剧、网络直播，对现实生活高度仿真

---

[1] 杨波怡：《福柯话语权简梳》，上海交通大学 2008 年硕士学位论文。

的网络虚拟空间吸引着一代又一代的年轻人，我们是不是也无视了对于政治话语生活的参与需求，已然沉迷于我们自建的"电子鸦片"环境中呢？也许与贾樟柯纪录片镜头下那个年代的人的生活方式和精神状态相比，我们现代人在公共场所呈现出的病态精神状态有过之而无不及。

"人类一思考，上帝就发笑。"《公共场所》以近乎平白的空间叙事结构、冲突性的长镜头和蒙太奇的拍摄手法、对比性的声音元素、开放性的多元主题启发似乎呈现出了一种拒绝思考的姿态，但是后现代主义精神下的拒绝思考就是思考，不妨以一种后现代理论视角去感知贾樟柯导演对待生活的哲学和精神特质。通过观照贾樟柯电影中的人物以及他们生活的世界，我们也许可以获得反观自我的意识和力量，梳理自己与真实生活空间的关系，从人与空间的关系中寻找生存危机的根源，这应该是所有有价值的人文哲理类纪录片的共同意义吧。

本文虽然力图突破性地分析清楚贾樟柯先生的《公共场所》内含的后现代主义特质，但笔者也清醒地认识到自己按照叙事结构、长镜头拍摄手法、声音元素、主题等电影语言的角度分析《公共场所》明显具有现代性的烙印，包括过分拘泥框架、遵循内在逻辑等所谓的"理性"成分在内，甚至有些部分的理解过于牵强附会而陷入自我解构中，这些都与后现代主义精神相违背，这大概是现代人难以摆脱现代性思维构架的弊端。但毕竟尝试用后现代主义研究范式去认知一部有价值的人文哲理类型纪录片作品还是很有启发和收获的，期待更多的领域借鉴后现代主义研究范式分析专业问题，后现代主义精神也能被更多人了解和关注，从而与现代性思维相互借鉴、融合、相辅相成，推动思想认识的解放。

记录生活的时代，反映裂变的中国

——浅析人文社会纪录片《大路朝天》

张天格[*]

一、《大路朝天》——记录生活的时代

（一）创作背景——何以选择"大路"

改革开放以来，随着中国加入世贸组织，成功举办奥运会、世博会，其大国形象在世界赫然耸立，同时在多极化中成为经济发展全球化的重要力量。这个人口居世界第一位的大国因其悠久的东方历史、坚持走中国特色社会主义道路而在世人心中倍感神秘。

在我国走上一条经济高速发展道路的同时，拔地而起的高楼代替了陈旧破败的村落，千篇一律的工业化流水线景象代替了山清水秀的高远景色，生于这个时代的人民，无疑成为经济建设发展的受益者，在感受中国国家综合国力不断增强之时，享受着生活水平不断提高带来的红利。

2009 年，为了拉动内需，刺激经济，政府开始实施"4 万亿计划"。这其中，包括公路建设在内的交通基础设施建设，占有相当重要的投资比例。过去十年，中国建造了 7 万多公里的高速公路，总里程达到 11 万多公里，居世界第一位。

但随着经济社会昂首迈进，阵痛却接踵而至。人们在时间的

＊ 张天格，西北政法大学新闻传播学院 2016 级硕士研究生。

沉淀中发现，国家走上经济发展的快车道无疑是一把"双刃剑"，享受这份红利的同时，伴随着社会转型和社会改革诱发的一系列社会问题，我们身处时代变革的漩涡中无法抽身，自然而然也成为了在国家大义面前牺牲个人利益的"小我"。似乎在经济发展的前提之下，在如今GDP包裹人们的时代之下，其他一切发展都要围绕着这个主旋律或妥协或让步。生活在社会底层的人们，他们曾经赖以为生的传统自给自足式的谋生方式已承载不起家庭生存的重担，跟不上时代发展的速度和基调，他们带着"明天会更好"的美好憧憬来到城市，被一双双"看不见的手"在市场化浪潮下无情消费，但自身命运却并未因淳朴劳动换来根本性的转变。背井离乡，为生计奔波，这是这个群体真实的生活图景，也是当下底层人民的真实写照。

（二）创作目的——何以记录"大路"

人的社会性属性是众多属性中最基本的一项，也是公民参与政治生活最能为自身带来安全感的一项，但在张赞波的镜头之下，这种想象中的安全感却被全然打破。

多年后，当一辆辆车在一条条高速公路上加速奔驰，人们根本不会记得这条高速公路的修建是多少人以命运转折为代价换取的，也不会有人记得速度的保证下有多少人牺牲了自身利益。独立纪录片导演张赞波希望通过记录这条高速公路修建时工地上发生的种种见闻，以小见大，反映当代社会发展中不可被忽视的种种矛盾，从而引发人们对底层这样一个急需关注和救助的特殊群体的反思。他希望通过展现一条高速公路从无到有的全过程，来洞悉隐藏在工地周围的人情冷暖和社会问题。

从最早聚焦中国航天火箭发射的残骸坠入农民居住区域给他们生活带来的影响，继而拍出其个人第一部纪录片《天降》开始，张赞波便把关注的视线放在了自己的家乡湖南，展示颇具湘西风俗民情的农村人民生活的全景样貌。溆怀高速公路是当年湖南省开工建设的第十四条高速公路，也是"五纵七横"高速公路网络中间的一段，全长达91.78公里，预算总造价高达89.7亿元。张赞波所在的项目部承包了整条溆怀高速二十个标段的其中一段，全长达4.56公里。当爆破声从名为中伙铺的小村庄传来，这段大路的故事也正式拉开了序幕。这也是导演想展现的中心要义——中国朝着现代化发展不断迈进的同时，社会结构却未被根本重塑，而是不断固化，在经济差距不断拉大之中，社会的基本保障尚存缺陷，使得一部分人生存尊严得不到根本性的保护。这是我们绕不过的社会现状，也是每一条大路修建过后给我们留下的最严峻的思考题。

（三）创作构成——何以建成"大路"

纪录片《大路朝天》共分为四个章节，即"顺民刁民"、"阶级兄弟"、"人民矛盾"和"歌唱祖国"。第一章"顺民刁民"主要交代了溆怀高速公路修建的背景，以及在开始动工之前的搬迁、拆除等准备工作。在安置工作中，因高速公路修建穿过自己租屋的年迈老人欧婆婆成为了备受困扰的代表，她的家并不属于搬迁的范围，却在爆破声中隐忍地躲藏在狭窄的床下，等待着杯水车薪的赔偿。在此过程中的人间百态构成了对该村生活图景的第一印象。因一棵千年古树归属权和赔偿款而引发的村支书与村民的激烈矛盾，在语言交锋中，反映出无产阶级对社会变革和生活变化的迷思。第二章"阶级兄弟"主要展现出拆迁过程中，因恶劣天气的影响，工地出现小范围塌方，民工之前的劳动成果付之东流。面对上级的问责，农民工与包工头爆发的矛盾冲突。第三章"人民矛盾"主要讲述因为抱怨高速公路施工影响到普通公路，当地的公路部门经常到工地进行特殊的执法活动。在一次冲突中，多位农民工受伤，却未得到有效的赔偿。案发第一时间，项目部对该事件的处置态度也无一遗漏地进入了观众的视野。这一章也是整个纪录片的高潮部分，同样也是人物之间矛盾纠葛最激烈的部分。第四章"歌唱祖国"主要重现了溆怀高速公路庆祝中国共产党成立九十周年大会的场景，有数个单位不约而同地选择"歌唱祖国"来倾诉自己对伟大祖国的热爱。

纪录片最后，放在户外的菩萨终于被粉饰一新，被村民们搬进新建的宗庙；千年神树的主人得到了两千元的赔偿，而树被绿化商人移进了临时苗圃，等待着下一个主人高价带走它；欧婆婆得到了8万多元赔偿款，住进了新房子；项目部孟总去了四百公里外的另一条高速公路的工地，继续处理修路过程中遇到的各种纠纷……一切归于平静，总有新篇章的开启代替过往记忆的落幕，只是这一切会不会是无限循环的重复，不得而知。

二、《大路朝天》——反映裂变的中国

（一）平民化叙述平视社会人生

在引起中国大陆众多关注底层命运的独立媒体人关注之前，这部《大路朝天》已经获得了多项荣誉：入选第 28 届阿姆斯特丹国际纪录电影节长片主竞赛单元，获得第十届台湾国际纪录片影展（TIDF）"华人纪录片奖"首奖，入围 2016 年第 53 届台湾金马奖最佳纪录片。伴随着这部纪录片一同进入观众视野的，还有非虚构作品《大路》，获得了 2015 年新浪十大好书的荣誉。

这样的成绩并非一日可期。独自一人携带着早已过时的摄像机，只身前往湖南省中伙铺村，在长达 3 年的时间里，独立纪录片导演张赞波见证了溆怀高速从诞生之日起到成功建成的全过程，成就了今日呈现在观众面前的《大路朝天》。这也应了崔卫平老师的那句话，"你所站立的地方，就是中国。"[1] 张赞波将他 3 年间在溆怀高速公路修建过程中看到的中国，看到的社会的现实问题在纪录片中展露无遗。

对于一部纪录片而言，其最重要也是最基础的要求便是真实。从前期大量的田野调查开始，张赞波用 3 年时间扎根在湖南省怀化市中伙铺村，走进民工们的生活之中，与他们同吃同住，一同经历大路朝天的漫长过程。毫无修辞的纪实描述也来源于敏锐的观察与真实的记录。

多年前，哲学家汉娜·阿伦特曾经指出行动的根本意义在于，"行动最能体现人之为人的存在方式，唯有通过行动，一个人才有可能在公共生活中显示'我是谁'"[2]。张赞波用自己的镜头探索了在公共视域下，一段高速公路修建的台前幕后的故事。在他的记录里，暗含着对三个情境的描述：自然环境、社会环境和生活环境。尘土飞扬的自然环境下，工地上错综复杂的人事和矛盾构成了社会环境的生动图景，同时每一个镜头都在详细展现工人的生活环境。长时间周期的记录中，在充分理清工地人物角色和矛盾冲突后，这样的呈现方式也凸显了作者主观价值和客观事实的有机统一。

---

〔1〕崔卫平：《为什么你所站立的地方正是"你的中国"》，载《求知导刊》2014 年第 2 期。

〔2〕徐贲：《文学的公共性与作家的社会行动》，载《江苏社会科学》2008 年第 6 期。

但他真正关注的并非只是溆怀高速公路的修建，他更着眼于从开山劈石到打通隧道再到公路开建，修建对所有被包围者的生活产生的方方面面的影响。村庄的样貌被时代改变，一个行业内部的真实状态也展现在人们面前。

正如台北国际纪录片影展给张赞波的颁奖词所说："导演张赞波埋身体制内做第一手观察和调查，以圆熟的艺术表现和深刻探索，凸显中国现代化的阴影。"[1] 独特的人文社会关怀为纪录片《大路朝天》构筑了深刻的思想性。与其他关注社会底层人民命运惯常采用"上帝视角"，以救世主的姿态记录人物命运不同，张赞波以平等的视角介入，纪录片全程采用同期声。这样近距离的拍摄，让受众无时无刻不与片中人同呼吸、共命运，时刻能感受到人性的冷漠和命运的挣扎。

（二）"无我"镜头真实记录

随着科技水平的不断提高和互联网时代大众传播技术的发展，摄影摄像这门曾经神秘的艺术表达手段已揭开它的面纱，为越来越多独立记录人所掌握。电视影像作为一种艺术表达方式，与多数同学选择拍摄商业片相比，硕士毕业于北京电影学院导演系的张赞波并未选择这条道路，而是选择纪录片这一形式来展现他对这个社会的长期观察和深刻反思。

在影视呈现中，记录者往往也被视为事件的参与者或是推动事件发展的促进者。但从《大路朝天》的拍摄层面来看，张赞波似乎把自己隔离在事件之外，不干涉事态的发展，纯粹记录他拍到的客观事物。作为单纯的记录者，他拍下溆怀高速修建过程中纠结错综复杂的矛盾与冲突。在导演张赞波采用的原生态镜头中，每个个体都展现出作为鲜活生命的真实性。他们真实地存在着，也真实地无奈着，一切故事在"无我"镜头下展现得淋漓尽致。每个人都有一个专属的名字，他们的故事不尽相同，来自四面八方的人们因一条高速公路的修建彼此命运产生了交集。

在工地上驻扎也让张赞波收获了最原始的一手资料和素材，在后期剪辑和呈现方式上，在章节编排和细枝末节里，导演的态度展露无遗。尤其是在同期声的使用上，《大路朝天》全片并未采用一句解说词，全部采用实

<hr>

〔1〕 李幸、张赞波：《大路朝天，各走一边》，载 http://webapp1.cyol.com/zp/show.php? id=13641，访问时间：2016 年 11 月 26 日。

拍实录的声音作为基本元素来加以呈现，体现了纪录片最重要的纪实理念。

正如《大路朝天》中所记录的那样，一条高速公路蜿蜒向上，似乎正是人们通往美好幸福新生活的开始，但反观导演在纪录片里呈现的——婆婆为此失去了自己祖祖辈辈传承下来的老房子，落叶归根已成为人间幻影；在工地上发生意外的工人因伤失去了劳动能力，却迟迟等不到有效的赔付；被迫拆的庙堂里遗落着无处安放的佛祖雕像，无人探究它身上担负的宗教信仰；千年古树被连根拔起，无人探究它承载的历史意义……这一系列露骨的事实在张赞波的"无我"镜头里展现得淋漓尽致，他将自己的理性思维充分运用在真实镜像之中，在矛盾冲突爆发时的跟拍镜头让受众有身临其境的参与感，也随着事态的不断演变深入思考。

（三）细节隐喻暗示无奈命运

在完全失魅的社会场域中，人人都活成了精致的利己主义者，在利己盘算和利益交换之中，受众更能时刻感受到在这样一场权力和利益的相互博弈中，究竟谁才是受害最深的人。在导演张赞波的镜头里，路桥公司职员、修路民工、包工头、工程监理、业主方、当地村民及基层官员，他们的身影一一浮现在摄像机中。随着戏剧性的事件接二连三地发生，打架、工伤、讨薪、强拆、上访，激烈的冲突像旋涡一般席卷着这些普通人的命运，急剧变化的时代下顽强生存的普通人的背影也深深地印在了导演的创作细节中。

在这里，笔者根据影片中的片段来做详细阐述。高速公路修建工期中，在距离春节仅剩不到两周时间时，导演张赞波路过施工大桥，发现仍有农民工尚未停工回家，而是继续重复着机械的作业。镜头一转，我们看到了这一家三人简陋的生活环境，在尘土飞扬的工地上用红白蓝相间的塑料布搭起了一个帐篷，唯一的空间划分也是通过红白蓝塑料布完成。这种日常生活中经常见到的物品更能拉近受众与叙事者的内心距离，产生情感共鸣。

但其实往更深层次的内涵探究，红白蓝布也被赋予了丰富的意义。红白蓝布作为工地常用物品，被香港的著名设计师及艺术创作人黄炳培引入艺术创作，它们同时也承载了很多生活在社会底层工作者的时代记忆，承载着他们身上存在、参与、耕耘、苦捱的品质。

导演善于捕捉工地上所见到的每一个小细节，红白蓝塑料布的使用，更多的是让受众在感到熟悉的同时能体会农民工生活的辛酸与无奈。他们是我们荣辱与共、休戚相关的命运共同体，但当神州大地歌舞升平，沉浸在迎接新年的喜悦中时，他们的生活似乎被定格在工地上。无法与家人团聚的无奈，期待早日完工拿到辛苦钱的焦急，他们好似镜头中一望无际的野草，在荒芜之地繁衍；又好似红白蓝塑料布背后那股坚韧顽强的意志力。红白蓝塑料布就好比是农民工的最后一道"遮羞布"，遮得住一时的困窘，但终究很难遮住无奈的命运。

（四）被记录者"自我"与"他我"的二元对立展现

海明威曾说过，"在这个世界上，每个人都不是孤岛，所有的人都是一个整体，他人的不幸即是你的不幸，不要问丧钟为谁而鸣，丧钟为你而鸣。"[1] 海明威的话详尽道出了作为构成社会有机体重要组成部分的本我与他我二元对立，却彼此依存的实质。纵观纪录片《大路朝天》，参与溆怀高速修建的不同身份的人，他们的命运因为一条高速公路而彼此交织，也因立场不同从而展现出"自我"与"他我"的对立。

1. 高速车道里的低速人生

人们在惯常对这个时代进行刻画时，最常用到的一句话便是出自狄更斯《双城记》中那一经典开头——"这是一个最好的时代，也是一个最坏的时代……我们面前应有尽有，我们面前一无所有。"[2]《双城记》作为一部广为传颂的经典文学作品，以细腻的笔触生动地展现了急速扩张的伦敦给当时生活在该地的人民带来的影响，并从人性的角度描绘了一幅批判现实主义的图景。狄更斯大概没有想到，时隔几十年，在遥远的东方，张赞波通过自己镜头下一个个生活在社会底层的小人物，还原了工业化背景下人民生活的无奈和无力，与多年前的欧洲大陆遥相呼应。

改革开放的春风吹进了千家万户，在先富带后富，共赴小康路的壮阔前景下，一部分人却在这个过程中掉队，需要通过最原始的出卖劳动力的方式来谋求一家老小在这社会的立足之地。《大路朝天》中，因搬迁无门的

---

〔1〕［美］欧内斯特·米勒尔·海明威：《丧钟为谁而鸣》，程中瑞译，上海译文出版社2004年版，第1页。

〔2〕［美］欧内斯特·米勒尔·海明威：《丧钟为谁而鸣》，程中瑞译，上海译文出版社2004年版，第1页。

高龄阿婆,最终如愿拿到拆迁补偿款离开了自己的家,在老人心中,这样的补偿比拿不到任何补偿好。因被黑社会殴打致伤却无人买单的农民工,他们拿到精确到小数点的工程款,扛起行囊毅然返乡……他们是工业化时代下个人命运的缩影,我们无法让这个飞速发展的时代放慢向前的脚步,只能尽可能保持姿态不被击倒,然后自我舔舐伤口。讽刺的是,欧婆婆的儿子名叫欧安铁,"安铁"这个名字的由来便是出自于对湘黔铁路修建的纪念,更是一家人对铁路修建后美好生活的期待,但万万没想到,他们一家人的命运在几十年会因为一条高速公路的修建而彻底改变。

经济高速发展和人民生活的困境形成鲜明的对比,我们无法逃离这个时代对个体的绑架,也因此付出了高昂的代价。生活在社会中的每个人都在创造着这个国家的完整政治、经济、文化风貌,而与此同时又被这些因素所束缚。

2. 建设者和守护者

"当羊在下游喝水的时候,住在上游的狼却指责它污染了水源"[1]。《大路朝天》这部工地纪事中,处处展现着作为建设者和守护者的对立。

在导演张赞波的镜头下,建设和守护这两个正面指向的名词本应该相辅相成地存在着,但在此却爆发出异常激烈的矛盾冲突。例如,高速公路筹建初期进行征地时,为了尽快请走钉子户而想尽各种办法的拆迁队,他们都是溆怀高速的"建设者";而不愿放弃故土、背井离乡的当地居民,则成为了家园的"守护者"。等到所有居民撤离,随着一声爆破,家园被夷为平地,新的"建设者"由临时成立的项目部接棒,而与项目部达成口头协议,在施工中因保护措施不到位发生意外致残的民工们则成为了新的"守护者",不过这一次,他们守护的是作为人的尊严与最基本的生存权利。除此之外,地方保护主义也在深深困扰着溆怀高速的修建,因为溆怀高速的修建落成势必会对当地其他公路的经济收益造成影响而引发当地公路局对整个项目部的不满,在对项目部施工进行干扰的过程中,他们是既得利益的"守护者",而无权无势的民工作为"建设者"则受到了最为直接的冲击

---

[1] 方圆:《一段高速公路里的中国》,载 http://www.yidianzixun.com/home? page = article& id = 0CWu6NOX,访问时间:2016 年 2 月 29 日。

与伤害。在工程推进过程中，工程项目部作为"建设者"，通过在安保部会议室最显眼的位置设立统计安全施工天数的警示牌来进行安全建设，而上一级负责安全的直接领导则作为"守护者"的形象出现在公众视线中，如何在既保证工期的前提下又让领导满意而归，这一门"工地关系学"的难度不低于当今高校现存的任何一门学科……

由此可见，建设与守护的对象不尽相同，但这对象之间本身就有着难以调和的矛盾，当资本介入，利益的纠缠就是可以预见的结果。在这条大路的修建中，你无法精准定义施害者与受害者的准确界线，因为他们都走在同一条大路上，都生活在精致的利己准则里。

三、《大路朝天》——社会与个人的割裂

（一）关注公共领域中的个人命运

密尔曾对公共领域中的各种群体生活做出如下的描述："时代中的一切变化都在促进同化。"[1] 在这个问题上，汉娜·阿伦特也看到西方现代社会发展进程中资产阶级遭到严重的同质化，她对人类多样性和复杂性的日渐式微感到担心和忧虑，并指出"大众社会已经吞没了国家的所有阶层，社会行为已经变成所有生活领域的标准。政治生活被经济利益扭曲与破坏，人们一心只想着经济消费带来的方便，只关心与私人领域而不是公共领域有关的事务。"[2]

每一条大路的修建，都是一场高速发展和低速人生的博弈，也是打破既定规则者和既得利益者的博弈。在飞速发展的大路上，资本运作者和出卖劳力者，建设者和守卫者，城市中人和农村来者，打破规制者和既得利益者，这些对立的阶层或个体中是难以弥合的社会伤痕。无论你我身处他们其中的哪一部分，都无法阻碍社会前进的大路进程，也无一例外地为前进做着贡献，但真正值得思考的却是，即便是大路朝天，各走一边，但在彼此对比中，差距却赤裸裸地体现在各个方面。一条大路的修建，我们赞扬决策者、投资者、管理者，而却唯独不见建设者的话语表达。四通八达

---

〔1〕 ［英］约翰·斯图尔特·密尔：《论自由》，许宝骙译，商务印书馆 2005 年版，第 87 页。

〔2〕 胡泳：《众声喧哗》，广西师范大学出版社 2008 年版，第 39 页。

的高速公路，构成了我们脚下站立的土地，而土地上曾经为此挣扎过的农民，却成为了这条大路的弃儿。导演在记录时着重表现了这个群体在高速公路工地上的生存现状，但未进入他镜头的那些独白，似乎也不难读出。这使得观众不禁发问：究竟是何种原因造就了这一快一慢的显著差异？这样的裂痕是否有弥合的可能？

导演以"大路"作为纪实的隐喻，含有明显的双关意味。这条大路不仅仅是已经投入使用的溆怀高速公路，同时也是暗指当今中国的时代发展之路。导演不仅呈现出这样的发展给人民带来的心理创伤，同时也在真实记录中表达了自己的看法——我们距离真正的发达社会其实还有很长的大路要走，修建大路的目的不仅仅是看到社会发展的辉煌成就和漂亮的成绩单，而且是让人民生活得更有尊严，更有幸福感，更有人之为人的基本保障。如何在发展中弥合不同阶层之间的裂痕，让每一个生活在社会主义新中国，为民族复兴和国家富强做出贡献的人都能拥有并共享发展成果，是我们在发展过程中应去追问和思考的问题。

（二）"人的尊严只来自追求尊严"

正如康德在《什么是启蒙》开篇中讲到的那样："不成熟状态就是不经别人的引导就对自己的理性无能为力。"[1] 在《大路朝天》中，四个章节中处处可见导演对人性的拷问及对社会的思考。自家被蛮横爆破炸出一个窟窿不敢申辩的欧安铁，在面对项目部孟总时目光中的胆小怯懦不敢与之对视，使得故事一开始就奠定了其悲剧的基调。全片最引发高潮之处便是因工伤致残的农民工多次前往项目部索要赔偿迟迟得不到有效回复之后，无奈之下选择堵住项目部运输卡车的通道，但卡车司机却旁若无人地倒车……在那一刻，被碾压在车轮之下的不仅是话语的权利、争取合理赔偿的自由，还有基于人之为人最基本的尊严。无声的沉默就是他们在面对不公正待遇时的反抗方式。

哈贝马斯认为，公共领域的公共性原则的根本前提在于生活在公共场域的公民有公开运用自己理性的自由，免于被外在的环境和强制力所操纵

---

〔1〕［德］伊曼努尔·康德：《历史理性批判文集》，何兆武译，商务印书馆1990年版，第22页。

和强迫。在《大路朝天》呈现的低速人生里，却难以窥见生活在公共领域的底层人民有追求自主的权利，甚至在面对不公命运时，他们也只是沉默地流泪。这也恰好印证了美国作家露丝·本尼迪克在《文化模式》中提醒人们关注的"文化性格"。人作为环境的产物，不同的社会结构、文化氛围自然会熏陶出截然不同的人格特征。以《大路朝天》为例，逆来顺受这一文化性格的养成并非一日可期，这一特质也并不能作为单一变量跳脱出整个社会政治、经济等其他诸多因素的协同影响。在"公共舆论"普遍性缺失的群体中，长期的失语状态是生活延续的必然，但却似乎从未有人来探究这样的发展趋势是否合理，更遑论真正具有启蒙精神的公民身上所具有的那种不再是向权威寻求理据的个人理性了。

（三）"小我"与"大我"的利益取舍

一条大路，虽漫长，但也充满着希望。就是这条大路，却展现出"大我"与"小我"矛盾冲突时产生的悲歌。在村民看来与自身没有什么切身的利益，实际上小家和大家有着不可分割的联系。

在我国，"小我"与"大我"的真正分野出现在五四运动之后。五四运动中，启蒙知识分子将西方民主、自由的思想带入了华夏大地。伴随着这场轰轰烈烈的思想启蒙运动，中国社会的道德观念也发生了极大的变化。从前尊崇的儒家经典学说和道德伦理在接受着现实的拷问，个人自主性逐渐确立。但随着个人主义的确立，社会对个人的宣传与影响导致此时代的个人并非是原子式的孤立存在，全社会仍然催促着个人朝着家国大义和社会责任的层面加以奋斗。"小我"追求的个人主义和功利主义依旧被圈定在群体生活的框框之内。可悲的是，歌唱伟大祖国的嘹亮歌声在《大路朝天》里并没有唱进受伤害的人们心中。经济的高速发展使生活在快节奏中的人们活成了精致的利己主义者。行色匆匆中，低头行路间，"大路朝天，各走一边"表明了张赞波在这个急剧变化的时代，对这个时代的个人态度：我们忽略了人作为社会最基本组成要素的重要意义，即在社会变迁与体制改革中，生活在社会底层的人民生活的种种不公和无奈。

同样，以社会人文发展的视角来审视《大路朝天》这部纪录片，同样也在拷问每一个受众的内心。纪录片中的每一个"他们"都是生活在这个社会随处可见的人群，或许在社会变迁中，我们都会走进他们曾经经历的故事，变成一个个他们。而今日社会加之于这个群体的种种冷漠，个中滋味是否有朝一日等待我们尽情品尝，尚不得而知，只能等待时间给我们答案。

结语

曾几何时，《南方周末》那句震撼人心的标语"让无力者有力，让悲观者前行"使无数人为之动容。这句话似乎也成为对张赞波导演这部《大路朝天》所展现的精神内核最有力的呼应。但反观今日，当他用"无我"的镜头将一条高速公路修建的全过程真实展现在我们面前，用错综复杂的故事来诉说底层人民无奈的人生境遇时，我们似乎离这句标语还有漫长的道路要走。《大路朝天》用随时可能发生在你我身边的事实使我们更能切身体会到个人命运被社会发展裹挟的程度之深，但人文关怀的缺位、对个体命运关注的缺失却成为一个三缄其口的话题。作为与国家和民族休戚与共的命运共同体，唯有对未来怀着期许，才能在歌唱祖国的嘹亮歌声下成为中国梦照耀着的不断改善自身境遇的个体。

媒介伦理与传媒人才培养研究

从"信息橱窗"到"全景监狱"：
大数据时代下的技术伦理

——基于《今日头条》个性化推送的思考

田大映*

引言

"人类存储信息量的增长速度比世界经济的增长速度快 4 倍，而计算机处理数据能力的增长则比世界经济的增长速度快 9 倍。"[1] 无疑，一个基于数据挖掘的时代已经来临，在大数据时代，每一个行走于网络空间中的个体都成为数据的一份子，个体在互联网世界之中留下各种"数据脚印"：输入的网址、访问的网站、查找的信息、输入的搜索词、手机显示的位置，等等，凡进入网络空间必定留下痕迹，被记录在相应的数据库之中。2016 年中国互联网络信息中心（CNNIC）第 39 次全国互联网发展统计报告显示，截至 2016 年 12 月，我国网民规模达 7.31 亿，其中手机网民规模达 6.95 亿，网民中使用手机上网人群的占比由 2015 年的 90.1% 提升至 95.1%。在年龄结构上，我国网民以 10—39 岁群体为主，占整体网民的 73.7%，其中，20—29 岁年龄段的网民占比最高，达 30.3%。[2] 随着互联网技术的发展和手机等移动通讯工

---

* 田大映，安徽大学新闻传播学院 2016 级硕士研究生。

〔1〕〔美〕维克托·迈尔·舍恩伯格、肯尼斯·库克耶：《大数据时代》，盛杨燕、周涛译，浙江人民出版社 2013 年版，第 13 页。

〔2〕中国互联网络信息中心：《2016 年第 39 次中国互联网络发展状况统计报告》，2017 年 1 月 22 日。

具的更新换代，人类的生产生活逐渐互联网化，购物有淘宝、京东、苏宁和亚马逊，看新闻有今日头条、搜狐、网易和新浪，社交有微博、微信和推特。从购物到社交，互联网技术为我们提供了一个丰富、开放、多元的网络信息环境，时间与空间的限制几乎不复存在，人们从物理限制中得到解放。互联网技术的日臻完善也意味着个体在网络上留下的轨迹会愈来愈多，这些彼此交叉的轨迹构成了个人信息的数据库。在马克·波斯特看来，"数据库是作为一个超级全景监狱运作的。数据库像监狱一样，连续不断地在暗中有系统地运作着，收集个人资料并组合成个人传略。与全景监狱不同的是，这些'囚犯居民'无须关在任何建筑物中居住；他们只须继续进行刻板的日常生活即可。"[1]

一、从印刷术到数字化的技术跳跃

一种新媒介的长处，将导致一种新文明的产生。[2] 与技术的发明相伴而来的是人类社会的改变，这也是一种自然生成的结果，人力无法阻挡。人类一步步从原始社会走到现代化社会，每一时期的文明都是以其所使用的技术工具作为标志，技术工具对人类社会的发展有着不可估量的作用。就媒介技术而言，古登堡印刷术的发明导致了一次媒介革命，作为倚重空间的媒介，纸张轻巧而便于运输，更加适合知识、信息在空间的横向传播。在羊皮纸时代，教会对知识进行垄断，教会强调的是对时间的控制，在此情况下，纸张的易取性和廉价性，使更多人去从事写作，促进了人类思想成果的传播，也瓦解了倚重时间的媒介帝国的宗教和君主制度。[3] 纸张的易取性和廉价性，也使简便的印刷品成为知识和信息获取的新途径，这也是报纸的雏形。传播的改善加速了市场和工业的发展，在工业时代，纸张的生产伴随机器的使用不断增长，加速了新闻业的扩张。在英尼斯看来，

---

〔1〕［美］马克·波斯特：《第二媒介时代》，范静哗译，南京大学出版社 2000 年版，第 97 页。

〔2〕［加］哈德罗·伊尼斯：《传播的偏向》，何道宽译，中国传媒大学出版社 2015 年版，第 72 页。

〔3〕［加］哈德罗·伊尼斯：《帝国与传播》，何道宽译，中国传媒大学出版社 2015 年版，第 19—22 页。

视觉本位的传播是基于印刷术和摄影术为载体，因此，基于印刷术的报纸也是最早出现的倚重视觉本位的传播媒介。在 20 世纪的前半叶，广播进入了人类日常生活的方方面面，并在两次世界大战中发挥了重要的宣传功效，此后，作为视觉和听觉的结合体，电视的发明无疑又将传播的空间和时间大大拓展，利用电子技术以及设备传送活动的图像画面和音频信号，电视机成为了倚重视觉和听觉的综合的传播媒介。当我们坐在屏幕前，什么都不想的时候，大脑中掌管分析、推理等高水平的皮质会沉寂下来，而视觉皮质会高度活跃。于是大脑进入了某种介于休息与工作之间的奇妙状态，大脑摄入了大量信息，却不去处理，并未完全休息。旧的信息传播体系被新媒介技术所产生的新传播方式所取代，带给人类社会的影响体现在人类对于某种媒介的使用方式和依赖程度之上。

互联网技术延伸了人类的生存空间，它将人类带到信息化、数字化时代，日常生活也愈来愈如迈克尔·海姆在《从界面到网络空间》中的描绘："总有那么一天，我们将去天气剧院来回忆下雨的感受。"[1] 我们探知天气变化的感受从报纸、广播、电视、电脑已经跳跃到智能手机的各种 APP 客户端时代，获取天气信息的方式实现了多种途径，从报纸到智能手机的天气客户端，天气信息可以随时随地的更新。无疑，智能手机正在充当这个角色，智能手机已经统合了前互联网时代的媒介，当然也包括了电脑。大数据的到来，又将这种信息选择推进了个性化推送时代，天气信息不再是单一的气象指数的展示，而是基于大数据呈现出仿真化、个性化和立体化形式。在选择何种媒介作为获取信息的途径时，一定是基于能带给人类最直观体验的那种，随着人工智能和虚拟现实的发展，天气剧院日益成为一种现实。在理性主义哲学家亚里士多德看来"技术是制作物，它区别于自然物。后者有自己的种子，靠着自己的力量生长出来；而前者没有自己的种子，也不能依靠自己的力量生长出来。自然物的本质是内在的，制作物的本质是外在的。作为自然物的本质的自然，体现的是自主性原则、内在

─────────────

〔1〕 〔美〕迈克尔·海姆：《从界面到网络空间》，金吾伦译，上海科技教育出版社 2002 年版，第 83 页。

性原则。而作为制作物之本质的技艺，体现的是他律性、外在性原则"[1]互联网作为一项技术成果，是人工制作物，人是互联网的造物主，然而随着互联网技术的发展，它越来越呈现出自然物的特性，向着自我思考的方向前进，即所谓的智能化。

"在技术的社会学和技术学批判路线上，人们或多或少地认识到：技术是一种在现代社会渗透一切的、起支配作用的'现象'；技术不是属于人的工具，不是人用来追求达到某种目的的手段，而是意识形态，是对世界的构造，是具有相当自主性的不以人意志为转移的东西。"[2] 现象学技术哲学家斯蒂格勒认为"技术作为身外之物恰恰是人自我建构的内在之物，技术先于此在"。以互联网技术为代表的现代技术对于社会和个体使用者的影响已经超出了"造物主"的意图和控制，互联网技术每一次的更新升级都会加深人对技术的依赖程度，从 Web1.0 时代到目前的 Web3.0 时代，是数字化逐步取代印刷术的过程，也是信息方式的质变。Web1.0 时代还处于互联网发展的前期，互联网还只是起到信息展示的桥梁和窗口的作用，信息从纸面放到了电脑界面，这是一种单向性的提供和单一性理解。在 Web2.0 时代互联网的平台作用越发凸显，电脑也不再局限于信息展示窗口的作用，此时用户开始提供信息，"给予一个人人都可以参与的传播'场'，它使得互联网允许所有用户（无论是机构还是个人）只要在法律允许范围内都可以不受任何限制地创造信息和传播信息。Web2.0 的交互特征使得互联网用户既是网络信息的浏览者，同时也是网络信息的提供者、发布者。"而当下社会，我们俨然已经处于后 Web2.0 时代，一个"以用户为中心的虚拟生态，以共享用户数据、服务数据、内容数据为基础，以大数据分析为技术特征，以为用户提供各种各样的服务支持工具为手段，以各种信息化终端的兼容为前提，具有极强的内外部整合性和拓展性"[3] 的 Web3.0 时代正在改变我们目前的生活状态。

---

〔1〕 吴国盛：《技术哲学经典读本》，上海交通大学出版社 2008 年版，前言第 3 页。

〔2〕 吴国盛：《技术哲学经典读本》，上海交通大学出版社 2008 年版，前言第 7 页。

〔3〕 武丽志、张妙华：《从 Web1.0 到 Web3.0——区域文化网络传播的模式演替》，载《科技传播（新闻传播研究）》2015 年第 3 期。

二、作为信息窗口的《今日头条》对用户习惯的影响路径

自 2012 年创建以来,《今日头条》已成为国内目前在数据挖掘、提供个性化信息和连接人与信息较为出色的推荐引擎产品,4 年间其用户数已经超过 6 亿,日活跃用户数超过 6600 万,用户日均使用时长超过 76 分钟,日均启动次数约 9 次。[1] 尽管《今日头条》创始人张一鸣只承认其产品的信息平台属性,但《今日头条》对用户信息需求的挖掘和引导功能已远远超出信息平台的狭隘功能,成为影响用户阅读习惯和信息选择的指挥棒。

作为具有信息展示窗口作用的《今日头条》从 3 个路径对用户习惯产生影响:

(一) 基于用户兴趣图谱的个性化,看用户想看的信息

《今日头条》基于大数据挖掘技术,会有一个所谓的"冷启动"过程,即通过对用户登录账号的分析建立一个"兴趣图谱",当用户进入《今日头条》的界面时,用户使用微博、微信和 QQ 等社交账号登录今日头条,它能几秒钟内通过机器后台算法解读使用者的阅读兴趣,通过微博、微信和 QQ 等社交媒体在网络空间里浏览的信息,根据用户在微博上发布的内容及其所属类别、用户自标签、社交关系、社交行为、参与的群组、机型、使用时间等数据源来推断出用户的兴趣点有哪些,随后系统后台作出分析,建立初始的用户社交关系、社交行为及用户和用户之间的交流状况,可以根据二者间的共同好友数、相互评论数、@ 数等来做度量。在冷启动之后,《今日头条》的后台会从 3 个维度为用户呈现个性化内容:首先是"推荐",即会从抓取到的每条信息(包括图片信息)中提取几十个到几百个高维特征,并进行降维、相似计算、聚类、分类等处理,然后根据用户的兴趣模型进行推荐的内容,每天会采 Visual – based 抓取技术处理超过 100 万个网页,以保证内容来源足够准确;其次是"热门",即互联网和社交网站上出现最多的内容;最后是好友动态中,可查看好友的评论、转发、收藏

---

[1] 网易新闻:《今日头条,一款基于数据挖掘的推荐引擎产品》,载 http://hebei.news. 163.com/16/1226/15/C97LMAF8027907QS.html,访问时间:2016 年 12 月 26 日。

动作。[1]

（二）机器学习，后台程序的自我成长

《今日头条》能够做到对用户进行个性化的内容信息推送，源于其在机器学习上的实践：机器学习具备一个感知、理解、判断的系统，它会有一个自我成长的特质。一是感知，系统会通过用户的搜索行为，自动获取其数据，用户搜索什么、点击什么，都表明用户想知道什么，这其实有助于不断地培训这个系统；通过用户点击喜欢与否、分享的评论知道用户想要参与什么类型的话题。二是理解，用户的查询、点击、收藏等行为一定程度上反映了用户的某些意图，比如有人查询红酒木瓜汤，他是对美食感兴趣还是对减肥感兴趣，这个通过分析可以知道，这就是系统的理解能力；不仅要感知海量的数据，还要解读数据背后的意图。三是判断，感知、理解了这个知识之后可以对用户新的行为产生判断，判断这条最新资讯这位用户是否会喜欢。

从获取数据的角度来说，机器学习更像整个世界共享一个大脑，视角并不是观察你个人，《今日头条》的后台系统每天观察 2000 万用户的使用行为，每天观察 100 亿条日志，最新资讯在不同人群中受欢迎的程度。这个后台机器程序犹如站在一个上帝的视角，可以观察用户。[2]

（三）内容板块的排列组合，形成"信息茧房"

与所有推荐引擎产品一样，《今日头条》会根据内容的不同划分出不同的板块，从热点、社会、娱乐、图片、视频到政务、房产、健康、段子等 55 个不同的内容板块。用户可以根据自己想要了解的信息，从推荐板块之中挑选设置自己需要的内容的板块，选取的内容板块越多，所推荐的信息就越丰富多样，内容的重复率就越低。但是这些内容也是基于用户之前的浏览痕迹，经过后台机器的运算之后的推送，当某一项内容点击的次数较多时，其推送的频率就会很高，甚至会淹没用户所要寻找的信息。例如，

---

〔1〕 陈粲然：《泛阅读产品"今日头条"是如何基于微博用户兴趣图谱做个性化推荐的?》，载 http://www.pingwest.com/demo/jinritoutiao-reading/.

〔2〕 数据观：《今日头条张一鸣：机器学习能带来更有趣的世界吗》，根据张一鸣演讲实录整理。载 http://www.cbdio.com/html/2015-01/20/content_2291338.htm，访问时间：2015 年 1 月 20 日。

在某一段时间内，某个电视剧关注度很高，而进入头条界面的用户并不知道该电视剧的存在，当用户更新自己的头条内容时，该剧会因为你所关注的其他内容板块的关联性呈现在用户的界面之上，当用户点击进入，浏览的数据就已经被后台记录，下一次内容更新，该剧就将成为后台机器推送的"重要内容"。

在这个后台机器不断进行相关内容推送的过程中，互联网的超链接功能发挥了内容跳板的作用，当用户点击进入该剧的内容界面之中时，同时也会在内容下方排列出所有与该主题相关的内容信息，这些用户行为数据会实时性地被传送到后台，在用户每次操作后的 30 秒内，系统就会对用户模型进行更新。在这个重复的过程之中，用户对于内容的选择和思考能力已经被后台机器所推送的信息所淹没。

在冷启动的基础上，随着用户行为数据的积累，系统为每个用户建立的兴趣模型就越精确，用户就会感觉到这款产品越来越懂你，这也是所有个性化推荐系统的基本原理。这种通过数据模型为使用者构建的一套信息"模板"，成为被框定在机器推送限定范围之内的一个个内容板块，为用户构造了一个彼此相互连接，能够随时监测用户动态的"监测塔"。尽管用户"能够在海量的信息中随意选择自己关注的话题，完全可以根据自己的喜好定制报纸和杂志，每个人都拥有为自己量身定制一份个人日报的可能。这种'个人日报'式的信息选择行为会导致'信息茧房'的形成。长期处于过度的自主选择中，失去了解不同事物的能力和接触机会，不知不觉间为自己制造了一个'信息茧房'。"[1]

三、数据抓取的技术伦理

在《今日头条》基于大数据抓取技术的个性化内容推送之中，有一个精细化特征，即用了海量的高级特征和精细化的特征，通过数据抓取和分析，观察用户过去点击某篇文章的行为，对其现在的阅读有什么影响。而特征的颗粒度越细，推荐的精确性就会越高。这个精确性是建立在《今日头条》的各内容板块功能之上，没有用户阅读的信息会跳出这 55 个内容板

---

[1] 喻国明：《信息茧房禁锢了我们的双眼》，载《环球时报》2016 年 12 月 2 日，第 15 版。

块之外，用户在这些内容板块之间穿梭，事实上是被困制在一个个信息房间之中，正如福柯所说"这种封闭的、被割裂的空间，处处受到监视。在这一空间中，每个人都被镶嵌在一个固定的位置，任何微小的活动都受到监视，任何情况都被记录下来，权利根据一种连续的等级体质统一地运作着，每个人被不断地探找、检查和分类"[1]。从获取数据的角度来说，它更像整个世界共享一个大脑，视角并不是观察你个人，《今日头条》的后台系统每天观察 2000 万用户的使用行为，观察 100 亿条日志，以及最新资讯在不同人群中受欢迎的程度。其实在做这个产品的过程中，正因为有了一个庞大的数据库系统，《今日头条》可以以上帝视角观察用户。在马克·波斯特看来，"数据库是作为一个超级全景化监狱运作的。数据库像监狱一样，连续不断地在暗中有系统地运作着，收集个人资料并组合成个人略传。与全景监狱不同的是，这些'囚犯居民'无须关在任何建筑物中居住；他们只须继续进行其刻板的日常生活即可。因而，这种超级全景监狱与它的前一代相比更不会侵扰他人，然而它完成规范化这一任务的效率却绝不降低"[2]。

传播技术的迅猛发展，使传播市场急速地朝着信息乌托邦前进。新闻、娱乐和信息的市场日趋完美，消费者（受众）能够准确地看到他们想看的节目。当筛选的力量没有限制时，人们能够进一步精确地决定，什么是他们想要的，什么是他们不想要的。伴随着网络技术的日新月异、信息量的剧增，公众可随意选择想关注的话题，可依据喜好定制报纸、杂志，每个人都可为自己量身打造一份"个人日报"。互联网世界中产生了庞大的个人信息数据，不管是主观抑或客观活动在网络空间中都会留下印迹，这些数据成为类似于《今日头条》的互联网信息公司通过网络爬虫技术抓取用户的个人信息浏览记录，根据用户的个人喜好为其定制服务的原材料。"爬虫技术作为一种网络程序从这些网页出发，保存网页的内容，寻找网页当中的超链接，然后访问这些超链接，并重复以上过程，这个过程可以不断进

〔1〕［法］米歇尔·福柯：《规训与惩罚》，刘北成译，生活·读书·新知三联书店 2012 年版，第 221 页。

〔2〕［美］马克·波斯特：《第二媒介时代》，范静哗译，南京大学出版社 2000 年版，第 97 页。

行下去。"[1] 在网络发达的当今时代，获取相关信息变成了"轻而易举"的事情，但我们也"被"植入到超负荷、碎片化的信息网络空间中，每个人对于信息的筛选基于我们个体所偏爱的主题和观点，但是也成为被数据挖掘机构宰割的对象。用户在网络空间中的活动所产生的数据，基于互联网去中心化、自由平等、共享等特性，自当有使用或者不允许第二方使用这些数据的权利。但现实的问题是，用户构成的大量个人信息数据被无偿地奉献给向用户进行个性化内容推荐的机构，通过爬虫技术随时随地抽调数据，用户自身也不知道自身的数据正在被相关机构创造价值。

福柯在《规训与惩罚》中向我们描述了一幅全景监狱图景："四周是一个环形建筑，中心是一座瞭望塔。瞭望塔有一圈大窗户，对着环形建筑。环形建筑被分成许多小囚室，每个囚室都贯穿建筑物的横切面，各囚室都有两个窗户，一个对着里面，与塔的窗户相对，另一个对着对面，能使光亮从囚室的一端照到另一端。然后，所需要做的就是在中心瞭望塔安排一名监督者……通过逆光效果，人们可以从瞭望塔上与光源恰好相反的角度，观察四周囚室里被囚禁者的小人影。这些囚室就像是许多小笼子、小舞台。在里面，每个演员都茕茕孑立，各具特色并历历在目。这是边沁描写的全景敞视建筑（全景监狱）学形象。"全景监狱在结构上存在 2 个必要的组成部分：瞭望塔和囚室。瞭望塔可以保证监督者能看到囚室中的囚徒，而囚室内的囚徒则由于逆光效果无法看到瞭望者："他能被观看，但他不能观看。他是被探察的对象，而绝不是一个进行交流的主体。"而处于中心瞭望塔的人则能察看一切，但却不会被看到。为了确保瞭望塔与囚室之间的这种关系，囚室被安排成向心的可见性和横向的不可见性，而这种不可见性恰恰成为一种秩序的保证。[2] 全景监狱指代了信息社会的整个社会控制系统，把现代社会的信息方式看作是一架社会控制机器。"这个机器能界定规范、约束消极因素、观察从消极向积极的转变并研究整个过程，以便使机

---

〔1〕 王成军：《"今日头条"的技术逻辑：网络爬虫＋矩阵筛选》，载《传媒评论》2015 年第 10 期。

〔2〕 ［法］米歇尔·福柯：《规训与惩罚》，刘北成译，生活·读书·新知三联书店 2012 年版，第 224—227 页。

器能够完善。"[1]

诸如《今日头条》的基于数据抓取和机器学习技术的互联网产品，对用户的影响不仅只在对个体在网络空间中的监控，更重要的是思想与选择的依赖，"精神从肉体转移到一个完全是表象的世界。信息和图像不需要任何身体力行的经验，便优哉游哉地通过了柏拉图式头脑。掷出色子，你就不是你自己了。"[2] 即思维已经深入进界面之内的世界，即一种"在之内"状态。所谓"在之内"，即一个本身具有广袤的存在者被某种广袤事物的具有广袤接线围绕着。在之内的存在者与包围者都现成摆在空间之内[3] 基于大数据分析的个性化内容推荐，对用户而言是一种思想暂时脱离现实存在的解脱，"当我们觉得正穿过界面转移到一种有其自身维度和规则，相对独立的世界的时候，我们便是住在网络空间里了，我们越是使自己习惯于界面，我们越是在网络空间住得惯。""这些符号让人精神恍惚，以至于我们忘乎所以，不知道自己是谁，不知道自己身处何处。当我们在自己的世界中越陷越深，我们便忘记了我们自己。"[4]

结语

我们依赖技术而存在着，互联网技术已经深刻地影响了我们的生产生活、思维习惯，技术发展带给社会进步的红利仍在继续，但是不能因为技术所创造的这个时代的成就，而否认技术在某种程度上对造物主的改造和控制，这是科技自身所衍生出来的价值观和存在逻辑。数据时代，通过挖掘个人无处不在的"数据脚印"，个体的所有生活细节将暴露无遗。绝大多数未能掌握数据挖掘技术的人成为被监视的对象，我们每个人都是数据的囚徒。数据挖掘不仅会对个人隐私和自由造成伤害和威胁，这种权力结构形态也可能导致"精神暴政"[5] 在反乌托邦小说《1984》中，乔治·奥

---

〔1〕 ［美］马克·波斯特：《信息方式》，范静哗译，商务印书馆 2014 年版，第 124 页。

〔2〕 ［美］迈克尔·海姆：《从界面到网络空间》，金吾伦译，上海科技教育出版社 2002 年版，第 104 页。

〔3〕 吴国盛：《技术哲学经典读本》，上海交通大学出版社 2008 年版，第 292 页。

〔4〕 ［美］迈克尔·海姆：《从界面到网络空间》，金吾伦译，上海科技教育出版社 2002 年版，第 73—83 页。

〔5〕 静恩英：《数据时代：一个超级全景监狱》，载《传播与版权》2013 年第 6 期。

威尔为我们塑造了一位无所不能、无所不在的"老大哥"形象。"老大哥"就如同达摩克利斯之剑，时时刻刻悬在你的头顶，监控着你、注视着你、紧盯着你，控制你的思想和行为，你的一举一动都暴露在"老大哥"的眼皮底下，哪怕是轻言轻语，也逃不出"老大哥"的耳目。如果把后台推送的程序比作"老大哥"，我们在前台界面上进行的任何行为都会被程序记录在案，我们的阅读爱好、欣赏水平、社交动态甚至个人身份都已经不再是私密信息，个人对于内容的选择不再是一种自主的自由行动，而是在机器程序"帮助"下的被动行为。

《今日头条》作为一款基于数据技术发展起来的互联网现代技术产品，通过其技术方法挖掘用户，为用户建立了一个琳琅满目的信息商店，只要一个界面便可以欣赏到里面的大千世界，用户在跨进界面的那一刻，就宣告放弃了自我选择的自由和个体理性思考的能力。这是一种"不使用任何物质手段却能直接对个人发生作用"的力量，是精神对精神的统治和控制。数据挖掘形塑的这种权力结构虽然基于网络的虚拟关系，但会产生现实的压力甚至恐惧。这种虚拟的关系"自动地产生出一种真实的征服……无须使用暴力来强制"。此外，个性化的信息推送给用户塑造了一种比任何人都更"懂"自己的错觉，在《今日头条》后台推送系统之中，机器推送的不是真实存在的个人，而是基于爬虫技术和用户数据构成的数据库个体，即通过操纵不同信息单位之间的关系构建的个体，本质上是将线下鲜活的用户个体塑造成为一个个冰冷的后台数据库。"我们认为数据库不是对隐私的侵犯或对中心个体的威胁，而是对个体的增值，一个额外自我的构建。这一额外自我可能在'真'自我根本不知发生任何事情时，就对'真'自我造成伤害。数据库的图形构成成份便存在于这种自我构建之中。"[1]

---

〔1〕 〔美〕马克·波斯特：《第二媒介时代》，范静哗译，南京大学出版社 2000 年版，第 138 页。

自媒体时代专业媒体人的优势构建

李婉欣 *

随着网络传播技术的高速发展，自媒体的崛起打破了传统的专业媒体的"霸权"地位，为受众提供了广泛、多元、迅速、便捷的传递信息、分享观点的平台。与此同时，在"人人都有麦克风"的时代，自媒体暴露的问题也让人堪忧，网络把关缺失、虚假信息泛滥、信息安全隐忧、网络舆论失智……这些也对恪守客观、真实、自律的新闻专业主义形成了冲击。因此专业媒体人的内涵在很大程度上发生了变化，我们听到了越来越多"去职业化"和"去专业化"的声音，他们遭遇了前所未有的职业角色危机。

一、专业媒体人角色危机

（一）专业媒体的"传播特权"被削弱

在自媒体蓬勃发展的今天，众多自媒体平台涉足了与新闻相关的领域，使得新闻收集、生产、把关、传播等的权利逐渐分化，专业媒体人的"传播特权"逐渐弱化流失；同时，专业的传统媒体也受到了严峻的挑战，体现在信息筛选、议程设置等环节深层控制能力的下降，由此影响了它们在现实社会中的权威地位以及舆论导向作用。

1950 年，传播学者怀特将"把关人"引进新闻研究领域，提

---

* 李婉欣，西北政法大学新闻传播学院 2016 级硕士研究生。

出了新闻筛选过程的"把关"模式，他认为大众传媒的新闻报道是一个取舍的过程，媒介组织通过"关口"传达到受众的新闻只是众多新闻素材中的极少数。1972 年，传播学者麦库姆斯和肖也提出了"议程设置"理论，认为传媒的新闻报道和信息传达活动以赋予各种"议题"不同程度的显著性的方式，影响着人们对周围世界的"大事"及其重要性的判断。[1]

在传统新闻活动过程中，专业媒体人的控制传播影响了受众接受信息的方式、数量、质量等，也影响了受众对新闻事件的整体看法，可达到人为可控范围内的传播效果。但在新媒体的冲击下，专业媒体人充当的"把关人"角色的控制范围发生了变化，对新闻事件的"议程设置"程度也大大降低。受众只要手中拥有一部智能手机或平板电脑，信息传播从采集、制作到发布几乎可以一步到位，同时信息的批量复制功能使得进入传播前的把关过程也被推移到传播后进行。大众传播因自媒体的出现降低了信息发布的门槛，专业媒体组织的权利进一步去中心化，专业媒体人的"把关人"角色定位也进一步泛化，其"传播特权"也因此受到了严重的冲击和消解。

（二）传受界限模糊对媒体人专业属性的消解

在新媒体时代，传播者和受众之间的界限开始变得迷糊，网络用户因自媒体技术的开放性被赋予了众多的权利，意味着受众在虚拟世界中掌握了信息的采集权、发布权、编辑权、传播权、评论权等，造成了"公民记者"正面宣战"专业记者"的现象。可以看到，由于传播者的组成更为多元，传播现象也变得更为复杂。

拉扎斯菲尔德在伊里调查中提出的"政治既有倾向假说"，预示了受众在表达态度时是受既有政治倾向的影响，即他们对待不同事物的已有立场；同时，西方受众理论指出，受众在传播过程中享有传播权、媒介接近权等基本权利，也预示着受众有权利自由表达言论，利用传播媒介阐明主张、发表言论以及开展各种社会和文化活动。[2]

在传统的新闻传播活动中，传播者与受众的定位泾渭分明，各自扮演

---

〔1〕 郭庆光:《传播学教程》，中国人民大学出版社 2011 年版，第 120—121 页。
〔2〕 郭庆光:《传播学教程》，中国人民大学出版社 2011 年版，第 156—157 页。

着不同的角色，构造了以传播者为中心的专业传播结构。但是，在自媒体出现后，网络用户既是受传者也可以是传播者，传受界限的模糊了专业媒体人职业身份的界定，使其"发声"不再受众多用户关注。例如，"公民记者"通过移动终端第一时间发布信息，图片、视频等直观的表现形式更易被用户接受，他们通过微博头条、热搜榜、微信公众号等渠道关注实时动态，进行互动交流，因此用户的注意力更多地转移到"公民记者"身上。这一现象的出现在很大程度上威胁甚至瓦解了专业媒体人的专业属性，而专业媒体必须突出其优势才能有立足之地。

（三）用户参与对新闻职业伦理道德的冲击

无论是梁启超提出的"五本思想"和"报馆八德"，抑或是邹韬奋提出的"新闻记者即品性者"的观点，还是社会责任理论、新闻专业主义理论，都要求新闻工作者在采集、发布、使用信息时必须坚守职业操守与伦理道德。即使是受众变成传播者后，新闻专业主义、传播者的职业道德理论也必须坚守，但现实中却是缺失的。

美国新闻自由委员会在 1947 年出版的《一个自由而负责的新闻界》中提及，社会责任理论是强调大众传播媒介对社会和公众应该承担一定责任和义务的理论。现代社会责任理论发展成熟后，提出了媒介的新闻报道和信息传播应该符合真实性、正确性、客观性、公正性等专业标准，同时也要求媒介必须在现存的法律和制度的范围内进行自我约束。[1]

由于新媒体生态瓦解了专业的信息内容把关，人肉搜索、网络暴力、谣言肆虐等恶意行为在虚拟世界中呈爆炸式增长，使得受众参与的传播形态为人诟病，潜移默化地影响着专业媒体的公信力。加之互联网世界的匿名性，以受传者为主的传播立场往往缺乏理性与自律，给当事人造成了次生伤害，所以公众对于讨伐媒介组织，无论是自媒体抑或是专业媒体，他们的呼声都愈演愈烈。

尼尔·波兹曼在《娱乐至死》中所表达的，印刷媒介成就了思想的深度以及公共话语的严肃性、明确性和系统性，阅读和写作成熟于印刷时代。电子媒介的兴起则稀释了成熟于印刷媒介时代的读写深度和浓度，图像、

---

〔1〕 郭庆光：《传播学教程》，中国人民大学出版社 2011 年版，第 142—143 页。

影像挤走了文字，占据大众注意力的中心之后，视觉弱化了我们的思维能力，搁浅了我们对世界、人生的深度思考。在"人人都有麦克风"的时代，被形象地称为"第五媒体"的自媒体是否会取代电子媒介？用户是否会成为主导信息传播的把关人？怎样转换媒介融合进程中的角色定位？成为众多专业媒体人需要思考的问题。

二、新媒体时代专业媒体人的优势

根据《第 36 次中国互联网络发展状况统计报告》数据，截至 2015 年 6 月，中国手机网民规模达 5.94 亿，手机上网使用率为 88.9%，且继续保持增长，网民上网设备逐渐向手机端集中。以移动终端为主的自媒体不仅削弱了专业媒体的力量，专业媒体人也面临着"社会化媒体以及公民新闻对专业媒体人的传统地位与业务模式的冲击"[1]，挑战着原本固有的传播模式和传播格局。专业媒体人的新闻报道是一个点对面、自上而下的单向传播过程，而自媒体的新闻报道在传播的特点、主体、内容、渠道以及效果等方面都不同于专业媒体，有着其自身的传播模式，相比之下，专业媒体人的自身优势体现为以下五个方面：

（一）传播特点方面

在新媒体时代，其信息传播则是面对面、点对点、点对面的多级线性传播模式的集合，传播者则转变成了互联网中有独立传播主体的个体，当然包括任何一位用户。在天津港"8·12"爆炸事件的报道中，新浪微博用户"小宝最爱旻旻"发布了第一条微博信息——"重大火灾，爆炸声跟打雷一样"短短 12 个字，附带一段现场视频和地点定位，之后网友纷纷通过微博、微信的自媒体平台发布了现场视频图片、救援进展、急救指南等信息。自媒体用户很好地扮演了新闻发布者的角色，将信息传递给更多和自己一样的网络使用者，甚至是专业媒体也使用他们的信息来源。

而以报刊、广播、电视、门户网站等为主的专业媒体的信息传播是点对面的单向传播模式，"点"是指专业的新闻媒介或者媒体把关人，"面"

---

〔1〕 张泉泉：《重塑知识生产者形象——公民新闻时代专业记者的再定位》，载《江淮论坛》2014 年第 1 期。

则是指传播活动的受传者，如报纸刊物的读者、广播电视的收看者、网络媒体的用户等。"澎湃新闻"是专业媒体的典型代表之一，从平台页面观察可得，其新闻发布依旧延续着以深度文字、事件图片为主的报道形式，坚持理性、客观、真实地揭示事实真相，促使受众进行深入的思考。澎湃新闻在天津港"8·12"爆炸事件的报道中，"中国政库""绿政公署"的子栏目发布了《天津爆炸事故现场至少仍有四处着火点，三处位于核心区内》《李克强要求天津爆炸事故严肃追责：该处分处分，该撤职撤职》《"黑洞"显形：天津爆炸事故 11 名被拘官员隐藏的监管之殇》等接近 100 篇的新闻报道和深度分析，真实还原了新闻现场，粉碎了虚假信息。

（二）传播主体方面

在依靠互联网为基础的信息传播活动中，自媒体时代的传播主体已转换成使用互联网的"用户"；专业媒体的传播主体一般指的是专业性较高的新闻媒介，如中央电视台、人民日报、新京报、澎湃新闻等，或者有着职业身份的媒体人，有采编记者、通讯员、编辑、出镜记者、主持人等。但是，专业媒体人即使是受到自媒体的冲击，与自媒体传播主体相比，由其职业责任与义务使然，自身在主体地位上仍然具有掌控全局的优势，高屋建瓴地看待和分析社会现象及问题，以"公共舆论空间的主导者"的身份来报道新闻事件，以保障社会生态的良性运行和有序发展。

以澎湃新闻为例，基于大众传播模式，在每篇原创文章的题目和正文之间会清晰地标明"澎湃新闻记者"的字样，后面附上记者或者撰稿人的真实姓名，部分文章会附加"来自某地"的地点字样，在正文结束后则会注明"录入编辑"的真实姓名；而对于非原创的文章，澎湃新闻则会注明源转载的互联网平台，如"新华网""人民网"，甚至是转自部分可信度高的自媒体平台，如"@平安东城""公众号侠客岛"等。由此可见，"转载注明出处"成为了专业媒体的普遍共识，除了尊重个体乃至集体的创作主权，在维护知识版权方面起到了重要的引导作用，同时，有效地防止了侵权行为在网络世界中泛滥成灾。

（三）传播内容方面

无论是在专业媒体抑或是自媒体的运营上，"内容为王"是传播者一直以来信奉的真理。一方面，在自媒体平台上内容发布简洁有力的特点弥补了专业媒体的不足，但同时自媒体用户也暴露了自身传播内容不真实、碎片化、情绪化以及欠缺深度等问题。另一方面，专业媒体人由于对新闻本质有切实、正确的认识，使得在内容建设上着力于提高内容生产的专业化水平，从而对错综复杂的信息进行筛选与重组，并赋予其深刻的意义。因此在工作中注重内容的生产成为专业媒体人的发展优势，以能够保证新闻品质的真实与客观。

在 2015 年 6 月中旬，微信朋友圈中的一则"贩卖儿童，一律死刑"的图文信息被用户大量转发和点赞，之后在微博、论坛均见到同类的图文信息刷屏。爆炸式的信息转载引起了"人贩子是否应该一律死刑"的全民大讨论，加之衍生的非理性诉求与情绪化表达，讨论的大体趋势朝着"该判死刑"发展，只有少部分有法律基础知识的个体才会理性、辩证地看待问题。在自媒体技术赋予了受众权利成为言说的主体，不仅使"人人都有麦克风"，更使得"人人都是法官"成为可能。对于"贩卖儿童死刑"事件，澎湃新闻发布了如《某婚恋网站承认"贩卖儿童判死刑"系"营销"：员工擅自启动》《国内思想周报："贩卖儿童一律判死"是否合理？》等数篇新闻报道和深度报道，用事实说话，以理性立证。

（四）传播渠道方面

麦克卢汉在《媒介即讯息》中对传播媒介在人类社会发展中的地位和作用进行了阐述，提出了一个著名的论断："媒介本身才是真正有意义的讯息"，即真正有价值的"讯息"是这个时代所使用的传播工具的性质、它所开创的可能性以及带来的社会变革。[1] 这里探讨的传播渠道也就是传播媒介，它是连接传者与受者并进行信息传递的桥梁。在发展过程中，自媒体用户和专业媒体人的传播媒介均呈现出多功能一体化的发展趋势，表现为报刊、广播、电视、门户网站以及移动客户端这几种主要的媒介形态的融合。

根据《第 36 次中国互联网络发展状况统计报告》数据，截至 2015 年 6 月，我国微博客用户规模为 2.04 亿，手机端微博客用户数为 1.62 亿，占总体的 79.4%。对于自媒体而言，是以微博、微信、论坛、博客等社交平

---

〔1〕 郭庆光：《传播学教程》，中国人民大学出版社 2011 年版，第 118—119 页。

台进行信息传播的，其基于用户关系通过关注机制分享、传递、获取、交换实时信息。以澎湃新闻为例，信息传播主要依靠门户网站与移动客户端，受众可以在移动终端、PC 端接通移动数据或者网络光纤后随时随地浏览时政新闻与发表评论。根据豌豆荚、百度手机助手、应用宝等应用商店数据，综合统计澎湃新闻手机客户端的下载量已逾 2000 万。

在新媒体环境的影响下，受众基数呈现爆炸式的增长，因此专业媒体人更多地通过互联网渠道发布信息，即便如此，新闻把关流程仍然是环环相扣的，一则新闻在进入传播渠道之前仍需要通过文字记者采写、摄影记者摄像、负责编辑修改、部门主任签发、总编辑审核、纸档印发、网络推送等环节，才可最终到达受众的手中，从而发挥专业媒体人能够保证传播渠道畅通的优势。

（五）传播效果方面

在天津港"8·12"爆炸事故中，微博和微信构成的"两微自媒体平台"自成体系，充分发挥了信息传播和舆论阵地的作用。在新浪微博上"天津塘沽大爆炸""塘沽爆炸"等成为了微博热门话题，现场的情况在微博平台得到了快速传播，网友在"报道"跟进事故的同时参与了互动讨论。但与此同时，自媒体尤其是微信公众平台在该事故报道中存在着一些负面问题，不少的微信公众号、新浪微博用户编造传播了各种谣言。例如"在风力影响下，有害气体可能会向北京方向扩散""天津市启动重度污染天气黄色应急响应""8 岁男孩需要 RH 阴性 A 型血""700 吨氰化钠泄露""天津人事变动"，等等。由于信息量巨大、杂乱，借着自媒体平台的传播力，谣言流言迅速扩张，煽情传播、标题炒作、借势营销等问题频繁暴露，导致甄别工作繁琐并且开展起来困难，避免不了给当事人甚至是普通群众造成次生伤害。

专业媒体在此次"8·12"事故中，侧重于事故本身的事实性报道。如澎湃新闻接连发表多篇不同类型的文章，如《直击 天津港区爆炸现场：冒出滚滚浓烟，邻近厂房几乎被摧毁》《天津港消防五大队出警 25 名消防员全部牺牲》《天津港爆炸后频现谣言、骗捐，专家：危机管理机制亟待完善》等，均以中立、客观的态度来报道真相，使得灾情信息透明度大幅提升，进而极大满足了公众的知情权，大部分媒体人做到了及时、迅速传递灾难背后的正能量发声。同时对事故深入调查，挖掘事件背后的深层次原因进行报道，使得真相不被掩盖，使得专业媒体人的权威性以及公信力成为其发展优势。

三、新媒体时代专业媒体人素养的提升

在面对新媒体技术革新下的海量信息应如何进行采集、选择、把关、传播，仅仅依靠从技术改进、结构调整和制度改革等层面上去认识缺陷是远远不够的，用户需要的是专业的报道与深入的分析。在此过程中，更需要职业媒体人从专业的层面认识到调整自身角色的重要性，关注和思考新媒体冲击下专业媒体所面临的挑战，并时刻反省自身引导的新闻传播活动，始终坚守"新闻专业主义"的立场，不断提升专业媒体人的新闻专业素养。

（一）坚守新闻专业主义

新媒体时代，掌握媒介权利的专业媒体受到了来自新媒体传播的冲击，专业媒体人的职业角色也受到了自媒体平台用户的挑战，然而，新闻信息的传播是一个需要具备较强专业理论知识与技能的行业，因此，在新闻信息传播活动中，新闻媒体仍需要严格的、规范的、有序的生产模式和流程，新闻工作者仍需要坚守行业价值观，坚定新闻专业主义的信念。

1. 坚持新闻客观性原则

新闻客观性原理是新闻行业乃至整个传媒行业在进行专业实践时应当坚守的基本准则，是新闻专业主义的核心理念。早期，新闻客观性原理要求专业媒体人在开展信息传播活动时要遵循客观规律，禁止在新闻报道中表达过多的个人情绪，将事实区别于观点。具体而言，该理念是要求在叙事过程中应避免滥用形容词、副词等附带强烈感情色彩的词语，注意人称代词的使用，同时注意区分不同传播渠道下书面语言与口头语言的区别运用。"自由而负责的新闻界"承认记者具有主观性，但由此发展出客观报道的若干准则：记者要引用权威的信息来源，要平衡地展示冲突双方的观点；记者要有强烈的社会责任感和平衡公正的理念。因此，新闻客观性原则作为专业意识形态层面上的认识依然存在，要求专业媒体人即使是在表达个人立场、主观观点的过程中，也应当引用权威的信息来源，平衡地展示舆论正反双方的观点，坚守新闻客观性原则。

2. 维护信息的真实性

在新闻传播活动中，真实性原则是报道工作的根本要求和底线，"新闻必须同报道对象（认识客体）完全一致，否则就是对被反映的客观事物的歪曲，就是假报道或失实报道"。[1] 具体而言，新闻的真实性是指在新闻报道中的每一个具体事实必须符合实际，即表现在新闻报道中的"5W1H"六个要素都经得起检验。同时，要求专业媒体人在报道时"多叙事，少议论"，语言做到清晰、具体，尽量避免有语病句子的出现。

李普曼认为："新闻不是社会状况的一面镜子，而是对已经显露头角的那方面的报告。"[2] 因此，新闻真实性原则作为专业意识形态层面上的认识永久存在，要求专业媒体人即使在对事实真相的选择、把关过程中受到人为主观活动的制约，也应当进行理性的判断，还原现场，维护新闻道德客观性。

3. 加强分析的深度

在一篇新闻报道中，如能满足客观性和真实性两个根本条件，其后我们才应该开始考虑传播内容的深度性，这是提高新闻产品专业水准的必然考虑。这要求专业媒体人懂得打破简单拼凑六要素的报道方式，通过深度报道反映社会问题，揭露事件背后隐藏的真相。具体而言，深度报道更着重对"WHY"和"HOW"这两个新闻要素的报道，一方面剖析事实的内部原因，另一方面追踪事实的发展趋向。此时，符合客观规律的主观映像意愿即可表达出来，甚至是达到社会干预的功能。

门户网站把深度报道当作核心竞争产品，并将其作为提升内容品质、树立机构品牌的重要手段。因此，加强新闻报道的分析深度作为专业意识形态层面上的认识十分必要，要求专业媒体人在客观、真实地报道新闻事件的过程中，应当深入挖掘事件的实质和意义，进行多维思考，围绕一个中心观点综合地组织新闻要素，加强分析的深度。

（二）媒体人职业道德与规范的互补建构

近十多年来，国内的新闻职业道德与规范建设取得了一定的成绩；但

---

〔1〕 高杨：《媒介化社会新闻专业主义的重塑与坚守》，载《青年记者》2015年第2期。

〔2〕 胡翼青：《自媒体力量的想象：基于新闻专业主义的质疑》，载《新闻记者》2013年第3期。

随着新媒体技术的革新，自媒体平台的迅猛发展，不少专业媒体人逾越"底线"的现象也频频发生。如部分专业媒体人以庸俗新闻吸引关注、不经查证发布失实报道、滥用职权进行新闻敲诈等，这类行为严重损害了专业媒体的公信力，同时引起了公众对专业媒体人职业操守的质疑。因此，在提升专业媒体人的新闻专业素养的过程中，媒体人职业道德与规范的互补性建构也不可忽视。

新闻的职业道德与职业规范是新闻媒体及其从业者在新闻传播活动中应当遵循的道德准则与行为规范的总和，也是社会道德与政策规范在新闻传播领域的体现。其中，个人层面对新闻品质的坚守、社会层面对行业操作的监督与国家层面法律制度的保障这三方面构成了专业媒体人道德与规范的互促建构。在个人层面，专业媒体人应当坚守新闻品格，以自律追求新闻报道质量。2009年底第3次修订的《中国新闻工作者职业道德准则》，对新闻工作者提出了要做到"全心全意为人民服务、坚持正确的舆论导向、坚持新闻真实性原则、发扬优良作风、遵纪守法"等多项要求。因此，专业的新闻工作者要在自己从事的新闻报道、编辑、制作、发行等工作中彰显高度的社会责任感，始终追求真实与客观，让优秀品格深入骨髓、融入血脉。在社会层面，专业媒体应当自觉接受社会各界的监督，以他律约束专业媒体人；同时，要注重前期监督和后期处罚的互补，强化职业行为的监督检查，加大对失德行为的处罚力度，逐步将新闻职业道德规范内化为专业媒体人的职业自觉。在国家层面，相关职能部门应当促进新闻事业的法制建设和法制化管理。从一定意义上看，如果没有党委、意识形态主管部门的权力制约，新闻媒介就很难准确地把握政治的大方向，做到以正确的舆论引导人。通过具有强烈现实性的制度规范推动新闻职业道德建设，对个人乃至行业的行为都具有强制性，加之依靠法律保护，使得其在新闻行业的政策导向方面发挥积极的作用。

（三）融媒体下新闻"中央厨房"的协同建构

融媒体时代，部分传统专业媒体固步自封，最终以"破产"告终，而有些专业媒体懂得抓住时机，进行转型升级，走上媒介融合之路。为此提出的"中央厨房"创新模式实质上是新旧媒体融合的发展方向，是一种全新的新闻内容生产理念，同时也被应用到新闻传播的实践活动中。形象地形容"中央厨房"，即"程序员、服务员、推销员、联络员"的共同体，着重强调新闻团队的协作力量。在重塑专业媒体人的新闻专业素养的过程中，新闻"中央厨房"的协同构建也不可忽视，从实现以理念创新到带动内容、技术、渠道创新的发展，进而整体上推进媒体融合快速发展。

第一，要求树立服务用户理念，以服务分众赢得大众。对于传统单一的采编模式而言，信息生产的接收者基本是单一的媒体受众，即读者、观众、听众等；但在"中央厨房"的组织模式下，基本不存在"众口难调"的问题，而是注重网络用户的"阅读"感受，以可视、可听、可述等要素的结合，满足不同终端的新闻生产活动。

第二，要求转换产品生产理念，实现内容生产的市场价值。在"中央厨房"的新模式指导下，过去由"作品导向"的理念发生了变化，转而以"产品导向"为主要发展方向，进而意味着专业媒体人要从作品创作思维转向产品制造思维，注重新闻生产的内容与形式的协同，实现新闻产品的社会价值和新闻价值。

第三，要求明确团队协作理念，为专业媒体人提供强大支持。"中央厨房"模式一般下设"统筹推广、内容定制、可视化"[1] 三个团队，即专业媒体人队伍共用一套，统一指挥，统一管理。此时需要新闻行业内部强化团结协作的理念，排除异己，对新闻采编工作能够协调一致、齐心协力推进深层次的媒体融合和转型升级。

以澎湃新闻为例，将原创内容、时政报道、深度评论等优势向新媒体延伸，多样的栏目设置正是在努力打造个性化、对象化的融合产品，以内容优势赢得发展机会。如《国之利器》专题，是重大主题融合报道的成功例子。澎湃新闻以全媒体形式展示"9·3抗战阅兵"海陆空三军的武器装备，实现了高端时政新闻的新媒体化和碎片化阅读，开创了重大主题报道的新模式。事实证明，置身激烈的市场环境之中，支持内容渠道的创新必然有所回报，究其本质仍需各大媒体打造新闻的"中央厨房"，以切实提升专业媒体人的新闻专业素养。

---

[1] 牛春颖、李淼：《〈人民日报〉"中央厨房"到底咋个玩法》，载《中国新闻出版报》2015年3月6日。

大数据时代的新闻传播专业教育创新

——基于"用户画像"概念的教学实验

胡建波[*]

一、用户画像概念的相关研究

随着互联网技术的高速发展，人类有了更加强大的工具和载体来记录信息——互联网技术和大数据。用数据记录用户的行为和习惯，再匹配上用户的基本属性，产品生产者即可把握用户的使用习惯、偏好等特征，产品生产者掌握这些信息便可改进设计和服务，提供更加符合用户需求的产品，以此获取更大的产品价值和利润。

获取用户相关行为习惯数据并对其进行分析和处理最终应用到产品设计和改进的过程，包含了给用户画像的过程。所谓用户画像，又称为用户角色，作为一种勾画目标用户、联系用户诉求与设计方向的有效工具，用户画像在各领域得到了广泛的应用。[1]例如，李雷，男，20岁，W大学大三学生，金融专业，爱读书，社交媒体深度用户，不爱运动。上述描述即是对李雷的画像，用户画像的概念有多种，笔者认为最为合适的概念是将用户画像视为"用户信息标签化"，通过对用户信息的获取和分析，最终将用

---

* 胡建波，武汉大学新闻与传播学院2015级硕士研究生。

〔1〕 李映坤：《大数据背景下用户画像的统计方法实践研究》，首都经济贸易大学2016年硕士学位论文。

户的信息全貌整合成一个标签的合集，通过该标签合集可获取用户的实体形象。

传统用户画像数据仅仅来自于业务系统、事件系统、关系信息等，多类信息缺失或不全，很难形成准确、全方位的画像。大数据背景下，获取的数据维度更多、信息更全，加之移动互联网、物联网的快速发展，不同渠道的数据信息也可通过交易得来，这样的背景之下，可以对用户构建一个 360 度的用户画像。[1] 大数据时代，用户画像已经在各行各业得到了广泛应用：企业用其为其产品制定营销方案；互联网公司用其研发新的符合网民需求的产品；广告投放商用其进行精准广告推送和投放。

在构建用户画像过程中，第一步，要获取用户来源数据，这些数据包含了用户的静态属性和动态属性；第二步，静态属性信息可直接构成用户的标签，而动态属性则需要通过聚类分析和提炼进行总结概括，属性标签的聚类和分析过程又称为"亲和图"绘制过程；第三步，根据亲和图构建人物原型的属性框架；第四步，根据人物原型属性框架，给人物属性进行优先级的排序，找出用户群体最为核心的特征；第五步，将用户群体的属性特征放置在场景中进行描述，将一个抽象的人物形象具化到某个实体人物形象上。

上述案例中，李雷的人物形象是从一个群体数据中分析提取出来、能够代表该群体特征的人物形象。其中，李雷的性别、年龄、学校、专业等静态属性是由背景调查获取，而喜欢读书、不爱运动的动态属性则是根据李雷的线下活动行为描述、聚类分析得出：其每天晚间固定读书 2 小时、定期参加读书会并撰写读书心得、收藏大量书籍、每个月有固定的购书行为等信息总结出其"爱读书"的属性标签；每月参加运动 0 次、无任何运动装备、不关注体育赛事、体型瘦弱免疫力差等信息总结出其"不爱运动"的属性标签。

在大数据时代，人类已经可通过软件来模拟人类思维和逻辑，让计算机学习模拟人脑以此帮助实现轻松用户画像。互联网公司更是通过实时的大数据挖掘处理技术，短期内就可分析出数百万用户的兴趣爱好和消费需

---

〔1〕 刘丹：《移动互联时代碎片化阅读研究》，辽宁大学 2016 年硕士学位论文。

求及习惯,再通过计算机技术向用户进行智能推荐和定向营销;这使得用户画像成为一种动态的画像,用户的所有属性特征会随着其在互联网空间的行为而产生变化,这些变化勾勒的动态画像成为了一种精准的指引和预测。

二、用户画像概念接入新闻传播教育的意义

随着自媒体以及媒介融合的不断发展,社会大众的媒介素养日益提升,信息环境日益复杂化和多样化,在人人都可以发声的自媒体时代,高校新闻传播教育的意义在哪里?尽管草根自媒体崛起并给信息环境带来巨大冲击,但从内容质量、传播力的持续性以及对社会发展的推动三个层面来说,传媒行业依旧需要专业性极强的新闻传播人才,我们的新闻传播教育重心依旧是为社会培养能够胜任传媒行业、能够引领传媒行业走向更高发展阶段的优秀专业人才。

(一)用户画像帮助获取学生需求,改进教学内容

互联网技术的革新带来全新的媒介形态,随之催生了新闻传播专业教育的多样化和精细化。新闻传播相关专业从新闻学扩充到传播学、广播电视学、广告学、网络传播学等数个专业,这期间的每一次专业增设,都伴随着教育方式和理念的革新。专业领域的不断拓新和细分,是顺应社会发展的必然结果,也给人才培养模式带来了新的机遇——人才培养的个性化。

经过细分进入不同专业的学生,对于授课的内容需求是什么?这是长期被忽视的一个问题。学生作为知识流的下层群体,不仅需要被动接受学校为其设置的课程内容,也要能够从课堂中获取到自身个性化需求的满足,这样的双向满足才能实现知识的真正传递和接收。

笔者所兼职任教过的两所普通高校在专业教学培养方案和教学内容的设置中,采取的是"从上至下"的方式,任课教师按照上级教学单位的安排和指导制定授课内容,学生真实需求无法纳入课程教学的内容。笔者2017年5月通过对10位新闻传播领域专业教师的访谈得知,大家在备课过程中,其中8位教师在内容的设计上从未真正考虑学生需求,这里的"真正"是指有具体向学生收集针对课程内容需求的行为;另有2位老师通过社交软件询问过不超过3位学生的想法。

学生群体在知识接受能力、兴趣点等方面存在差异，如何通过课堂教学掌握学生群体的知识需求？用户画像的方法，可以帮助教师及时了解学生的需求并改进教学内容，最大限度地满足学生的知识需求。

同时，在用户画像过程中，对于学生群体的动态行为信息进行收集，可以避免个体需求扰乱群体需求的问题，传统的需求调研往往容易被少数个体的需求影响；而通过画像可以把握群体中需求信息的重要性排序，教师可以根据重要性的排序，优先满足重要的需求。

（二）用户画像帮助监测教学效果

市场上已经进入商用的用户画像技能借助于互联网技术可以实现用户的动态实时画像，以监测用户的行为和需求变化，从而更高效率地提供符合用户需求的产品。新闻传播教学过程同样可借鉴用户画像的动态监测功能，利用课程中一些简单的设计可以对学生的动态属性进行"抓取"，以此来更新学生群体的学习过程属性。

学生群体的静态属性不会随意改变，而动态属性则会随着课程内容和时间的变化而产生差异，通过小的设计监测课程过程中的学生动态属性变化，如学生在课堂参与回答问题的活跃度、学生对于教学内容的提问次数等变量，收集这些变量，再进行对比分析，最终更新已有的学生画像，一方面教师可以检测学生对于课堂知识的掌握程度，另一方面教师也可根据动态属性的变化，更新教学内容。

三、用户画像在新闻传播教育中的实践设计

用户画像概念引入新闻传播教学环节具有现实意义，而用户画像如何帮助获取学生需求、改进教学内容？如何实现教学效果的检验？笔者根据在某高校网络与新媒体专业班级的任课教学经验，按照简单用户画像（复杂用户画像适用于大数据行业和海量用户行业）的步骤，设计了针对任课班级群体的用户画像实验：第一步进行全班学生资料收集，第二步根据资料绘制亲和图和构建人物属性框架，第三步进行属性特征的排序，最后绘制用户画像。

（一）研究准备与数据收集

研究对象是该校网络与新媒体专业大二某班，该班有 46 名同学，经过

两年的专业基础学习，该群体具备一定的理论基础，并接触到部分专业实践。研究数据需要收集这个班同学的静态属性以及动态属性，选用的数据收集方法是问卷调查法，设计问卷内容如下表（表1）：

表1 网络与新媒体专业学生属性调查问卷内容表

调查属性标签	属性标签内容
性别	
年龄	
性别	
家乡	
喜好	
计算机技能	
性格	
使用何种社交平台	
每天上网时长	
上网目的	
是否有网络课程学习经历	时长（总）/内容
英语技能	
是否运动	有/时长（天）/目的
最喜欢的课程	
最喜欢的授课形式	讲授/讨论/个人展示/观摩
上课是否使用电子设备	是/时长（节）
听课重点	PPT板书/教师口述/教材
新闻资讯获取方式	传统媒体/网络媒体/社交媒体
是否课前预习课后复习	有/时长（次）
通过本课程希望获取的知识或技能	
是否进行课后自主学习拓展	

续表

调查属性标签	属性标签内容
是否了解图书馆电子文献使用方法	
是否使用过图书馆电子文献	
对该课程任课教师的授课风格	风趣幽默/严肃认真
对本课程课后作业的期望	频繁/偶尔/从不
对本课程相关课后实践的期望	频繁/偶尔/从不
是否有过专业相关实习经历	有/时长（月）
职业目标	与专业完全契合/与专业相关/ 不从事本专业/不清楚

问卷内容的设计中，考虑了学生的静态属性、动态属性。其中开放性问答 16 道，闭合性问答 12 道。通过电子问卷形式发放至全班同学中，收到反馈共计 46 份，有效问卷 46 份。

（二）亲和图及用户属性框架

根据用户画像的步骤，第二步需要收集全班同学的完整数据，根据相近性进行归纳整理。在第一步问卷的设计当中，包含了静态和动态两种属性，但动态属性当中又包含了许多细分的属性，亲和图的制作过程则是对这些动态属性作出归类整理，整理出一个目标学生形象所包含的大致几个方面，并以此为基础构成用户画像的框架。

在此环节，我们需要考虑任课教师的"用户"——学生们，他们的哪些特征会影响他们对于课程内容需求的差异，这是对学生进行用户画像的难点和重点。笔者认为，学生听课的动机和目标、学生听课的表现、学生课后学习习惯和技能、学生专业背景经历等几个方面可以影响学生需求的变化，因此在亲和图的制作过程中，从上述四个方面进行归纳整理，这四个方面也可视为是学生群体特征的第一级分类。

1. 学生听课的动机和目标

该分类下，包含学生的职业目标、对课程内容期望、对课程作业和实践的期望，根据统计，结果如下图（图 2）所示：

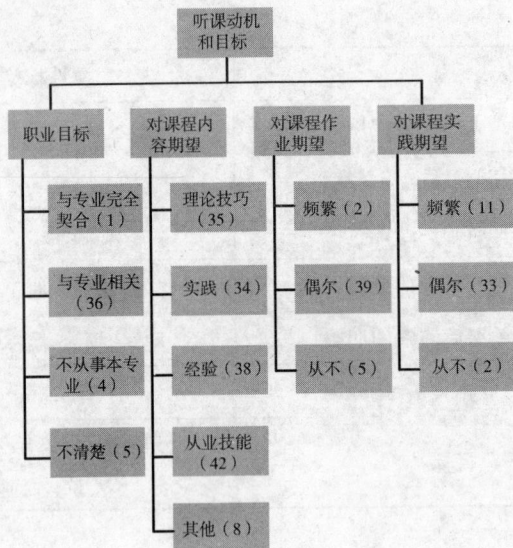

```
                        听课动机
                        和目标
        ┌───────────┬───────────┬───────────┐
      职业目标     对课程内      对课程作      对课程实
                   容期望        业期望        践期望

     与专业完全    理论技巧      频繁（2）     频繁（11）
     契合（1）     （35）

     与专业相关    实践（34）    偶尔（39）    偶尔（33）
     （36）

     不从事本专    经验（38）    从不（5）     从不（2）
     业（4）

     不清楚（5）   从业技能
                   （42）

                   其他（8）
```

（图2　单位/人）

2. 学生听课表现

该分类下，包含学生听课重点、学生听课时使用电子设备时长、喜爱的授课风格、喜爱的授课形式，根据统计，结果如下图（图3）所示：

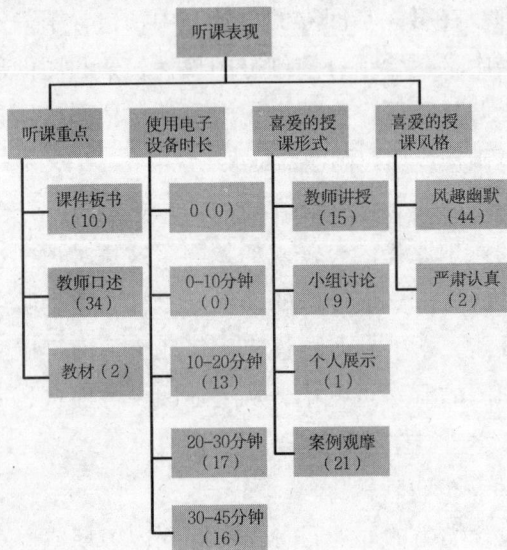

```
                        听课表现
        ┌───────────┬───────────┬───────────┐
      听课重点     使用电子      喜爱的授       喜爱的授
                   设备时长      课形式         课风格

     课件板书      0（0）        教师讲授      风趣幽默
     （10）                      （15）        （44）

     教师口述      0-10分钟      小组讨论      严肃认真
     （34）        （0）         （9）         （2）

     教材（2）     10-20分钟     个人展示
                   （13）        （1）

                   20-30分钟     案例观摩
                   （17）        （21）

                   30-45分钟
                   （16）
```

（图3　单位/人）

3. 学生课后学习习惯和技能

该分类下，包含学生上网动机和时长、课前预习和课后复习时长、电子文献学习能力、自主拓展学习、网络课程学习等，统计结果如下图（图4）所示：

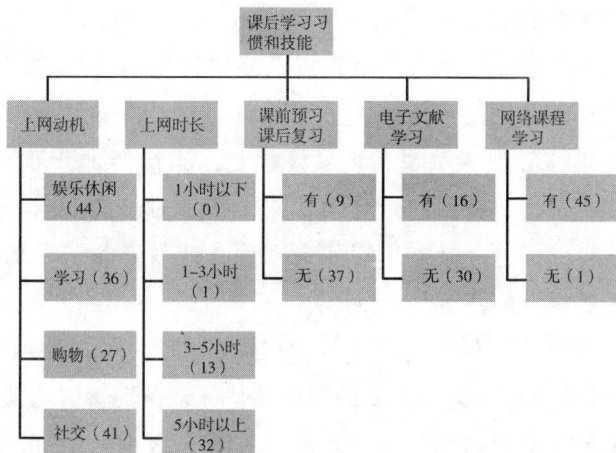

```
                        ┌──────────┐
                        │ 课后学习习 │
                        │  惯和技能  │
                        └──────────┘
        ┌──────────┬──────────┼──────────┬──────────┐
   ┌────────┐ ┌────────┐ ┌────────┐ ┌────────┐ ┌────────┐
   │ 上网动机 │ │ 上网时长 │ │课前预习 │ │电子文献 │ │网络课程 │
   │        │ │        │ │课后复习 │ │  学习  │ │  学习  │
   └────────┘ └────────┘ └────────┘ └────────┘ └────────┘
   ┌────────┐ ┌────────┐ ┌────────┐ ┌────────┐ ┌────────┐
   │娱乐休闲 │ │1小时以下│ │ 有（9）│ │有（16）│ │有（45）│
   │ （44） │ │ （0）  │ │        │ │        │ │        │
   └────────┘ └────────┘ └────────┘ └────────┘ └────────┘
   ┌────────┐ ┌────────┐ ┌────────┐ ┌────────┐ ┌────────┐
   │学习（36）│ │1-3小时 │ │无（37）│ │无（30）│ │无（1）│
   │        │ │ （1）  │ │        │ │        │ │        │
   └────────┘ └────────┘ └────────┘ └────────┘ └────────┘
   ┌────────┐ ┌────────┐
   │购物（27）│ │3-5小时 │
   │        │ │ （13） │
   └────────┘ └────────┘
   ┌────────┐ ┌────────┐
   │社交（41）│ │5小时以上│
   │        │ │ （32） │
   └────────┘ └────────┘
```

（图4　单位/人）

4. 学生专业背景经历

该分类下包含学生获取新闻方式、社交软件使用、专业实习经历两方面，统计结果如上图（图5）所示。

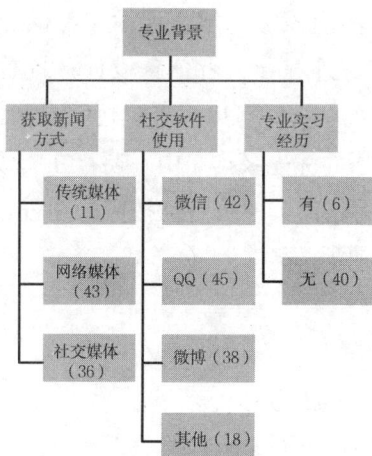

```
                    ┌────────┐
                    │ 专业背景 │
                    └────────┘
         ┌──────────────┼──────────────┐
    ┌────────┐     ┌────────┐     ┌────────┐
    │获取新闻 │     │社交软件 │     │专业实习 │
    │  方式  │     │  使用  │     │  经历  │
    └────────┘     └────────┘     └────────┘
    ┌────────┐     ┌────────┐     ┌────────┐
    │传统媒体 │     │微信（42）│     │有（6）│
    │ （11） │     │        │     │        │
    └────────┘     └────────┘     └────────┘
    ┌────────┐     ┌────────┐     ┌────────┐
    │网络媒体 │     │QQ（45）│     │无（40）│
    │ （43） │     │        │     │        │
    └────────┘     └────────┘     └────────┘
    ┌────────┐     ┌────────┐
    │社交媒体 │     │微博（38）│
    │ （36） │     │        │
    └────────┘     └────────┘
                   ┌────────┐
                   │其他（18）│
                   └────────┘
```

（图5　单位/人）

根据四个属性一级分类下的定性分析，我们基本掌握学生群体在四个属性中的表现，为本次用户画像提供了人物属性框架。

（三）用户特征优先级排列

在互联网行业中，海量用户数据以及实时更新的用户的动态属性数据已经无法用简单的定性用户画像手段来处理，而是借助计算机技术，通过人工介入，使机器学习人脑逻辑，最终代替人工操作来获取用户的画像，并能够对用户行为作出预测；计算机面对的画像对象是不同职业、不同背景的多样化群体，但这一技术可以实现对服务或者产品进行私人订制，即个性化的服务某类群体甚至每一位用户。

与基于技术的互联网产品用户画像过程不同的是，教师课程内容的"用户"——学生群体，具有高度的同质化特征，在进行用户画像时，我们的画像描绘的始终只有一个单一的形象，在优先级排列环节，我们只需考虑学生群体的属性特征中哪些属性是我们需要优先满足的即可。

按照教学成果导向，《新媒体专题策划》的预期目标是：学生具备基本的新媒体从业技能和从业道德意识；新媒体的就业面极为宽泛，培养学生的从业技能，笔者认为应当首先从学生的听课动机去把握，从学生职业目标、对课程的需求等特征来考察学生真正需要什么；其次需要从学生课堂表现的特征把握，从学生在课堂中的行为预测，找到适合的教学方法，设计高效的教学互动；再次应该考虑学生课后学习的习惯和技能，了解这些特征可以帮助教师进行课外辅导或者任务设计；最后需要考虑学生的专业背景，通过对专业背景的把握，可以对课堂教学内容的详略做出安排。

同时，4个一级特征的优先级排序中，还存在一级特征下的二级特征排序，如下图（图6）所示，4个一级特征按照顺序进行优先级排列，一级特征下的二级特征中重要性从左至右依次递减。

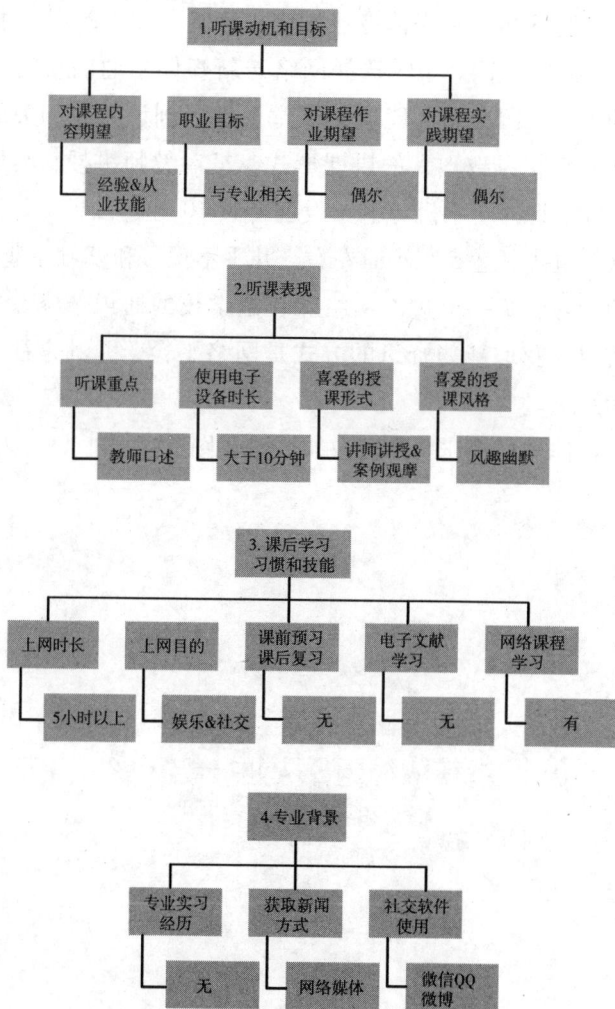

（图6）

（四）给用户画像

前述步骤完成后，用户画像进入最后一个环节，根据真实数据，用图片、文字等形式将用户画像可视化。这一步骤中有两个重点：一是结合真实数据加入描述性的元素和场景描述，让用户的画像更加丰满和真实；二是根据上述优先级排序的结果，在可视化图表中突出用户的重要特征。

该班学生群体的用户可以用如下文字描述：

　　小明，某学院网络与新媒体专业学生；年龄：18～20岁；性格：活泼开朗；爱好：游戏、上网。小明选择网络与新媒体专业的目的是为了找一份与之相关的工作，因此希望能够在课堂上学习到该专业相关的经验和从业技能；虽然很喜欢风趣幽默的讲课形式，且对教师讲授、案例观摩充满兴趣，但仍会在上课时玩手机等电子设备持续10分钟以上；每天为娱乐和社交沉浸在网络世界长达5个小时左右，几乎不预习和复习课堂知识，也不使用电子资源学习，唯一上过的网络课程是学校的通识选修课；没有进行过专业相关实习，获取新闻资讯的方式是网络平台，尤其是社交软件，碎片化阅读较为严重。

　　该班学生群体的可视化用户画像如下图（图7）：

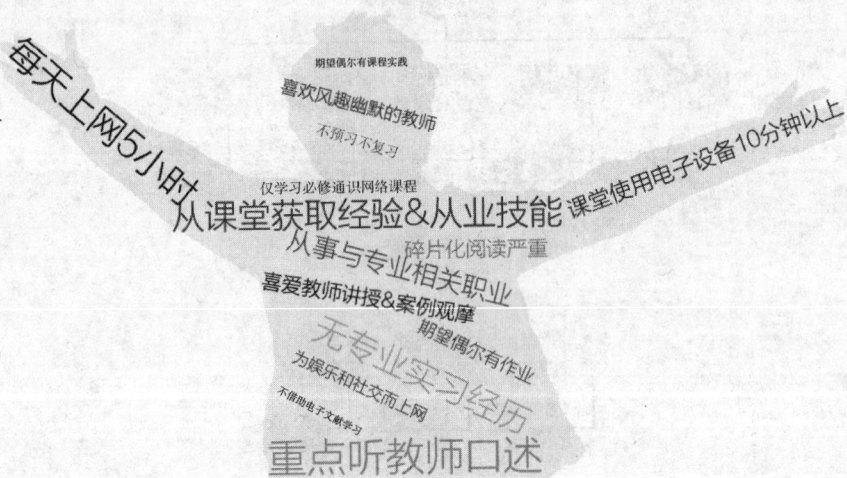

（图7）

四、用户画像过程对教学设计的启发和改进实践

　　用户画像完成后的重要步骤是使用其来改进产品。对于学生来说，不仅教师的教学内容是"产品"，教师本身的授课方法、授课风格、授课过程中一切与学生的互动联系均是"产品"。在用户画像的指引下，教师可以迅

速掌握学生的需求，能够针对学生的需求补充教学内容，同时也可根据学生的属性特征，在教学方法、教学风格和与学生的互动联系中做出改变，以更好地实现教学效果。

笔者在课程启动初始完成了对学生群体的画像，并在后续教学过程中根据画像的指引，做出了一系列的教学实验尝试。

（一）案例和业界访谈持续刺激学生从业意志

根据对本班学生的画像，学生们期待来自业界的实际经验和对于新媒体行业的接轨。教学内容中已经包含了足够的理论知识和背景材料，如何满足学生的上述期待？

首选是案例教学。来自业界的成功案例不仅可以带来丰富的知识，更能够帮助学生们绘画出传媒行业的发展脉络图。《新媒体专题策划》课程中，笔者借鉴了多家互联网媒体的优秀策划案例，以搜狐和网易等门户网站为主，在其门户网站变迁过程、全媒体融合过程、移动平台打造、新技术的使用等方面搜集了大量案例和资料，这些资料经过加工和梳理，成为课堂上广受欢迎的部分。

其次是业界访谈。学生们对于专业的认知并不是很全面，学校的课程设计中《新媒体专题策划》课程仅是一门理论课程，如何通过课堂将学生与业界紧密联系起来？笔者想到了业界访谈，利用业界的人脉资源，根据教学内容确定访谈目标、制定访谈提纲、实施访谈，最后将访谈结果呈现在课堂上。较为有代表性的是"网页专题策划"章节部分，笔者事先讲授该章节内容，课后调研学生想通过业界人士了解关于该章节内容的问题，然后实施访谈，邀请到了腾讯网汽车频道、新浪网房产频道两个网站的从业者，请他们回复学生的问题，并提供关于网页专题的策划经验和技巧；最终的访谈结果呈现在课堂中，引起了学生们的关注和兴趣。

（二）高频互动提问减少电子设备对学生注意力的影响

根据学生群体的用户画像，学生们呈现出"课堂上使用电子设备超过10分钟"的属性，是一种对将来行为的预测属性，属于动态属性；学生群体的这一属性可以随着课堂环境的影响而变化，教师能否通过改变课堂环境来调整学生的属性表现？毕竟一堂课45分钟，超过1/3的时间分散在电子设备上对于教学效果的影响不言而喻。

高频互动提问是笔者的尝试。在每堂课的课程内容中设置 6~8 个简短的互动提问，平均分布在教学过程中，教师在讲课的过程中使用点名提问方式来提醒学生们关注教师的授课内容。问题的设置并非复杂或者逻辑性较为严密的问题，而是选用简单的名词解释、前述课程内容的回顾等；如若没有合适的问题，笔者会选择使用判断题的方式传递课程内容的某个知识点，请同学判断并解释为什么。高频的互动能够及时将学生的注意力拉回课堂，是一种极好的引导。

(三) 课程实践平台串联起课后学习

课前预习和课后复习是该班级学生所不具备的习惯和技能，为此笔者开设了本门课程的课后实践平台——班级自媒体账号，制定了运营规则等，将全班同学分为 6 个组，每两组每周轮值一次自媒体的内容运营，并根据大家对于课后作业和课后实践的期望程度，将运营频率设置为隔天一次。

《新媒体专题策划》课堂教学内容紧跟新媒体的最新趋势，课程内容结束后，笔者要求学生将当次的课程理论或经验知识运用在后续一周的自媒体运营中，这一措施可有效提醒学生在课后串联课堂教学内容，亦有通过实践平台检验学习效果的意图。

(四) 新媒体问诊环节矫正碎片化阅读

碎片化阅读是新媒体时代的阅读习惯，这一习惯在实现阅读效率的同时，给阅读者的阅读质量带来巨大损害。碎片化阅读呈现出一种不求甚解、浅尝辄止的心理特征，以及信息需求点到为止的肤浅化、表面化的倾向。阅读时间和内容的碎片化带来的是注意力的分散以及思维能力的下降，碎片化阅读方式适合用在娱乐资讯的使用与满足中，但对于学习网络与新媒体专业的大学生来说，碎片化阅读不利于专业化的学习。

课堂中的案例和理论会涉及大量新媒体环境中的最新资讯，当被问到最近新媒体环境中有哪些热点新闻和事件时，学生们可以回答许多新闻、事件的关键词，比如"朴槿惠下台""萨德事件"等，但没有人能够完整地介绍上述关键词涉及的事件和内容，这也正是学生们在画像中体现的特征——上网时间长、通过社交媒体获取新闻资讯，而这些平台正是碎片化阅读的主战场。

针对上述问题，笔者在课堂中设计了一个时长约 30 分钟的"新媒体问诊"环节，请学生在课后使用新媒体过程中观察和记录新媒体空间中的传播现象。学生在本环节首先需要描述一种"病态"的新媒体传播案例，然后根据所学知识对"病态"进行分析，最终开出解决该"病态"的处方。全班同学按照学号顺序，依次在课堂上进行问诊，问诊过程中不允许传递模糊不清的信息，所描述事件和信息必须准确描述关键信息要素和过程，教师最后对学生所问诊的案例进行点评和补充。笔者试图通过问诊的形式，唤起学生对于信息准确性和深度的挖掘。问诊进行到课程中期，至少有 4 位学生根据课堂问诊前后收集的资料及教师指导意见，撰写了见解独到的论文。

同时在问诊过程中，多位同学提出了新媒体环境下存在的多种问题：标题党、无尺度的软广告、隐私泄露、谣言传播、舆论暴力、过度营销等，这些问题的存在与新媒体从业者职业道德有着一定关联，因此该问诊过程同时还加强了学生的从业道德观念。

结语

用户画像概念自提出至今，已经成功被运用至各行各业中，互联网行业已经可以成熟运用计算机算法，让机器学习人工分析的过程，进行大批量数据的挖掘、分析，最终形成针对用户行为和消费特征的预测，成功指引产品的研发设计、更新换代。

用户画像的商业化应用，对于新闻传播教育具有巨大参考价值。本文借鉴了用户画像的概念，采用了简单定性用户画像的方法，对某高校网络与新媒体专业 46 名同学做了简单用户的画像，旨在了解学生对于课程内容的需求和其学习行为特征，最后根据用户画像呈现的人物特征，进行了 4 项教学实验，从非标准化的统计和日常观察来看，这些实验的确有一定效果，后续笔者将继续关注用户画像在新闻传播教育中的实验研究，下一步重点是找到验证实验效果的具体方法，将用户画像对于新闻传播教育的推动作用进行量化分析、呈现。

同时本文所采用的简单用户画像过程实验，还存在许多不完善的地方。人数较少的班级群体画像可以采用这样的模式，对于人数较多的班级，若复制此实验，问卷调查等方法需要耗费大量精力，且灵活性不够，我们又该如何改进？是否可以在校园门户网站、移动客户端等平台中引进互联网行业的数据挖掘、分析、可视化技术，即时收集学生的动态学习属性，并使用计算机进行预测和分析，将预测结果反馈给任课教师，以此辅助教学呢？这也将是笔者下一步的研究方向之一。

下编：
首届"何微新闻奖"新锐青年学者研讨论文

新闻史及理论研究

政治与消费

——建国初期上海党报与私营报消费市场的转换

龙 伟*

作为解放后在上海出版的第一张报纸，《解放日报》肩负重任。《解放日报》不仅是上海解放后党政在新闻界的首次亮相，是宣传党政政策的喉舌，更重要之处还在于中共亦寄望《解放日报》能在整顿旧报业的同时，带领新上海的新闻事业塑造新的工农城市文化，以继续领导党的文化领导权。可以说，《解放日报》自创刊之初，其定位、角色、任务就相当明确。然而问题是，面对复杂诡秘的上海市场，读惯了花边小报的普通市民是否接受一本正经的严肃党报？中共农村办报的经验在上海这个大都市中是否还适用？这一切显然都是未知数。

新政权对上海报业的发展极为重视，中共中央不仅将延安时期党中央机关报报名《解放日报》给予上海，而且毛泽东还亲自题写了报头。[1] 中共华东局和上海市委为确保《解放日报》的出版及发挥在上海报业新格局中的领导作用，为《解放日报》配备

---

* 龙伟，重庆大学新闻学院教授，博导。主要从事新闻事业史、基督教在华传布史、医疗社会史等领域的研究。

[1] 毛泽东曾主导延安《解放日报》的改版进而奠定中共党报制度。毛泽东对《解放日报》很有感情，延安《解放日报》停刊后，毛曾有过复刊的想法。1948 年 3 月 7 日，毛在以中共中央名义给中央工委的电报中，提出"华北成立后，大党报应如延安解放日报那样，是同时代表中央和华北局的报纸，由中央负责，集中新华社（范长江、廖承志两部分）、人民日报、晋察冀日报在一起，有充分条件办一个较好的报纸，其名称似宜恢复解放日报"。中共中央文献研究室编：《刘少奇年谱：1898～1969》（下卷），中央文献出版社 1996 年版，第 137 页。

了强大的阵容。中共组织部门将济南《新民主报》和新华社济南分社的人马作为新《解放日报》的骨干班底，又从华北调来范长江、魏克明，再加之上海地下党的陈虞孙、夏其言等，形成了所谓的"三路大军"[1]《解放日报》老干部丁柯曾感叹"解放初期《解放日报》人才极一时之盛，占了党的新闻界半壁江山"[2] 中央的重视以及办报力量的调置反映出中央对《解放日报》在上海报业统合中的新角色给予了较高期望，这也为确保《解放日报》贯彻党的宗旨、发挥报业领导核心作用奠定了基本的条件。

尽管中共中央全办支持，华东局和上海市委给予《解放日报》极高的政治地位，甚至在政策上赋予了《解放日报》许多独一无二的特权。然而《解放日报》能否真正赢得上海市民和消费市场的认可仍然充满了疑问。

作为党报，《解放日报》创刊后一直紧跟党的步伐，贯彻党的宣传方针。根据国际国内政治、经济形势，《解放日报》密切结合华东区宣传的中心工作，着重就中共在上海的中心任务开展宣传报道。然而紧跟党的步伐，也使得《解放日报》灵活度有限，早期的版面很多都是公告或历史文件，缺乏生气。夏衍从香港回到上海，出任华东局宣传部副部长、文管会副主任时即明显感觉上海报纸办得有很大问题："当天的早报要到中午，甚至下午才能看到。新闻呢，只有新华社一家，外国通讯社一律不用"，另外"出版迟，新闻单调，社论短评很少"，"报上看不到一条广告"。夏衍更不能理解为什么堂堂《解放日报》只能日出一张，"为什么作为喉舌的党报，可以几天乃至一个星期没有一篇社论？"他把这些"大惑不解"的问题向《解放日报》的正、副社长范长江和恽逸群求教，范长江怪他多事，说北京的报纸也只出一张，上海当然不能例外，至于不让外国通讯社发稿，则是军管会下的命令。恽逸群则迟疑地回答："消息少，有什么办法。"夏衍又问面对美国新闻处的造谣，比如说什么上海屠杀了大批留用人员，每天有成千

---

〔1〕 一路是以范长江、魏克明为首的从北平南下的新闻队伍；一路是以恽逸群、张映吾为首的济南新民主报、新华社华东总分社和华东新闻学院干部编成的新闻部队；一路是陈虞孙、夏其言等上海地下党同志。参见王维：《关于编写解放日报报史的几点意见》，载《解放日报·新闻日报报史资料》（第1册），解放日报史办公室编，1991年版，第29页。

〔2〕 丁柯：《怀念范长江和〈解放日报〉初创的日子》，载《新闻记者》2009年第11期，第16页。

上万人饿死等，为什么党报不能用事实进行揭露？范长江则摇头回答"这样的问题地方报纸不能作主"。[1]

《解放日报》并不是没有注意到夏衍提及的这些问题，中共华东局与上海市各部门对《解放日报》也多有微词。1950年8月，上海市委对《解放日报》意见座谈会即明确指出"党报（即指《解放日报》）没有发挥应有的作用"，"还存在很多缺点，还没有起应有的作用，各方面对《解放日报》的意见很多"。[2] 这一意见包含的批评其实分量很重，相当于间接否定了《解放日报》的价值。各部门对《解放日报》的意见主要集中在以下六点：①消息报道落后于其他各报；②对于重要的新闻，没有显出应有的分量，或干脆不登；③与群众联系不够；④政策水准差，技术水准也不够；⑤反映华东和上海情况不够全面；⑥与市委联系不密切。[3] 这些问题反映出早期《解放日报》在办报过程中较为教条、机械，缺乏灵活性，编辑的思想认识也存在很大的偏差。

《解放日报》严肃、呆板的面孔显然难以赢得读者的认可。在创办最初的一两年间，《解放日报》的发行和经营都不如人意。创刊后不久，《解放日报》即因为版面较为严肃，不符合上海市民读报的传统胃口，结果印量从第三天起从13万份跌到8万份以内。反观私营的《大公报》销量则从四五万份上涨到19万份。这种鲜明的反差显然让《解放日报》大受刺激，"甚至连报社内较高级的部门负责同志也失去信心"，认为"我们失败了"。[4] 1949年6月2日，《解放日报》各部室举行的联席会议，仍将《大公报》视为一大"对手"。为了使党报能在主要读者对象中扎下根来，早期的《解放日报》采取了低价发行的策略，"在报价政策上是以低价，照顾本

---

〔1〕 夏衍：《懒寻旧梦录》（增补本），生活·读书·新知三联书店2000年版，第428—429页。

〔2〕《上海市委对解放日报意见的座谈会记录》，上海档案馆，档案号：A22-2-2-30。

〔3〕《上海市委对解放日报意见的座谈会记录》，上海档案馆，档案号：A22-2-2-30。

〔4〕《解放日报社1949年工作总结报告暨1950年工作计划大纲（草案）》，上海市档案馆藏，档案号A73-1-3；另见《解放日报报史资料》，解放日报报史办公室编，1996年版，第3—21页。

报主要对象工人学生之购买力为主体"。[1] 总的来看，在 1951 年前，《解放日报》的销量大多维持在 8 万余份。与此同时，《解放日报》的经营也遇到困难。创刊初的几个月，由于人员多、开支浩繁、纸价上涨等原因，报社基本上处在连续亏损之中，全赖党和政府经费补贴。1949 年 6 月，《解放日报》亏损 6800 万（旧币，下同），7 月份亏损 1.39 亿。经营上的亏损在 9 月及 11 月《青年报》与《劳动报》两报合并后更为恶化。整个 1949 年下半年，《解放日报》社合并计算，亏损约在 23 亿到 24 亿之间。[2]《解放日报》社折算了一下，每销一张报纸，大致要亏损 97.32 元。[3]

表1　《解放日报》1949 年下半年逐月收支表（旧币，单位：元）[4]

月份	总收入	总支出	亏损
1949 年 6 月	45 562 770.70	114 032 044.57	68 469 273.87
1949 年 7 月	132 852 686.76	271 964 770.24	139 122 083.48
1949 年 8 月	255 273 128.00	282 380 483.68	27 107 355.68
1949 年 9 月	327 291 173.00	312 435 150.23	14 856 022.77
1949 年 10 月	315 170 865.00	573 511 713.26	258 340 848.26
1949 年 11 月	559 031 913.90	1 410 614 039.46	851 582 125.56
1949 年 12 月	1 212 908 603.30	1 570 483 221.27	357 574 617.97

---

〔1〕《解放日报社发行广告部工作总结》（1949 年 12 月 25 日），上海档案馆，档案号：A73 - 1 - 19。《解放日报》5 月 28 日到 6 月底定价为 15 元，7 月份定价为 30 元，8 月份定价为 60 元，9、10 月份为 100 元，11 月中旬为 150 元，11 月下旬为 200 元，12 月为 400 元。定价与《新闻日报》《大公报》比较，6、7 月为它们的 75%，8 月为 60%，9、10 月相等，11 月为 75%—66%，12 月为 80%。参见《解放日报社 1949 年工作总结报告暨 1950 年工作计划大纲（草案）》，上海档案馆，档案号：A73 - 1 - 3。

〔2〕收支亏损中总计亏损 16.8 亿元，但并未计算年终双薪奖金在内。后者于 1950 年 1 月 4 日 - 2 月初分 3 期支付，总数约为 7 亿元左右，故总亏损实际在 23 到 24 亿之间。

〔3〕《解放日报社 1949 年工作总结报告暨 1950 年工作计划大纲（草案）》，上海档案馆，档案号：A73 - 1 - 3。

〔4〕《解放日报 1949 年盈亏情况有关材料》，上海市档案馆，档案号 A73 - 1 - 16；《解放日报社 1949 年工作总结报告暨 1950 年工作计划大纲（草案）》，上海市档案馆，档案号 A73 - 1 - 3；另见《解放日报报史资料》，解放日报报史办公室编，1996 年版，第 9 页。

月份	总收入	总支出	亏损
合计	2 848 091 140.66	4 535 421 422.71	1 687 330 282.05

（注：旧币 1 亿元约相当于新币 1 万元。）

上述事实说明，在 1951 年前上海的报业市场中《解放日报》尚未获得绝对的控制权，发行、经营上都未能达到预期的定位，"党报核心"在上海的报业格局中尚未在市场中得到真正体现。之所以出现这种情况大致有三个方面的因素：一是党报严肃呆板、不接地气，难以迎合市场化口味习惯的上海市民；二是解放后，虽然有大量报纸关停，但也有大量知识群体流失，整个上海报业市场总体上呈现萎缩状态；三是在上海报业格局中，还存在众多老牌私营报纸，这些报纸在市场中竞争激烈，分流了部分读者。《解放日报》的经历表明仅仅依靠政策赋予的优势，并不足以将政策的优势转换为市场优势。

1951 年上海报业的基本格局是：整个上海共有报纸十二家，其中公营报纸六家，分别是《解放日报》《劳动报》《青年报》《农民报》《新少年报》《上海新闻》（英文）。[1] 公私合营的两家报纸分别是《新闻日报》与《大公报》，另有《文汇报》《新民报》《亦报》《大报》四家私营报纸。公营报刊、公私合营报纸、私营报刊基本是三分天下。

上海报业"三分天下"的格局自 1951 年下半年逐步发生变化。随着建国以后政治氛围的日趋浓厚以及都市消费文化的逐步退潮，严肃的大报进入市民的日常生活乃是大势所趋。特别是随着"抗美援朝""镇反""三反""五反"运动的开展，上海的都市文化发生急剧转变，上海的报业结构也随之转换。

这种转换的特征之一即是《解放日报》为代表的公营报纸冲在"抗美援朝""镇反""三反""五反"宣传的前列，报纸销量迅速增加。以《解放日报》有关"三反""五反"的宣传为例，中共中央在决定开展"三反"

---

〔1〕《劳动报》系上海总工会的机关报，《青年报》则是中国新民主主义青年团上海市委员会机关报，三日刊。《新少年报》为周刊，《上海新闻》为英文报。

"五反"后，为配合运动的展开，《解放日报》集中力量对"三反""五反"进行报道。在 1951 年 11 月至 1952 年 7 月间的宣传报道中，《解放日报》共发表稿件 1956 篇，包括社论 24 篇，一般论文 58 篇，新闻通讯 1133 篇，读者来信 741 篇，揭露贪污案 52 件，揭露"五毒"案 72 件，表扬积极分子、模范人物 73 起。《解放日报》在运动总结中称这些稿件"有力地配合了实际斗争与各方面的宣传活动，真正将资产阶级宣传臭了，将他们猖狂气焰压下去了"。[1] 1952 年 1 月 7 日，《解放日报》社领导开始"带头下水"，成立"解放日报社打虎支队"，全面开展"三反"。6 月 5 日，张春桥、陈虞孙给华东局关于"三反"的工作报告中称："全社已发现贪污分子及有贪污行为的 91 人，占全社总人数 517 人的 17 强"，至年底共有 21 人受到各种处分。"[2] 正是在建国初展开的政治运动浪潮推动下，"落后分子"被进一步"消灭"，市民开始接受"进步文化"，报业消费也发生了显著变化。对比《解放日报》的发行量走势，可以看到随着"三反""五反"运动的展开，《解放日报》的发行量出现了迅速增长。

表 2 　《解放日报》发行量与印刷量统计表（1950.12—1952.10，单位：份）

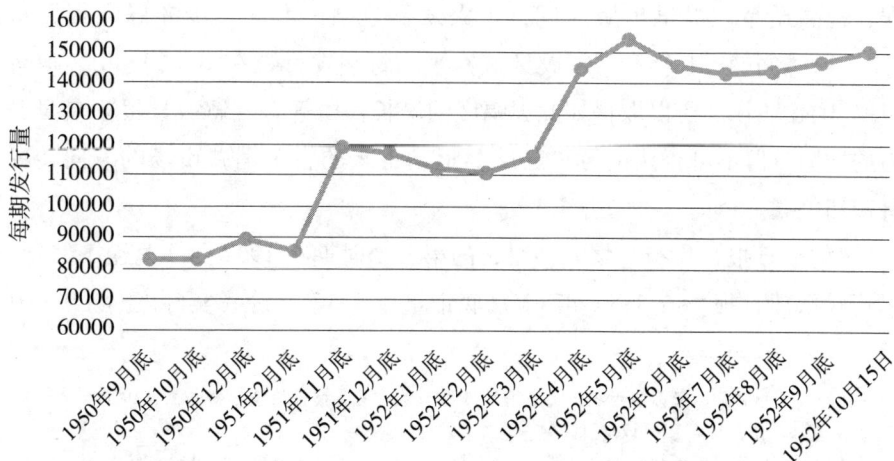

　　〔1〕　解放日报编辑部：《"三反""五反"宣传工作总结（草案）》，《解放日报报史资料》，解放日报报史办公室编，1996 年版，第 38 页。

　　〔2〕　《解放日报新闻日报报史资料》第 3 辑，解放日报报史办公室，1997 年版，第 3 页。

上表清楚显示《解放日报》的发行量有两个爆发性的增长阶段。第一个阶段出现在 1951 年 3 月至 11 月间。1951 年 3 月后，《解放日报》的发行量不断攀升，11 月底的发行量距 2 月底的发行量增幅为 3.36 万余份。在 1950 年，《解放日报》发行量长期徘徊在 8 万至 9 万份之间。1950 年 12 月，因"报纸油墨等材料价格逐步上涨"，以致各报均"赔累不堪"。迫于无奈，解放、新闻、文汇、大公等报只得联名请求上调报价。[1] 在上调报价之后，1951 年初各报在经济上略有好转。不过因加价发行，致使部分订户流失，因此在 1951 年 2 月，《解放日报》发行量再次下落到 85 448 份。至该年 3 月起，《解放日报》发行量方才陆续上升。[2] 不过，尽管发行量有所增加，但经济上却并未明显好转。是年 5 月，华东新闻出版局给《解放日报》的定性，仍属于"已有盈余，但基础尚不巩固的单位"[3]，表明《解放日报》仍徘徊在盈亏边缘。是年 7 月，《解放日报》社务委员会决定自 8 月起"不再分出本市版和外埠版，改为日出一大张"，"售价由 1000 元降为 700 元"，报社收支再度受到影响。同时，因为发行量的激增，原来附报赠送的《时事手册》因经济负担过重停止附送。[4] 11 月 23 日，《解放日报》发布"通告"，"宣布本报发行数额已超过 12 万份，希望全社同志继续努力，消灭错误，提高质量，提早出版时间，扩大发行数额，为进一步办好党报而奋斗"。[5] 整个 1951 年，《解放日报》平均每期发行数在 105 213 份，盈余34.3 万元。[6] 之所以取得如此大幅度的增长，尽管有《解放日报》自身努力的原因，但不可否认也与"三反"运动带来的整个消费市场的取向转变有密切关联。

《解放日报》发行量爆发性增长的第二个时期在 1952 年 3 月至 5 月间。尽管《解放日报》在 1951 年 11 月底销量接近 12 万份（实际发行 119 108

〔1〕《解放日报、新闻日报社、文汇报社等关于要求调整报价的请示报告》（1950 年 12 月 6 日），上海档案馆，档案号：A73－1－44－5。

〔2〕《一九五二年解放日报发行情况》，上海档案馆，档案号：A73－1－114－62。

〔3〕 解放日报报史办公室编：《解放日报、新闻日报报史资料》（2），1993 年版，第 271 页。

〔4〕 解放日报报史办公室编：《解放日报、新闻日报报史资料》（2），1993 年版，第 281—282 页。

〔5〕 解放日报报史办公室编：《解放日报、新闻日报报史资料》（2），1993 年版，第 306 页。

〔6〕 解放日报报史办公室编：《解放日报、新闻日报报史资料》（2），1993 年版，第 312 页。

份，印量 120 435 份），但此后的"增产节约运动开展，机构调整后报纸少订"，加之"有些单位及个人单纯的节约，把报纸也'精简'了"，这导致随后的几个月内销量略有下滑，但基本维持在 11 万份以上。"三月份'五反'运动开始，报纸发行数字就迅速上升"，1952 年 5 月底达到最高峰，发行达到 153 910 份。"六月份'五反'运动基本结束，邮局不能巩固已经发展起来的新订户，报纸发行数字也跟着下跌。"[1]《解放日报》内部的发行统计调查亦明确指出，"五反"运动与报纸的发行量的增长同步。

与《解放日报》的发行量猛增类似，《劳动报》的发行量在"三反""五反"的增长更是惊人。《劳动报》在 1950 年 10 月的发行量每期仅有 2.5 万份。1951 年 2 月 26 日，为避免《劳动报》与《解放日报》的同业竞争，华东局同意将《劳动报》与《解放日报》分开，改为全总华东办事处及上海总工会机关报。《劳动报》主要面向的读者对象是 200 万工人群众，而工人群众正是"三反""五反"运动中接受教育、受影响最大的群体。在"三反""五反"运动期间，《劳动报》发行量出现了惊人的跃增。《劳动报》在 1950 年常年保持在 2 万余份的水平，然而在"三反"开展的 1951 年 11 月间销量猛增，11 月 30 日日发行量即达到 65 272 份。次年"五反"展开期间，5 月 29 日发行量再上台阶，高达 109 458 份，到 6 月 21 日更是达到惊人的 123 438 份，虽然总的发行量并没有超过《解放日报》，但其增幅却是上海所有日报中最大的。

新闻协会党组的总结中明确指出，"'三反''五反'的伟大的深刻、丰富的内容和市委领导下的深入细致的宣传工作的空前巨大的规模，深刻教育了广大群众。为报纸的发展创造了空前有利的条件"。"三反""五反"运动的空前影响从上海市"读报小组"的数量上亦可见一斑。"在'五反'中，全市成立的读报小组，据目前不完全统计，已达一万六千余个，其中如黄浦区在'五反'前，全区只有一百多个读报组，现在发展到三千多个，增加了三十倍。"[2] 不难看出，经过建国初一系列的政治运动的洗礼，上海

---

〔1〕《一九五二年解放日报发行情况》，上海档案馆，档案号：A73 - 1 - 114 - 62。

〔2〕 陈虞孙：《关于上海公私合营、私营各报最新情况和分工问题的报告》（1952 年 5 月 23 日），上海档案馆，档案号：A22 - 2 - 1533 - 20。

的政治与文化"空气"已然改变，《解放日报》《劳动报》这类严肃的公营报纸正进入一般群众的日常生活，成为群众"政治生活"的重要指导。

上海报业结构转换的另一个特征是上海报业的总销数大为提高，但私营报纸的销量并没有同步增长。相反，整个报业结构中，公营报纸的比重进一步增大，私营报纸的市场份额进一步被压缩。

1950 年 6 月，上海各报陷入低谷之时，上海各日报的总销量仅有 28.9 万份，此后各报销量虽有回升，但总销量也一直维持在 35 万份左右。到 1951 年 11 月，"三反"运动期间，上海各日报的总销量上升至 40 万份左右。随后因增产节约，略有回落，至 1952 年 3 月，总销量维持在 357 284 份。"五反"运动开展后，上海报业市场进一步被拓展，到 1952 年 5 月底，各报总量达到 47 万余份，6 月达到 48 万余份。

表 3　上海各日报销量统计表（1950.6—1952.6，单位：份）[1]

时间 \ 报名	1950 年 6 月均销量	1950 年 9 月均销量	1950 年 10 月均销量	1951 年 11 月 30 日日销量	1952 年 3 月 4 日销量	1952 年 5 月 29 日日销量	1952 年 6 月 21 日日销量
《解放日报》	80 319	82 792	82 992	119 065	110 327	154 415	145 054
《新闻日报》	89 551	110 123	121 341	110 650	97 990	99 707	98 799
《大公报》	46 625	65 104	70 409	50 244	45 396	46 774	46 295
《文汇报》	17 666	17 913	24 046	22 656	19 985	35 232	41 375
《劳动报》	21 725	28744	25 208	65 272	58 896	109 458	123 438
《新民报》	9 372	15 445		13 085	11 490	13 433	14 627
《大报》	11 731	21 213	23 411	10 176	—	—	—
《亦报》	12 586	18 700	19 833	8562	13 200	13 400	14 600
总计	289 575	360 034	367 240	399 710	357 284	472 419	484 188

（注：按一般规律，月初销量往往较低，月末销量稍偏高。1952 年 3 月 4 日系该年上半年总销量最低的一天。）

---

〔1〕 1952 年 2 月 16 日，《大报》正式停刊。3 月 1 日，《大报》正式并入《亦报》。故此 1952 年 3 月 4 日销量统计中，无《大报》数据，《亦报》数据为两报合并后销量，较 1950 年 10 月不增反降。

尽管上海的消费市场被成功拓展，然而若留意各报的销量变化情况，不难发现1952年3月各报总销量维持在35万余份左右的情况之下（对比1950年10月），公、私各报的销量出现了显著分化。《解放日报》《劳动报》的销量在不断攀升，而私营各报的销量则不断被侵蚀。最为突出的是《大公报》与《大报》《亦报》两张小型报，《大公报》在1950年10月尚有7万份的销量，而在1952年初销量已滑落到4.5万份，同期《劳动报》的销量则翻了一番多。1950年10月，《大报》的销量为23 411份，《亦报》销量为19 833份，而随着1951年一系列的政治运动开始，两张小报的销量直线下降，到1952年2月，两报都跌破万份大关，《大报》销量才8700份，《亦报》销量为8500份左右。《大报》《亦报》两张小型报纸甚至被认为已无必要再办两张，因而自1952年3月1日起合二为一。然而吊诡的是，合并后的小报到1952年初的销量也只有13 200份，尚不足1950年10月其中一家的销量。

从公私报刊市场份额的比重上看，1950年6月，《解放日报》《劳动报》两张公营报纸共销102 044份，占全部日报总销量的35.3%。1951年11月，《解放日报》《劳动报》两报销量共计184 337份，比重已攀升至46.1%。6月21日，两报销量更是达到268 492份，市场占比达55.5%。可以看到，从1950年6月到1952年6月，公营报纸销量在市场中的比重提高了20%，与之相反，私营报纸的市场份额则不断被压缩。事实上，如果再排除公私合营的《新闻日报》，那么余下的几家私营报纸的市场份额其实已是少得可怜。上海几家私营报纸（除《新闻日报》）1950年6月在整个报业市场上尚占1/3，然而至1952年6月，则只能勉强占有1/4的市场份额。换言之，"三反""五反"运动带来的仅仅只是公营各报销量的猛增，私营各报的销量在运动中不仅没有增长，反而受到影响，销量大减。例如《大公报》的市场份额从16.1%直接下降到9.56%，《新民报》从3.24%下落到3.02%，《大报》与《亦报》从合并前的8.4%到合并后的3.02%。唯一有所好转的是《文汇报》，该报在前期一路下滑之中，不断改版，终在1952年4月后经过改版、正张与副页分开销售，销量出现大幅反弹。

表4 上海几家日报销量所占市场比重分析表 (1950.6～1952.6)

		1950 年 6 月	1951 年 11 月	1952 年 3 月 4 日	1952 年 6 月 21
公营(解放、劳动)		35.3%	46.1%	47.4%	55.5%
公私合营（新闻日报）		30.9%	27.7%	27.4%	20.4%
私营各报		33.8%	26.2%	25.2%	24.1%
私营 各报 细分 比重	《大公报》	16.10%	12.57%	12.7%	9.56%
	《文汇报》	6.1%	5.67%	5.59%	8.55%
	《新民报》	3.24%	3.27%	3.22%	3.02%
	《大报》《亦报》	8.4%	4.69%	3.69%	3.02%

结语

"三反"运动前，《解放日报》与《劳动报》发行一度低迷，经营亦陷入困境，这些都表明党报的权威和核心在报业市场上并没有得到真正的贯彻和落实，单纯依靠政策赋权也并不足将政策优势转换成为市场优势。换言之，受旧文化熏陶的读者并不能迅速接受新的工人阶级的文化，这也使得该时期党报肩负的教育群众、向广大群众宣传党的政策的这一最重要的使命无法实现。"三反""五反"期间，随着政治运动的展开，公营各报销量猛增，与此同时私营报纸销量则明显萎缩。透过"三反""五反"运动，最终公营报纸占据了上海报业的大部分份额。报业市场新格局的形成亦成为随后在上海私营报纸中开展思想改造的前提和基础，这解释了为何报业思想改造在1952年6月得以发动。中共对上海报业从市场、思想到组织的权力渗透也揭示了建国后中共对非党媒体的掌控是一个循序渐进的过程，并非一蹴而就。

上海报业格局的这种转变显然并不能简单于各报的经营中求得答案，唯一的解释是建国后不断展开的政治运动使得读者的选择发生了改变。经过建国初期政治运动的反复洗礼，思想有待改进的"落后群众"从政治生活中迅速"消失",一般群众开始主动抛弃"私营"各报（特别是小报），而主动选择严肃大报。无论读者的这种选择是基于思想认识的"空前提高",还是面对政治运动的被迫回应,不可回避的事实是解放初上海大众消费文化市场已悄然退潮,以《解放日报》为核心的公营报业不单在政治上,而且也在市场上逐步奠立上海报业的主体性地位。依赖于政治运动对受众的改造、提高,上海党报的核心地位最终得以奠定。与此同时,以《解放日报》为首的公营报纸也冲在政治运动第一线,为政治运动的展开摇旗呐喊,党报与政治运动之间呈现出相互呼应的态势。

近三十年何微新闻思想研究综述

吕 强*

早在 20 世纪八九十年代，国内新闻界开展何微研究伊始，何微新闻思想研究就已成为何微研究的重要内容之一，也是学界研究何微的一个学术热点。许多学者最初在开展何微研究时，也往往从何微的新闻思想研究入手[1]，特别是近年来，随着越来越多学者的加入，何微研究更成为一些青年学者进行学术探索和开拓学术方向的重要领域，他们分别从不同视角对何微"新闻有学思想、新闻党性原则思想以及新闻报道实事求是思想"[2]进行了详细、系统的阐述。据笔者所知，刘荣庆为最早对何微新闻思想进行论述的学者[3]，而对此进行系统研究的为武汉大学车英教授[4]。

---

* 吕强，西北政法大学新闻传播学院讲师。

〔1〕 据笔者在《中国知网》上检索，全部有关研究何微的 53 篇论文中，有近 30 篇涉及了何微新闻思想，其中专门论述其新闻思想的有近十篇，其余则论述中有所涉及。

〔2〕 据相关学者研究，何微的新闻思想主要包括"新闻有学思想"、"新闻党性原则思想"、"新闻报道要实事求是思想"、"新闻实践与新闻理论要相结合思想"和"新闻教育思想"，参见吕强、张怡、苏丹：《何微与西北政法大学的新闻教育》，载《新闻界》2016 年第 20 期；苏丹、张怡、吕强：《何微新闻教育实践、思想及其现实意义》，载《西北高教评论》2017 年第 1 辑；刘惠文：《再论何微先生的新闻学专业教育思想》，载《西部学刊》2016 年第 8 期；刘惠文：《试述何微对新闻工作党性原则的阐释》，载《中国青年政治学院学报》1999 年第 1 期。

〔3〕 笔者通过在《中国知网》上检索发现，有关新闻思想的研究论文有近十篇，但按时间顺序，最早进行相关阐述的是刘荣庆于 1993 年发表在《新闻知识》上的《何微新闻思想纵论》。

〔4〕 车英教授在其《何微新闻思想及其新闻教育思想》一文中，较为系统地将何微的新闻思想分为六个方面的内容，即新闻的党性原则思想、真实性思想、价值观、舆论监督思想、中国新闻思想发展史观和新闻学研究内容建构。

回顾近三十年来对何微新闻思想的研究，笔者认为国内新闻界主要从以下六个方面进行了探讨。

一、有关何微新闻思想产生时间的研究

对于何微新闻学思想理论产生的时间问题，刘荣庆在《何微新闻思想纵论》一文中认为，何微最早开始从事新闻学理论研究的时间可以追溯到革命战争年代他出任新华通讯社太岳分社社长期间的 1946 年[1]，当时，何微敏锐地觉察到要适应新中国诞生而迅速发展的新闻事业，急需要提高新闻从业人员的政治素质与业务素质，并先后发表了《爱国自卫战争军事报道研究》《关于报纸性质问题》等一系列专题论文，从中科学地阐释了新闻政治性与人民性的辩证关系[2]。进入 90 年代后，何微思想研究进一步深入，其代表性成果有车英的专题性论文《何微新闻思想及其新闻教育思想》[3] 和论文集《何微新闻思想与实践》[4]。在这两项学术成果中，车英在前人研究的基础上，补充研究了何微进入新闻界的时间，他认为何微正式步入新闻界应是在他从延安抗日军政大学毕业后的 1940 年，应当以何微赴任《黄河日报》国际新闻编辑为起点，并进一步强调何微新闻学理论的研究工作，即何微新闻思想的产生时间，应开始于 1946 年他任新华通讯社太岳分社副社长之时，而《爱国自卫战争军事报道研究》就是他当时从事新闻思想理论研究的代表作之一。

二、有关何微新闻思想特点的研究

刘荣庆认为早在 20 世纪 80 年代，何微在担任陕西省社科院兼新闻所所长期间，创办并主编了新闻学理论期刊《新闻研究》。借助此学术期刊他长期致力于新闻思想理论研究和中国特色社会主义新闻学理论的探索，并总

结了当时何微新闻思想理论研究的两大特点：一是已意识到当时落后的新闻状况与我国高速发展的社会经济不相适应的现实问题，二是提出"新闻教育面向未来"[1] 的解决思路。此外，作者在总结出何微新闻思想理论研究特点之后，认为何微这种对新闻理论的研究思想是"他从采编第一线回到新闻学术领域后的理论反思"[2]。随后，作者还认为何微在武汉大学指导并带领研究生所编纂的《中国新闻思想发展研究文集》和《新闻科学纲要》这两部学术专著，都是当时中国新闻研究中的重要成果。其中《中国新闻思想发展研究文集》为中国新闻思想发展的研究提供了数百万字的宝贵资料，进而填补了中国新闻学史研究中的一项空白，而《新闻科学纲要》则对新闻学中的一些概念、原则和范畴进行了详细的阐释，对当时新闻学界有所争论的问题也给出了看法[3]并产生了重要影响。此后，对于这两部学术专著，车英进一步补充认为，《新闻科学纲要》是一部总结党的新闻工作传统的专著[4]，而《中国新闻思想发展研究文集》不仅较为完整地勾画出了我国自远古时代到现代的新闻思想发展的大致脉络，从而填补了这一新闻学研究领域的空白，而且第一次科学地论证了两三百万年前人类就有新闻思想和新闻活动的实际；第一次提出在我国三千年前就有关于新闻记述的要求以及当时已基本形成的新闻思想；第一次提出了《春秋左氏传》是我国第一部新闻作品选集等一系列新闻学研究的重大问题。

三、有关何微"党性原则"新闻思想的研究

最早关注与研究何微有关新闻党性原则思想的是武汉大学的车英教授。他在《何微新闻思想及其新闻教育思想》一文中强调"作为党和人民的舆论工具和喉舌，我国的新闻事业必须具有鲜明的无产阶级党性原则，这是何微同志在新闻理论研究与采编实践中历来坚持的原则思想，在十一届三

---

〔1〕 何微：《面向未来，改革新闻教育》，载《新闻知识》1984 年第 3 期。
〔2〕 刘荣庆：《何微新闻学思想纵论》，载《新闻知识》1993 年第 10 期。
〔3〕 刘荣庆：《何微新闻学思想纵论》，载《新闻知识》1993 年第 10 期。
〔4〕 车英：《何微新闻思想及其新闻教育思想》，载《武汉大学学报（哲学社会科学版）》1996 年第 3 期。

中全会之后，何微更是坚定了这一主张"〔1〕。车英认为这种党性原则在何微看来是报纸理论的根本问题，也是新闻界长期争论且没有真正解决的焦点〔2〕。之后，车英在肯定何微"报纸是有鲜明阶级性"认识的同时，也认识到何微新闻党性原则思想不仅对当时想趁改革之机搞自由化的人而言是一枚"重型炸弹"，而且对西北乃至全国的办报机构继续确立马克思主义思想和新闻党性原则，其影响意义也是重大的。就在车英强调何微新闻党性原则思想的同年，刘惠文也专门撰文阐释和讨论了何微有关新闻党性原则的思想。他认为何微新闻党性原则的思想内容众多，并不拘泥于某篇论文或专著，而是散见于他的各类学术成果及教学科研实践中，但在 1980 年何微最早提到了"社会主义国家的报纸是无产阶级的喉舌与工具"〔3〕这一新闻党性思想，并总结了这一思想的三个本质特点〔4〕。同时，作者还认为何微新闻党性思想的形成，对改革开放初期重新确立马克思主义的新闻学思想和强调在新历史时期新闻信息传播要坚持党性的原则，在新闻学理论思想上的影响是极其深远的。

四、有关何微"实事求是"新闻思想的研究

刘荣庆认为何微在新闻研究中，重传统而又不拘泥于传统，始终贯穿着"求实"的气度，"发展"的眼光，"求精"的功夫与"严谨"的作风，并指出在何微《新闻真实性》〔5〕和《新闻与舆论监督》〔6〕这两篇论文集中体现了这种要"按照事实去写事实"的新闻思想，也同时指出何微在新

---

〔1〕 车英：《何微新闻思想及其新闻教育思想》，载《武汉大学学报（哲学社会科学版）》1996 年第 3 期。

〔2〕 车英：《何微新闻思想及其新闻教育思想》，载《武汉大学学报（哲学社会科学版）》1996 年第 3 期。

〔3〕 何微：《西北五省新闻工作会议——何微讲话》，1980 年 5 月。

〔4〕 这三个本质特点为，一是报纸是统治阶级，在社会主义国家里即是无产阶级的舆论工具，担负着引导社会舆论的重任；二是报纸主要通过新闻报道直接反映当前国内外所发生的重大事件，社会主义国家的报纸对于事件的反映是有选择的，反映什么和怎样反映都有一个党性原则问题；三是报纸有着极大的广泛性和群众性，社会主义国家的报纸更应该如此，因为无产阶级的政党除了为人民谋利益外，没有也不应该有自己的任何私利。

〔5〕 何微：《新闻真实性》，载《新闻知识》1986 年第 6 期。

〔6〕 何微：《新闻与舆论监督》，载《武汉大学学报》1989 年第 2 期。

闻真实性的基础上，依据五个方面来判定新闻价值的思想[1]。而车英则谈到了何微新闻报道中"实事求是"的思想，并将其概括为"关于社会主义新闻的真实性原则思想"[2]。作者在详细介绍有关何微对于新闻真实性的论述后[3]认为，要坚持新闻真实性，必须长期不懈地努力，求实与发展是一切新闻工作的指导思想。除上述学者外，刘惠文也对何微新闻"实事求是"的思想进行了探讨。他认为何微最注意"事实"这一新闻学理论的基本范畴，并终身反复强调"要抓住事实这个新闻的核心展开对新闻学的研究"[4]，何微的新闻学理论研究，就是从事实、新闻事实等基本范畴出发，在深入研讨了新闻学理论中基本概念的界定后，才最终形成了这一较为全面的新闻学理论中的新闻党性原则思想。

五、有关何微新闻教育思想的研究

基于何微的新闻教育经历，国内新闻界对何微新闻教育思想的研究也在如火如荼地开展，特别是进入新世纪以来，对何微新闻教育思想的研究更是日新月异[5]。刘荣庆、车英通过研究何微20世纪80年代所写的《面向未来，改革新闻教育》[6]一文，提出了何微是现当代中国新闻学界第一个提出要改变大学新闻专业只设置新闻基础理论、采编业务和新闻史三大块体系的新闻教育家，并总结了何微提出的"新闻教育要侧重未来，结合时代特点，在课程设置上，应增加一些有新内容、能适应未来需要的课程，如新闻管理学、微电子新闻学等，以建立起新闻学研究内容的全新构思"[7]

---

〔1〕 在新闻真实的基础上，何微判断新闻价值的五个方面为：及时、简洁、新鲜、实用和符合党的宣传政策。

〔2〕 车英：《何微新闻思想及其新闻教育思想》，载《武汉大学学报（哲学社会科学版）》1996年第3期。

〔3〕 何微对新闻真实性的论述，主要为四点：一是报道失实不仅仅是新闻单位一家的事情，而是一个带有社会性的问题，有时还带有某些不正常的政治色彩；二是对新闻真实性原则问题尚缺乏完整系统的研究；三是在我国新闻队伍中，有不少人并未经过严格的新闻理论训练；四是我国尚缺少一部新闻法。

〔4〕 刘惠文：《何微关于事实是新闻本原的思想》，载《报刊之友》1996年第3期。

〔5〕 据笔者初步统计，探讨何微新闻教育思想的专题论文有5篇，其中3篇是2000年以后发表的。

〔6〕 何微：《面向未来，改革新闻教育》，载《新闻研究》1984年第3期。

〔7〕 何微：《面向未来，改革新闻教育》，载《新闻研究》1984年第3期。

的新闻教育思想，并认为何微这一新闻教育的思想认识从当时的情况来看是具有科学预见性的[1]。而在学术思想和人才培养上，何微所力主将武汉大学新闻系办成全国第一流的新闻专门人才教育基地，而决不是培养"作家型记者"的"第二中文系"、提出在新闻系正常招生的同时实行"双学位制"[2]，尽快培养一专多能的合格新闻人才及建议在新闻研究所"建立新闻文献资料分析与检索系统，建立新闻、信息电脑数据库，使新闻研究事业赶上现代化的要求"的教育思想，在作者看来也具有发展的眼光和求实的精神[3]。除上述思想外，车英结合何微在武汉大学执教与研究的具体实践，进一步补充了何微教育思想的三点内容：一是"两为三不为"教育思想，用以彰显在新闻教育中何微一不为官，二不为名，三不为利，但要为武汉大学建成全国一流的新闻系，要为把学生都培养成社会主义革命和建设事业的合格新闻人才[4]的崇高思想；二是何微认为要办好新闻教育，其首要关键在于抓好师资力量的培养工作，需要培养一批"名师"，进而促使"名师出高徒"的教育思想；三是在人才培养上，应以政治家和社会活动家的标准来要求新闻专业的学生，使今后毕业的新闻专业学生都有"较高的马克思主义素质，有驾驭全局的能力，思想敏捷，知识储备充足，写作技能娴熟，能直接阅读外文报刊"的教育思想。在此基础上，车英认为何微"两为三不为"的思想实际上是何微新闻教育思想的精髓所在，而在武汉大学任教的八年，何微的新闻教育思想有了较大的飞跃和进一步的深化[5]。

继车英之后的近几年来，刘惠文和吕强也分别撰文针对何微的新闻学专业教育思想和何微在西北政法学院时期的新闻教育思想做了归纳、总结性的研究。刘惠文总结了何微新闻学专业教育思想的六个方面内容：一是

〔1〕 刘荣庆：《何微新闻学思想纵论》，载《新闻知识》1993 年第 10 期；车英：《论何微新闻思想与新闻教育思想》，载《新闻知识》1996 年第 7 期。

〔2〕 西北政法大学新闻传播学院（编录）：《何微百年诞辰访谈回忆录·武汉大学时期何微的新闻思想》，录音资料编档，编号号：20161023106。

〔3〕 刘荣庆：《何微新闻学思想纵论》，载《新闻知识》1993 年第 10 期。

〔4〕 车英：《何微新闻思想及其新闻教育思想》，载《武汉大学学报（哲学社会科学版）》1996 年第 3 期。

〔5〕 车英：《何微新闻思想及其新闻教育思想》，载《武汉大学学报（哲学社会科学版）》1996 年第 3 期。

对新闻学科体系建设的最初认识，当时何微认为我国新闻学学科体系只是初步奠基阶段，仍需发展、扩充与完善；二是何微认为新闻学专业的基础教学、理论教学和实践教学同样重要；三是何微提出要防止新闻失实的现象，杜绝虚假报道，要论从史出；四是何微认为新闻规律要在新闻教学的过程中让学生逐步认识、把握和遵循且不可违反这种规律；五是何微提出要让学生在学做新闻工作的过程中自觉遵纪守法、严守记者信条、道德规范；六是何微认为叙事和议论是新闻信息的基本表达方式，要教育和培养学生叙事和表意并重，不能有所偏颇。在总结完何微这些新闻教育思想后，作者认为何微生前的这些新闻学专业教育思想，至今耐人寻味、深受启迪[1]。吕强则通过相关访谈和档案资料，具体归纳了何微在执教西北政法学院时期所初步形成的"法制新闻"[2]、"新闻有学"、"新闻理论教育与新闻实践工作相结合"以及"坚持新闻报道实事求是"这四个方面的新闻教育思想，并认为这些思想的价值和意义是不容忽视的，对今天西北政法大学新闻教育的再发展依然有很多方面的借鉴作用和现实意义[3]。

六、其他有关何微新闻思想的研究

文广对何微新闻思想中的一个独特观点"总编辑的影响力殊大，他决定事业的道路和前途，但其核心是总编辑的品质，即影响力"[4]展开了深入阐释。作者认为何微对新闻传媒的总编辑（社长）作为"记者头子"，将体现"兵熊熊一个，将熊熊一窝"的规律，而"记者头子"品质如何，这关乎着一家新闻媒介的荣辱兴衰，一代"记者头子"的品质如何，则关乎

---

〔1〕 刘惠文：《试论何微先生的新闻学专业教育思想——纪念恩师何微教授诞辰100周年》，载《西部学刊》2016年第4期。

〔2〕 1996年，何微再一次提出在西北政法学院恢复新闻系的提议，为了顺利获到批准和办出特色。在与当时西北政法学院党委书记张力和学生刘荣庆商量后，何微确定了拟恢复政法新闻专业的三大原则，其中他提出将复办的新闻系定名为"法制新闻系"的意见，得到了其余两人的一致赞同。何微将复办新闻系的办学理念与西北政法学院这所以法学为主的高等院校的实际结合起来，彰显出"法制新闻"的思想。"法制新闻"思想的提出，不但科学地处理了新闻学与法学之间的关系，也为顺利获批奠定了基础。

〔3〕 吕强、张怡、苏丹：《何微与西北政法大学的新闻教育》，载《新闻界》2016年第20期。

〔4〕 苏丹、张怡、吕强：《何微新闻教育实践、思想及其现实意义》，载《西北高教评论》2017年第1辑。

着"一代新闻事业的荣辱兴衰"[1]的认识是正确的,并以中国大陆新闻传媒"记者头子"所具有的特点为例展开了细致的阐述,作者认为中国大陆的"记者头子"具有行政官员与新闻专家的两栖地位及特色,他们一身二任、一言九鼎,权利甚大,唯上而不唯下,除上级对他有约束外,其内部和外部社会对他的约束很弱,故中国"记者头子"品质的好坏,对新闻事业发展影响很大。通过探讨,作者最后回归主题并进一步认为,何微对于总编辑品质问题的观点不仅是他个人新闻生涯的体验,更是他对新闻事业系统考察后的理性思维,而何微对此问题所形成的称职"老总"的五条总结性新闻思想也是十分重要和有借鉴作用的[2],其重要和作用就在于这一新闻思想对纠正当今"记者头子"的价值取向、确立进步的人生观有着不可估量的意义[3]。

除上述方面外,车英还主要涉及了何微关于新闻学研究内容的建构思想、新闻价值观思想和新闻舆论监督思想这三个方面。其一,车英认为何微在其新闻实践与新闻研究的过程中,敏锐地发现并形成了自己一套完善的新闻研究内容的建构思想[4],并一直按照这一新闻思想进行着颇有成效的新闻研究与教育工作。其二,车英认为何微在总结了我党多年新闻工作实践经验的基础上,提出了新闻"要突出时代性、现实性、按照社会主义社会的性质,主要以正面报道最具新闻价值"的新闻价值观思想,而这种新闻价值观思想正好体现了无产阶级的价值观思想。其三,车英在研究何微新闻舆论监督思想时认为,何微关于新闻的舆论监督思想,不仅仅要求发挥新闻舆论的批评和监督作用,而且还要运用新闻舆论对新事物、优秀

---

〔1〕 何微:《新闻科学纲要(初稿)》,未出版,现藏于西北政法大学新闻传播学院何微纪念馆,第53页。

〔2〕 文广:《记者头子的地位与品质——对何微一个新闻观点的探讨》,载《报刊之友》1996年第3期。

〔3〕 何微将新时期称职的"老总"的主要品质归结为五条:①忠诚人民的新闻事业;②保持冷静的态度;③高度的发扬民主;④具有决策能力;⑤良好的知识素养。参见何微:《领导的责任》,载《新闻战线》1958年第3期;文广:《记者头子的地位与品质——对何微一个新闻观点的探讨》,载《报刊之友》1996年第3期。

〔4〕 这种思想具体而言有五种研究思想构成,主要侧重于未来发展的新闻学研究内容:一是新闻管理学;二是新闻人才学;三是微电子新闻学;四是新闻学与大众传播学比较研究;五是研究中国新闻思想发展史。

人物进行支持、推广和宣传，但这种批评、监督和支持、宣传都要以不抵触国家的根本大法和违背社会主义的基本原则为基础。

七、何微新闻思想研究的特点

通过上述的梳理与总结，笔者发现何微新闻思想研究有两个方面的特点。

第一，研究者绝大多数为何微生前的学生、同事和亲朋。笔者在梳理上述研究成果时发现，从何微主要研究者的构成上看，其研究者的身份与何微存在一定的特殊关系。比如上文主要提到的刘荣庆、车英和刘惠文等人均与何微存在师生或同事关系，刘荣庆、刘惠文为何微学生，车英则是何微在武汉大学执教期间的同事。笔者又进一步粗略统计，近三十年何微的研究者有近29位，其中近20位与何微存在学生、同事和亲朋的关系，约占研究者总数的近70%。

第二，以何微新闻思想研究为重点研究内容的特点突出。笔者共检索出研究何微的相关论文近53篇，而专题性对何微新闻思想研究的论文仅有10篇，而约30篇论文在各自论述中都涉及何微新闻思想的研究，因此有关何微新闻思想的研究成果在近三十年已占到研究何微总论文数的近80%，可以说是这三十年来研究何微的重点内容。

总之，何微研究作为我国新闻史研究的组成部分和研究领域，通过对近三十年来何微研究进行梳理与总结，我们不仅能看到三十年来何微研究的特点及其不足，而且也为我们窥视近三十年来我国新闻思想史的研究已成为新闻史研究中的主要方向及内容提供了一个典型的研究个案。除此之外，今后对何微研究不足的不断完善与发展，也为我国新闻史的进一步研究拓展了方向和内容。

激进传统与产业逻辑
——论传播政治经济批判的两种路径

黄典林*

一、引言

长期以来，中国新闻传播学界对西方传播政治经济学的理解，无论是早期关注还是后期的大规模引介，都呈现出以北美激进批判传统的传播政治经济学为标准路径的倾向。早在 1970 年代末到 1980 年代初，中国新闻传播学者就对赫伯特·席勒（Herbert Schiller）等北美传播政治经济学学者的著作进行了引介。但由于当时的理论和社会背景局限，这些引介没有产生持久的学术影响，从而造成了包括传播政治经济学在内的批判学派的"'失踪'现象"[1] 直到 1990 年代末，中国学者才开始真正从学派或学科意识出发，系统地引介传播政治经济学。但这种引介依然以北美传统为主，使得北美传播政治经济学成为本土批判传播研究的主要理论源头之一。从 1998 年李琨发表的综述性文章[2] 以及 1999 年

* 黄典林，中国传媒大学传播研究院助理研究员、博士。

〔1〕 刘海龙：《"传播学"引进中的"失踪者"：从 1978 年—1989 年批判学派的引介看中国早期的传播学观念》，载《新闻与传播研究》2007 年第 4 期，第 34 页。

〔2〕 李琨：《传播的政治经济学研究及其现实意义》，载《国际政治研究》1998 年第 4 期，第 101—105 页。

郭镇之对文森特·莫斯可（Vincent Mosco）的访谈[1]开始，大陆传播学界开始了大规模系统引进北美传播政治经济学的过程。随着文森特·莫斯可的专著《传播政治经济学》中文版于 2000 年在大陆出版，从达拉斯·斯密塞（Dallas W. Smythe）和席勒以来所形成的一套独特的北美传播政治经济批判方法，被系统化地归纳为一套完整的学术体系，逐步形成了一个具有准学科特征的学术领域。与此同时，经过北美批判传播学系统训练的华人学者开始向国内学界大力推介传播政治经济学，北美传统的传播政治经济批判逐渐在大陆传播学话语中成为一个重要话题，并成为大陆学界理解传播政治经济分析的主要来源。虽然有学者意识到北美传播政治经济学与"传播政治经济学其他流派"有分歧，但对这种分歧的具体内容却没有涉及。[2]即便有文章试图将英国、欧洲大陆、拉美等北美学术版图之外的传播政治经济研究纳入到分析视野中，也依然表现出以北美传播政治经济学所设置的学术议程为讨论基准的倾向。[3]

所有这些学术话语，连同对丹·席勒（Dan Schiller）、文森特·莫斯可等新一代北美传播政治经济学核心学者著作的大规模翻译，逐步共同建构了一个以北美传统为主导的关于传播政治经济分析的一元化学科范式话语，甚至逐步营造了一种传播政治经济分析等同于北美传播政治经济批判的学术氛围。这导致与北美传统不同的其他传播政治经济分析路径，尤其是英、法学者为代表的文化产业分析路径被低估和边缘化，甚至在很多时候被彻底忽略了，从而在客观上造成了本土传播政治经济分析理论和方法的单一化、片面化，以及与北美传播政治经济学的激进批判风格相似的高度政治化、意识形态化的特征。

实际上，从 20 世纪 70 年代中期开始，在欧洲，尤其在法国和英国，传播政治经济分析的视角开始从原先受法兰克福学派影响的较为单一的"文

---

[1] 郭镇之：《加拿大传播学者系列访谈之二：新媒介与政治经济学》，载《现代传播》1999年第 5 期，第 31—32 页。

[2] 陈世华：《"我们不自由的传播"：北美传播政治经济学的理论精髓》，载《国际新闻界》2012 年第 1 期，第 41—45 页、第 66 页。

[3] 例如，曹晋、赵月枝：《传播政治经济学的学术脉络与人文关怀》，载《南开学报》2008年第 5 期，第 32—43 页。

化工业"（cultural industry）分析，逐渐转向日益多元的"文化产业"（cultural industries）分析[1]，许多学者开始深入到文化产业的内部机制，不再把文化产业看成是不可分割的一个整体，而是将其视为具有内在矛盾的高度多样性的产业体系。在非西方国家，相关理论的跨语境挪用呈现出的矛盾性也表明整齐、统一的"文化工业"概念效度的有限性。[2] 这些思路构成了传播政治经济批判的一种另类路径，与北美激进传统构成了既互补又竞争的关系。但对这些不同的研究路径，国内学界尚未引起足够的重视，也没有把其纳入传播政治经济批判的视野进行考察。更有甚者，把欧洲文化产业研究的政治经济分析方法进行了庸俗化的实用主义改造，从文化产业逻辑的政治经济分析转变为市场主义逻辑的本土化文化商业实践的理论外衣。

鉴于此，我们认为有必要深入传播政治经济学研究内部，探析北美和欧洲路径的脉络和逻辑，尤其是在分析欧洲传统的文化产业分析逻辑的基础上，纠正本土传播研究中对北美传统的过度依赖以及对欧洲传统的误读和误用倾向。下文将在分别论述北美和欧洲两个传统内部理论和方法逻辑的基础上，对其联系和差异进行比较分析和归纳总结，以期发掘对本土传播政治经济研究有启发性的理论和方法论资源。

二、宏大叙事的激进批判传统

20 世纪 60 年代逐步兴起的北美传播政治经济学突出强调了经济和政治制度安排对传播的影响，即以社会生产关系为主的社会物质基础对包括大众传播在内的文化产业的决定性作用。这种对文化产业和大众传播的政治经济学分析，主要继承的是马克思主义的激进批判传统。一方面，这一激进取向与 20 世纪资本主义文明发展的极端趋势及其相应的理论回应紧密相关。其中，最有代表性的法兰克福学派以其带有精英主义审美色彩的文化工业分析，对法西斯主义逆流和大众文化领域上层建筑被经济基础侵蚀的

---

〔1〕 陈卫星：《从"文化工业"到"文化产业"——关于传播政治经济学的一种概念转型》，载《国际新闻界》2009 年第 8 期，第 6—8 页。

〔2〕 刘海龙、黄雅兰：《试论"文化工业"到"文化产业"的语境变迁》，载《山西大学学报》2013 年第 2 期，第 110—118 页。

趋势做出了激烈的理论反应。[1] 另一方面，随着二战的结束，在反殖民主义浪潮中获得独立主权的新生民族国家并没有彻底摆脱在全球资本主义秩序中被支配的地位，经济和文化控制与反控制的矛盾逐渐成为南北斗争和战后国际秩序调整的焦点，围绕建立所谓"世界信息传播新秩序"的大辩论成为这一国际斗争的重要一环。[2]

在上述背景下，传播政治经济学作为对全球文化工业及其背后信息和文化主权斗争与国际秩序调整的一种理论反应，在学术界开始崭露头角，并在北美形成了强劲的发展势头。出于对北美强大的商业主义传统对传播实践的公共性和民主价值的侵蚀，以及西方文化霸权对全球正义的破坏的担忧，北美传播政治经济学从一开始就具有十分突出的左翼激进批判取向。在理论和方法上，这主要体现在对马克思主义政治经济学传统的继承和对主流经济学方法的批判。与主流经济学"价值中立"的科学分析不同，传播政治经济学意图在宏观的社会政治经济斗争背景当中分析文化传播产业对社会的影响，尤其关注这一产业发展中的商业利益与公共利益表达之间的复杂关系，并对相关政策行动的社会后果进行道德和政治评判。[3] 针对新自由主义在20世纪后期的传播产业实践所引发的媒体商业化的放松规制（deregulation）潮流，传播政治经济学认为，传播领域资本化的过程实质上是用资本的表达自由取代公众的表达自由，捍卫文化和传播的公共性价值是民主政治的重要条件。基于这种规范理论意义上的伦理和政治立场，北美传统的传播政治经济学与主流传播或传媒经济学的分歧实际上是西方激进左翼思潮与新自由主义意识形态之间的论争在传播研究领域的反映。

从学术脉络上看，北美传播政治经济学的奠基者达拉斯·斯密塞、赫伯特·席勒以及法国学者阿芒·马特拉（Armand Mattelart）等人的研究构成了激进批判传统的主要源头。这一传统依据的理论前提主要包括法兰克

---

〔1〕 Durham, M. G. and Kellner, D., "Adventures in Media and Cultural Studies: Introducing Keyworks", in Meenakshi Gigi Durham and Douglas Kellner (eds), *Media and Cultural Studies: Keyworks*, Oxford: Blackwell Publishing, 2007, p. 9.

〔2〕 Mansell, R. and Nordenstreng, K., "Great Media and Communication Debates: WSIS and the MacBride Report", in *Information Technologies and International Development*, Vol. 3, No. 4, 2007, pp. 15 –35.

〔3〕 文森特·莫斯可：《传播政治经济学》，华夏出版社2000年版，第65页。

福学派的文化工业批判、美国左翼经济学家布莱第（Robert Brady）对资本主义威权倾向性的论述以及拉美学者批判西方主导的现代化后果的世界体系理论和依附理论。[1] 这就使得相关研究的主要特征是把本土国家、市场机制的分析与全球资本主义和新帝国扩张的宏大视野结合起来，构成了以政治经济分析为支撑的意识形态批判宏大叙事，最终的落脚点是通过学术话语介入现实政治经济斗争。由于政治介入的意识形态立场的重要性远远超出了对文化生产和消费实践具体机制的经验观察，这一传统下的大多数研究往往具有将市场机制下的文化生产过程简化为一个总体化对象来对待的倾向，分析的重点放在资本、国家和社会力量博弈的宏观过程，以及传播资源的外部控制权及其变化和延续性，而非微观和中观的文化生产和消费的内在生成逻辑。

例如，斯密塞著名的"受众商品论"的理论基础是对北美传媒模式相对宏观的商业模式分析，即以广告为核心收入来源的媒体行业是一种典型的法兰克福学派意义上的文化工业，资本是主导整个传媒业运作的核心逻辑，而广告则掩盖了商业媒体通过销售受众注意力，即通过对受众观看行为的劳动剩余价值的剥夺获得利润的事实。[2] 显然，斯密塞的论证逻辑对受众的媒体使用及其文化过程做了结构化的总体化处理，受众及其文化活动作为传媒产业资本逻辑自我实现机制的一个要素环节而存在，其内在的动力机制和文化阐释过程则被忽略了。与此类似，赫伯特·席勒从 1969 年出版的《大众传播与美利坚帝国》[3] 开始，对美国主导的全球传播格局进行了系统的结构化批判分析。在他看来，美国的传媒和文化工业体系只不过是其帝国霸权体系形成和维系的手段而已，政治、军事和资本利益的联盟形成的牢固军事—工业综合体以几乎不可抵抗的强大结构性力量塑造了

---

〔1〕 赵月枝、邢国欣：《传播政治经济学》，载刘曙明、洪浚浩编：《传播学》，中国人民大学出版社 2007 年版，第 511—538 页。

〔2〕 Smythe, D. W., "Communications: Blindspot of Western Marxism", in *Canadian Journal of Political and Social Theory* 1, No. 3. , 1977, pp. 1 –28.

〔3〕 Schiller, H. I. , *Mass Communications and American Empire*, New York：Augustus M. Kelley, 1969.

美国的传播体制，在国内破坏民主价值的传播基础[1]，在全球范围内则为美国全球霸权的新殖民扩张提供关键的支撑作用[2]。他的国际传播批判构成了文化帝国主义命题的重要组成部分，但这种批判同样具有一种着眼于宏观权力机制分析的结构化倾向，对不同语境中社会行动者的具体文化实践如何构成了对主导权力机制的合谋、协商、消解或抵抗，以及文化工业内部的具体生成机制及其与政治、社会等不同领域间的复杂关系，尤其是可能存在的矛盾冲突等问题，几乎都没有涉及。

在法国，以阿芒·马特拉为代表的左翼学者构成了激进传播政治经济批判的欧洲分支。尽管他更以对国际传播历史发展脉络的宏大分析著称于世，但自20世纪70年代以来发表的一系列传播政治经济学著作，奠定了他在激进传播政治经济批判传统中的重要地位。在这些著作中，马特拉从自身的拉美经验和依附理论传统出发，表达了与席勒等北美学者类似的观点，对美国等西方资本主义国家政治—资本力量对国际传播的结构性宰制及其对第三世界的负面影响表达了批判立场。[3] 与其他同时代的左翼传播政治经济学者类似，"在价值观念上，马特拉从质疑西方中心论和反新自由主义经济逻辑的立场出发，坚持文化服务的公共性质，批判资本逻辑表象的垄断，捍卫大众民族文化的表现权利和开放性质，揭露传播霸权从军事征服到经济强制再到文化统一的演变"[4]。

上述由第一代传播政治经济学学者所开辟的激进批判传统，对新一代传播政治经济学者产生了持久的学术影响。以罗伯特·麦克切斯尼（Robert W. McChesney）、文森特·莫斯可、丹·席勒等为代表的新一代北美传播政治经济学者以及不少其他地区背景的学者，几乎都继承了早期学者宏大叙

---

〔1〕 Schiller, H. I., *Culture, Inc: The Corporate Takeover of Public Expression*, New York: Oxford University Press, 1989.

〔2〕 Schiller, H. I., *Living in the Number One Country: Reflections from a Critic of American Empire*, New York: Seven Stories Press, 2000.

〔3〕 例如，Dorfman, A. and Mattelart, A., *How to Read Donald Duck: Imperialist Ideology in the Disney Comic*, New York: International General, 1975; Mattelart, A., *Multinational Corporations and the Control of Culture: The Ideological Apparatuses of Imperialism*, Sussex: Harvester Press, 1979.

〔4〕 陈卫星：《马特拉的词与物》，载阿芒·马特拉：《世界传播与文化霸权》译者序，中央编译出版社2005年版，第15页。

事的激进批判传统，或着眼于对西方资本主义社会内部新资本主导的自由主义逻辑对传播公共性和民主价值的破坏的批判[1]，或继续致力于抨击新自由主义的全球扩张所带来的全球正义缺失，以及数字化时代全球传播中资本主义霸权的政治经济逻辑和宰制机制的重构与延续[2]，或从特定地区语境，尤其是发展中国家或后殖民社会背景出发剖析全球资本主义对地方传播机制的政治经济结构的霸权性重构，试图从地方视角印证新自由主义主张的市场逻辑的压制性本质[3]。但无论此类研究的主题和分析对象如何不同，一个贯穿始终的核心命题均是从地方与全球层面相互交织的新自由主义市场－资本逻辑的各种组织方式和权力再生产机制入手，在知识话语上解构这种霸权性的政治经济结构及其意识形态神话，并有意识地与各种形式的社会抗争运动背景下另类媒体和传播机构的具体实践相呼应，以期产生学术话语的现实介入效应。

可以看到，北美传播政治经济学始终对市场解放背后的悖论保持质疑的挑战姿态，坚持从产权的制度性变更和关系纽带，以资本结构和权力运作的结构性要素为依据，来证明与新自由主义所标榜的截然相反的结论，即市场和商业逻辑的扩张并没有增进个人表达的自由，反而是用消费权利取代了政治表达权利，启蒙传统主张的公民政治参与被置换为文化消费主义裹挟之下的商品拜物教和政治经济权力垄断。随着资本全球化的来临，这种逻辑突破了一国的范围，从发达国家迅速扩张到发展中国家，不仅未能在这些国家对传统威权政治秩序构成挑战，反而巩固了这些结构，在政治、经济和文化等各方面带来了严重后果。

上述主题构成了北美激进的传播政治经济学批判的核心命题。为了实

---

〔1〕　例如，罗伯特·麦克切斯尼：《富媒体、穷民主：不确定时代的传播政治》，新华出版社2004 年版。

〔2〕　例如，McChesney, R. W., *Digital Disconnect: How Capitalism is Turning the Internet Against Democracy*, New York: The New Press, 2013; Mosco, V., *To the Cloud: Big Data in a Turbulent World*, London: Routledge, 2014; Schiller, D., *Digital Capitalism: Networking the Global Market System*. Cambridge: Mass: The MIT Press, 1999.

〔3〕　例如，Zhao, Y., *Communication in China: Political Economy, Power, and Conflict*, New York: Rowman & Littlefield Publishers, 2008; Zhao, Y. & Chakravartty, P. (eds), *Global Communications: Toward a Transcultural Political Economy*, New York: Rowman & Littlefield Publishers, 2008.

现这一批判目标，不同学者提出了不同的传播政治经济分析框架。例如，作为这一传统的代表人物，文森特·莫斯可认为传播政治经济学的研究可以从商品化、空间化和结构化三个维度展开。[1] 同样，在这一传统之下，加拿大华人学者赵月枝提出了一个包含四个逐步递进维度的传播政治经济学批判模式，即提供背景（语境）、图绘、衡量以及实践。[2] 但无论哪种分析模式，北美传播政治经济学的激进批判传统关注的焦点始终在于传播和文化生产的制度性结构，分析的对象是"控制文化的生产和分配的权力，其分布的变化是如何限制或解放公共领域的"，其核心旨趣在于通过对资本逻辑主导的传播制度安排的分析来展开对新自由主义意识形态的批判，从而推动以社会公正和全球正义为目标的左翼社会运动。[3]

三、文化产业的逻辑解析

上述由北美学者主导的从结构分析入手、具有宏大叙事特征的激进政治经济批判，在 20 世纪 80 年代以来受到来自文化产业发展的新现实和主张采取不同文化分析路径的新知识传统两个方面的挑战。一方面，随着新技术的不断涌现，包括媒体在内的文化产业的生产和消费形态日益多样化，其内部的差异性日益增加，尤其是随着数字化和网络传播技术的发展，传统文化产业的生产—消费边界发生了根本性的变化，不可能再像 20 世纪上半叶大众传播发展的早期阶段那样，被处理为一个遵循统一资本主义逻辑的整体。另一方面，以北美激进传播政治经济批判为代表的左翼文化理论，大体上默认了法兰克福学派对当代资本主义文化现实的界定，即文化生产和消费的工业化是体现资本主义工具理性逻辑的当代核心机制，文化工业作为一个整体，无论其内部差异性如何，都无法改变它作为资本主义市场体系和商品拜物教的具体体现，所必然具备的欺骗性和意识形态宰制工具的从属性地位。到 20 世纪后期，随着传统左翼政治运动的衰落，这种忽略

〔1〕 文森特·莫斯可：《传播政治经济学》，华夏出版社 2000 年版，第 135 页。

〔2〕 赵月枝、邢国欣：《传播政治经济学》，载刘曙明、洪浚浩编：《传播学》，中国人民大学出版社 2007 年版，第 511—538 页。

〔3〕 彼得·戈尔丁、格雷厄姆·莫多克：《文化、传播和政治经济学》，载詹姆斯·库兰、米切尔·古尔维奇编：《大众媒介与社会》，华夏出版社 2006 年版，第 72 页。

文化产业内部多样性的整体化、结构化的处理方法显然已经无法适应新的传播和文化政治现实。

自 20 世纪 70 年代以来，以贝尔纳·米耶热（Bernard Miège）为代表的法国社会理论家，基于欧洲大陆相对多元的文化生产制度环境以及随着传播技术进步带来的日益增多的公民参与的现实，开辟了一个从复数的"文化产业"概念出发的传播政治经济分析新范式。他们重新评估了作为法兰克福学派边缘人物的本雅明的传播思想，并借助产业经济学等被传统左翼理论排斥的分析工具，提倡从微观的产业结构和文化生产活动的内部逻辑分析入手，逐步过渡到中观的政策分析与民主和公共领域的重建议题，再到宏观的全球社会层面的文化资本流动背景下全球化与本土化的悖论互动，以及全球传播的民主建构等宏大议题。

从文化产业经济分析的微观角度切入，传播政治经济研究必须以对文化商品生产和消费的内在逻辑的经验分析为基础，而这正是法兰克福学派的文化工业理论以及北美宏大叙事的激进批判传统所缺失的。文化工业的概念假设了各种形式的文化生产实践都共存于一个"统一场域"内，并遵循同一种逻辑。相比之下，以米耶热等为代表的文化产业学派对复数的"文化产业"的推崇，意在强调当代资本主义社会文化生产的多样性和复杂性。法国思想家对这一概念的改造体现了他们对阿多诺和霍克海默对前工业时代文化生产的怀旧情绪的否定。文化的商品化过程远不是法兰克福学派领军人物及后来的激进传播政治经济学者所认定的那样，是一个整齐划一的、毫无模糊性可言的政治经济权力塑造文化主体性的单向过程。另一方面，米耶热也指出，传统观点不仅导致了对传播和文化商品过程的整齐划一的机械决定论式的重复论证，更在文化政治的意义上简化了文化商品化过程的复杂性，忽略了这一过程在晚期资本主义政治、经济和技术条件下，不再是一个理所当然的、毫无抵抗和矛盾冲突的领域。据此，文化产业理论关注的一个核心问题是资本主义逻辑在进入文化生产和消费领域的不完备性。这并不意味着对资本主义文化产业持一种民粹主义的乐观态度，而是说有必要意识到文化实践是一个充满复杂性、模糊性和斗争性的经济社会过程。[1]

基于上述主张，具有经济学专业学术背景的米耶热从马克思主义政治经济学中的资本、商品、价值、劳动等基本概念入手，对广义的文化商品概念做出了独树一帜的理论界定，为传播政治经济学的文化产业分析路径奠定了理论基础。在 1979 年发表的长文《文化商品》（*The Cultural Commodity*）[2] 中，米耶热认为无论是古典主义经济学还是马克思主义政治经济学都错误地假设了一个自动生成的市场机制和对文化产品的需求，而没能意识到文化生产是资本价值实现过程中一个十分特殊的组成部分。因为对文化产品的需求、文化产品的商品化和价值化过程都不是自然实现的，而是有着十分特殊的经济逻辑和条件。文化劳动是否具有资本主义生产属性取决于它在资本主义生产关系中的位置，而非最终产品的内容。与普通商品价值的转化相比，把具有特定使用价值的文化产品转变为可在市场中进行交换的商品从而实现交换价值的过程，始终面临着价值实现的不确定性和可复制性的文化边界问题。米耶热进而依据可复制性和生产者介入性的程度，对文化商品及其特征进行了分类，从而雄辩地证明了"文化商品"这一概念所包含的并不是一个单一的总体现象，而是多样复杂的文化现象的集合。不同资本类型在不同的文化产品门类中为了实现资本价值化的目标采取了十分不同的策略，进而产生了不同的文化实践和消费逻辑。据此，米耶热提出了文化产业分析的核心议题："对文化领域中资本渗透的更深刻的分析不应只关注每个文化领域的具体特征，同样也要对那些十分重要的核心问题予以特殊重视：不同文化领域不同的可盈利性，利润在直接参与文化实践的社会主体……之间是如何分配的；专业化的发行机构配置的发展；意识形态机构（学校、文化机构等）对文化使用价值的转化、文化消费新模式的创造以及对新产品的推广等提出的挑战；国家在消费增长、推动主要金融集团重组以及扶持衰落行业方面发挥的经济角色；以及生产的

---

[1] Miege, B. , "The Capitalization of Cultural Production", New York: *International General*, 1989, pp. 9 – 12.

[2] Miege, B. , & Garnham, N. , "The Cultural Commodity", in *Media, Culture & Society*, 1 (3), 1979, pp. 297 – 311.

国际化。"[1]

与米耶热的理论观点相似，英国理论家尼古拉斯·加汉姆（Nicholas Garnham）认为，从产业角度切入传播政治经济分析，首先，必须对传播产业作为一种特殊的符号商品的生产、分配和消费结构，内在的发展动力和矛盾，及其与一般商品化过程之间的相似和不同之处，进行细致的经验考察。其次，还有必要阐释传播产业的制度体系是如何试图控制这些动力和矛盾，将市场逻辑作为一种权力意志加以贯彻，从而形成一种具有利益倾向性的不平衡的社会传播结构的。在这里，加汉姆对传播和文化过程的资本主义性质的界定取决于资本化逻辑是否落实以及如何落实在微观到中观的文化产业运作过程之中，因为私人资本所有权不能想当然地等同于资本化逻辑的实现。用加汉姆自己的话来说，"资本对文化生产方式的控制，是这样一种意义上的控制：文化商品的生产和交换成为文化关系的主导形式，这并不是说，这些文化商品的具体内容或者它们的文化挪用的方式，一定会支持支配性意识形态"，而"为了考察媒体生产的特定资本主义模式，我们必须搞清楚资本利用媒体生产的真实过程从而实现自我增值并不断增长的方式是什么，以及这一过程本身的内在矛盾或外部因素带来了何种障碍"[2] 这说明只进行宏大层面的体制性分析，无法充分解释资本主义条件下文化产品商品化的深层逻辑。

从文化商品以及文化生产资本化的基本概念出发，对作为信息产品的文化商品化的分析表明，信息和文化产品的核心地带存在着一些无法从根本上加以克服的矛盾，而现代传播产业的种种制度安排和技术手段，正是为了应对这种阻力和风险而被创造出来的。商品化的逻辑必须不断生产出对新奇性的需要，即生产出一种缺失感，这种欲望的生产和再生产是商业逻辑的动力机制。现代传播业本质上作为一种文化信息产业，具有信息产品本身所固有的无限可复制性、公共性以及几乎无损耗性的特性，这决定了它几乎不受边际成本的制约。信息产品的这一特性决定了它与教育等其

---

[1] Miege, B., & Garnham, N., "The Cultural Commodity", in *Media*, *Culture & Society*, 1 (3), 1979, p. 310.

[2] Garnham, N., *Capitalism and Communication*: *Global Culture and the Economics of Information*, Sage Publications, 1990, pp. 37 – 38.

他社会公共产品一样，带有天然的外部性（市场失灵）倾向，这在一定程度上对新古典主义经济学基于市场理性的边际效益模式提出了巨大挑战。现代新制度经济学的分析，已经通过引入产权和交易费用等新的分析概念，提出了市场交易中广泛存在的信息成本问题。"决策制定者并非无所不知，而是在信息的加工方面存在着实际上的困难。因此，尽管人们可以被看作是意欲理性，但是他们并非是'超级理性'的。"[1] 这从根本上挑战了极端的市场理性主义的前提性假设。

进一步而言，可以从这一角度对新古典主义传媒产业分析的前提性假设提出三点质疑：其一，信息在现代市场经济模式中的核心地位表明，完全理性的、透明的竞争主体是不存在的。无论是生产还是消费都面临着信息成本的问题。其二，新古典模式过高假设了生产体系之间相互转化的能力，从而忽略了由于产业体系和各种制度安排所导致的路径依赖问题。其三，新古典模式还假设单个决策的独立性，忽略了复杂市场结构下，不同产品体系之间相互协调分摊成本从而达成最大效益的问题，这种整体性思维的缺乏，导致这一模式对外部性现象无法提供有效的应对之策。[2] 这一分析也从不同的角度证明了米耶热的观点：尽管传播产业几乎不受边际规律的支配，但却面临着需求高度不确定性的风险。这一压力迫使传播产业具有一种天然的通过产业集中来实现规模经济从而分化高度不确定性风险的倾向，这意味着产权集中和多样化策略是文化产业生存的必然选择。[3] 同时，为了应对去商品化的压力，现代传播产业采取了从版权保护、消费准入和阀门设置、开发广告模式以及争取国家权力的支持等种种更为具体的技术性手段和制度安排。但这些手段无法从根本上改变传播产业由于信息本身的公共性倾向，在确保商品化方面存在的矛盾和不确定性。作为"经典的公共产品"，"文化和信息商品的问题在于，它们的使用价值几乎是

---

〔1〕 埃里克·弗鲁博顿、鲁道夫·芮切特：《新制度经济学：一个交易费用分析范式》，上海三联书店2006年版，第5页。

〔2〕 尼古拉斯·加汉姆：《解放·传媒·现代性：关于传媒和社会理论的讨论》，新华出版社2005年版，第84—87页。

〔3〕 默多克、戈尔丁：《大众传播的政治经济学》，载奥立弗·博伊德-巴雷特、克里斯·纽博尔德编：《媒介研究的进路》，新华出版社2004年版。

无穷无尽的（使用并不能摧毁或消费掉它们），因此将交换价值附着在其上是非常困难的"。[1]

加汉姆指出，由于商品化必须要求制造出消费屏障，在尽力扩大消费规模的同时确保消费的进入机制是可控的，信息产业因此倾向于一种全面的垄断，资本倾向于掌控整个产品价值链的各种环节，确保稀缺性可以无障碍地被不断制造出来。"在传播领域，产品分配网络具有特殊的重要意义，因为传播主要就是符号的流动和意义的交换。为了适应快速再生产和极易碎产品的大规模分配，传媒产业发展成一种扩张型的规模经济，来争夺非常稀缺的消费者注意力资源。正是由于这个原因，对分配网络的发展和控制，一直是决定各种传媒产业的结构和发展的重要因素。"[2] 最终，从商品化的产业内在逻辑出发，传播政治经济学的核心问题就被转化为是否拥有对信息产品应当以何种方式实现社会化这一问题进行有效阐释和控制的能力，对这种能力的控制权的争夺成为传播表象背后政治经济较量的本质所在。

上述米耶热和加汉姆的研究成为欧洲文化产业研究传统的核心论点。以此为基础，对特定语境政治经济、文化、技术条件下多样化的文化产业逻辑、文化商品化的内在困境、文化实践过程、主体行动等问题的研究才成为可能。这些新的理论和方法把微观的经验性文化产业研究纳入传播政治经济学批判的视野之中，同时对文化产业内部的多样性及其发展所处的各种条件的变化保持敏感。例如，通过概念和方法的扩展，对作为文化产业实践中重要组成部分的创意产业和娱乐产业的研究成为主要的研究议题之一，尤其是对这些新领域内部的实践逻辑的考察补充了传统制度批判的不足，并在一定程度上沟通了所谓传播政治经济学和文化研究之间的分野。[3]

---

〔1〕 Garnham, N., *Capitalism and Communication: Global Culture and the Economics of Information*, Sage Publications, 1990, pp. 38–40.

〔2〕 尼古拉斯·加汉姆：《解放·传媒·现代性：关于传媒和社会理论的讨论》，新华出版社2005年版，第96—97页。

〔3〕 Hesmondhalgh, D., *Cultural Industries*, London: Sage, 2013, pp. 58–61.

四、两大传统的路径差异及借鉴价值

在我们看来，上述两种思路构成了传播政治经济学研究领域的两大主要方法路径，即北美宏大叙事的激进批判传统和欧洲中观与微观的文化产业逻辑分析。英国学者赫斯蒙德霍把两者分别称为北美的席勒—麦克切斯尼传统（Schiller – McChesney tradition）和欧洲文化产业路径（cultural industries approach）。[1] 前者是基于十分明确的反新自由主义意识形态立场，以全球化的视野，从政治经济秩序的制度逻辑出发，对全球及地方传播产业的政治经济结构的构成进行图绘，并以此为基础展开对全球文化霸权和特定民族国家（主要是西方国家）内部资本权力宰制传播资源、损害民主和公共性原则的批判。与此相比，另一种路径则强调复数的"文化产业"概念，在中观和微观层次展开对产业逻辑内部机制的深入剖析，借助产业经济学、制度经济学等传统左翼学术谱系之外的理论资源，对文化生产和分配的经济学逻辑进行经验分析，由此试图说明文化产业发展的基本规律，以及这些发展对当代文化、政治和社会的影响。

在传播政治经济分析领域，这两个路径在过去的几十年内一直并存，在一定程度上反映了政治经济学视角下传播研究的多样性和丰富性。但正如前言所提到的，国内传播学界基本上忽略了这两种路径的差异和联系，而倾向于简单地把传播政治经济学视为一个统一的整体，以偏好宏大叙事的北美激进批判传统作为传播政治经济学研究的标准范式。更有甚者，对欧洲文化产业研究路径进行商业主义的庸俗化改造，剥离了这一传统的政治经济批判语境。这种忽视和偏向在某种程度上是西方知识体系进入中国的选择性机制造成的结果，也是由于本土学者对西方学术语境和知识体系复杂性认识不足的产物，也与本土复杂的学术权力结构的制约有关。客观上，这也与北美和欧洲传播政治经济学研究不同的学术生产机制有关。北美学术界基本形成了一套较为系统的关于传播政治经济学的学科化叙事、学者代际传承共同体和学术资源配置。相比之下，欧洲学者的思想或者由于语言障碍而传播范围有限，或者由于没有形成一套相对系统化的范式话

---

[1] Hesmondhalgh, D., *Cultural Industries*, London: Sage, 2013, p. 44.

语而无法形成学术流通的便利性。

本文认为，要纠正这种对传播政治经济分析内部不同路径认识的偏差，有必要把握前文所述两种主要路径之间的异同，并结合本土语境进行适当的甄别和选择。可以看到，两者间的主要共性在于它们都坚持马克思主义传统所强调的经济基础和物质条件对文化和意识活动的制约作用。换言之，都在一定程度上坚持文化生产的决定关系（determination）的存在，即文化实践不是任意的，而是有结构性的条件的，其中最具有决定性的是经济条件。对传播政治经济学来说，意识形态斗争的种种表现根本上是在作为经济体系的媒介生产所规定的前提下发生的。基于这种共同立场，两种传统均对资本主义文化生产体系持有一种批判立场。

另外，我们也明确地看到这两个传统在处理传播如何被资本经济力量和国家政治力量塑造以及文化产业自身的运作机制等问题上所采取的不同理论和方法路径。席勒—麦克切斯尼传统大体上采取了一种激进的左翼宏大批判传统，强调新自由主义意识形态裹挟下资本和政治利益集团的联盟对地方和全球传播资源的系统性控制，以及这种控制对民主、表达自由、社会公正、全球正义等价值的破坏。遵循着这一传统的学者大多关注文化产业的所有权集中、集团化及其全球扩张与整合，以及这一过程背后的政治权力的博弈。

比较而言，文化产业分析传统一方面尊重北美传统所提供的宏大批判的理论和现实价值，但也在另一方面，从理论和方法上对席勒-麦克切斯尼传统提出了批评：其一，这一传统低估了传播和文化产业系统内部的复杂性和矛盾性，而倾向于视之为一个遵循统一的资本逻辑的整体。这不仅不符合传媒和文化产业实践的现实状况，也在理论上倒向了一种绝对悲观的简化论。其二，席勒—麦克切斯尼传统倾向于停留在宏大叙事的层面，因此对文化产业实践的具体条件和过程机制以及文化产业与其他经济领域相比的独特性缺乏足够的重视。其三，除了斯密塞就受众问题提出了自己的见解外，其他学者对受众的文化接受和阐释问题基本视而不见，而即便是斯密塞的理论也显示出僵化的决定论色彩。虽然传播政治经济分析在总体上聚焦于生产一端，但相比于席勒—麦克切斯尼传统，文化产业传统考虑到了受众活动的复杂性和多义性，因而认识到整个传播和文化实践过程在一定程度上具有的模糊性和不确定性特征。其四,文化产业传统突出强调了文化工作者作为有主体意识和主观能动性的行动者的重要作用,而这在席勒—麦克切斯尼传统中是被长期忽略的主题。其五,席勒—麦克切斯尼传统对传播和文化产业的理解主要集中在新闻和信息生产领域,而对各种创意产业和娱乐产业考察不足。而这也是作为复数的文化产业所要强调的,非新闻或信息生产领域的文化产业实践可能遵循不同的生产和传播逻辑。最后,由于受到欧洲文化历史社会学传统的影响,文化产业传统的学者对历史的复杂性和多变性更加敏感,相比之下,北美激进批判学者往往倾向于一种典型的唯物史观或阶级斗争史观的宏大历史叙事。[1]

从中国语境出发,我们认为,转型时期中国的传播和文化实践的政治经济条件既与由西方资本主义国家主导的特定全球趋势相联系,又在很大程度上是由本土特定政治经济制度环境所决定的。对传播政治经济学这一舶来品的本土化应用,必须将其置于本土特定的传播政治经济条件当中,而不宜直接套用倾向于某一起源于西方语境的特定的意识形态立场来解释当代中国传播实践的内在逻辑及其社会后果。从这个角度来说,一方面,我们认为无论是北美的激进批判传统还是欧洲的文化产业传统,其出发点都是西方本土语境,而这些语境决定了特定的结论和方法在中国语境下的适用性存在局限性。比如,同样是国家与市场的关系,能否直接套用发达资本主义语境下对新自由主义的批判逻辑来直接说明当代中国文化和传媒实践的政治经济属性?对西方概念和资本全球化逻辑的强调不应当忽略对本土国家体制和内部历史和现实权力关系的经验性分析,以至出现对现实权力关系和历史逻辑的误判,从而形成表面激进实则与权力话语构成一种客观共谋关系的戏剧性学术景观。另一方面,通过前文的比较分析,我们认为,相比北美传统的宏大叙事批判,欧洲文化产业分析的理论和方法资源,由于其更富动态和包容性的经验分析取向,对中国本土的传播政治经济分析具有更多启发意义。政治和伦理评判固然重要,但这种判断应当以对现实政治经济中主体实践、机制和结构的经验性研究为前提,不宜停留在空泛的意识形态批判层面,更不宜把学术问题政治化,从特定政治立场

---

[1] Hesmondhalgh, D., *Cultural Industries*, London: Sage, 2013, pp. 45–47.

出发对生活世界的经验维度进行主观剪裁。我们主张，应从历史语境、政治经济制度安排、产业结构和运作机制、文化实践的具体社会过程、主体行动的真实逻辑等维度出发，来发掘本土传播研究的问题意识，建构契合本土实际的传播政治经济分析框架，从而为中国本土传播研究和转型时期社会传播趋向开放结构的发展提供更具阐释力的理论贡献。

媒介与社会研究

微信春节红包在中国人家庭关系中的运作模式研究*

——以传统春节红包的运作为参照框架

张 放**

　　继 2014 年马年春节腾讯微信推出新媒体产品"微信红包"之后，新浪微博、阿里巴巴等互联网巨头又于 2015 年羊年春节纷纷推出了自己的移动互联网"红包"产品，掀起了大众抢红包热。[1] 不少用户的注意力在除夕当夜被完全转移，三十年来除夕夜的举家共同观看中央电视台春节联欢晚会的"新民俗"被打破，掀起了春节新一轮民俗变迁的序幕。在这些移动互联网红包中，最具代表性的当属微信红包，其所具有的操作便利、互动性强的优势为其赢得了巨大的用户黏性。[2] 那么，微信春节红包能否取

---

　　* 本文是教育部人文社会科学青年基金项目"移动互联网应用及其对中国社会文化特质的影响研究"（10YJC860060）的成果之一。

　　** 张放，四川大学文学与新闻学院教授，主要研究方向为传播史论、传播效果、媒介与中国文化。

　　〔1〕 据 iiMedia Research（艾媒咨询）调查数据，2014 年春节，仅 10.7% 的受访中国手机网民参与了微信的"春节红包"活动；2015 年春节前夕，包括微信、支付宝、微博与陌陌在内的各大互联网平台加入"春节红包"大战，52.6% 的受访中国手机网民有兴趣参与"春节红包"活动，仅 17.8% 的受访者表示参与兴趣不高。艾媒咨询：《指尖上的春节——2015 年中国手机网民参与"春节红包"调查报告》，载艾媒网，http://www.iimedia.cn/142485515411351668.pdf，访问时间：2015 年 2 月 25 日。

　　〔2〕 据腾讯报道，"2014 年马年春节，微信红包初试啼声，总共 800 万微信用户参与争抢 4000 万个红包。用户领取到的红包总计超过 2000 万个，最高峰是除夕夜，最高峰期间的 1 分钟有 2.5 万个红包被领取。而一年之后，微信红包的各项数据就实现了几何级数的增长。羊年春节的微信红包收发总量迅速飙升至为 32.7 亿次。除夕当日微信红包收发总量达 10.1 亿次。"腾讯科技：《微信用除夕前后 5 天朋友圈广告收入发春节红包》，载腾讯网，http://tech.qq.com/a/20151210/032249.htm，访问时间：2015 年 12 月 10 日。

代传统春节红包？它的出现对中国人的家庭关系会产生什么样的影响？这就是本文希图回答的问题。

目前学界对微信红包的研究主要围绕商业价值（广告价值）[1]、人际传播（人际关系）[2]和相关法律与伦理问题[3]等几个主题展开，但移动互联网红包作为一种社会交换的新形态，势必会涉及中国人所处的独特文化背景，仅仅从传播学的角度进行分析，显然无法挖掘出其自身的丰富内涵。因此，以下笔者试图从中国人社会关系的本土化理论入手，通过与传统春节红包比较的方式，对微信春节红包在中国人家庭关系中的运作展开文化人类学视角的分析。

一、作为参照框架的传统春节红包运作

欲对微信春节红包的运作及其对中国人家庭关系的影响进行一个微观层面的考察，首先要确定考察的参照框架。考虑到传统春节红包是中国传统文化中能够较为准确、完整地反映家庭关系的载体，故不妨从其入手来建立这样的一个框架。

（一）流动范围：家庭内部的礼物流动

在大多数情况下，礼物流动出现在非亲属的社会关系之中，作为维护社会关系的一种交换形式。这其中当然也有红包形式的馈赠。但春节属于时历仪礼（岁时仪礼），其传统红包是局限于具有亲属关系的双方之间的一种礼物流动形式——甚至严格来说，"正宗"的春节红包只有一种，即家中长辈向幼辈发放压岁钱时所采用的用红纸包裹的礼物形式。这表明其必然与中国人的家庭存在着极为密切的联系，属于中国人家庭内部的礼物流动。

〔1〕 如徐琦、宋祺灵：《"微信红包"的"新"思考：以微信"新年红包"为例分析新媒体产品的成功要素》，载《中国传媒科技》2014年第3期；李正良、赵顺：《微信红包的广告价值探析》，载《新闻知识》2016年第3期；王庆凯、王军峰：《新媒体与商业再造新年俗——关于春节微信红包的分析》，载《青年记者》2016年第14期。

〔2〕 如陈琦、刘磊：《社会化媒体环境对受众角色的重构和信息传播影响：从微信红包引爆羊年春节谈起》，载《当代传播》2015年第3期；王瑞：《浅析微信红包对人际传播的积极影响与消极表现》，载《东南传播》2015年第7期；申思达、陈勇：《微信红包传播对人际关系的影响初探》，载《科技传播》2015年第8期。

〔3〕 如朱荣荣：《微信红包若干法律问题研究》，载《镇江高专学报》2016年第3期；王亚平：《关于微信红包的人际传播反思》，载《传播与版权》2016年第6期。

历来学者早多有指出家庭对于中国人的重要性，例如张东荪说过"中国的社会组织是一个大家庭而套着多层的无数小家庭。可以说是一个'家庭的层系'（a hierarchical system of families）"[1]。而林语堂的总结则更为全面："家庭制度是中国社会的根基，由此而生发出各种社会特点，这个家庭制度以及乡村制度——家庭制度的更高一级阶段——可以用来解释中国社会中的所有问题。……从家庭制度中生发出家庭观念，从家庭观念中生发出一定的社会行为规范。"[2]那么，作为家庭内部礼物流动形式的传统春节红包，一定在家庭关系（亲属关系）的背后担负着某种社会功能，而且这种功能，必然有利于中国人家庭制度和秩序的维护和传承。

（二）流动方式："赏赐"与"金字塔"结构的礼物流动

《孝经》有云："教以孝，所以敬天下之为人父者也。教以悌，所以敬天下之为人兄者也。"因此，孝道应该是中国家庭观念的核心。而与之对应的，最能体现孝道的家庭成员间礼物流动则是所谓的"孝敬"。严复译启蒙思想家孟德斯鸠著作《法意》在谈到孝敬时曾经说过："彼惟孝敬其所生，而一切有近于所生表其年德者，将皆为孝敬之所存。"[3]故此"孝敬"时至今日都在中国人的社会关系中广泛存在，更遑论其最原始的状态——家庭内部的"孝敬"。例如，前几年曾红极一时的商业广告"孝敬爸妈脑白金"就是这一礼物流动形式在中国社会依然普遍存在的明证。而传统春节红包最典型的流动方式是由家中长辈向幼辈发放，这是一种跨辈单向性的礼物流动。如果说"孝敬"式的礼物流动指向是体现了家庭长幼关系的正序的话，那么传统春节红包恰恰属于与之相对的长辈向幼辈馈赠的礼物流动形式，带有"赏赐"的性质，因而具有与"孝敬"完全相反的指向性。[4]

但实际上，这种单向的"赏赐"性只是一种表面现象。按照春节民俗

---

〔1〕　张东荪：《理性与民主》，岳麓书社2010年版，第82页。

〔2〕　林语堂：《中国人》，浙江人民出版社1994年版，第180—181页。

〔3〕　［法］孟德斯鸠：《法意》，严复译，商务印书馆1981年版，第415页。

〔4〕　关于孝敬与赏赐，阎云翔在其文《中国的孝敬与印度的檀施——非对称性礼物馈赠文化的人类学分析》中有分析，参见阎云翔：《礼物的流动——一个村庄中的互惠原则与社会网络》，李放春、刘瑜译，上海人民出版社2000年版，附录。

传统，家中长辈向幼辈发放红包并不是无条件的，而是有一个前提，即幼辈必须在大年初一向长辈行拜年礼。这种拜年礼在过去家族式大家庭的情况下，可能只是一套形式化的虚礼（如跪拜、致拜年辞等），不伴随任何物质流动；[1] 然而随着社会的发展，无论是在当代中国的城市还是农村，聚居的家族式大家庭已经几不可见，成年子女一般都会离开父母而以核心家庭的形式独立居住，如此一来，春节拜年就必须"上门"到长辈家（最为典型的是祖父母家、外祖父母家、父母家、岳父母家四种情况），所谓行拜年礼也就不可能再保持虚礼的形式，而是必须进行实物性的礼物馈赠了。换言之，在春节要获得长辈馈赠的红包，幼辈必须首先上门送上"孝敬"。这说明，所谓传统春节红包的单向性，内里还是礼物双向交换结构中的"半边天"，拥有着"以慈促孝"的内涵和功能。

不过，跨辈流动也仅仅只是传统春节红包的表面特征。一般而言，当代家庭的拜年活动有两种形式：一是第二代成年子女携各自的第三代子女（包括成年与未成年）到第一代老年父母家中拜年，以第二代成年子女的核心家庭为单位向第一代老年父母呈上"孝敬"，后者收下"孝敬"之后，会以红包的形式将压岁钱发给第三代子女；二是第三代成年子女携各自配偶到父母或岳父母也即第二代成年子女家中拜年并呈上"孝敬"，后者收下"孝敬"之后再给前者发放红包。这两种情况当然均属春节红包的跨辈流动。然而，不能忽略的是，第二代成年子女之间，还会互相给对方的第三代未成年子女发放红包。这一红包流动环节表面上看似乎也是跨辈的，但与前面一种红包流动不同，它并非是在直系亲属关系之间流动，而是在跨辈的同时也跨越了小家庭（核心家庭）。这一过程可以称之为春节红包的跨核心家庭流动。从中国人的传统观念来看，显然后面这一种红包流动的"账"应当以第二代核心家庭为单位来计算。而由于双方家庭属于同辈，为了不欠下对方的人情，双方家庭给予对方第三代幼年子女的红包就会在数量上大致持平。如此可以发现，在传统春节红包的流动轨迹中，并不止存

---

〔1〕 如娄子匡《新年风俗志》的"浙江绍兴篇"中曾有记述："这是辈分较小的向着生存着的辈分较大的年长的人拜新的礼节。幼者要跪下叩头三响，长者只须俯首揽臂道好，不过客气一点的长辈，他就跟着跪下，还要送红纸小包的拜钱几角或几元，叫小辈去自买玩具或食物。"娄子匡编著：《新年风俗志》，上海文艺出版社1989年版，第35页。

在一个跨辈（垂直）维度，而是同时存在同辈（水平）维度。这意味着，在春节红包的整个流动体系中，将部分呈现出通常礼物流动的互惠原则和不可让渡性（inalienable）[1]。所以，从运作模式上来看，传统春节红包的流动其实包含了两个相互嵌套的运作环节：一是成年长辈（包括第一代老年父母和第二代成年子女）与第三代子女之间通过红包"以慈促孝"的环节；二是第二代成年子女核心家庭之间通过红包"礼尚往来"的环节。这样的运作模式使得三代家庭成员在春节这一礼节域中得以通过红包流动形成多个"三角形"叠加的结构，从而强化了对整个大家庭也即核心血缘关系的整合。

（三）流动的性质与功能：传统家庭关系（孝—慈关系）再生产的仪式

传统春节红包的流动作为一种只在民俗节庆期间发生的行动体系，其性质首先会让人联想到有可能是一种仪式。正如彭兆荣所指出的那样，尽管仪式研究被"视为人类学学术传统和知识系统的一个重要部分"，然而其也是"一个从内涵到外延都不易界定的巨大的话语包容"[2]。但近年来吴乔以其田野个案为例对仪式要素进行探讨后提出：所谓仪式性并不是按照当代人的"技术性（神秘性）""世俗（神圣）""非象征（象征）"等一系列二元划分所界定出来的，而是依据两个标准来加以判断：一是是否具有深层文化意义；二是是否模式化。这里所说的深层文化意义是一个民族或一个群体所特有的也即具有排他性（exclusive）的意义。[3] 因此吴乔对仪式给出了一个相对精确的定义——"仪式是蕴含有深层文化意义的模式化的人类活动"[4]，可以作为本文界定仪式的标准。

在中国人的日常生活中，礼物流动既有与仪式有关的，也有与仪式无关的。在一些特殊的重要仪式上，礼物流动是必不可少的，例如婚礼、诞

---

〔1〕　关于礼物的互惠原则和不可让渡性，可参考阎云翔在"人类学话语中的礼物"中的介绍和探讨，参见阎云翔：《礼物的流动——一个村庄中的互惠原则与社会网络》，李放春、刘瑜译，上海人民出版社 2000 年版，第 4—13 页。

〔2〕　彭兆荣：《人类学仪式研究评述》，载《民族研究》2002 年第 2 期。

〔3〕　参见吴乔：《仪式的要素与仪式研究——以国内个案对国外人类学仪式理论的再探讨》，载《世界民族》2013 年第 5 期。

〔4〕　吴乔：《仪式的要素与仪式研究——以国内个案对国外人类学仪式理论的再探讨》，载《世界民族》2013 年第 5 期。

礼、寿礼、葬礼、贺礼（庆典）等生命仪礼[1]。而此时的礼物流动不仅附着了仪式本身所具有的深层文化意义，同时自身也作为模式化的整个仪式的一部分而成为模式化的，从而具备了仪式性。如前文所述，春节属于岁时仪礼，因此其间发生的红包馈赠，显然也属于具有仪式性的礼物流动：一则传统春节红包起源于"压岁钱"，已被赋予"压祟"这样一种极具中华文化特色的象征意义；二则其必须在幼辈向长辈致拜年礼之后发放，也属于模式化礼仪的一部分。故就其本身而言，的确具备了仪式的基本要素，从而具有表达参与者情感和规范参与者行为的作用。但需要注意的是，仪式有时（甚至在大多数时候）所谓的"情感表达"并非是指参与者个体对实然状态下真实情感的表达，而是在进行一种某种程度上具有强制规范性的应然状态的"情感表达"。具体到传统春节红包的馈赠过程，其附着的就是幼辈对长辈的尊敬，及其背后更深层次的孝顺，还有长辈对幼辈的慈爱，及其背后更深层次的权威。这里的尊敬、慈爱，乃至孝顺、权威，都未必是具体的某个幼辈或者长辈实际具有并希图表达的情感，而是社会规范对处于幼辈或长辈角色的人的行为准则要求。在此基础上，传统的家庭关系得以不断地再生产并延续下去。这说明，传统春节红包作为仪式性的礼物流动，具有突出的规范和引导功能。如果按照哈鲁米·贝夫（Harumi Befu）礼物交换的表达性功能（工具性功能）二分法[2]来划分，可以看到传统春节红包所具有的是不创造新社会关系的表达性功能，而正是通过这种表达性功能，其得以实现对家庭关系的强化和对家庭结构的整合。

二、中国人家庭关系中的微信春节红包运作

根据对传统春节红包的考察建立起来的参照框架，可以从微信春节红包的流动范围、流动方式以及流动的意义与功能展开分析。

（一）流动范围：家庭与社交

微信春节红包甫一问世便表现出与传统春节红包在流动范围上的不同。首先引起大众注意的微信春节红包，就是由部分商家向移动互联网用户所

---

[1] 参见黄玉琴：《礼物、生命仪礼和人情圈》，载《社会学研究》2002年第4期。
[2] Befu, Harumi (1977), "Social Exchange", *Annual Review of Anthropology*, 6, pp. 255–281.

大规模派发的[1]。从性质上来说，这更像是一种公共关系促销手段而非人际间的礼物流动。如果将眼光放到人际关系上，则可以看到微信春节红包至少涉及了两种类型：一是家庭关系（亲属关系），二是社会交往关系。其中前者既有类似于传统春节红包的由家中长辈向幼辈发放的带有压岁钱内涵的微信红包，也有不同于传统春节红包的家庭同辈之间互相发放的微信红包。而后者则与传统红包不同，即便是在春节这种以家庭为中心的传统民俗节日，其也经常在好友、同事、同学等家庭关系之外的社会关系中发放。这有可能是一种提示，即微信春节红包的社会功能并不仅仅指向中国人的家庭。当然，囿于本文的主题，笔者的讨论重点只能放在家庭关系范畴之内，但不能忽略的是，微信春节红包在社交关系中的流动与运作完全有可能为我们理解家庭关系中的微信春节红包运作提供颇具价值的启示。

（二）流动方式："抢红包"与"去顶金字塔"结构的非礼物流动

流动于家庭关系之中的微信春节红包在发放形态上与传统春节红包的一个明显区别在于其通常以"抢红包"[2]的形式出现。而且，"抢红包"并不发生于物理空间之中，而是在通常被定性为"虚拟空间"的微信群中进行的。那么，厘清家庭微信群中的"抢红包"究竟是如何发生的，便成为分析微信春节红包运作的重要前提。

首先必须要注意到的是，家庭微信群的成员相比于传统的家族式大家庭成员在结构上还是略微存在一些差异：后者由家庭中的三代人[3]组成，而前者由于第一代长辈在年龄及媒介使用习惯上的限制，往往仅包含第二代子女和第三代子女。这就使得传统家族式大家庭中最为传统的春节红包流动模式——由第一代长辈向第三代子女发放春节红包的模式无法在家庭微信群中复制。故微信春节红包的流动就只能发生在第二代子女和第三代子女的两代人结构之中。这一结构相比于传统春节红包的完整"金字塔"

---

〔1〕　参见孙冰：《移动支付将消灭现金银行卡？》，载《中国经济周刊》2014 年第 7 期；刘振华：《微信红包红火背后争议多，红包变成"炸金花"》，载人民网，http://culture.people.com.cn/n/2014/0219/c22219 - 24401328.html，访问时间：2014 年 2 月 19 日；刘夏、苏曼丽、沈玮青：《抢红包"太疯狂"，微信红包出故障》，载网易财经，http://money.163.com/14/0130/02/9JQ8JD0E00254TI5.html，访问时间：2014 年 1 月 30 日。

〔2〕　即微信指令中的"拼手气红包"。

〔3〕　当然也有可能是四代人甚至五代人，但三代同堂是相对最具代表性的情形。

结构少了整个家庭"金字塔"的顶端（第一代老年父母），因此是一个"去顶金字塔"形的结构。尽管相对于原"金字塔"结构而言这是一个局部的改变，但却改变了整个家庭红包流动结构的性质。一方面，原有的"金字塔"结构包含的两个相互嵌套的运作环节——第二代成年子女与第三代子女之间通过红包"以慈促孝"的环节和第二代成年子女核心家庭之间通过红包"礼尚往来"的环节——均荡然无存；另一方面，尽管结构上缺失了一块，但红包的流动环节却反而多了一个原本没有的部分，即第三代子女之间通过红包进行互动的环节。

这就是说，微信春节红包在"去顶金字塔"结构中的流动路径理论上存在三种可能，即第二代与第三代之间、第二代相互之间及第三代相互之间。诚然，由于"抢红包"与传统春节红包的发放方式有着极大的不同，上述三种流动路径在事实上未必能够各自单独成立，但仍不妨先按照马克斯·韦伯（Max Weber）的"理想类型"（ideal type）视角予以各自分析，再依照现实情况进行综合考察。

首先来看与传统春节红包流动结构中有着对应部分的第二代和第三代之间的红包流动。若是传统春节红包，第二代成年子女对于特定的某个非本人子女的第三代子女只会发放一次，而且对放置其中的压岁钱金额，会根据经济实力、子女年龄等条件谨慎权衡，以免因过多或过少而导致两个核心家庭之间产生不必要的关系紧张；对于拟发给本家子女及配偶的春节红包，其数额也会有所考虑。而在通过微信群发放红包的时候，不仅时常会针对包括自己子女在内的全部第三代子女多次发放，而且还在红包金额的设定上较为随意，有时会相对较多，有时则相对较少，但在大多数情况下均远远小于传统红包的数额。这种随意性使得第二代成年子女对自己所发放的微信红包总额通常都不会记得十分清楚，更遑论考虑核心家庭之间的金额平衡了——其背后的潜台词是"微信红包不够分量"。这其实意味着微信春节红包某种程度上并未被视作馈赠对方的礼物，或者说，微信春节红包已经丧失了在传统节日礼仪中所具有的礼物属性。这样一来，就会在两个方面产生相应的后果：一方面，从水平流动结构上来看，第二代成年子女向其他核心家庭第三代未成年子女发放微信红包的行为对于各自所属的两个核心家庭而言很难再称得上是"礼尚往来"；另一方面，从垂直流动结构上来看，传统春节红包"以慈促孝"的内涵已经变得非常淡薄：一是微信春节红包的发放并不以拜年"孝敬"为前提，无论第三代子女是否在春节拜年时送上"孝敬"，都能够参与微信群中的"抢红包"活动，这使得传统春节红包所表达的以"孝敬"换得"慈爱"示范性效应在某种程度上被消解了；二是发放春节红包的第二代子女与接收红包的第三代子女之间主要是旁系亲属关系，这与传统"孝"观念所要求的"孝悌"均指向"父母""兄长"等直系亲属的情况并不一致，故而也不可能产生典型的"孝敬"关系。

而除此之外的其他两种流动路径，都为传统春节红包之所无。如第二代相互之间的直接微信红包流动，由于发放者和接收者一般均为长期工作的成年人，并不存在需要"照顾"尚在学校就读而不具备独立经济能力的"弟弟、妹妹"，故相互之间也并不存在一种足以彰显"慈爱"或是"孝敬"的典型长幼关系。[1]不难发现，第三代相互之间的微信红包流动也与此相似。不仅如此，与前文所分析的第二代与第三代之间的微信红包流动难以归为"礼尚往来"类似，此时的两种情况也很难将其界定为相互之间带有人情色彩的礼物交换行为。

以上仅仅是针对微信春节红包流动的理想类型展开的分析，而在实际操作当中，无论红包发出者是谁，都几乎不会专门地指明自己在微信里发出的红包是特地发放给某一代对象的。这就使得前述三种微信春节红包流动路径的理想类型往往是相互伴随的，如某一第二代子女在群里发放红包，其他第二代子女会和第三代子女同时进行"抢夺"；而某一第三代子女在群里发放的红包，在被其他第三代子女"抢夺"的同时也会遭遇第二代子女的"觊觎"。其中后一种情况甚至在传统春节红包运作过程中是不可想象的，因为其完全打破了红包作为长辈对幼辈的"赏赐"的运作"规矩"。这一现象表明家庭微信群中的红包发放在实际效果上恐怕无法像传统红包发放一样，进行清晰的"点对点"划分，而是始终处于一种"混合"状态。这种混合状态显然无法体现传统中国家庭的辈分等级，相反却呈现出一种

---

〔1〕虽然历来有"长兄如父"的说法，但这一关系成立的条件通常是父母均已不在世的特殊情况。

所有家庭成员均具有"平等参与"权利的内涵。如此一来，就不得不重新思考春节期间微信红包在中国人家庭关系中流动的意义与功能。

（三）流动的性质与功能：家庭关系扁平化互动游戏及其仪式性

直观而言，微信春节红包具有"抢红包""拼手气"等特质，可以将之视为一种并不局限于家庭内部的互动游戏。按照约翰·赫伊津哈（Johan Huizinga）在《游戏的人》（*Homo Ludens*）一书中的经典界定，游戏具有自主参与、不涉功利以及进程独立三个主要特征。[1] 这些特征，微信春节红包也恰好具有：其一，"抢红包"完全自主参与。家庭成员在微信群中是否发放红包，什么时候发放红包，是否"抢夺"红包，抑或是否这一轮"不抢"而下一轮"抢"，等问题均由个人自行决定，而不带有任何强制性。这与传统春节红包的发放和收取过程完全不同，后者在某种程度上是强制性的——如果某一家庭成员没有过硬的理由（如身体抱恙）而不参与其中，极有可能会被视为"不孝"而遭到整个家庭的"蔑视"甚至"唾弃"。其二，"抢红包"以家庭成员的参与本身为乐趣。如果谁抱有"抢钱"的动机参与其中是非常不现实的[2]，因为微信红包金额的上限为200元，并不算多，更何况大多数时候发送红包的金额远远低于这一上限；其最主要的乐趣在于"看谁的手快"以及"手气如何"，是典型的为了娱乐而娱乐（only for fun）。正如有学者所说："'抢'的动作在增添游戏性的同时使用户对这场'抢钱'游戏产生群体性麻痹。随机算法也巧妙地避开了'包多少钱合适'的心理障碍，更让趣味性超越了功利性趋向，更容易获得传播。"[3]相比之下，传统春节红包的工具性意义是较为明显的，担负着"以慈促孝"并借此实现传统家庭关系再生产的社会功能。其三，"抢红包"的整个过程从某一家庭成员在群中发放红包开始，至所有红包被抢完或是收回为止，是一个相对独立的进程，时间和空间也相对封闭。当然，尽管此刻的空间

---

〔1〕 参见［荷］约翰·赫伊津哈：《游戏的人：文化的游戏要素研究》，傅存良译，北京大学出版社2014年版，第8—11页。

〔2〕 微信红包问世初期也出现过以"抢钱"为目的而参与"抢红包"以及以"炫富"为目的而"发红包"的情况，但目前已较少见。

〔3〕 徐琦、宋祺灵：《"微信红包"的"新"思考：以微信"新年红包"为例分析新媒体产品的成功要素》，载《中国传媒科技》2014年第3期。

并非物理空间而是网络虚拟空间，但其仍然是相对封闭的——参与者不可能跳出微信群来完成这一过程。

以上三者中的前两者是微信春节红包区别于传统春节红包的重要特征。正是由于过程是自主参与且不涉功利，才使微信春节红包具有与传统家庭中辈分等级秩序相反的特质，即去权威化。而且，只有在微信群"抢红包"的情形下，才有可能出现第二代长辈反过来"抢夺"第三代幼辈的红包的情况。在这一过程中只有游戏的参与者（包括红包的发放者和"抢夺"者），而不存在传统家庭关系中长辈/幼辈的等级划分。不仅如此，由于第一代长辈无法参与到微信春节红包流动中，还使得原三代家庭成员在春节这一礼节域中得以通过传统红包流动形成的多个"三角形"叠加的"金字塔"整体结构缺少了最重要的仪式角色（最大的"孝"所指向的对象），从而形成了一个缺少顶端的"去顶金字塔"结构。辈分等级的消弭和参与代际层级的减少，导致整个家庭关系呈现出扁平化的趋势。

如果说传统春节红包流动是典型的仪式，那么微信春节红包是否也具有仪式性？尽管微信春节红包在家庭关系中运作的功能已与传统春节红包完全不同，然而就此断定其不具有仪式性则是有问题的。下文仍然以吴乔的仪式二要件作为判断标准进行分析：

从模式化这一要素来看，传统春节红包发放程序中幼辈向长辈致拜年礼的形式已经发生了巨大的变化，从较为正式的跪拜、作揖等形式变为了通过微信这一移动互联网平台致以言语（文字或语音）问候，缺少了整个身体的在场，也缺少了互动社会语言学意义上的社交线索（social cues），其传统程序的意义似乎已变得较为薄弱。但必须警惕的是，我们不能因为程序空间的变换而直接否定其作为程序的属性。什么是程序？笔者认为，人们遵循规则设定的时限和时序并按照规则设定的方式和关系进行的一系列行为就是程序。按照这一标准，在微信"抢红包"的过程中，从红包金额、类别的设定，红包说明的填写，到红包的发放，再到群中家庭成员依次点击红包得到相应的份额，无论是参与的时限还是进行的时序，无论是参与的方式还是参与者之间的关系，都遵循着微信平台所设定的相对稳定的规则；而且每一次"抢红包"均完全按照这一流程进行，周而复始，不曾发生变更。这就表明其完全符合程序的定义，是具备模式化要素的。

从具有深层文化意义这一要素来看，虽然微信春节红包并未继承传统春节红包最早所具有的"压岁（祟）"以及后来出现的维护传统家庭"孝—慈"关系的文化意义，但这并不意味着前者就不具备自身独特的深层文化意义。就"抢红包"本身而言，如前文所述，它并不仅仅存在于春节这一节庆期间，也并不局限于发生在家庭内部，而是更多地出现在日常生活之中。除了作为日常转账的工具之外，其典型作用通常是用于活跃微信群的气氛——不少微信群在一段时间无人发言陷入冷寂之后，会忽然有人放出一个红包，众人在抢过红包之后纷纷发言，或感谢，或遗憾，或打趣，或调侃，于是群里氛围又复归热络。这至少表明，微信"抢红包"在维持社会交往热度方面是一种有效的手段，也因此被赋予了延续社会交往关系的特殊意义。而与以"孝—慈"为基础的中国人家庭关系一样，含有长久延续期待的社会交往关系[1]在中国社会中尤为被看重，因而也在中国文化中具有特别重要的地位。可见，就维护和延续也即再生产具有中国文化特色的社会关系这一功能而言，微信春节红包和传统春节红包可谓如出一辙。

这就足以说明，微信春节红包同样具有仪式性。但就仪式的性质而言，其与传统春节红包的差异是显而易见的：如果说后者仅在春节节庆期间发生并完成是开辟了一个相对独立于日常生活的神圣空间，那么前者则是直接将反复存在于日常生活中的行为体系[2]挪移到了一个原本具有神圣性的非日常生活空间之中，可能对之形成一定的"剥蚀"，致使其神圣性逐渐消解而变得世俗化，继而对中国人的家庭关系带来潜移默化的影响。

三、微信春节红包对中国人家庭关系的影响及其可替代性

（一）微信春节红包对中国人家庭关系可能产生的影响

以上对微信春节红包的分析表明，微信春节红包尽管具有仪式性，但

---

〔1〕 中国人社会交往关系的特征是倾向于对关系的长久期待。参见翟学伟：《中国人的关系向度及其在互联网中的可能性转变》，载《中国人的关系原理：时空秩序、生活欲念及其流变》，北京大学出版社 2011 年版，第 289—310 页。

〔2〕 笔者认为此即一些学者所定义的"日常仪式化行为"。参见 Rook，D. W.，"The Ritual Dimension of Consumer Behavior"，*The Journal of Consumer Research*，12（3），1985，pp. 251 – 264. 吴艳红、〔美〕J. David Knottnerus：《日常仪式化行为：以知青为例的研究》，载《社会》2005 年第 6 期。

却无助于实现传统家庭关系的再生产,相反还具有一些与传统家庭伦理指向完全不同的属性,如对权威的隔离和消解以及由此而导致的家庭关系扁平化等,故其出现对于中国人的家庭关系而言也许会带来一定的影响。笔者认为,这种可能的影响将会集中体现在以下三个方面。

第一,触动以纵轴为中心的传统家庭关系。传统家庭的"孝—慈"关系凸显出以纵轴为中心的结构,这一结构不仅包括代际关系(孝),也包括同辈当中的长幼关系(悌)。但微信春节红包的运作模式显然与此相悖,其作为一种通过游戏平等参与促使家庭关系扁平化的机制趋向于重新建立一种以横轴为中心的家庭关系,在潜移默化中可能对传统家庭的纵轴中心结构产生影响。

第二,消融家庭与社交的边界。在考察微信春节红包的流动范围时即已提到,其运作并不仅仅限于家庭内部,而是更多地出现在社会交往的范畴。在日常生活中,大量处于远距离物理空间的人际关系依赖微信红包游戏而得以保持相当的活跃度——这在各种微信群中并不少见;而在春节这样对于家庭而言有着特殊意义的岁时仪礼期间,会出现人们同时与亲、友两种不同的群体进行同一种游戏娱乐的情形,从而可能产生淡化节庆的家庭意义的效果。而传统的春节娱乐方式由于受到地域的限制则不会出现类似的情况,例如除非因加班或未买到机票(车票)而未能及时赶回家中等特殊原因,几乎不会有人在春节期间不与家人共同观看而选择与朋友一起观看春节联欢晚会电视直播。

第三,解构家庭节庆的神圣空间。以家庭为中心的春节,其意义之一在于通过传统春节红包流动以及类似活动的仪式性运作而构建出一个神圣空间;在这个有着时空边界的神圣空间中,一切都因与日常生活相异而能够起到强化也即再生产家庭伦理传统的作用。但本身即作为带有世俗仪式性的微信红包不但无法承担起构建甚至仅仅只是维持这一神圣空间的功能,反而还会因日常生活化的特征对家庭节庆期间既有的神圣空间进行解构,使其失去神圣性而逐步退化为与日常生活无异的世俗空间。而随着类似微信红包的移动互联网应用对民俗节庆越来越多的介入,所谓的"春节新民俗"很有可能变得越来越庸常化,从而成为一种"伪存在"。

（二）微信春节红包对传统春节红包的替代性

从以上对传统春节红包运作模式和微信春节红包运作模式的比较分析可以看到，二者虽均名为"春节红包"，但具有完全不同的性质与功能。因此，从可替代性上来看，微信春节红包和传统春节红包是不能相互替代的。作为中国人与家庭有关的四大传统民俗节日之一的春节，其仪式性和娱乐性都是不可或缺的：从家庭的意义上而言，需要一种仪式来进行传统家庭关系（"孝—慈"关系）的再生产，从而完成文化血脉的传承；从节庆的意义上而言，也需要一种游戏来促进和加强家庭成员之间的互动，从而实现佳节欢庆的共享。二者同时在满足着中国人家庭的不同需要，故而都具有自身的存在价值。

但总体而言，传统春节红包的可替代性还是要远远低于微信春节红包。这是因为，对于前者而言，毕竟很难找到能实现其相同社会功能的其他春节仪式；而对于后者而言，其本质上和春节期间一大家子在一起打麻将或观看春节联欢晚会电视直播并没有太大区别，所以并不是那么不可或缺。可以预见，在未来很长的一段时期内，传统春节红包将会持续存在，而微信春节红包反而有可能会被其他共享性和互动性更强的娱乐方式所替代。

跨文化传播语境下内地西藏班（校）学生的同伴关系适应研究 *

——以 CQ 为个案

张 波 **

一、研究背景与问题提出

1984 年底，针对西藏教育相对落后和人才缺乏的状况，中央决定从 1985 年起在内地省、市创办西藏班（校），利用内地的办学优势，帮助西藏尽快培养大批建设人才。1985 年秋，全国 16 省市的西藏初中班同时开学，宣告了这一特殊民族教育办学模式的诞生。[1] 截至 2016 年，这一民族教育政策的执行已超过 30 年，为西藏和国家培养了数以万计的优秀人才。作为这一教育移民工程的参与主体，内地西藏班（校）学生这一规模庞大的教育移民群体也浮现在了社会的视野之中。由于从小就远离父母和家乡，来到内地这样一个完全陌生和遥远的环境，他们的跨文化适应问题引起了学界广泛关注，并涌现出了大量研究成果（郭龙岩，

---

　* 在内地西藏班政策执行 15 年之后，借鉴这一民族教育异地办学模式的经验，国家于 2000 年又推行了内地新疆班政策，关于内地新疆班（校）学生的跨文化适应问题不如内地西藏班多，但也有少量探讨，研究现状仍以量化研究为主，限于篇幅这里不做回顾。

　** 张波，贵州大学文学与传媒学院讲师，研究方向为民族传播、三农传播、人际传播。

　〔1〕 严庆：《解读我国一项特殊的民族教育政策——举办内地西藏班（校）》，载《民族教育研究》2005 年第 2 期。

2008;[1] 冉苒，2012;[2] 陈春、许丽英，2013;[3] 吴晓蓉，2013;[4] 拉巴卓玛，2015;[5] 张东辉、黄晶晶，2015[6]）。这些研究中的共性之处在于建构了一套测量跨文化适应状况的指标体系，接着采取问卷调查方式收集和整理数据，然后据此分析内地西藏班（校）学生的跨文化适应状况，找出可能存在的问题或障碍，最后提出针对性建议。毫无疑问，这些量化的、具有一定统计推论意义的、整体性的研究，对于我们改善民族教育管理方式、促进内地西藏班（校）学生个体健康成长是大有裨益的，但是它也存在着一些显著的不足。这体现在既有研究多注重静态的跨文化适应状况描述，测量的也多是一时一地的适应状况，纵贯性的测量手段运用较少，且存在着一种有意无意的偏向，即认为内地西藏班（校）学生要顺利完成学业必须采取主动融入主流文化的方式，充满了一种单线进化的目的论色彩；而跨文化适应是一个"连续的、反复的转变过程，它不一定是个人的理性选择，也不是完全由文化适应态度或策略决定的，而是参与方在相互交往中产生的，并且深嵌于政治、经济、历史文化的语境中"。[7] 作为有着自身主观能动性以及意义建构能力的行动者，内地西藏班（校）学生在异文化环境下探索、完善和提升自己的跨文化适应实践，值得我们给予关注。

　　鉴于跨文化适应涉及方方面面的情况，而以同伴交往为代表的人际关系适应又在内地西藏班（校）学生的日常生活中占据着一个极为重要的位置，本研究特别关注他们在内地求学历程中的同伴关系适应情况。藏族学生从欠发达的边疆地区来到已具备一定现代化程度的内地大中城市，从以

〔1〕　郭龙岩：《内地西藏班（校）藏族学生跨文化社会化的实证分析》，载《西藏研究》2008年第5期。

〔2〕　冉苒：《内地西藏班（校）学生的跨文化适应》，载《贵州民族研究》2012年第2期。

〔3〕　陈春、许丽英：《内地西藏班（校）学生人际交往现状调查研究》，载《中国青年研究》2013年第11期。

〔4〕　吴晓蓉：《内地西藏班（校）学生文化适应状况调查分析——以成都西藏中学为例》，载《中国藏学》2013年第3期。

〔5〕　拉巴卓玛：《内地西藏班（校）学生的适应现状及对策探讨——以重庆西藏中学为例》，载《西藏大学学报（社会科学版）》2015年第4期。

〔6〕　张东辉、黄晶晶：《"我们"与"他们"：内地西藏散插生的社会网络构建——一项教育民族志研究》，载《湖南师范大学教育科学学报》2015年第2期。

〔7〕　李加莉、单波：《文化适应心理学研究的脉络与新走向》，载《理论月刊》2012年第6期。

藏族文化占主导地位的社会来到以汉族文化为主体的社会，他们与汉族同学们的交往不仅是两个个体之间的相处，更是"拥有不同文化感知和符号系统的人们之间进行的交流"，[1] 因此可以将其视为一趟跨文化传播之旅。在这种跨文化传播语境下，内地西藏班（校）学生是怎样与学校里的同伴群体展开交往的？与个体在正常母体文化环境下建立起的同伴交往有何差异？经由这种交往形成的是怎样一种同伴关系？这对于他们自身而言意味着什么？这些都是本研究的核心关切。鉴于内地西藏班（校）学生这一群体承担着反哺家乡、建设西藏的国家使命，研究他们将有助于反思我们的民族教育政策，从政府、社会、学校、家庭等多方面去关心和帮助这一群体的健康成长。

二、研究方法及个案对象介绍

从本研究的初衷来说，笔者主要是想了解内地西藏班（校）学生这样一个特殊的群体，他们在内地求学时与同学们是如何开展人际交往实践的，显然这属于动态的过程性问题，而一般来说，"质的研究方法适合探究事情发生和发展的过程性问题"（陈向明，2000）。[2] 因此基于研究问题的需要，本文采用质性研究的思路，运用个案研究的方法收集资料。需要提及的是"质化研究"的代表性问题，在具体研究时其代表性问题总是受到质疑，对此我国学者翟学伟曾指出，"一个再强调用抽样的方法来看社会的学者，也离不开他在表述中情不自禁地通过举身边的事例来说明一个观点"，[3] 美国学者罗伯特·K. 殷也指出个案研究的目的是归纳出理论（分析归纳），而不是计算频率（统计归纳）。[4] 对本研究来说，意在探究内地西藏班（校）学生的同伴交往逻辑，这显然不是靠做统计归纳就能解决的，因此以过程研究见长的质性方法对于本研究具有较大契合性。

---

〔1〕［美］萨默瓦、波特：《跨文化传播》，中国人民大学出版社 2010 年版，第 34 页。

〔2〕陈向明：《质的研究方法与社会科学研究》，教育科学出版社 2000 年版，第 80—81 页。

〔3〕翟学伟：《人情与制度：平衡还是制衡？——兼论个案研究的代表性问题》，载《开放时代》2014 年第 4 期。

〔4〕［美］罗伯特·K. 殷：《案例研究：设计与方法》，周海涛、李永贤、李虔译，重庆大学出版社 2010 年版，第 17 页。

本文的资料来源于个案对象 CQ 超过 20 万字的自传体硕士毕业论文《一个少年扎西的媒介之旅》以及补充访谈。CQ 于 1987 年年底出生在西藏拉萨的一个普通家庭，父亲从重庆某大学自动化专业毕业，先后在拉萨汽车修理厂、团委、银行工作，直到退休；母亲读了邮电学校的中专，毕业后就一直从事邮政发行工作，直到退休。大她 4 岁的哥哥小时候身体很不好，于是有了她的出生，后来家里条件慢慢开始好转，哥哥身体日渐康复。由于父母每天要固定上班，她被送到外祖父家像野孩子一样度过三年，然后进入幼儿园和实验小学就读。小学时候藏汉同学分班就读，彼此接触很少，经常被大人教导要向汉族同学学习。1998 年寒假，她跟父母第一次出藏，去了距离拉萨最近的内陆省会城市成都，全家人又一起去了重庆的内地西藏班看望哥哥。内地西藏班，从此在她心里埋下了梦想的种子，她开始为去内地西藏班而努力学习。小学毕业后，像大多数人一样，她也将上海作为第一志愿，之后顺利地考入上海共康中学。2000 年 9 月，她开启了自己在内地漫长的求学之旅。共康中学是一所藏汉学校，实行分班教学，教室、教材、授课教师以及餐厅就餐区域都在藏汉学生间区分开来，三年下来她和汉族同学的交往几近于无。中考结束后，她考入广东的佛山中学，成为了一名插班生，班上几乎全部都是汉族同学，但由于语言障碍及学习成绩的下滑，在粤初期她经历了巨大的压力，直到高三随着同班汉族同学交往的深入，才有所改善，不过就整体而言，她认为高中过得并不轻松。之后她以优异成绩考入南京大学，人际接触范围大大拓展，与藏族的、汉族的还有其他少数民族的同学都有来往，学业成绩和个人才艺不断得到老师、同学们的肯定。毕业后考研又选择了母校，但读研前去北京读了一年的预科，结识了许多不同少数民族朋友，于她而言是一段开心的时光。2014 年 6 月研究生毕业后，她毅然回到拉萨参加工作，回到了那片魂牵梦绕的故土家园。从初中到研究生毕业，从 13 岁的小女孩到 27 岁的成年女生，这 14 年的求学时光成为了 CQ 一生中最宝贵的一段经历，而在这个过程结识的各种同学，在她的记忆中注定无法抹去。

三、结伴成"大家"：族群边界隐匿中的你我不分

本土社会心理学已经指出，人际关系是一个既定成分加上交往成分的体系[1]，既定成分即是指某些先天的、命定的人际联结，比如血缘和地缘通常被认为是最常见的关系基础。因民族身份而产生的人际联结也可以视为一种既定成分，因为族群往往被认为是亲属体系的延伸，[2] 作为血缘的一种延伸形式，族缘也影响着内地西藏班（校）学生的同伴交往。但族缘只是提供了一种同伴交往的基础，实际上性格相投程度、情感相融程度、同甘共苦程度等交往成分[3]对于具体的同伴交往更具作用，内地西藏班（校）学生在日常生活中随着族群接触的深入、同伴关系网的泛化，能够在藏汉同学之间发展出"大家"的一体感来，并在同伴交往中通过日常互助表现出来，这既可能是工具性的也可能是情感性的支持，而一般性社会赞许和相互间文化采借，对于形成这种日常互助至关重要。在这种你我不分的状态下，族群边界往往是隐匿起来的。

（一）点面结合：从接触纵深化到关系网泛化

藏族学生初入内地，在人际互动中抱有疑虑和戒备，但由于藏汉同校、杂居共处，彼此之间还是存在较多接触机会的。随着对彼此脾气、个性的了解，内地西藏班（校）学生与汉族同学的人际互动也会朝着纵深化的方向发展。奥尔波特认为在平等地位的基础上，接触是合作而非竞争的，以及在接触时间足够长以使双方互相了解的情况下，接触会产生好的结果。[4]这在 CQ 身上表现得特别明显，高一时由于她刚从上海来到佛山，陌生的环境、语言的障碍以及学习成绩的下降，使得她在和班级同学相处时有很多不适应，高二也没有太明显的改善，直到高三情况才起了变化，"大家慢慢有了许多共同的经历，一起去玩环球嘉年华，一起去唱粤语 RAP，一起去

〔1〕 杨中芳主编：《中国人的人际关系、情感与信任：一个人际交往的观点》，远流出版事业股份有限公司 2001 年版，第 356—357 页。

〔2〕 王明珂：《华夏边缘：历史记忆与族群认同》，浙江人民出版社 2013 年版，第 20 页。

〔3〕 彭泗清、杨中芳：《人际交往关系的影响因素与发展过程》，载《本土心理学研究》1999 年第 12 期。

〔4〕 ［英］史密斯等：《跨文化社会心理学》，人民邮电出版社 2009 年版，第 304—305 页。

吃早茶感受了广东人的饮食文化。这些发生在高三最忙碌时的玩乐，成了生活最好的调味品，而他们已经教会了我一些生活中最常用的白话，比如问几点钟，你在哪，多少钱等"。

相较于族群接触的纵深之于内地西藏班（校）学生同伴交往质量的提升，同伴关系网络的泛化，则减少了关系网络同质性所带来的结构性紧张。初高中校园里青少年的活动范围有限，同伴关系网络也多局限于班级内，同质性较强，大学里的同学关系网络充满了异质性，CQ 的交往也开始变得灵活了，"和高中比起来，人际交往没有那么压抑了，舍友、同学、校友等多重概念都开始体现在我的生活里，与汉族同学的接触面也广起来了；我和女生们一起看剧，和男生们一起相约着玩游戏，还经常去参加社团举办的活动"。由于人际交往的可选择性更大，个体的自主性开始成长。

如果说，族群接触的纵深化反映着纵向上同伴交往的深度，关系网泛化则体现着横向上同伴交往的广度，前者决定着人际关系的质量，而后者则影响着人际关系的数量，点面结合的程度影响着同伴关系适应的程度。

（二）日常互助：从工具性支持到情感性支持

从边疆来到内地，内地西藏班（校）学生面临着饮食、气候、起居等许多生活习惯上的差异，父母"照看者"角色的缺席，使得同学成为了他们的"重要他人"[1]，"在家靠父母，出门靠同学"可以说是他们的真实写照。CQ14 年来的求学之路，得到了不少汉族同学的帮助，比如高中时学习压力大同学煲汤带给她喝，高考后填报志愿时同学给她提供信息或建议，大学时同学借 MP3 给她练听力，舍友借电脑给她写作业，等等。最让 CQ 难忘的是刚去佛山那年冬天，同学给她带来的一件御寒毛衣，让她觉得心里暖暖的。"投之以桃，报之以李"，CQ 也在力所能及的范围内去帮助汉族学生，藏族学生能歌善舞的才艺天赋，给他们提供了许多帮助他人的契机，在促进他们融入班级大家庭的过程中起到了重要作用。CQ 就表示，经常会有同学在舞蹈演出缺人时就找她帮忙，她基本上都没有拒绝，"这些经历让我跟班里的同学走近了很多"。

---

〔1〕　转引自贝姆·P. 艾伦：《人格理论：发展、成长与多样性》，杜秀芳等译，上海教育出版社 2011 年版，第 124 页。

与此同时，由于正处于青春期阶段，内地西藏班（校）学生生理、心理上的一系列变化，容易导致他们在人际关系层面上更为敏感和多虑。霍尼指出在社会交往中来自孤独和被隔离的威胁会使个体产生一种潜在意义，虽然这对于适应社会不可缺少，但人际敏感也容易对人际关系造成负面影响。[1] 尤其是女性，由于通常倾向于从社会关系去理解自我，更容易产生敏感心理，情绪波动而多变。CQ 就是一个心理敏感的女生，她在日常生活中总是顾虑重重，一个汉族女同学感觉到了她的怀疑和不安，安慰她："CQ 你为什么要那么在意后果，害怕失败，很多事情都是在过程中才会有新的认识，经历才是最重要的。你不去做永远不知道结果会怎样。我都敢梦敢做，周围那么多人都敢去做，你为什么不可以呢？"这一席话给了她极大的抚慰，虽然她的人际敏感性不一定能有所改善，但这种情感上的理解、关心和接纳，无疑有助于她与他人保持良好的同伴关系。在接受他人情感支持的同时，CQ 也为他人在情感上提供安慰、鼓励和陪伴。虽然在前面我们提到 CQ 内向、敏感，但由于她内敛的个人性格特质，容易令人产生一种信任的感觉，从而成为了同学们的苦恼聆听者，"大学期间一些室友或同学，她们可能独立性差些，和家里父母闹矛盾，或者和男朋友感情上出现不顺，常有人会找我吐槽，我也总是安慰她们"。

无论是帮助解决学习或生活上的麻烦等工具性支持，还是陪伴、鼓励、关怀、心理安慰等情感支持，随着内地西藏班（校）学生与内地汉族同学的交往互动，这些支持使得同伴群体之间在日常生活中保持着基本的守望互助，与此同时，人际关系也经历了一个从抵触戒备到开放亲近的转变。

（三）来往之间：从单方面赞许到相互间采借

一般认为由儒、释、道作为基本构成的汉族文化，具有一个显著的特色就是包容性和吸纳性，反映到人际交往上就是"以和为贵"，作为在汉族文化主导环境下成长起来的同龄人，他们在人际关系处理上也有着追求和谐的倾向。由于面子是一种象征性资源，而且不受资源稀缺性制约，中国

---

〔1〕 刘艳、谷传华：《人际敏感：从社会认知到心理危险因素》，载《心理科学进展》2015 年第 3 期。

人一般乐意于给别人面子，[1] 会向内地西藏班（校）学生主动示好，汉族同学在公开场合或私下场景，并不吝于对内地西藏班（校）学生的行为表现给予社会赞许，其中包括了不少带有民族特色的行为。CQ 经常受到别人对自己民族舞蹈才艺的夸赞，这些赞许作为人际交往中的话题由头，帮助她顺利融入到集体大家庭中去。但在汉族同学给予的所有社会赞许中，最让 CQ 难忘的是对她普通话的肯定，"在这样一个全是汉族的环境里，我熟练地使用着他们的母语，受到别人的肯定，我很开心"。语言沟通上的畅通无阻已经暗示 CQ 身上打上了主导文化的深刻烙印。

　　但必须指出的是，来自主导文化环境下同伴群体的单方面示好是不够的，若要真正从主观上感到自己被接纳，个体也得从对方角度去思考问题，反思自身的传播心理状态、纠正自己的刻板化认知并不断调整传播实践策略。其实这是一个文化选择的过程，它是一种理解他人的思想与情感的能力，即双方在尊重彼此差异的基础上，承认各自民族文化有着自身的特点，相互理解、相互尊重，并互相借鉴各自文化中的优秀之处以提升自己。随着人际交往的深入，CQ 也意识到对于汉族同学不能一概而论，而民族身份更不应该成为自己和汉族同学进行交往的阻碍，她表示"在'跆拳道协会'训练时发现我们同班级的一个天津男生也在，他总会把我先送回宿舍，自己再回去，这让我对他刮目相看，这种绅士的做法不太像我理解中小气的汉族男生。其实在不希望他们对藏族产生刻板印象的同时，我也应该对他们秉持一种平和公正的态度。后来在和许多汉族同学的交流中，我也不会刻意将自己的藏族身份摆在沟通之前，大家除了聊一些不同的文化，满足好奇之外，也开始聊生活、聊心情、聊共性的东西"。

　　总结起来说，日常互助有赖于藏汉学生之间的双向互动，既有主导文化环境下成长起来的个体，对于来自边缘文化环境下个体的单方面社会赞许，也有边缘文化环境下成长起来个体的积极回应与自我表露，随着时间的推进、接触的扩大，彼此在日常来往之间求同存异，呈现出一种去民族化的同伴关系，而这其实是一个文化选择的过程。

---

　　〔1〕 沈毅：《"仁""义""礼"的日常实践："关系"、"人情"与"面子"——从"差序格局"看儒家"大传统"在日常"小传统"中的现实定位》，载《开放时代》2007 年第 4 期。

四、"我们"与"他们"的不同：族群边界分明下的内外有别

与用"大家"来形容你我不分的融入感，内地西藏班（校）学生也经常使用"我们""他们"这样的话语模式来表述自己与汉族同学之间的关系，"我们"和"他们"不仅仅只是语言上的区别，更是一种心理上的距离判定，并需要通过外在的话语模式来表征这一区别，这暗含着双方交往的群际行为模式启动，"内群体"和"外群体"开始界线分明。费雷德里克·巴斯曾指出"族群"是由它本身组成成员认定的范畴，造成族群最主要的是它的"边界"，它不一定指的是地理的边界，而主要指"社会边界"。[1]在内地西藏班中，来源于学校组织层面的社会隔离和学生群体层面的文化排斥，会使得族群之间的社会边界凸显出来，表现在藏族学生的社会交往上就是将汉族同学标签化，并围绕藏族同学本身形成一个小圈子，这是通过个人化的抵抗或集体性的创造策略来实现的。

（一）上下联手：从有组织隔离到无意识排斥

同伴交往活动总是要在一定的空间中展开，在 CQ 就读于上海共康中学的初中阶段，学校组织通过对空间的规划安排，将校园的各区域截然划分成藏汉两个区域，割裂了藏汉学生群体之间彼此可能发生联系的纽带，空间上的"划界"带来了社交生活的内卷化，藏汉学生各自局限在和本族同学之间的交往上。这种有组织的隔离政策在 CQ 离开上海后不复存在，来到佛山读高中，她以插班生的身份入学就读，并迅速陷入了汉族同学的"汪洋大海"之中。这个时期虽然校园在物理空间上不再设置明显的隔离，但学校组织在处理一些事务上给内地西藏班（校）学生带来的心理隔离依然存在。有一件事令 CQ 印象特别深刻，一位广东的汉族同学用白话"西柚"嘲笑和挑衅藏族学生扎多，忍无可忍的扎多将他暴打得头破血流，后来学校组织采取了特殊主义行为模式来处理这件事情，即悄悄"私了"。虽然学校可能出于民族团结的考虑对肇事藏族学生进行宽大处理，但这并没有带来藏族学生的领情。因为在 CQ 看来"学校在不断让我们藏族学生和汉族学

---

〔1〕 ［挪］费雷德里克·巴斯：《族群与边界》，李丽琴译，商务印书馆 2014 年版，序言第 11页。

生融为一体的同时，却又在以这样的方式告诉我们两者是不一样的"。

事实上，一方面，组织层面的隔离犹如一记洪钟，不时提醒着藏族学生的"局外人"的身份感知。另一方面，汉族同学作为母体文化环境下成长起来的个体，在和藏族学生的交往中会有意无意地流露出主导文化的优越感。在地理区位上，内地是中心，西藏是边缘；在社会形态上，内地是发展中的现代社会，而西藏是充满了原始意味的传统社会；在文化阶序上，汉族文化是主导的，藏族文化是从属的。汉族同学在社会心理层面很容易将藏族文化他者化，而这容易被藏族学生解读为一种显性或隐形的排斥信息。CQ 对于汉族同学在藏族语言、宗教、历史、风俗、禁忌等文化面上的刻板印象和猎奇心理，充满了无奈，"我在高中三年中，要做好准备随时回答汉族同学的任何疑问，这些问题中透露着对西藏的极度不了解，（认为）西藏就是一片蛮荒之地"。

如果说对于内地西藏班（校）学生的社会隔离是来自学校组织的上层运作，那么文化排斥则更多的是学生群体中的下层集体无意识，这一上一下的联手，给内地西藏班（校）学生个体带来深深的疏离感。

（二）另类抗争：从标签化他族到我族圈子化

隔离也好，排斥也罢，终究是将藏汉学生之间的族群边界凸显出来，表现在日常交往上，就是藏族学生对汉族学生贴标签，并形成自己的小圈子，这可以视为边缘文化对主导文化的无声抗争。就标签化汉族而言，由于个别汉族同学的某些言语和行为，内地西藏班（校）学生会删繁就简地给整个族群贴标签，它反映的乃是一种外群体偏见，认为特定群体内的所有成员都具有相同的特质，这些特质界定了这个群体并将其与其它群体区分开来，它通过个体心理过程、群体心理过程以及社会过程将刻板印象赋予特定群体并长久化。[1] CQ 就给汉族同学贴上过"小气"等群体标签，"跟我一样有过内地高中插班生经历的同学，许多人对这些汉族学生的交往模式不太认同，认为他们'心眼多''善变''自私'等，持以否定的态度"。除此之外，同样是相对于自身的异民族，和汉族同学比起来，藏族更

---

[1] ［澳］迈克尔·A. 豪格、［英］多米尼克·阿布拉姆斯：《社会认同过程》，中国人民大学出版社 2011 年版，第81—82 页。

容易对其他少数民族表现出亲近。CQ 在大学期间认识的外国留学生，以及在北京读研究生预科时交的其他少数民族朋友，她就给他们贴上了"真性情"的正面标签。对其他少数民族的积极社会评价，其实从侧面反映了她对于汉族同学的刻板化认知。

贴标签相对来说仅是一种认知层面的抗争，而结成小圈子则是以行动划出"内群体"和"外群体"，因为与生俱来的民族成员身份，藏族学生自发地聚集在一起。如果只是仅仅限于吃喝玩乐等去民族化的圈子活动，那么这样的圈子到处都存在，但不同的是，他们的圈子带上了强烈的民族色彩，CQ 表示她们对老乡聚会从来不只是简单地定义为"同乡会"或者"老乡会"，而是以"藏族"带过一切，比如"我们藏族聚会""我们藏族学生组织的活动"等。可以说，与一般圈子相比，藏族学生圈子多了一层民族感情在内，这是因为"共同语言及共同的生活规范——后者由共同的宗教信仰所决定——到处都会孕育族群亲和力（Ethnic affinity）的感情"。[1] 正因为藏族学生之间彼此具有这种族群亲和力，才使得他们走在一起，并在同伴交往格局上呈现出典型的圈子形态。不像其它圈子边界具有渗透性，这种圈子的封闭性很强，因为民族成员资格是先赋的、固定的，因此圈子就成功地维持了内群体和外群体之间的边界。

（三）刚柔之道：从个人化抵抗到集体性创造

标签化他族是在私下层面对汉族同学进行刻板化定义，我族圈子化其实是在公开层面宣示自己的小群体存在感，如何树立内外群体的壁垒，则存在一个构建途径的问题，这既可能是刚性的暴力抵抗，也可能是柔性的集体创造。西藏地区是我国各少数民族聚居区当中少数民族人口比重最高的地区，和其他少数民族相比，他们的民族意识更为强烈。而与之形成反差的是，汉族作为在几千年发展过程中通过不断吸收其他族群人口而形成的一个"族群复合体"，其族群意识尤为淡漠，[2] 在这种文化环境下成长起来的同龄人，有时容易忽略其他族群同学的感受，有些看似不经意的玩

---

〔1〕 ［德］马克斯·韦伯：《经济、诸社会领域及权力》，李强译，北京三联书店 1998 年版，第 114 页。

〔2〕 马戎编：《民族社会学导论》，北京大学出版社 2005 年版，第 34 页。

笑日积月累，容易造成少数族群的怨恨感，当事情在可控范围之内，他们尚可以"忍"来对自己的冲动进行克制，但在一些敏感时刻，就会引发强烈的反弹。CQ和无数个其他个体一样，为了捍卫自己的民族身份会和汉族同学进行对抗，甚至不惜以群体冲突来解决问题。前面我们已经提到，在高中期间，一位广东汉族同学用白话"西柚"嘲笑和挑衅藏族学生扎多，直接导致扎多的报复性暴力行为，后来学校召集扎多班级和被打同学班级的全班同学开会，CQ回忆到"那天我在会上说了很多，我觉得必须争取，虽然面对的对象仅仅是两个班级的学生，但他们也是这些汉族学生中的一部分。说完后，才发现我的两只手紧握着在发抖，与其说帮扎多说话，更像是自己要把这3年的积怨一吐干净，让他们知道藏族学生不可以随便拿来成为他们的笑柄谈资"。

族群紧张往往源于偏见、歧视以及其它威胁或贬低到族群价值的回应。个体层面的暴力抵抗风险性高并没有被藏族学生纳为一种常规策略，现行学校组织的政治逻辑允许个人闹事，但并不能容忍群体性事件的发生，因此刚性策略仅适合个人层面的抵抗，更多情况下是采取柔性策略，藏族学生组织起来，以集体的形式进行创造性行动。人际传播理论认为适当的"自我表露"会增强人际关系的亲密度，对于群际关系来说，"自我表露"也能够起到消除误会和隔阂的作用。藏族学生通过对本民族文化传统的集中展示、自我再现，将主流话语中被物化、他者化的族群身份再现，以减少外界的不了解和刻板印象，从而强化了自身的民族文化传统。在CQ的印象中，大学期间藏族学生就经常积极地向外界发声，"近年来南大招收的西藏学生越来越多，人多就极有利于组织活动，毕竟人多力量大，我们有'朝圣者杯'足球联谊比赛，'岗热文化社'，'萨嘎达瓦藏文知识竞赛'，'藏娃爱心社'，我们还在南大校园举办'雪域文化节'，搭帐篷，在帐篷内挂上唐卡、藏戏脸谱等挂饰营造传统的气息，搭展台摆放出藏族装饰品、衣物鞋帽等供人参观拍照。对于本地的汉族同学来说，在没有去过西藏的情况下能见到那里的东西，穿上藏装拍照纪念，也算有趣"。

在藏族学生举行的这类民族文化对外传播活动中，有一类以身体实践为特征的文化活动特别引人注目，"锅庄舞"可以算得上是他们的一个集体欢腾时刻，它也是CQ在异文化环境下熟悉、美好而难忘的记忆，"南京大学跳锅庄舞的仪式，每周五在仙林校区的一块空地上，放上音乐，带领着跳就好，愿意参与的汉族同学就会自动加入。我们通过肢体与音乐的配合，享受体验舞蹈的乐趣时，一些汉族同学瞄准了舞蹈的交友功能，希望在这里能认识其他的藏族学生"。社会通过体化实践去传递记忆，体化实践的特别记忆效果依赖于它们的存在方式和它们的获得方式，因为影响体化实践的因素——习惯不仅仅是一种符号，而且是一种知识，是手和身体的记忆；在培养习惯的时候，恰恰是我们的身体在"理解"。[1] 内地西藏班（校）学生正是在"锅庄舞"这种仪式操演中，一方面传播了本民族的文化，增进他族对于自身的理解；另一方面也成为凝聚群体成员的精神纽带，巩固了自己的民族认同，从而使藏族学生群体的内群特异性得到不断生产和再生产。

以汉族文化为主导的环境里，中心民族对边缘少数民族的压迫构成群际间内在冲突的张力，当超出一定限度时便会导致内地西藏班（校）学生的抗争，影响到不同民族学生之间的交往，这种抗争既可以发生在个体层面，以一种个人化的抵抗形式出现，如暴力对抗、严正声明；也可以发生在集体层面，以一种集体性创造的形式出现，通过积极对外文化传播，来创造一个良好的族群交往氛围。这些刚性或柔性的策略，使得藏族学生标签化汉族并形成自己小圈子成为可能，而这最终带来的是一种高度民族化的同伴关系。

五、结论与讨论

从以上分析中我们可以看到，内地西藏班（校）学生在跨文化传播语境下的同伴交往，其实内在地被族群边界这一根线所主导和牵引，有时这条线是模糊的，表现在群体交往中就是一种去民族化的同伴关系；有时这条线格外分明，同伴关系则变得高度民族化。这根线既可以是无意识的，如在初、高中时期由于学业压力比较大，校园空间封闭，以及自身年龄幼小，他们还没有构成强烈民族意识感；也可以是有意识的，如大学期间随

---

〔1〕［美］保罗·康纳顿：《社会如何记忆》，纳日碧力戈译，上海人民出版社 2000 年版，第 117 页。

着生活方式的转变，族群接触越来越密切，在高校的藏族学生自觉地形成了一个小群体，借助于一些仪式性活动，他们对于藏族的民族认同感越来越得到显现。不管内地西藏班（校）学生是否意识到族群边界这根线的存在，他们和汉族同学的交往客观上形成了一种"伴而不同"式的同伴关系。

需要指出的是，儿童、青少年的同伴关系是一个多层次、多侧面、多水平的网络结构。在同伴关系中，一些人可能是亲密的朋友，另一些人可能只是玩伴，还有一些人可能仅是相识而已，极少数人有可能是竞争对手或敌对关系。[1]就这个层次来讲，个体的具体同伴关系必然是分层次的，但"伴而不同"主要是一种群体层面上的所指，由于民族性这一变量的介入，使得内地西藏班（校）学生在跨文化环境下的同伴关系呈现出诸多与母体文化环境下不一样的特征。具体来说，这种"伴而不同"可以从以下三个方面去把握：

首先，本族同学和异族同学对于内地西藏班（校）学生来说，他们都是学习、生活上的同伴，但两者却大不相同。在跨文化环境中，内地西藏班（校）学生人际关系适应能力面临着考验，既要与本族同学打交道，也要与异族同学来往，他们都是自己同伴群体的组成部分，都能发挥社会支持的功能，但他们之间是不同的。以民族身份为界，在内地西藏班（校）学生的同伴交往中，本民族构成了内群体，而异民族构成了相对于自身的外群体。在他们的认知、情感和行为层面上，内群体和外群体是有差别的，两者在性质上是不同的。在认知层面上，内地西藏班（校）学生存在着内群偏好的倾向，容易将他群标签化，并形成刻板化认知；在情感层面上，本族同学构成的内群体保留着许多初级群体的特性，而民族身份带来的原生性情感联系，使得内群体具有情感共同体的特点，内外群体存在着强情感联系和弱情感联系的区别；在行为层面上，内地西藏班（校）学生容易和本族学生形成一个小圈子，即便是异族，他们也更容易与非汉族的异族同学结成友好关系。

其次，异族同学对于内地西藏班（校）学生来说，他们和自己的交往

---

[1] 邹泓：《青少年的同伴关系——发展特点、功能及其影响因素》，北京师范大学出版社2003年版，第9—10页。

关系既有"伴"的一面，也有"不同"的一面。"伴"代表着一种融入式、去民族化的人际关系，这表现为在日常互助中从工具性再到情感性的支持。跨文化环境下，内地西藏班（校）学生存在着社会适应的客观要求，而"各群体在社会中的整合则相应地取决于属于不同群体的人们在发生直接交往中所建立的群际纽带"。[1] 因此，同伴交往仅仅局限在本族同学中是不够的，他们也会与异族同学在良性互动中发展出亲密的同伴关系。与此同时，"不同"又内在地隐含了他们之间可能存在冲突的、矛盾的一面，代表着一种疏离的、高度民族化的人际关系。尽管与汉族同学之间可以根据交往的频率、内容和深度，形成或亲密或疏远的人际关系，但作为陌生者、作为另一族群成员的二元化他者意味着对共同理解的认可是有限制的，在价值观和行为的判断标准上存在差异，在可能具有的共同理解和共同兴趣的互动方面存在约束。[2] 因此，汉族同学作为一种客观存在的同伴群体，只是在自我认同外围地带伸缩打转，无法进入核心地带，特别是在涉及民族身份认同的敏感事件和特殊时刻中，这种内外族群边界的存在显得异常分明。

最后，本族同学对于内地西藏班（校）学生来说，他们之间的交往，在不同的文化环境下是"不同"的。在母体文化环境下，他们的同伴交往是正常发育出来的，与其他群体并无二致。但在跨文化环境下情况就有所不同，原来社会结构中习以为常的事物可能会凸显出来，显然民族性就是这样的一个类别参数并影响着他们的社会交往。[3] 在异文化环境下，原来被视为理所当然的事物的根基发生了动摇，在不同"文化历史设定"的裂缝之间做漂移运动的"主体"面临着生活重建的挑战。[4] 来自边缘文化环境下的内地西藏班（校）学生，在主导文化环境的团团包围之中，对于其自身身份的认同更容易产生危机与焦虑感。对于一个群体而言，当他与其他群体相互接触并感觉到彼此之间存在着根本性的差异和利益冲突时，会去强化"本群体"的意识，本族群与其他族群凸显出的各种差异，会构成

〔1〕 ［美］彼特·布劳：《不平等和异质性》，中国社会科学出版社 1991 年版，第 19 页。

〔2〕 ［挪］费雷德里克·巴斯：《族群与边界》，李丽琴译，商务印书馆 2014 年版，第 7 页。

〔3〕 ［美］彼特·布劳：《不平等和异质性》，中国社会科学出版社 1991 年版，第 14—15 页。

〔4〕 钱超英：《身份概念与身份意识》，载《深圳大学学报（人文社会科学版）》2000 年第 2 期。

族群内部亲和力和产生族群意识的重要来源。[1] 由于跨文化环境下的共同命运，民族身份在所有的身份系列中变得突出，本族同学之间形成了一种休戚与共的一体感，且通过形成小圈子，于日常交往中再生产着与他族的边界，并在集体性的仪式操演中传递民族记忆，建立起民族认同感。这种内群体交往中紧密的"文化亲和性"，在母文化环境下是不可想象的。

总的来说，"伴而不同"表现了一种既相互依存又彼此区隔、既冲突又融入的同伴关系。

而之所以会形成这样的关系，是跟内地西藏班（校）学生身上的民族性紧密相连，当民族意识被激发，他们与异族同学间就以民族身份展开交往，族群边界也凸显出来；当民族意识潜伏起来，他们就多以个人身份与异族同学进行互动，而族群边界也隐匿不见。在这个过程中，本族同学与异族同学存在着内外之别，只是有时清晰，有时模糊。

---

〔1〕 马戎编：《民族社会学：社会学的族群关系研究》，北京大学出版社 2004 年版，第 78 页。

数据空间与数据生产

——大数据媒介拟态环境建构的过程与后果

李 璐*

美国学者李普曼在他的著作《公众舆论》中最早提出"拟态环境"的概念。李普曼所言之"拟态环境"并不是客观现实环境的"镜中之影",而是大众传播媒介对客观事件或信息进行选择、加工、重新阐释之后向受众展示的环境。相对于拟态环境而言的是现实环境,两者既有联系,又有区别。拟态环境是从现实环境中筛选出来的一部分,现实环境是整体,拟态环境是部分。拟态环境必须以现实环境为蓝本模仿而成;现实环境是客观存在的物理环境,拟态环境是媒介符号化的信息环境。媒体形成拟态环境,是经过加工了的现实环境。受众会对加工过的拟态环境作出相应的反应,而不是对客观环境及其变化的反应。这种加工活动是在媒介内部进行的,人们一般无从得知,所以人们会把"拟态环境"当作客观环境一样来看待。

在互联网时代,人们在网络上的频繁活动生成了海量的数据信息,这就是我们通常所说的大数据。大数据是客观世界信息化的重要标志。大数据媒介就是通过对人们网络活动产生的数据信息进行选择、加工和解读来进行数据生产,向人们展示了一个区别于真实环境的"拟态环境"。

* 李璐,西北政法大学新闻传播学院教师,研究方向为舆情与大数据分析。

一、大数据拟态环境的特点

随着大数据技术的广泛运用，尽管其生成的拟态环境和现实环境存在较大区别，但受众还是会依据大数据生产的信息来了解环境和采取行动，大数据生产者"创造"的拟态环境正取代客观环境成为人们了解世界和改造世界的主要判断依据。大数据正通过其独有的数据生产过程和数据分享特质，迸发出庞大的传播影响力，构建起了与传统媒介完全不同的"拟态环境"。

（一）环境监测功能去权力化

传统媒介时代，在固定的"传者—受众"关系格局中，受众将监控、反映社会环境变化的任务托付给了传播媒介。传统媒介在构建"拟态环境"时都会力求最大程度地反映客观实际情况，像一面（略带折射的）镜子，形成一种"最接近事实"的拟态环境，以帮助受众能够尽可能清楚地了解客观现实，受众通过大众传播媒介实现环境监测功能。而在数据生产的"传者—受众"关系格局中，大数据生产更像是"激光"，光线照到哪里，人们对客观世界的关注就集中于哪里。数据生产建构的"拟态环境"更强调表现出"客观化"过程。赫伯特·阿特休尔在其《权力的媒介》一书中这样描述道："许多人尝试将'客观性'一分为二，即用'客观性'（静态）和'客观化'（动态）来解决这一难题。所谓客观性，就是依据事物的是非曲直如实报道现实；而客观化则依据人为的意识形态宣传来对现实进行虚构。"[1] 数据生产之光照往何处，由数据生产者的主观认识决定，而数据生产者往往又代表着在某方面有着特殊关照的群体，或取决于其自身的某些生产惯例。在大数据拟态环境下，大数据生产的信息源不断扩大化；大数据传播的信息流、方向和频率变得更加容易控制；大数据媒介按照生产者的需求向受众"输入"环境变动信息。当通过大数据媒介感知环境成为受众习惯，同一需求的受众群体"画地为牢"，仅限于在熟悉的"范围"内活动，很难形成 Web2.0 时代那样多样化的公共信息平台。大数据"拟态

---

〔1〕 ［美］J. 赫伯特·阿特休尔：《权力的媒介——新闻媒介在人类事务中的作用》，黄煜、裘志康译，华夏出版社 1989 年版，第 148 页。

环境"变为由单一方或少数方影响的"数据空间",由此导致受众自身环境监测权力的弱化。

(二)"宏内容"向"微内容"转向

传统媒介时代,能够进入传播渠道的信息内容为媒介统一生产,并受到严格的监督管理,以建立起宏大叙事的话语权优势,这种内容被称为"宏内容"。"微内容"是相对于"宏内容"而言的。互联网用户利用网络将需要传播的信息分解成数量庞大、内容多样的细小单位,其上传到网上的任何数据,例如微博中的一个动态、网络购物的记录,乃至每一次网页点击,都可以归为"微内容"。大数据生产在通过数据筛选技术将见解相同但分散的"微内容"汇聚到同一个关键概念下,从而创造出崭新的信息环境的同时,通过分析受众的关注率和认可度将信息产品在传播前进行重组结构和重新排序。大数据媒介正是通过这两种数据生产方式实现了对拟态环境的建构。大数据技术的快速发展,使得"用户创造内容"的理念逐渐形成,传统媒体在信息传播中拥有的绝对掌控权逐步被瓦解。大数据所形成的拟态环境与传统媒介所固有之拟态环境在内容形成和传播模式上已不可等而观之。

(三)生产的泛在传播

传统媒介时代,信息传播技术已然很发达,通过各种媒介人们可以感知远超出身体范围之外的其他环境,人们的生存空间得到极大拓宽。传统媒介在构建"拟态环境"时,依然强调还原客观环境的本来面貌。大数据生产通过数据的筛选和分析,为人类提供除客观信息之外,更准确、更深刻的内容以满足受众需要。它已不单纯是一种负载信息的形式或工具,也"并非只是在某一种或几种传统视屏平台上所进行的信息传递载体的扩张和合并,而是呈现出极其开放和统一的动态的巨系统"[1],传播信息的复合性与延展性使得大数据媒介构建拟态环境的影响力与覆盖面不断增加。

(四)拟态环境加速环境化

1968 年,日本学者藤竹晓提出了"拟态环境的环境化"概念,认为"虽然传播媒体提供给人们的是'拟态环境',但由于人们是根据这种'拟

---

〔1〕 杜俊飞:《弥漫的传播》,中国社会科学出版社 2002 年版,第 32 页。

态环境'来认识世界并做出行动反应的，从而使'拟态环境'中的语言、观念、价值、行为方式乃至生活方式等很快演化为社会的流行现象，变成了真正的社会现实，以至于人们已经很难在'拟态环境'与现实环境之间做出区分了"[1]。传统媒介所构建的"拟态环境"经过数十年的积累已经达到"几欲乱真"的程度，但是受众在接受信息时的被动姿态却是一道无法解决的难题。与之相比，大数据生产因为吸收了受众的各种数据，受众行为成为数据生产考量的重要指标，大数据"拟态环境"先天就是一个能够即时反馈的"拟态环境"。大数据在生产中大量收集受众的相关数据进行分析、判断，使其传播的信息表面上更加符合一般受众的接受习惯，更加客观，更加直接地影响着人们的认知方式和生活行为。从李普曼所言报刊所形成的"拟态环境"，到藤竹晓所谓电视所产生的"拟态环境的环境化"，再到大数据时代数据生产所创造的"数据空间"，媒体世界飞速地进行着一场对现实世界的大规模侵蚀与渗透，其方式就是"拟态环境"的不断环境化。大数据媒介所构建的拟态环境已经不满足于仅仅对真实环境的模拟，它甚至开始尝试干扰现实环境发展，使"虚拟社群和实在社群以一种交叉并置的方式相互映照"[2]。"拟态环境"对现实环境的干扰进入了一个极强阶段，现实环境中存在"拟态环境"的特点，"拟态环境"演化为现实环境的过程也越来越迅速。

二、大数据拟态环境的影响

大数据通过数据生产所建构的拟态环境是受众现实生存环境的一部分，它将现代性的生活方式渗入受众日常生活的肌理之中，使一般受众的生活经验被媒介中介化，并以数据生产和传播为中介而建立起跨地域、国界的认同，重构了受众的日常生活经验。

（一）流动的现代性：从权威到榜样

流动的现代性是齐格蒙特·鲍曼提出的代表性概念，鲍曼认为："流

---

〔1〕〔日〕藤竹晓：《电视的冲击》，北京广播学院出版社1989年版，第64页。

〔2〕〔美〕马克·波斯特：《第二媒介时代》，范静哗译，南京大学出版社2001年版，第49页。

动"是液体和气体的特性，流体没有固定的空间外形，也没有时间上的持久性。流动的现代性，在鲍曼看来，首先是一种私人化、个体化的现代性。[1] 这里鲍曼所说的"流动"并非是指作为一个整体的社会的发展或变化，而是特指人们生活方式的流动，一种无法控制的强制性流动。人们生活方式的流动重构了社会生活的各种戒律，与社会系统的稳定相互促进。

大数据"拟态环境"建构的"数据空间"是数据化信息流动的重要表现形式，其反映的人们的生活形态本身即是一种流动形态。随着受众与大数据媒介接触的有无和多少，"数据空间"可随时向受众开启，或是暂时关闭。"数据空间"的形态，根据受众接触媒介的密集度、分布结构等的变化亦随时变化。大数据"拟态环境"消解了传统意义上受众对同一事物认识空间的差距，使受众接受信息的空间和信息存在的空间得以分离，各种不同类型的消费场景得以融合。大数据技术引入不同地域与人群的知识与经验，共同构成拟态环境，这种拟态环境消解了传统媒介传播过程中传播者对于经验、知识的垄断，它将同质的信息呈现于不同受众群体面前。传统媒介时期的权威——传播者、规范制定者角色在大数据媒介时期更多地被榜样、参照物所代替。"权威不再发号施令，他们只是一味地去迎合作出选择的人，并说服和引诱他们。"[2]

（二）替代性参与与跨阶层认同的建构

大数据拟态环境一方面将数据化的信息带入受众日常生活，让他们与生活在不同地域、阶层、文化背景下的人们享有共同的媒介时空，乐于接受数据化信息的受众开始在数据统计与分析结果之中沉醉；另一方面一部分大数据媒介特别选择的精英受众与国内大部分的普通受众之间形成一种疏离关系，由大数据生产信息而形成的精英受众阶层正以数据认同为纽带建立起跨越物理空间的跨阶层认同。

大数据时代，群体和地域不必然存有关联，散布在相异物理时空中的人群因为同样的数据依赖仍存有彼此一体的认同感知。大数据媒介成为客

---

〔1〕 ［英］齐格蒙特·鲍曼：《流动的现代性》，谷蕾、杨超等译，上海三联书店 2002 年版，第 46 页。

〔2〕 ［英］齐格蒙特·鲍曼：《流动的现代性》，谷蕾、杨超等译，上海三联书店 2002 年版，第 48 页。

观形象的构造者，它生产着欲望，造就了一个全球性的"接受共同体"。大数据媒介制造的欲望图景通过符号操纵着人们对于世界的想象，数据生产操控着信息接受秩序，传递着"代理的快感"[1]。

（三）拟态环境的环境化与日常生活的转型

李普曼指出："在大多数情况下，我们并不直接了解我们所生活的环境，但是无论我们认定其真实的图景到底是怎么样的，我们往往都把它们当作现实环境本身来对待。"[2]大数据"拟态环境"所建构的"数字空间"，将数据收集与数据分析引入受众日常生活领域，影响到了我们认知经验中最为个人化的那些部分，重构了受众日常生活领域的边界。大数据"拟态环境"作为现代生活架构方式的一种，逐步取代了传统媒介对现代生活的架构，并已成为对传统日常生活批判重要的传导机制，促进了人们日常生活的媒介化与数据化转型。

同时，大数据生产中数据收集的空间跨度，使受众日常生活领域发生了"全球化"转型。"全球化"作为一种新的知识，已融进大数据生产本身。在大数据"拟态环境"中，数据跨越空间疆界快速地流动，依靠数据生产体系的复制、扩散，不断传递给不同空间的受众，在经由其所在地文化机制的吸纳后转化于日常生活当中。

三、大数据拟态环境与社会失谐

显然，大数据"拟态环境"绝不是现实的真实反映，只是通过特定目的建构的幸福生活镜像。大数据"拟态环境"逐渐脱离普通民众认识的脉络，生产着符合数据生产者认知的特定社会知识。随之而来的是，数据生产中信息的告知功能衰退，不能解答任何实际问题的信息数量在增加。现实环境亦呈现断裂的样貌，一边是被特意遴选出来成为代表性数据的精英群体，一边是未受重视，但仍积极参与的普通群体。大数据"拟态环境"逐渐成为"假象"，社会失谐由此生发。

---

〔1〕 罗钢、王中忱：《消费文化读本》，中国社会科学出版社 2003 年版，第 98 页。

〔2〕 ［美］沃尔特·李普曼：《公众舆论》，阎克文、江红译，上海人民出版社 2006 年版，第 13 页。

（一）数据生产标准：特定知识的生产

在大数据"拟态环境"当中，包含着特定意义的数据得到了广泛的传播。拟态环境所建构的"数据空间"，正是特定知识得到生产的场域。大数据拟态环境当中，以知识面貌出现的各类数据为受众感知社会现实提供了认知框架，它影响着人们对社会现实的观察角度和思路及判断，最终影响人们作出某项决策和采取某种行动。大数据"拟态环境"当中，数据信息的告知功能衰退，基于日常生活基本需求的有效数据甚少，大数据媒介更多的是打着时尚的旗号，向人们展示它所定义的"健康"生活方式，当然一定是数据化以后的。

大数据媒介总是有意或无意地将大多数受众置于数据筛选和分析的边缘地带，很少关注他们真实的生存状态。脱离普通受众的数据信息与受众需求之间存在着严重的脱节，它们缺乏赖以存在的社会文化环境，对于许多受众来说，属于无效信息。大数据生产越来越热衷于不断收集新的数据，发掘新的数据价值让人去遐想、去膜拜。

（二）数据生产后果：断裂的现实、受诱惑与受抑制的群体

现代社会中，人们对现实环境认知的主要渠道是大众媒介，即根据媒介"拟态环境"来认识现实世界。拟态环境是否全面、真实、可靠，直接决定人们对现实环境的把握程度。而大数据媒介所展现的拟态环境并不是所有人的天堂，其建构的"数据空间"只不过是对一部分特定现实的反映，在很大程度上是一面"单面镜"，非重点人群的真实生存状态不会成为数据收集的重心。大数据媒介在进行数据生产时对普通民众的漠视进一步加剧了拟态环境与现实环境之间的偏差，这又成为人们通过大数据"拟态环境"所认识的现实是断裂的原因之一。

大数据的"数据空间"是一种具有选择性、合目的性的空间建构，但大数据媒介从本质上讲是需要面对公众进行开路传播的，冲突即产生于此，这就造成了拟态环境与客观环境之间严重冲突的源泉。大数据媒介的主流目标受众长期浸染在这种环境中，其涵化效果引致了对现实环境进行体现大数据媒介意志的偏好性解读，并以此代替自身理性、客观的思考。对于一般受众来说，大数据"拟态环境"的"数据空间"已是他们现实生活的一部分，而这种拟态环境却始终只是一种符号真实和主观真实，难以转化为客观现实，长此以往，必将形成巨大的心理反差。

结语：数据生产拟态环境的优化

大数据"拟态环境"通过数据生产特定的社会知识，改变了受众的生活空间，影响着受众对于现实环境的认知和行动。与传统媒介相比，大数据媒介的数据生产为拟态环境的实现提供了极大的支持，其价值不限于大数据生产者构建拟态环境的方法的提升，还在于受众获得了多元化的了解信息的渠道；更值得一提的是，受众在解读"拟态环境"中的主体地位被卓有成效地提升，并通过数据生产的过程参与了新的拟态环境的构建，这是传统媒介的受众极难实现的。然而，由于对数据技术的迷信，忽略了弱势群体欲望的表达。大数据媒介建构的拟态环境与现实环境的差距被人为地拉大，由此而产生了"拟态环境环境化"及其他诸多社会问题。一方面，大数据媒介"拟态环境"对日常生活的渗透，将社会表达局限在个体世俗的日常生活领域，表现在大数据信息传播中即是"数据空间"的建构与传播。另一方面，当前媒介"拟态环境"呈现出明显的失衡症状。"数据空间"反映的只是部分经过筛选的特定人群生活，它使一小部分受众的意志得到了表达，这严重忽略了媒介作为一种公共表达平台的责任，弱化了媒介的"环境监测者"功能。

总之，在探讨大数据"拟态环境"时，如同大数据技术有其两面性一样，应考虑大数据"拟态环境"也具有两面性，保持一种理性的态度是十分必要的。

公众社会风险认知与媒介接触关联初探

陈 琦*

一、研究背景

(一)"风险社会"概念的提出

风险社会的话语已成为世所瞩目的焦点。1986 年，德国社会学家乌尔里希·贝克（Ulrich Beck）在反思现代性的基础上提出了"风险社会"的概念，并以此来描述现代社会。在他看来，从技术——经济"进步"的力量中增进的财富，日益为风险生产的阴影所笼罩[1]。在步入 2000 年后，人类社会遭遇的一系列诸如金融危机、"非典"流行、恐怖主义等社会风险，都是现代化发展进程所带来的无法避免的副作用[2]。这些风险如同悬在人类头顶的达摩克利斯之剑，已经超越了地域和文化的边界，成为一股席卷全球的浪潮，也为现代社会铺设了一道时代语境。

(二) 风险社会与现代化

贝克等人建构的关于风险社会的概念和理论，主要用以描述现代化过程中由于科技和制度等人为因素造成的风险。他们把现

---

* 陈琦，西北政法大学新闻传播学院副教授。

〔1〕 ［德］乌尔里希·贝克：《风险社会》，何博闻译，译林出版社 2004 年版，第 4 页。

〔2〕 ［德］乌尔里希·贝克：《风险社会》，何博闻译，译林出版社 2004 年版，第 22 页。

代社会分为工业社会与风险社会两个阶段，在论述人类社会由工业社会向风险社会转化的形态时，他们提出了"自反性现代化"（reflexive modernity）的概念，指出现代社会不得不面对自身现代化过程所造成的种种未预期的、不可控制和不可计算的巨大威胁，其中，科技风险是现代社会的突出问题，这与中国当代的主要社会风险有所不同。

（三）中国当代社会风险

自 20 世纪 80 年代以来，中国进入了计划经济向市场经济的转轨，这不仅是一场经济变革，更是一次社会转型。随着经济的转型，社会矛盾凸显，新旧制度之间、城乡之间、贫富之间、不同阶层、不同观念之间的矛盾冲突加剧，当前中国所面临的社会风险比之西方更具复合性[1]。正如一些学者指出的，"中国社会面临的诸多风险，更核心的来源是制度转型。或者是缺乏新的制度应对新的风险，或者现有的制度能力不足，无法解决风险。"[2] 社会风险通过各种传播渠道扩散，其中，大众传媒是主要的传播渠道。

（四）风险事件与媒介

风险事件也称风险事故，是指酿成事故和损失的直接原因和条件。一般情况下，风险只是一种潜在的危险，而风险事件的发生使潜在的危险转化成为现实的损失。政府与大众传媒是突发公共事件中受众首先选择的求助对象，在以往的公共突发事件管理的信息公布与新闻发布中存在的不和谐和弊端已经有所暴露。而成功的信息沟通无论是与政府对突发公共事件的应急管理、大众传媒的新闻报道，还是受众的信息权和生存权都息息相关，因此如何构建和完善突发公共事件管理的信息传播已成为社会各界和受众关注的问题之一[3]。

（五）媒介与社会风险认知

从建构论的视角来看，受众如何认知社会风险，影响着人们的整体信心和总体社会心理。受众对社会风险的评估依靠的并非是精确认知，而是

---

〔1〕 陈岳芬：《风险社会危机传播困境之分析》，载《暨南学报（社会科学版）》2008 年第 11 期。

〔2〕 杨雪冬：《全球化、风险社会与复合治理》，载《马克思主义与现实》2004 年第 8 期。

〔3〕 吕玉姣：《突发公共事件中政府与大众传媒关系研究》，汕头大学 2008 年硕士学位论文。

直觉判断,也就是"风险认知",他们有关风险的认知主要来自于新闻媒体。"风险是现代世界的核心,在日常生活中通常是以大众传媒、个人经验、生活阅历等为依据建构起来的。在媒介化社会的背景下,大众传媒成为风险制造模式中的一个组成部分,成为风险意识的核心,也是解释大众风险反应的核心。"[1] 因此,探讨媒介使用对于受众社会风险认知的影响具有现实意义。

二、文献综述

本研究旨在发现受众的媒介接触习惯与社会风险认知之间的关联。在CNKI 以"媒介接触"和"风险认知"进行全文搜索,得到文献 906 条,其中在"新闻与传播"学科领域内的 280 条。主要内容包括以下六个方面:

(一) 媒介使用与风险认知

媒介使用与受众风险认知之关联在于,在充斥着各种不确定性事物的风险社会中,传媒是受众最主要的资讯来源,是传播风险讯息、影响受众认知的重要通道。这样的影响力源自现代社会的受众对于媒介系统的依赖。在现代社会,大众传播媒介系统控制着收集、创作、处理及散布信息的资源,成为人们与现实之间的中介。个人、群体、组织、其他社会系统乃至整个社会为实现自身的目标,均需依赖这些信息资源,大众传播媒介的影响力源出于此,媒介系统的依赖关系也由此产生[2]。

传播效果研究证实了媒介内容通过特定的认知心理过程对个人的社会认知产生影响。英国学者发现大众媒体影响着人们对危险的理解,尤其是当人们对这些危险缺乏直接经验和相关知识的时候,媒体的作用更明显。随着受众对媒体的接触越多,依赖性越大,他们所知道的现实也越来越接近媒体给出的现实[3]。

(二) "涵化"理论与风险认知

涵化理论(Cultivation Theory),又称培养理论、教养理论,涵化假设、

---

〔1〕 全燕、申凡:《媒介化生存下风险社会的重构与反思》,载《国际新闻界》2011 年第 8 期。

〔2〕 张咏华:《试论威廉斯的大众传播文化社会学理论》,载《现代传播》1997 年第 12 期。

〔3〕 魏艾:《浅谈新闻的涵化作用》,载《新闻世界》2011 年第 1 期。

涵化分析，最早由格伯纳系统地提出。1967年，格伯纳及其同事在美国全国暴力成因及预防委员会的资助下于宾夕法尼亚大学的安南堡传播学院开始了他们一系列有关电视内容的研究。不仅关心电视节目中的暴力数量，也关心它的质。格伯纳还发展出"暴力指标"（Violence Index）的概念，电视的"涵化"效果，即潜移默化的效果。[1]

在"涵化"理论研究初期，学者们围绕着电视媒介如何影响受众有关社会现实的认知和观念进行了讨论，认为电视观众有关社会现实的观念更接近于电视所表述的符号现实，而这种倾向在收看电视时间多的人中间要比在收看电视时间较少的人中间更为明显[2]。后来进一步的研究发现，电视节目中充斥了各种各样的暴力内容，看这种节目的人越多，就越容易被涵化出现实世界是充满了风险和恐惧的概念。

（三）媒介使用与风险扩大

当受众对于社会风险直接的个人体验缺失或极少时，就会通过媒介使用获得风险认知，然而媒介风险报道对于特定客观事实的聚焦和夸大加深着人们对于风险的恐慌，使报道本身成为社会风险建构的一部分[3]。一些中国学者在对社会风险事件中的风险放大机制进行研究时也发现，媒体具有引导大众视线的能力，任何一个风险事件在主流媒体的积极参与下，都会产生快速"放大效应"，加深受众对于风险事件的认知[4]。

（四）媒介议程设置与受众风险认知

媒介使用对于受众风险认知产生影响，多是通过媒介议程设置来实现的。李普曼认为，大众媒介的传播构成了拟态环境，即人与真实环境之间的中介，形成人们"脑海中的图景"，因此媒介表征在很大程度上建构了受

〔1〕 周红丰：《涵化理论研究现状及其趋势探讨》，载《新闻传播》2012年第5期。
〔2〕 郭中实：《涵化理论：电视世界真的影响深远吗？》，载《新闻与传播研究》1997年第6期。
〔3〕 卜玉梅：《风险的社会放大：框架与经验研究及启示》，载《学习与实践》2009年第2期。
〔4〕 张乐、童星：《加强与衰减：风险社会的放大机制探析》，载《人文杂志》2008年第9期。

众的风险认知[1]。于是受众对当前重要问题的判断与大众传媒反复报道和强调的问题之间，就可能存在着一种高度的对应关系。传媒的新闻报道，通过赋予各种"议题"不同程度的关注度，影响着人们对周围世界"大事"重要性的判断[2]。也有国内学者进一步指出，新闻传媒对于风险的凸显，多半是从报道局部事件入手，随后进行风险议题设置，依靠专家、法律与政府等权威的力量，通过暴露、强调、阐释、建议等方式，使隐性的风险变得可见，使复杂的风险变得可以被受众认知[3]。

（五）框架理论与受众风险认知

框架理论也在认识论和实证研究方面集中关注了媒介框架对受众认知的影响，表明受众在使用大众媒介时，由于媒介报道客观世界时对于客观事实经过了选择和加工，并将其中的特定内涵进行了凸显，因而媒介呈现事物的架构会对受众、对客观世界的认知产生影响。一些大陆学者的实证研究发现受众对社会事件的认知框架会因媒介报道而得到延伸，其原有的认知网络会被引发，从而对其认知行为产生影响，针对该议题生发出不同的言说[4]。也有港台学者进行实证研究表明，媒介框架在具备强度与实时性时，会对受众发挥长期预设判准效应，即受众对媒介报道关注愈多，愈易采用媒介框架来对客观事物进行认知，于是媒介针对一项议题产生的不同框架，会对受众的认知行为产生影响。

（六）媒介依赖与社会风险认知

通过文献梳理，我们发现，传统媒体时代，媒介使用会对受众的风险认知产生影响，那么，对于不同媒介的使用偏向就应该导致受众的风险认知产生差异。个人对于媒介的使用和依赖程度不同，也会影响人们的社会认知。使用和依赖程度越强，意味着获取信息越多，受到影响越大，那么自然就可能产生更大的影响。传播效果研究中对电视依赖的研究已经证实

---

〔1〕 蒋晓丽、胡登全：《风险社会与媒介表征》，载《四川大学学报（哲学社会科学版）》2010 年第 3 期。

〔2〕 陈力丹、李予慧：《谁在安排我们每天议论的话题?》，载《学习时报》2004 年 11 月 5 日。

〔3〕 马凌：《新闻传媒在风险社会中的功能定位》，载《新闻与传播研究》2007 年第 10 期。

〔4〕 张克旭、臧海群、韩纲、何婕：《从媒介现实到受众现实》，载《新闻与传播研究》1999 年第 6 期。

了这一点：电视的"重症观众"比其他人对社会有更多不良看法。当个人对媒介的依赖程度增加时，他们会选择有用的媒介讯息赋予这些讯息较高的注意力，并会对讯息本身及传递这些讯息的媒介产生较高的情感。

在媒介融合的大环境下，信息全媒体立体发布的方式，使得受众的媒介接触与媒介使用方式都产生了较大的变化，这一变化能否对受众社会风险认知产生影响？传统媒体时代，媒介多以组织和机构的形式，在固定的时间和地点针对一定的范围进行传播，并实行严格的把关制度，因此对传统媒介的管理可以贯穿于信息的采集、发布与传播等各个环节。而在全媒体时代，信息传播的即时、无限、无界的特点与个体、双向、匿名的传播方式，使得媒介融合时代风险传播无论在广度上还是深度上都远胜于传统媒体时代。那么，在这样的信息传播背景下，受众的社会风险认知与媒介接触习惯的关系会发生变化吗？

三、研究方法

本研究主要采用问卷调查法、文献分析法和数据分析法。数据分析采用 SPSS for Windows19.0 进行分析，分析方法主要采用频数分析、交互分析和相关分析。

（一）数据来源

本次研究的数据来源于本人就"媒介接触习惯与受众对社会的风险认知"专门进行的一次问卷调查。该调查于 2017 年 3 月初开始进行，对象为全国 16—66 岁的受众。调查问卷通过网络发布，覆盖了全国 35 个省、自治区和直辖市，回收有效问卷 209 份。

在受访者中，男性有 67 人（占 32.06%），女性有 142 人（占 67.94%），见图 1。

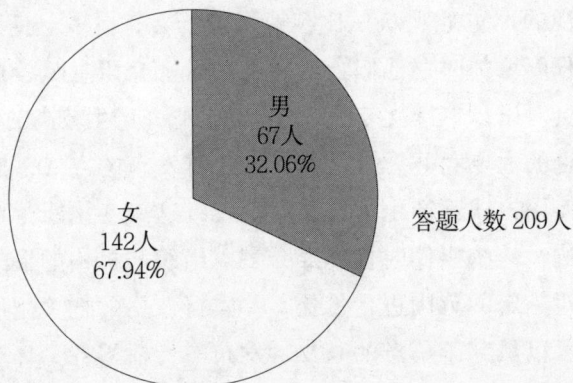

男
67人
32.06%

女
142人
67.94%

答题人数209人

图1

年龄在16至29岁之间者有94人（44.98%），30至39岁之间者有47人（22.49%），40至49岁之间者有52人（24.89%），50至59岁之间者有15人（7.18%），60至66岁之间者有1人（0.5%），见图2。

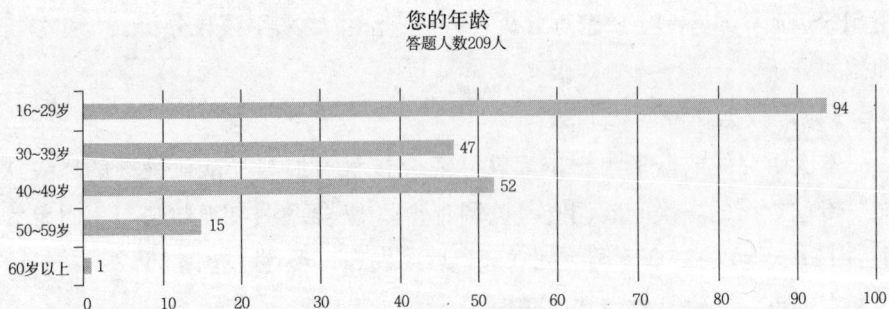

您的年龄
答题人数209人

16~29岁	94
30~39岁	47
40~49岁	52
50~59岁	15
60岁以上	1

图2

教育程度为小学及以下程度0人（0%），初中程度2人（1%），高中程度3人（1.44%），大专程度28人（13.4%），本科程度128人（61.24%），研究生及以上程度48人（22.96%），见图3。

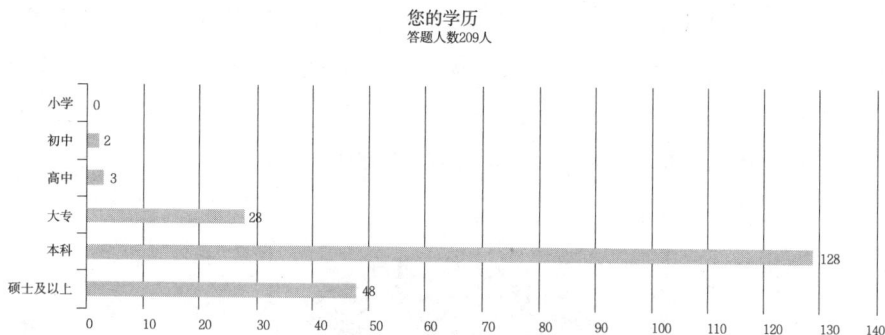

您的学历
答题人数209人

小学 0
初中 2
高中 3
大专 28
本科 128
硕士及以上 48

0 10 20 30 40 50 60 70 80 90 100 110 120 130 140

图3

受访者的职业分布情况为行政机关 13 人（6.22%），事业单位 52 人（24.88%），企业 42 人（20.10%），服务业 7 人（3.35%），学生 56 人（26.79%），自由职业者 17 人（8.13%），农民 1 人（0.48%），其他 21 人（10.05%），如图4。

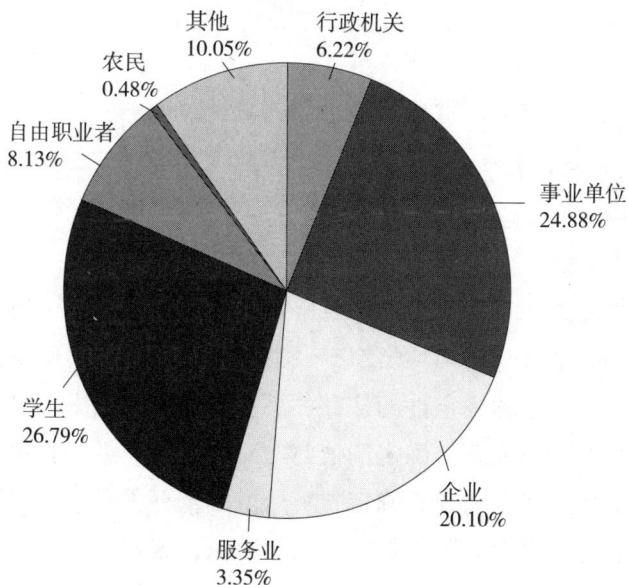

其他 10.05%
行政机关 6.22%
农民 0.48%
自由职业者 8.13%
事业单位 24.88%
学生 26.79%
企业 20.10%
服务业 3.35%

图4

受访者个人月平均收入在 3000 元及以下者 35 人（16.74%），3001元—6000 元之间者 67 人（32.05%），6001 元—9000 元之间者 32 人（15.31%），9000 元—12000 元之间者 13 人（6.22%），12001 元及以上者18 人（8.61%），无固定收入者 44 人（21.05%），见图5。

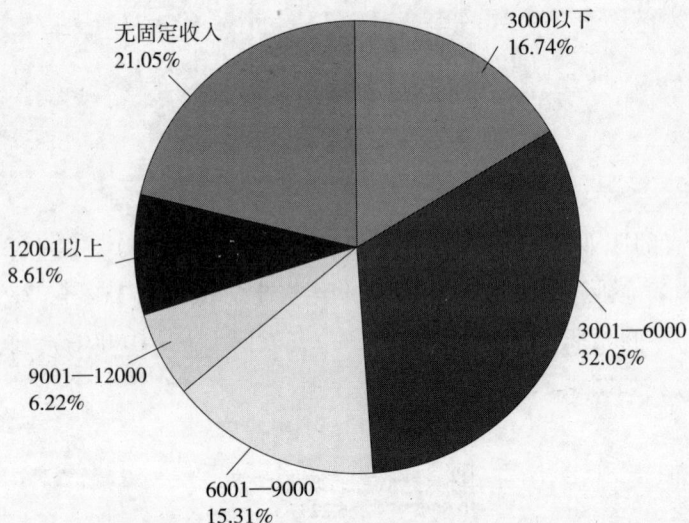

无固定收入
21.05%

3000以下
16.74%

12001以上
8.61%

9001—12000
6.22%

6001—9000
15.31%

3001—6000
32.05%

图 5

（二）数据分析方法

相关分析法是测定经济现象之间相关关系的规律性，并据以进行预测和控制的分析方法。

社会经济现象之间存在着大量的相互联系、相互依赖、相互制约的数量关系。这种关系可分为两种类型，一类是函数关系，它反映着现象之间严格的依存关系，也称确定性的依存关系。在这种关系中，对于变量的每一个数值，都有一个或几个确定的值与之对应。另一类为相关关系，在这种关系中，变量之间存在着不确定、不严格的依存关系，对于变量的某个数值，可以有另一变量的若干数值与之相对应，这若干个数值围绕着它们的平均数呈现出有规律的波动。例如，批量生产的某产品产量与相对应的单位产品成本，某些商品价格的升降与消费者需求的变化，就存在着这样的相关关系。

四、研究内容

（一）当前我国的社会风险结构及其受众认知

社会学等领域相关文献显示，社会风险源一般包括保障性风险、发展性风险、政治性风险和基础性风险。[1] 由于政治性风险和保障性风险所牵涉的因素较多，参数较为复杂，本研究暂不涉及。关于受众对社会风险认知的测量，本研究的着眼点主要放在发展性风险和基础性风险上。参照华东师范大学博士课程《媒介与社会》所列出的如雾霾、全球变暖、人口老龄化等19个研究主题为研究的风险源（具体参见表1），通过受众对以上社会风险严重性的评估，获知我国社会当前的发展性风险和基础性风险的内在结构。

在问卷中，询问受众对所列出风险源的严重性的感受。受访者的评价是在5点量表上选择，选项范围包括"一点都不严重=1"，"不太严重=2"，"一般=3"，"比较严重=4"，"很严重=5"，即分数越高，就表示受众对这种风险的认知程度越深。

表1

	一点都不严重	不太严重	一般	比较严重	非常严重
雾霾	0.48%	2.39%	10.53%	45.93%	40.67%
转基因食品	2.87%	4.78%	23.44%	43.06%	25.84%
室内空气质量	0.96%	7.66%	34.93%	36.36%	20.10%
二孩政策	7.66%	13.88%	60.29%	11.48%	6.70%
工业污染	0.00%	0.48%	7.66%	45.45%	46.41%
手机	1.91%	4.78%	27.27%	40.67%	25.36%
全球变暖	1.91%	4.31%	23.44%	38.76%	31.58%
社会安全风险	0.48%	2.87%	28.23%	47.85%	20.57%

---

[1] 武汉大学新闻与传播学院关于"现代传媒与中国公众的社会意识和社会行为调查"的全国性公众调查。

	一点都不严重	不太严重	一般	比较严重	非常严重
校车安全	0.96%	4.78%	43.06%	35.41%	15.79%
核危机	3.35%	13.88%	44.98%	22.97%	14.83%
癌症	0.00%	3.35%	18.18%	45.45%	33.01%
食品添加剂	0.00%	0.96%	8.61%	41.15%	49.28%
医患关系	0.48%	2.87%	20.10%	50.24%	26.32%
人口老龄化	0.48%	2.39%	20.57%	51.67%	24.88%
水污染	0.00%	0.96%	10.53%	41.15%	47.37%
PX	1.44%	5.74%	52.15%	29.67%	11.00%
垃圾处理	0.48%	2.87%	20.10%	48.33%	28.23%
HIV	0.48%	1.44%	48.33%	38.28%	11.48%
吸烟	0.48%	1.91%	22.49%	46.89%	28.23%

注：受访人数 209 人

(二) 受众自我阶层认同对其社会风险认知的影响

本文的控制变量包括受访者的性别、年龄、教育程度、个人月收入、主观社会分层等。

其中之所以使用"主观社会分层"而不是"客观社会分层"，是因为"认知"乃是一种心理活动、一种意识，它与个体对于自己阶层的主观感受更相关。"主观社会分层"是受众社会认知的一个重要方面，指"个人对自己在社会阶层结构中所占位置的认知"，是个体对社会阶层分化（或不平等状况）之主观意识和感受的一个重要维度[1]。

在我国，随着转型期社会分化和贫富差距的加大，越来越多的中国民众意识到目前中国社会是一个存在阶层分化的社会[2]。

〔1〕 刘欣：《转型期中国大陆居民的阶层意识》，载《社会学研究》2001 年第 5 期。
〔2〕 李春玲：《当前中国人的社会分层意识》，载《湖南社会科学》2003 年第 5 期。

　　在调查中，要求受访者回答"个人认为本人的社会经济地位在社会中处于什么位置"，题项有"下层""中下层""中层""中上层""上层"，以此来测量受访者的主观阶层认同状况，测量结果见图6。

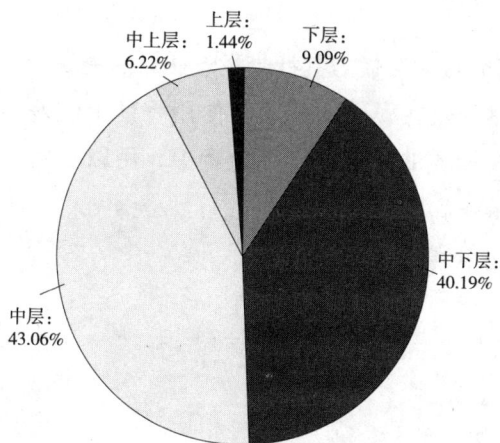

图6

　　同时社会分层不仅可以通过主观认知来认定归类，还可以通过客观的社会指标进行层次划分，且人们的主观阶层认同与实际存在着的社会结构是高度关联的，并在一定程度上反映出社会结构的基本形态和机制[1]。

　　从数据可以看出，受众的经济状况与主观阶层认同之间存在着一定的相关关系，即总体上看，受访者个人月平均收入越高，其主观阶层认同越高。但这种主客观之间的相关关系存在着明显的不一致性，即客观社会分层为下层的受访者，其主观阶层认同却高于实际，而客观社会分层为上层的受访者，其主观阶层认同却低于实际。这表明主观阶层认同并不一定完全取决于个人对客观经济地位差异的直接体验和认知，文化传统、心理因素、思维方式、现有社会结构体系或权力的分配及其非制度化运作以及因

---

　　〔1〕 李春玲：《中国当代中产阶层的构成比例》，载《中国社会科学》2003 年第 12 期。

此而产生的相对剥夺感都可能导致认同产生一定的偏移[1]。其他社会学者的研究也表明，当下国人对自己的阶层认定普遍偏低[2]。既然客观分层与主观分层并不直接对应，而本研究讨论的"认知"是一种意识活动、心理感受，更偏向与主观分层相关联，因此，本研究将主观分层而不是客观分层作为考察的变量。

（三）受众媒介接触习惯与其社会风险认知的关联

本研究要考察受众在媒介的依赖与使用程度上的差异，以及这种差异对其社会风险认知造成的影响。在受访者中，用以下六个维度来进一步考察受众对媒介的依赖和使用情况：

1. 受访者的媒介接触习惯

您经常接触以下哪些媒介？
答题人数209人

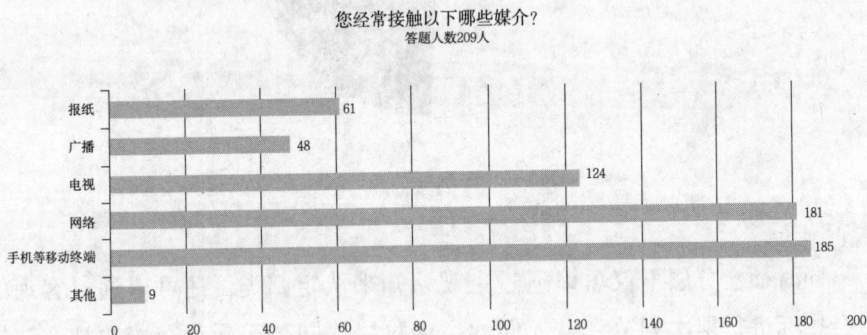

图 7

2. 受访者的媒介使用偏向

鉴于在现实生活中绝大多数人不可能仅仅使用一种类型的媒介，因此本研究通过测量受访者对传统媒体与新媒体的使用频率来考察其媒介使用偏向，考察了受访者对五种媒介的使用频率（即题项"您看电视、读报纸、听广播、看杂志和上网的频率如何"），对某种类型媒介的使用频率越高，表示在媒介类型选择上就越偏向于这种类型的媒介。选项采用里克特6点量

---

[1] 卢福营、张兆曙：《客观地位分层与主观地位认同》，载《中国人口科学》2006 年第 6 期。

[2] 赵延东：《风险社会与风险治理》，载《中国科技论坛》2004 年第 8 期。

表，包括"从不 = 1""较少 = 2""有时 = 3""较多 = 4""多 = 5""很多 = 6"。题项中用来表达受访者对于不同类型媒介使用频率的数字在回归方程中是有意义的，数值越大，表示受访者对该种媒介的使用频率越高，也就愈加倾向于使用这种媒介获取资讯。

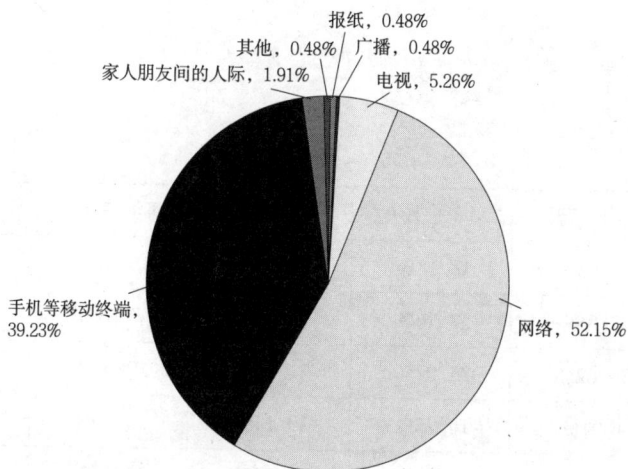

图8

3. 受访者的媒介接触频度

受访者媒介信息接触频度的测量，对数据进行均值分析发现，从总体上看，受众对媒介信息的接触频度介于"有时"（"有时" = 4）与"较多"（"较多" = 5）之间，且非常接近于"较多"。传递信息作为媒体的基础应用之一，使得各年龄层的受众对其依赖程度较高也是不奇怪的。

表2

	从不	较少	有时	较多	多	很多
报纸	2.39%	31.10%	15.31%	28.23%	12.92%	10.05%
广播	8.61%	52.63%	29.19%	8.61%	0.96%	0.00%
电视	0.96%	32.54%	35.41%	23.92%	3.83%	3.35%
网络	0.00%	1.91%	5.74%	41.63%	22.01%	28.71%

续表

	从不	较少	有时	较多	多	很多
手机	0.00%	1.44%	3.35%	30.14%	24.88%	40.19%
其他	5.74%	52.63%	33.01%	4.78%	1.44%	2.39%

4. 受访者的媒介依赖程度

表3

	基本不看	小于一小时	一到两小时	两到三小时	三小时以上
报纸	21.05%	18.18%	22.97%	13.88%	23.92%
广播	47.85%	38.76%	12.44%	0.96%	0.00%
电视	30.62%	33.01%	21.05%	10.05%	5.26%
网络	1.91%	16.75%	30.14%	20.10%	31.10%
手机	0.00%	10.53%	25.36%	22.49%	41.63%
其他	44.02%	46.89%	5.26%	2.39%	1.44%

5. 受访者的媒介使用目的

您使用媒介的目的一般是：（多选）
答题人数209人

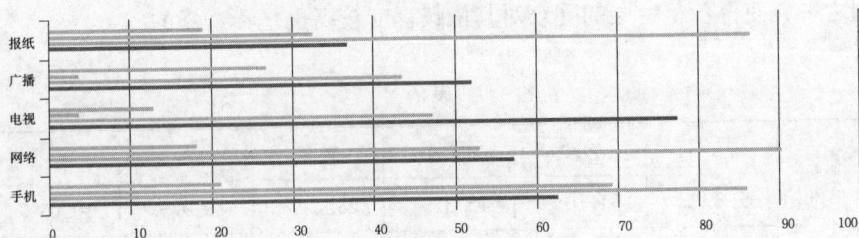

图9

表4

	娱乐	获取信息	社交	其他
报纸	36.84%	86.60%	32.54%	19.14%
广播	52.15%	43.54%	3.83%	26.79%
电视	77.51%	47.37%	3.83%	12.92%
网络	57.42%	90.43%	53.11%	18.18%
手机	62.68%	86.12%	69.38%	21.05%

6. 受访者的媒介信赖程度

您认为不同媒介信息可信度如何？请为它们打分
其中：1. 根本不可信 2. 不太可信 3. 部分可信 4. 可信 5. 非常可信

答题人数209人

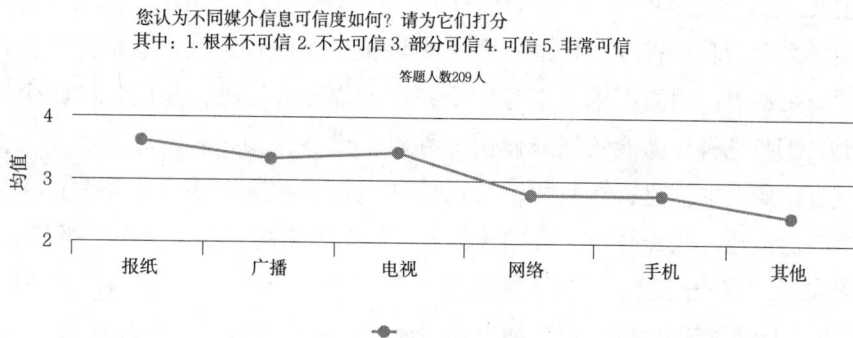

图10

表5

	1分	2分	3分	4分	5分	平均分数
报纸	1.91%	6.70%	33.01%	44.02%	14.35%	3.62
广播	3.35%	11.48%	38.76%	40.19%	6.22%	3.34
电视	2.39%	8.13%	40.19%	40.67%	8.61%	3.45
网络	4.31%	31.58%	49.76%	11.48%	2.87%	2.77
手机	5.26%	25.84%	54.07%	12.44%	2.39%	2.81
其他	20.57%	26.79%	43.54%	7.66%	1.44%	2.43

7. 媒介效能感

1977 年，美国社会心理学家班杜拉（Bandura）在其社会学习理论研究中提出了"自我效能感"（sense of self-efficacy）的概念。1986 年，在总结自己和他人研究成果的基础上，班杜拉（Bandura）在其著作《思想和行为的社会基础：社会认知论》中，将"自我效能感"定义为"个体对自己能否胜任某项任务或能否达到某一作业成绩的潜在的能力的主观信念"，它决定着一个人如何认知和思考自己的生活情境，以及如何根据此来决定在这一情境中所采取的行动，是主体自我系统的核心的动力因素之一。

本研究效仿班杜拉（Bandura）的"自我效能感"，引入了"媒介效能感"的概念。根据班杜拉（Bandura）对"自我效能感"的定义，本研究这样定义"媒介效能感"：人们对自身所具备的媒介设备使用能力以及对自己可能对媒介的利用程度所作的一种主观评价。在此基础上，本研究结合媒介的应用特点，用四个维度来考察受访者的媒介效能感，这反映在四个题项上：①我觉得自己能较好地使用各种媒介设备；②我有信心在媒介上查找到自己所要的信息；③我相信自己能通过媒介解决一些实际问题；④我觉得自己能通过媒介与别人较好地交流。每个题项均采用里克特五级量表，选项包括"很不同意=1""不大同意=2""中立=3""同意=4""很同意=5"。然后将四个题项进行加权，生成一个新的变量"媒介效能感"。最后得出的用来表达受众媒介效能感的数值在回归方程中是有意义的，数值越高，表示受众的媒介效能感就越强。

结语

人们对于风险的认知通常基于三个来源：亲身经验、人际传播以及间接的社会联系。这里所谓的间接的社会联系，指的就是大众媒介。许多过往研究表明，在现代社会，媒体的新闻报道在很大程度上构建了受众的风险认知，并在对受众的风险认知影响上取得了凌驾于其他知识体系的话语优先权。也就是说，当受众对于社会风险议题的直接经验缺失时，大众媒介（现在越来越多地变成网络媒介）的风险传播往往成为受众认知社会风险的最重要的中介。

在当代中国的传媒格局里，大众媒介在风险议题的传播和舆论监督中，已担当了非常重要的角色。如果没有媒体的介入，就会加大社会风险转化为风险事件的可能。因为受众对于社会风险的认知，甚或社会所面临的风险，有可能被人为弱化甚至掩盖[1]，从而加大受众的社会风险认知的困难。

我国受众对于社会风险已经产生了普遍认同，风险已泛化于社会生活中，受众通过直接经验已深深地感受到社会风险的存在，以至于媒介的中介性影响已经不那么显著了。这也从另一个方面说明了我国当前社会风险的严重性，我们的调查结果显示受众对于四类社会风险严重程度的认知均趋向于"比较严重"，这样的结果有力地佐证了这个结论。

因此，我们不能因大众媒介强大的传播力而闭目塞听地将之看作放大社会风险、制造舆论恐慌的洪水猛兽。我们的建议是，政府相关部门要善用媒体，适度放宽媒体的风险传播限制，使其成为风险信息传播与舆论监督的载体，保持社会风险沟通渠道的畅通，才是有效的风险管理之道。

---

[1] 黄旦、郭丽华：《媒体先锋：风险社会视野中的中国食品安全报道》，载《新闻大学》2008 年第 4 期。

网络对综艺节目实时转播的版权问题研究

彭桂兵*

一、引言

2017 年 1 月，国务院印发的《"十三五"国家知识产权保护和运用规划的通知》指出要健全……广播电视节目等领域法律制度建设。[1] 国家重视广播电视节目的版权保护并载入文件，说明国家意识到把版权作为资产保护对于广播电视产业发展的重要意义。在广播电视节目的版权保护中，尤其是综艺节目版权受到了各大电视台和网播平台的重视，也导致自 2012 年后综艺节目版权诉讼数量大幅攀升。[2] 在竞争白热化的电视市场中，综艺节目的热播将会给电视台带来丰厚的收益。这种收益不只源于热播综艺节目随之产生的广告收入，更多是得益于对网播平台的版权授权。但对于网播平台来说，购买综艺节目的版权有时需要投入巨额成本。缘于成本过高，许多视频网站都甘愿冒着侵犯版权的风险，对热

* 彭桂兵，华东政法大学传播学院讲师，新闻学博士，法学博士后。

〔1〕《国务院关于印发"十三五"国家知识产权保护和运用规划的通知》，载 http：//www. gov. cn/zhengce/content/2017 – 01/13/content_ 5159483. htm.
〔2〕北京市高级人民法院知识产权庭：《北京市高级人民法院关于审理综艺节目著作权案件的调查研究》，载《电子知识产权》2015 年第 5 期。

播综艺节目进行网络实时转播。[1] 侵权者有的是通过手机客户端的视频软件实施网络同步转播行为，如湖南快乐阳光互动娱乐传媒有限公司诉深圳市泰捷软件技术有限公司侵犯著作权案（以下简称湖南快乐阳光诉深圳泰捷案）。[2] 侵权者有的是通过技术手段在 PC 终端视频软件中实施网络同步转播行为，如湖南快乐阳光互动娱乐传媒有限公司诉上海视畅信息科技有限公司侵犯著作权案（以下简称湖南快乐阳光诉上海视畅案）。[3] 还有的侵权者是通过截取其他网站的数据流在自己的服务器上播放，如央视公司诉百度案。[4] 尽管上述这些案例中网络侵权者所采用的技术手段有所区别，但触碰的版权问题是类似的。

在探讨网络对综艺节目实时转播的版权问题之前，我们首先要明确的是，本文所指向的综艺节目包含多种类型，主要是指以娱乐性为主的综合性视听节目，包括但不限于婚恋交友类、才艺竞秀类、文艺汇演类等类型。[5] 不管是哪种类型的综艺节目，在《著作权法》上都被称为通过摄制形成的连续画面。[6] 我国《著作权法》将摄制形成的连续画面根据其独创性程度区分为"电影作品和以类似摄制电影的方法创作的作品"与"录像制品"。质言之，如果综艺节目被认定为作品，说明其独创性程度较高，综艺节目作为客体将会受到《著作权法》的保护；如果综艺节目被认定为录像制品，说明其独创性程度较低，综艺节目作为客体将只能受到录像著作者权的保护。鉴于多数综艺节目的制作者属于电视台，也就意味着著作权

---

〔1〕 在涉及网络对央视春晚的侵权中，有的法院判决书认为是网络同步直播行为［北京市海淀区人民法院民事判决书（2015）海民（知）初字第24989号］，有的法院判决书认为是网络实时转播行为［北京市第一中级人民法院民事判决书（2013）一中民终字第3142号］。但在央视网诉百度案的判决书中，法官认为网络同步直播实际上是网络同步转播。在涉及网络对快乐大本营等综艺节目的侵权中，法院判决书认为是网络同步播放行为。但如果严格按照我国现行的著作权法第四节规定，播放的行为主体只能是广播电台、电视台，而不能是网络。所以，我们只能把这些判决书里的"播放"理解为"转播"电视节目的播放，这也符合《著作权法（修订草案送审稿）》对播放权的定义。基于此，本文采用的是网络实时转播的用语。

〔2〕 湖南省长沙市中级人民法院民事判决书（2015）长中民五初字第01140号。

〔3〕 湖南省长沙市中级人民法院民事判决书（2016）湘01民初1152号。

〔4〕 北京市第一中级人民法院（2013）一中民终字第3142号民事判决书。

〔5〕 北京市高级人民法院：《关于审理涉及综艺节目著作权纠纷案件若干问题的解答》，载《中国版权》2015年第5期。

〔6〕 综艺节目可以是现场综艺活动，也可以是综艺节目影像，本文探讨的是后者。

主体或录像制作者权主体是电视台，但按照《著作权法》的规定，电视台又可以是广播组织权的主体。所以，无论是处于著作权保护的综艺节目还是录像制作者权保护的综艺节目，只要这些节目经过电视台的播放，那么电视台就可以拥有广播组织权这一专有权利。换言之，对于播出综艺节目的电视台来说，既可能是著作权的主体，也可能是录像制作者权的主体，还可能是广播组织权的主体。本文之所以要研究综艺节目，是因为学术界和实务界对综艺节目的性质充满争议，存在着把综艺节目认定为以类似摄制电影的方法创作的作品（简称类电影作品）、汇编作品和录像制品三种不同的观点。[1] 综艺节目性质不同，决定着电视台对其所拥有的权属不同，电视台可能只拥有著作权和广播组织权，也可能只拥有录像制作者权和广播组织权，但电视台究竟通过哪种权利来控制网络对其综艺节目的实时转播？接下来，我们就以此问题为起点，对综艺节目的网络实时转播版权问题进行深入的探讨。

二、独创性程度高低决定综艺节目的不同权利保护路径

独创性是版权的核心概念，是各国版权法中作品构成的核心要件，[2] 是版权问题的研究基础。独创性程度的高度决定了版权客体是受到著作权保护还是邻接权保护，也直接影响了版权主体对侵权行为的控制能力。不同法院在对综艺节目独创性程度认定的时候存在着不同的判断思维，这种情况尤其体现在晚会类综艺节目性质的认定上。

（一）综艺节目享有著作权保护

倘若综艺节目可以被认定为作品，依照《著作权法》第 3 条列举的九种作品类型，也只可能被认定为类电影作品。1990 年《著作权法》把电影、电视和录像三者并列起来都称之为作品，这是有问题的，这种并列列举的方式违背了国际社会按照独创性程度划分作品类型的规律。2001 年的《著作权法》对其纠正，把电视和录像做了进一步区分，分为摄制性的电视和

---

〔1〕 北京市高级人民法院知识产权庭：《北京市高级人民法院关于审理综艺节目著作权案件的调查研究》，载《电子知识产权》2015 年第 5 期。

〔2〕 严波：《现场直播节目的版权问题研究》，法律出版社 2016 年版，第 93 页。

录像与复制性的电视和录像[1]，囿于摄制性的电视和录像独创性程度类似于电影，所以称之为类电影。在涉及综艺节目版权的司法判决中，多数法院认为涉诉综艺节目独创性程度达到了创造电影的标准。在湖南快乐阳光与深圳市泰捷公司著作权纠纷案、湖南快乐阳光与上海视畅著作权纠纷案，法院分别认定湖南电视台的《变形计》《快乐大本营》为类电影作品，对于此类综艺节目独创性认定一般几无争议。争议较大的主要是"春晚""元宵晚会"等晚会类综艺节目。少数法院独辟蹊径，认定这类综艺节目为汇编作品，法院认为：中央电视台在每年除夕夜播出的春节联欢晚会是一台由若干个文艺节目组成的大型综艺晚会。这些文艺节目由晚会导演从各地选送的众多节目中精选出来，并按照一定顺序编排、串联，同时对现场表演进行摄制和直播……故中央电视台对于整台晚会的贡献主要体现在对报送节目的选择以及对节目顺序的安排上。从大量备选节目中挑选出形式新颖、内容精彩、符合观众欣赏口味的精品搬上春晚舞台，这种选择明显具有独创性。而另一方面，对于节目演出顺序的编排同样体现独创性。春节联欢晚会作为一个整体，属于汇编作品。[2] 此类观点完全是从另一视角来肯定综艺节目的独创性。

法院无论是把综艺节目认定为类电影作品还是汇编作品，实际上殊途同归，都认为综艺节目是独创性程度高的作品，从而达到了对综艺节目的相同程度的保护。正因为如此，法院的这种判决思路并没有引起多大的争议。对于晚会类综艺节目而言，真正引起争议的是把综艺节目认定为独创性程度高的作品还是认定为独创性程度低的制品。

（二）综艺节目享有邻接权保护

《著作权法实施条例》把录像制品定义为电影作品和以类似摄制电影的方法创作的作品以外的任何有伴音或者无伴音的连续相关形象、图像的录制品；"以外"这个词暗含了一种二分法，即电视台摄制的连续画面要么是电影作品和类电影作品，要么是录像制品。把综艺节目认定为录像制品的法院，它的判决思路正是建立在这种二分法的基础上的。法院认为："'春

---

[1]　胡康生：《中华人民共和国著作权法释义》，法律出版社2001年版，第19页。
[2]　北京市西城区人民法院（2012）西民初字第16143号民事判决书。

晚'所具有的独创性尚未达到电影作品所要求的高度，不足以构成电影作品，属于电影作品以外的有伴音或者无伴音的连续相关形象、图像的录制品，应当作为凝聚了一定智力创造的录像制品予以保护。"[1] 在这个判决中，法院并没有给出为什么春晚等晚会类综艺节目较之电影作品独创性程度低的解释。[2] 但另外一些法院给出了详细的解释，它们没有否认春晚等晚会类综艺节目的独创性，只是认为参与晚会的摄制者、编导和摄像可以发挥的空间有限，因而独创性程度较低。北京市海淀区法院就认为：春晚在表现形式上与电影作品相近，均由一系列有伴音或者无伴音的画面组成，并且在其摄制过程中，同样存在机位的设置、镜头的选择以及编导的参与，包含了大量的投入和辛勤的劳动，体现了一定的独创性。然而尽管如此，其作为以展现现场精彩表演为主要目的的电视节目，在创作方法上仍与电影作品存在着较大区别。特别是在对拍摄内容的选择、舞台表演的控制、相关节目的编排等方面，摄制者并非处于主导地位，而节目的编导、摄像等人员按照其意志所能作出的选择和表达也都非常有限。[3]

尽管著作权和邻接权都是我国《著作权法》规定的法定的权利，都是典型的绝对权，具有对世效力，权利人可以排斥其他人以特定方式利用受保护的客体；[4] 但两种权利不同的界分，不仅意味着两种受保护的客体的独创性程度不同，而且邻接权对客体的保护程度远远低于著作权对客体的保护程度。简言之，综艺节目的独创性程度，直接影响到综艺节目拥有的权利属性，进而影响到电视台对网络实时转播其综艺节目的侵权行为的控制能力。

三、电视台以何种专有权利控制对综艺节目的网络实时转播

著作权人的专有权利是由《著作权法》法定。《著作权法》法定专有权利的目的在于，赋予权利人控制未经许可侵权行为的能力。如果法院把综

---

[1] 北京市海淀区人民法院（2009）海民初字第9477号民事判决书。

[2] 衡量独创性程度，不是有与无的问题，而是高与低的问题。

[3] 北京市海淀区人民法院（2009）海民初字第9477号民事判决书。

[4] 王迁：《论体育赛事现场直播画面的著作权保护——兼评"凤凰网赛事转播案"》，载《法律科学（西北政法大学学报）》2016年第1期。

艺节目认定为作品（无论是类电影作品还是汇编作品），那么电视台将享有著作权法第 10 条规定的 17 种专有权利。如果法院把综艺节目认定为录像制品，那电视台将享有著作权法第 42 条规定的 4 种专有权利（复制权、发行权、出租权、信息网络传播权）。在法院把综艺节目认定为作品的情况下，在 17 种专有权利中，电视台最有可能适用广播权和信息网络传播权两种专有权来控制对其综艺节目未经许可的网络实时转播；在法院把综艺节目认定为录像制品的情况下，在 4 种专有权利中，电视台最有可能适用信息网络传播权来控制对其综艺节目未经许可的网络实时转播。下面我们将分别对广播权和信息网络传播权是否能控制对综艺节目的网络实时转播予以分析。

（一）广播权能否控制网络实时转播行为？

《著作权法》第 10 条第 11 项对广播权的定义是，以无线方式公开广播或者传播作品，以有线传播或者转播的方式向公众传播广播的作品，以及通过扩音器或者其他传送符号、声音、图像的类似工具向公众传播广播的作品的权利。这一条款直接移植于《伯尔尼公约》第 11 条之二第 1 款，具体而言，该条款明确了三种传播行为：一是无线广播；二是以无线或有线方式转播；三是公开播放接收的广播。[1] 在三种传播行为中，无线广播是后面两种传播行为发生的基础。换言之，后面两种传播行为都是对无线广播的后续使用。在 20 世纪 70 年代，无线广播的主要方式是通过电磁波发送载有节目内容的信号而进行传播，传播主体是广播电台、电视台和卫星广播组织。公开播放接受的广播主要是指通过扬声器或电视屏幕公开传播接收到的广播电视节目。

显然，网络实时转播不是"无线广播"或"公开播放接受的广播"。我们只需要判断网络实时转播行为是不是属于第二种类型的"以无线或有线方式转播的行为"。就综艺节目的广播权而言，在判断这一问题时，首先就要看被网络实时转播的综艺节目是转播于电视台还是转播于网站。如果网络实时转播的节目直接来源于电视台（无线广播），那么就满足了转播的初始传播行为条件，电视台就可以使用广播权来控制未经许可的网络实时转

---

〔1〕 世界知识产权组织编：《保护文学和艺术作品伯尔尼公约（1971 年巴黎文本）指南（附英文文本）》，刘波林译，中国人民大学出版社 2002 年版，第 54 页。

播行为；如果网络实时转播的节目直接来源于其他网站（有线传播），那么未经许可的网络实时转播行为就难以受到广播权的控制。但我们细想一下，同样都是通过网络实时转播综艺节目，只不过转播的来源无非是无线或有线的区别而已，如果是因为技术手段不同，就对同样的侵权行为区别对待，那将不能公正地对待综艺节目权利人的利益。所以，对于通过网络实时转播的节目来源于有线传播的，虽然电视台不能适用广播权来控制侵权行为，但可以使用《著作权法》第10条第17项兜底条款的"无名权项"来控制侵权行为。在央视网诉百度案中，二审法院指出：网络实时转播行为依其所转播内容的初始传播方式的不同，应适用不同的法律条款调整。如果其初始传播行为采用的是"无线"方式，则应适用《著作权法》第10条第11项的广播权予以调整。如其采用的是"有线"方式，则应适用《著作权法》第10条第17项的兜底条款予以调整。[1] 法院根据证据最终认为，百度实时转播行为的初始转播方式为中央电视台的"无线广播"，故该网络实时转播行为属于广播权调整的范围。在百度公司未获得著作权人许可的情况下，其实施的这一实时转播行为构成对央视网广播权的侵犯。[2]

（二）信息网络传播权能否控制网络实时转播行为？

前文已经述及，综艺节目权利人是作者的情况下，享有17种专有权利，综艺节目权利人是录像制作者的情况下，享有4种专有权利。无论在法院认定综艺节目权利人是作者还是录像制作者的情况下，电视台都享有信息网络传播权，也即拥有禁止未经许可通过网络传输作品或制品的权利。而不像广播权，只有当综艺节目被认定为作品的时候电视台才享有，当综艺节目被认定为制品的时候，此项权利对电视台来说就不复存在。可见，综艺节目的定性直接影响到电视台在同一档综艺节目上对广播权是否专有，结果可能导致综艺节目失去著作权平等保护。但是，如果信息网络传播权能够控制网络实时转播行为，综艺节目被认定为作品还是制品就无关紧要，将不会影响综艺节目受到的平等著作权保护。

《著作权法》第10条第12项对信息网络传播权的定义是：以有线或者

---

〔1〕 北京市第一中级人民法院（2013）一中民终字第3142号民事判决书。

〔2〕 北京市第一中级人民法院（2013）一中民终字第3142号民事判决书。

无线方式向公众提供作品，使公众可以在其个人选定的时间和地点获得作品的权利。该条款不是我国自创，而是直接移植于 WCT 第 8 条 "向公众传播的权利" 的设定。WCT 在广播权之外设置该项专有权利的目的在于控制网络传播中的交互式传播行为。[1] 这种交互式传播行为特点突出表现为 "使公众可以在其个人选定的时间和地点获得作品"。显然，对于网络实时转播来说，受众获得节目的时间并不是接受者自己可以选定的，而是受控于转播来源播放节目的时间。所以，电视台无法适用信息网络传播权控制各大网站对综艺节目的实时转播。在相关的法院判决中，法院明确指出：具有 "交互式" 特点是适用信息网络传播权调整作品传播行为的必备要件，而本案被控侵权行为所面向的网络用户只能在限定的时间内获得作品，明显不具有可随时点播的 "交互式" 特点，故其亦不符合适用信息网络传播权调整的法定要件。[2] 在央视网诉百度案中，法院也同样指出：对于本案所涉的网络实时转播行为，因网络用户不能按照其所选定的时间或地点获得该转播内容，故其不具有交互式特点，不属于信息网络传播权的调整范围。[3]

四、扩张广播组织权的适用以克服综艺节目版权保护难题

基于以上讨论，我国法院对综艺节目的性质存在不一致的意见，同样对于春晚等晚会类综艺节目，有的法院认定为作品（类电影作品或汇编作品），有的法院认定为制品（录像制品），在电视台无法适用信息网络传播权控制网络实时转播的情况下，假设综艺节目被认定为录像制品，那么电视台就找不到任何专有权利来禁止未经许可的网络实时转播，显然对综艺节目的保护是不公平的。如何解决这一难题，笔者曾经提出一种建议：我国《著作权法》不再区分电影作品和录像制品，而是统一规定为视听作

---

〔1〕 ［匈］米哈依·菲彻尔：《版权法与因特网（上）》，郭寿康、万勇、相靖译，中国大百科全书出版社 2009 年版，第 721 页。

〔2〕 湖南省长沙市中级人民法院民事判决书（2015）长中民五初字第 01140 号。

〔3〕 北京市第一中级人民法院（2013）一中民终字第 3142 号民事判决书。

品。[1] 北京市最高人民法院对综艺节目的调研报告也指出：待第三次修订《著作权法》的工作完成后，综艺节目影像性质的认定将不再是一个争议很大的问题。因为正在修订的《著作权法》取消了电影作品和录像制品的概念，统一为视听作品。[2] 笔者认为，除此之外，还有一种解决策略就是扩张广播组织权的适用。

（一）广播组织的转播权不包括互联网转播

广播组织权是邻接权的一种，我国《著作权法》设定广播组织权的目的，是为了保护广播组织传输的信号。之所以要保护广播组织传输的信号，是因为广播组织在播放节目的过程中也投入了一定的成本，通过对传输信号的保护，实质上也保护了广播组织从播放行为中获取的利益。[3] 著作权法对传输信号的保护，也就意味着不考虑电视台是传输节目的制作者还是录像者。对于综艺节目而言，也就避免了对其节目性质的定性，这是适用广播组织权保护电视台播放综艺节目所获取利益的优势。但按照目前的《著作权法》规定，广播组织权难以控制网络实时转播，这是适用广播组织权保护电视台播放综艺节目所获取利益的劣势。

《著作权法》第45条规定广播电台、电视台有权禁止未经许可的转播。但这里的转播只禁止未经许可的其他广播组织的转播，而不禁止互联网的转播。[4] 接下来第46条的规定也可说明这点，"电视台播放他人的电影作品和以类似摄制电影的方法创作的作品、录像制品，应当取得制片者或者录像制作者许可，并支付报酬"，这里也只是明确电视台播放他人的作品要经过许可，也没有说包括互联网播放。在相关的司法判决中法院也支持了这种观点。在嘉兴华数诉中国电信侵害广播组织权纠纷案中，法院指出：在立法没有明确赋予广播组织在互联网领域控制传播权利的法律现状下，

〔1〕 彭桂兵：《综艺节目影像著作权"二元"划分的剖析与完善》，载《当代传播》2015年第6期。

〔2〕 北京市高级人民法院知识产权庭：《北京市高级人民法院关于审理综艺节目著作权案件的调查研究》，载《电子知识产权》2015年第5期。

〔3〕 尽管我们目前很多电视台都实行了制播分离制度，但从涉诉的综艺节目的权属来看，权属多数直接来源于电视台。

〔4〕 王迁：《论我国〈著作权法〉中的"转播"——兼评近期案例和〈著作权法修改草案〉》，载《法学家》2014年第6期。

如果将广播组织权扩大至互联网领域，可能缩减著作权人网络传播权的范围，改变著作权人与邻接权人的权利分配。[1]

（二）扩张广播组织权的适用可以克服综艺节目版权保护难题

前面谈到广播权能否控制综艺节目被网络实时转播的时候，分为了两种情况：如果初始传播行为是无线传播，那么就可以适用广播权；如果初始传播行为是有线传播，那么就只能适用第 10 条中的"无名权项"。这说明了我们《著作权法》对广播权的设定是有问题的。广播权项应该像其他著作权权项那样坚持"技术中立"的原则，著作权权项的设置应该充分考虑到所要控制的行为性质以及行为结果，而不应以实施该行为的技术手段为依据。我国在著作权法第三次修订的时候，已经认识到这一问题。在《著作权法（修订草案送审稿）》将广播权改为了播放权，并定义为：以无线或者有线方式公开播放作品或者转播该作品的播放，以及通过技术设备向公众传播该作品的播放的权利。从该定义看，一切非交互式传播行为都可以纳入到广播权的控制中，《著作权法（修订草案送审稿）》克服了以实施行为的技术手段为根据设定著作权权项的立法缺陷。

同理，《著作权法》对广播组织权的设定也存在着以技术手段为根据，而忽视行为性质与行为结果的立法缺陷。按照现行的著作权法，广播组织权可以控制其他电视台对综艺节目的转播，但是却不能控制各大网站对综艺节目的转播。同样的一档受著作权保护的节目，就因为转播的技术手段不同，从而受到了不一样的对待，这违背了《著作权法》平等保护的意旨。另外，当综艺节目被定性为录像制品时，电视台又无法适用信息网络传播权来控制未经许可的网络实时转播，那么电视台此时如何办？真的只能束手无策了吗？而且，在制播分离的时代，确实许多电视台投入了不菲的资金购买其他制作公司的综艺节目的版权。如果购买的综艺节目在电视台播放的时候，未经许可却被一家网站实时转播，那这家电视台起诉到法院后必将败诉，因为电视台既不是著作权人也不是录像制作者，虽然享有广播组织者权，但并不能控制网站对其综艺节目的实时转播。为此，立法者已经认识到广播组织权不适用于网络转播所带来的上述种种问题，在《著作

---

〔1〕 浙江省嘉兴市中级人民法院（2012）浙嘉知终字第 7 号民事判决书。

权法（修订草案送审稿）》开始对现行的著作权法中的广播组织者转播权有所调整，第 42 条规定：广播电台、电视台对其播放的广播电视节目享有下列权利：许可他人以无线或者有线方式转播其广播电视节目……；如果该条款通过，也还存在着问题，关键该条款还没有明确"以无线或者有线方式转播"是否包含通过网络进行的转播。笔者建议，立法者应该遵循技术中立的原则，考虑到一些综艺节目可能无法得到保护的后果，如果《著作权法（修订草案送审稿）》获得通过，可以再通过修订《著作权法实施条例》或者司法解释的方式明确"以无线或者有线方式转播"包含通过网络进行的转播。

广告与品牌传播研究

特色小镇品牌传播研究

——以天津精武镇为例

鞠立新*

一、特色精武小镇的"品牌基因"分析

品牌是有生命的,与生物一样,会经历诞生、成长、衰亡的过程。品牌生命能否长青,其根本要素就是"品牌基因"。应该说,"品牌基因"是承载着品牌要素的 DNA。精武镇具备以下三个基本的品牌资源禀赋:

1. 资源唯一性

这里所强调的唯一性是相对的,包括资源可被开发成唯一性资源的可能性,唯一性资源是品牌基因的重要特质。民族精神是一个民族赖以生存和发展的精神支柱,一个民族如果没有民族精神很难屹立于世界民族之林。精武镇,曾名南河镇,是民族英雄霍元甲的故乡。民族英雄霍元甲生于小南河、葬于小南河,1910年由其创建的中国第一个民间武术团体——上海精武会,是近代中国体育史上成立最早、历史最悠久并有深远影响的民间体育团体,是一个超越国界和种族、影响广泛的世界性民间组织,目前精武体育会遍布世界 24 个国家,共有 56 个分会。精武镇"爱国、修身、正义、助人"的尚武精神,弘扬传承了中华民族传统文化的精髓与其千年的发展智慧,具有世界性、民族性和唯一性。

---

* 鞠立新,中国传媒大学绿色低碳发展与品牌传播中心主任,副教授。

2. 交通畅达性

畅达的交通是特色小镇另一个根本的"品牌基因"要素。精武镇主要交通路网完备，进入路网含津沧高速、津晋高速、荣乌高速，区域内网含津涞公路、团泊大道、赛达大道、外环西路，通行路网也已基本覆盖。精武镇地处天津纵向西部发展带与横向南部产业带交叉处，是西青最靠近中心城区的街镇，位于科教、高新产业和商贸居住板块的交汇地带，人口流入将快速增长，区位优势显著。

精武镇域内的中华武林园景观位于京津冀经济圈，距离北京、廊坊、唐山、保定均在 150 公里内，车程 2 小时左右。天津地铁 3 号线及在建地铁 5 号线均在区域内。距滨海国际机场车程 40 分钟，距离天津南站（京沪高铁）车程 20 分钟，具有交通畅达的优势。

3. 政府的协同性

特色小镇的复杂整体性与政府的管控长时间地融合。政府怎样确定盈利模式、产品模式、管理模式非常重要。精武镇非常重视政府协同性作用。在 20 世纪 80 年代后精武镇相对西青区下辖其他镇发展缓慢。近年来，精武镇抓住京津冀一体化的战略机遇，成为京津间北京市场外迁承接地、天津第四批示范镇，成功搭建学府高新区，引入 500 强等高新企业，吸引卓尔电商城、王府井创意产业园等一批项目，商贸集群优势逐步凸显。

二、精武镇注重品牌传播溢出效应

特色小镇品牌传播构建战略是特色小镇发展的思想理论基础。对特色小镇的核心价值进行定位和包装后，生产出来的新附加值——品牌的溢出效应是巨大的，不可小觑。

美国杜克大学富奎商学院的凯文·莱恩·凯勒教授在其著作《战略品牌管理》中对"是否什么都可以品牌化"的看法是：像产品和人一样，地理位置或空间领域也可以成为品牌。品牌的主体不仅是企业产品和服务，还是城市、个人、文化等。因此，以品牌的视角来打造一个特色小镇，应更加侧重于该镇的主导产业、风貌特色、发展成效、动力保障。精武镇是否有潜力成为一个特色小镇品牌，就要充分考虑以上的几点综合因素。

面对全球化的激烈竞争，世界各国特色小镇都十分重视实施名牌传播的发展战略，特别是重视高技术含量、高文化蕴涵、高成长价值的特色小镇品牌文化产品的发展。精武镇面对日趋激烈的市场竞争，只有实施品牌战略、充分重视自主品牌的培育和保护，才能增强精武镇文化品牌的核心竞争力。

精武镇要打造特色小镇，赢得市场，参与国际、国内产业资本竞争，使自身立于不败之地，就必须重视特色小镇品牌传播建设之路，只有打造有核心竞争力的特色品牌小镇，拥有品牌小镇产品才有竞争力和市场感召力。特色小镇品牌传播需要考虑的因子有：地域文化、历史人文、创新、创业等。经过深入研究后，找寻镇域的重点文化，结合特色文化内容，推出优质的文化产品，从而形成优质品牌，并进行有效传播。

三、精武镇产业有优势

产业有优势是特色小镇发展的重要支撑。我国特色小镇品牌传播需注重特色小镇所处的发展阶段和比较优势产业要素传播，关注特色小镇产业适应经济新常态，逐步由要素驱动转向创新驱动的传播。精武镇主动适应经济新常态，提出培育特色小镇品牌传播应该侧重于产业定位需科学精准，在产业规模、市场份额和特色方面要具有明显的传播优势，能够发挥产业的集聚效应和叠加效应。

精武镇注重产业错位发展，防止同质竞争，综合实力显著增强。精武镇在信息经济、环保、旅游、金融等新产业下，紧扣产业高端和高端产业，主攻最有基础、最有优势的特色产业来建设，保持经济社会实现持续健康发展。目前，精武镇现代都市型农业初具规模，"三区九园一中心"的农业基础建设布局基本完成。现代服务业加速壮大，其中精武门·中华武林园被认定为国家 4A 级景区，五年间成功举办两次世界精武武术文化交流活动。

产业是小城镇发展的生命力，特色是产业发展的竞争力。精武镇在品牌传播中立足资源禀赋、区位环境、历史文化、产业集聚等特色，加快发展特色优势主导产业，合理布局特色主导产业，由于每一个村的特色和资源优势不同，其因地制宜，从市场实际出发，立足个性化发展。充分发挥市场主体作用，五年来发展科技型中小企业 592 家、科技小巨人 27 家、高新技术企业 19 家，新认定专利 1532 件。正是因为这种在差异定位和领域细分中构建小镇大产业，从而扩大了镇域就业，实现了特色产业立镇、强镇、富镇的有利格局。

四、精武镇风貌有特色

特色小镇风貌需有特色。只有注重对地域文化的挖掘与传承，将文化元素植入小镇风貌建设的各个方面，形成具有文化底蕴的特色风貌，才能增强文化认同感。

精武镇风貌最突出的特色禀赋就是精武文化资源，霍元甲是中华民族的英雄，其传承下来的精武文化是精武镇的独有资源，霍元甲与精武门既是精武镇最宝贵的旅游资源，也是旅游市场最稀缺的资源。

目前，精武镇以精武文化资源霍元甲为主体，已形成霍元甲系列、精武门系列、精武文化系列历史文化资源，而霍元甲系列主要由霍元甲、霍家庄、霍元甲故居、霍元甲塑像、霍家祠堂、霍元甲陵园构成。精武体育会是1910年由霍元甲在上海创立的武馆。精武体育会促进了中华民国期间中国武林各派的联合，主张摒弃门户之见。精武体育会本身没有"精武门"的叫法。当时社会将精武体育会称作精武门，李小龙曾主演电影《精武门》，使得精武门广为传播。精武门系列主要由精武体育会、精武馆、迷踪拳、中华武林园、全球精武会构成。

精武镇的民俗风貌特点独特。由于天津大格局地理位置特点，形成诸多外埠文化集合的津门文化。既有航运妈祖（天后）文化也有西方信仰（西开大教堂），群神共聚。还有天津特有的漕运文化及买办商业文化。使得精武镇民俗方面形成了特有的津门民俗文化，杨柳青木版年画、泥人张彩塑、风筝魏、杨村糕点等涵盖美术、武道、戏剧、手工艺、曲艺、民俗等合计近百项非物质文化遗产。

精武镇外来文化风貌资源丰富。由于天津是中国最早对外开外的省份，也是最早接触现代文明的省份之一，鸦片战争以后，天津开埠通商、设立租界，成为中国北方开放的前沿和近代中国"洋务"运动的基地，天津的铁路、电报、电话、邮政等方面建设，均开全国之先河。在中国对外开放九大口岸中，上海和天津一南一北，上海的本土文化与西洋文化结合，形成了十里洋场，天津的本土文化与外来文化的结合形成了口岸文化和租界文化,如大光明桥、解放路、奥租界领事馆、日租界领事馆、马可波罗广场、利顺德大饭店等。特别是租界内的教堂、洋行和商业文明下的西方生活方式,直接影响着近代天津的文化走向,甚至领世界风气之先。

天津自古出豪侠。津门武术是中国武术重要传承地之一,"精武元祖"霍元甲、周恩来武术老师韩慕侠、回族重刀、程派高氏八卦掌、李式太极拳、无极拳、功力门、独流苗刀等在中国武术史上均占据重要的地位。目前,天津武术类非物质文化遗产就有回族重刀、拦手门、霍氏练手拳、北仓少练老会、北少林武术、无极拳、鲍式八极拳、李式太极拳、独流通背拳等。

精武镇遵循自然规律,坚持可持续发展。在建设生态文明的大背景下,精武镇坚持可持续发展、绿色发展,镇域建设规模与其环境承载力相适应。精武镇水系生态持续改善,综合治理河道 20.5 公里,新建改造污水管网 20.6 公里,全镇污水管网基本实现全覆盖。治理入河排污口门 8 个,改造合流制地区 4 片,城镇污水集中处理率达到 97%,镇容、村貌持续提升。精武镇还下大力气打造生态绿林、绿色河道,新增绿化面积 8000 亩,栽植乔灌木 85 万株。高标准建成 7.3 万平方米的精武公园,为镇区群众提供了更好的休闲健身场所,城镇功能持续提高。

五、精武镇发展有成效

特色小镇发展需有成效。特色小镇是创新发展的引擎和起示范作用的排头兵,应成为带动自身及周边地区发展的引擎,在发展路径、发展模式上成为条件相似的小城镇发展的范例。

精武镇遵循社会规律,坚持包容性发展。在发展路径、发展模式上的出发点和落脚点都是人,坚持以人为中心发展。精武镇领导认为,处理好精武镇建设与原住民的关系是镇域发展的核心。精武镇发展坚持以人为本、民生优先的原则,让当地居民参与建设,共享发展成果。

精武镇持续加大民生领域投入,累计达到 67.5 亿元,占财政支出比例超过 80%,群众生活水平不断提高。住房条件持续改善,加快推进示范镇安置区和各村住宅楼建设,10 个村、5600 余户村民迁入配套齐全、环境优美的新型社区。

精武镇就业形势保持稳定，充分利用劳动保障信息广场积极开展"送政策、送信息、送岗位"等活动，近五年实现新增就业3176人，转移农村富余劳动力2563人，累计参加各类技能培训3000余人次，城镇登记失业率控制在3.5%以内。社会保障持续健全，深入实施养老保险参保补贴、农籍居民医疗保险补助等惠民措施，本地城乡居民医疗保险参保实现全覆盖，城乡低保、农村五保供养标准逐年提高，居家养老补贴、优抚对象抚恤全面落实。

另外，精武镇教育教学水平明显提升，新建、改扩建4所中小学和7所幼儿园，教育基础设施和办学条件得到质的飞跃。全镇教育系统累计获得市级以上荣誉28项，其中，师大三附小荣获全国教育系统先进集体；霍元甲文武学校被国家文化部授予"国家对非培训基地"称号，在国际和全国大赛中荣获金牌920枚，成为国家级特色学校。

精武镇公共服务更加便民，8000平方米社会事务服务中心投入使用，集社会治理、综治信访、社会事务于一体，内设27个服务窗口，80余个服务事项，日均受理便民事项300余件。民营客运班线全部停运，新开通4条公交线路，百姓出行更加安全便捷。建成大南河祥和园文体活动中心和国兴佳园等3个社区综合服务中心，全镇新增体育器材1200件，为村、社区、企业等24家农家书屋增加图书2.6万册、乐器252件。

总之，精武镇发展提出以人为本、注重民生的原则。坚持以人为本，优先发展民生。加快特色小城镇示范点教育、卫生、科技、文化、公共安全等公共服务体系建设步伐。这个原则抓住了发展的核心，值得称赞。在特色小镇的培育中，精武镇坚持经济、自然和社会三大发展规律，经济发展成效显著。

六、精武镇动力有保障

特色小镇动力需有保障。特色小镇应是发挥市场主体作用和吸纳社会资本投资的新热土。能够处理好政府与市场的关系，充分发挥市场主体作用，让小城镇在提升社会投资效率、推动经济转型升级方面发挥更重要的作用。

精武镇为确保动力保障，积极创新机制，激发城镇发展新活力。正确处理好政府与市场关系，全面放开小城镇落户限制，全面落实居住证制度，不断拓展公共服务范围。精武镇充分发挥市场主体作用，积极盘活存量土地，建立低效用地再开发激励机制，建立健全进城落户农民农村土地承包权、宅基地使用权、集体收益分配权自愿有偿流转和退出机制。这些激励机制让精武镇提升了社会投资效率、推动了经济转型升级作用。

精武镇注重创新社会治理模式，关注统筹政府、社会、市民三大主体积极性，推动政府、社会、市民同心同向行动。精武镇政府领导为最大限度激发市场主体活力和企业家创造力，鼓励企业、其他社会组织和市民积极参与城镇投资、建设、运营和管理，成为精武镇建设的主力军。精武镇建设投融资机制，大力推进政府和社会资本合作，鼓励利用财政资金撬动社会资金。按照"小政府、大服务"模式，推行大部门制，降低行政成本，提高行政效率。

精武镇还积极调动市民参与特色小镇建设的热情，促进其致富增收，让发展成果惠及广大群众。逐步形成多方主体参与、良性互动的现代城镇治理模式。精武镇政府主动适应经济发展新常态，加大供给侧结构性改革力度，以产业转型增活力、科技创新激活力、商旅融合促活力、城镇建设塑活力、党建工作聚活力，力争打造自创引领、崇文尚武、宜商宜居的活力特色新镇。

精武镇政府深化"放管服"改革，简化审批环节，减少行政干预。镇政府主要负责提供特色镇制度供给、设施配套、要素保障、生态环境保护、安全生产监管等管理和服务，营造更加公平、开放的市场环境。镇政府为筑就自创高地，以学府高新区建设为契机，以第三高教区人才智力资源为依托，以创新创业平台为支撑，以专业服务机构为保障，加快推动科研项目产业化，形成产学研互动的良性循环，吸引更多高层次人才和团队来精武镇创新创业。学府高新区对全镇的经济贡献率超过40%；同时力争打造商旅重镇，以文促旅、以旅强商，加速项目策划、落地和建设，带动文化、旅游、商贸产业融合发展，目前已实现人流、物流、商流的充分聚集。服务业增加值占全镇生产总值比重达到50%以上；为塑造武魂之乡，坚持多规合一、统筹推进，把精武规划建设的"形态"与精武精神蕴涵的"神态"有机融合，建设功能齐全、品位高端、生态优美、和谐宜居的美丽精武。

七、精武镇品牌传播中存在的问题及策略

精武镇品牌优势明显。精武文化全球唯一，霍元甲的英雄故事、英雄故里具有不可替代性，此外，中华武林园旅游地标已初步形成，为二期商业化运营配套打下了坚实基础。京津冀协同发展、自由贸易试验区建设、自主创新示范区建设、"一带一路"建设、滨海新区开发、开放五大国家战略叠加，为精武镇借势发展、乘势而上提供了难得机遇。但精武镇发展中的短板和矛盾问题依然突出，面临诸多风险挑战，主要是全镇经济总量还不够大，多重优势如何转化为经济效益还有待破题；传统优势企业经营比较困难，新的产业骨架尚未成型，拉动增长效果不明显；学府工业园区的经济总量、产出效益没有达到预期，空间布局较为分散，难以形成集聚效应；永红片区综合提升改造、旧村拆迁、示范镇建设等任务复杂艰巨，兼具历史文化底蕴和现代建筑风貌的特色镇区尚未成型；住宅、医疗、教育等城市生活配套设施相对滞后，公共服务功能的支撑作用还有待进一步提升；村级经济发展不平衡，居民文明素质和社会文明程度仍需提高；对精武文化的传承、挖掘和发展力度还有待于进一步加强；部分干部思想观念和发展理念还不够开放，执行效率不高，创新能力不强。

在此情况下，精武镇在特色小镇品牌传播战略中积极实施以下五方面的保障措施：

第一，加强规划实施和管理，确保规划实施效果。预期性指标和产业发展、结构调整等任务，主要依靠发挥市场机制的作用实现，重点要创造良好的发展环境，引导市场主体行为与规划战略意图相一致。确定的约束性指标和公共服务领域的任务，要分解落实到有关部门。公共服务供给，要明确责任和进度，能由政府购买服务提供的，政府不再直接承办。

第二，强化项目保障。加强重大项目的规划、筛选和储备，推进科技创新、基础设施、现代产业、社会事业、生态环保等领域的重大项目建设。加强项目前期工作，健全重大项目储备库，将规划的重点项目具体落实到年度重点项目计划实施，形成竣工一批、启动一批、储备一批的滚动机制。

第三，强化资金保障。科学界定政府投资范围，优化财政支出结构，优先保障重点项目资金需求，尤其是城镇建设、民生民计、生态环境等领

域的重点项目，确保关键领域和薄弱环节有足够的资金支持。通过政府和社会资本合作（PPP）、特许经营等市场化方法，鼓励和引导社会资本参与公共产品、公共服务领域的建设和运营管理，充分激发社会投资活力。努力争取"两行一基金"等政策资金，促进区域加快发展。

第四，强化土地保障。以产业落地定用地需求，以需求定供给，科学测算重大项目建设用地需求，制定合理的土地供需计划，积极探索多种形式的用地保障模式，框定总量、限定容量、盘活存量、做优增量，为重点项目做好土地保障。

第五，加强监督考核。建立健全规划实施的监测评估机制，定期向社会公布规划实施的各项指标完成情况，提高社会参与度。健全规划中期评估机制，及时总结规划进展情况，解决规划实施过程中存在的问题，并根据未来环境的变化情况适度修订规划目标和任务，确保规划的科学性和指导性。完善规划实施的考核机制，将落实规划纲要作为有关部门绩效考核的重要内容。

小结

精武镇凭借着品牌的视角构建特色小镇，以产业、文化、环境、服务四个方面进行规划设计，使精武镇实现配套、多元融合的功能。通过合理布局，达到产镇融合。通过智能化小镇建设，构建大数据服务平台，使小镇产业、生活、政务信息畅通，数据融合。使精武镇成为宜居、宜业、宜游的智能化多元生态小镇。

总之，精武镇以品牌效应的视角为特色小镇构建研究提供了新的思路和方法，对于探索特色小镇未来建设发展有着积极且深远的作用。

转型期中国房地产广告的空间生产
及其隐喻的阶层区隔

——以兰州为个案

徐　婧*

一、研究背景、研究问题与研究方法

　　城市是现代人类活动的中心及其文明的缩影。广告以隐喻的方式描述了一种由资本、信息、文化与观念等连接而成的网状的城市空间及其生活方式。近代以来，随着资本主义社会发展模式在全球范围内的扩张，各个国家地区在资本的推动下卷入了城市化（urbanization）进程，中国无出其右。特别是改革开放后的中国社会，在城市化内生性要素并不完备的基础上进入一个城镇化的高速发展期。这一时期，中国城镇化与城市空间重组的过程，具有区域、城乡、阶级、民族相互角力的重要特征。这一特征在中国经济较落后、产业结构单一且多民族聚居的西北地区城市中更显得尤为突出。

　　大卫·哈维（David Harvey）曾敏锐地指出，城镇化是吸收剩余资本与剩余劳动力的关键手段，它凭借不断变换空间和场所的使用功能，实现空间垄断及垄断地租，是资本积累过程中不可缺少的部分。[1] 同时，城市化中房地产业的发展成为拉动国民经济

---

　　* 徐婧，西安交通大学新媒体学院讲师。
　　〔1〕［美］大卫·哈维：《叛逆的城市：从城市权力到城市革命》，叶齐茂、倪晓辉译，商务印书馆 2014 年版，第 5 页。

与拯救经济危机的一剂良方：通过新的建设，房地产市场可以直接吸收大量剩余资本，并在低利率条件下通过信贷体系的全面覆盖促使住宅价格飞涨。[1] 转型期的中国社会正上演着相似的情节：随着市场化的不断深入，资本也逐渐侵蚀各个领域。资本的扩张内在要求充分的积累、增长的消费需求以及快速的流通，住房商品化是能够满足上述要求的重要举措。中国的城市化及其房地产业的蓬勃发展不仅促使本土市场与资本更加深入地渗透到社会肌理中，同时通过吸收剩余资本对全球经济产生影响。因此，在全球化过程中发达资本主义国家所面临的社会危机经由不平衡的地理发展，顺利地转移到发展中国家与地区中并得到补偿。这些发展中国家和地区，其城市化过程不仅实际发挥了吸收全球剩余资本的作用，并且深刻地改变了本地生活方式与空间形态。在这个意义上，转型期中国西北内陆城市的房地产广告与其背后的物质进程就与全球化以及区域的不平衡地理发展产生勾连。市场化内在要求土地资本不断提高其开放程度和流通速度，协同其他各类资本成为空间的决定（determination）[2] 因素，并重塑着兰州的城市空间。这也引发了本文聚焦的三个主要问题：其一，兰州城市媒体中的房地产广告呈现了怎样的空间想象；其二，这些房地产广告背后的物质运作逻辑是什么；其三，兰州房地产广告及其所表征的空间区隔，是否隐喻了转型期兰州城市的资本积累通过空间区隔形成了新的阶层分化。

为揭示上述主要研究问题，笔者需要深入当地的历史文化语境与社会实际中去，通过田野调查收集并整理兰州城市媒体中房地产广告、房地产业与土地交易等相关经济数据的第一手资料，结合田野中获取的相应的楼盘、建筑图像进行细致的文本分析与阐释。文章使用深描的手法还原文本中的空间再现与建筑景观的空间实践，同时将民族志作为一种写作文本，有机整合数据资料分析，并展开学理化阐释。

---

〔1〕〔美〕大卫·哈维：《叛逆的城市：从城市权力到城市革命》，叶齐茂、倪晓辉译，商务印书馆2014年版，第11页。

〔2〕此处的"决定"（determination）是阿吉兹·阿罕默德在其著作《在理论内部：阶级、民族与文学》中所强调的较弱意义上的"决定"，即应该被看做是一种限制视野，是从社会、历史的角度划定界限的东西。在此界限内外，个体或群体，甚至国家与阶级，行使着他们所拥有的自由：换句话说，是一种结构和媒介之间的关系。详见〔印度〕阿吉兹·阿罕默德：《在理论内部：阶级、民族与文学》，易晖译，吕黎校，北京大学出版社2014年版，第5—6页。

二、文献综述与学理探讨

20 世纪 70 年代，人文社会科学领域发生了理论的"空间转向"。列斐伏尔（Lefebvre）率先将空间问题拉回人文社会科学的视野中：他认为"空间"本身就是主角，是将经济、政治、文化等子体系重新加以辩证整合的一个新视角。[1] 而空间是"社会秩序的空间化"（the spatialistion of social order），这种空间化涉及人类社会关系的建构与重组。大卫·哈维（David Harvey）继承了列斐伏尔的理论旨趣，并尝试将空间问题系统性地纳入马克思主义理论体系中。他认为空间与时间实践在社会事务中从来都不是中立的，始终表现了某种阶层的或者其他的社会内容，并且往往成为社会斗争的焦点。[2] 在资本主义条件下，城市建构及其空间生产直接服从于资本积累的现实要求。哈维进一步论证资本主义正通过新的空间重组不断生产着"资本积累的全球历史地理学"，而资本积累的空间布局必然产生不平衡的地理发展。[3] 他认为进入后现代，朝向周转时间的加速和空间范围的缩减，即"时空压缩"（time – space compression）彻底改变了人们的时空体验，并以特有的方式掩盖了生产过程中所包含的社会关系。时空体验的变化最终导致了高度一体化的全球资本流动的空间内部的不平衡发展。[4] 卡斯特（Manuel Castells）则认为，城市正在成为当代西方资本主义社会中集体消费资料生产、分配和管理的空间，并将高科技条件下的网络空间称为"流动空间"。[5] 爱德华·苏贾（Soja）认为，当代资本主义已将重点放在相对剩余价值的榨取上，其手段之一就是通过不平衡的发展和地理上的弱化，将剩

---

〔1〕 李春敏：《近年来马克思社会空间思想研究综述》，载《南京政治学院学报》2010 年第 3期。

〔2〕 Harvey, D., *Social Justice and the City*, Baltimore：John Hopkins University Press, 1973, p. 286.

〔3〕 ［美］大卫·哈维：《希望的空间》，胡大平译，南京大学出版社 2006 年版，第 32 页。

〔4〕 ［美］大卫·哈维：《后现代的状况：对文化变迁之缘起的探究》，阎嘉译，商务印书馆2013 年版，第 357 页。

〔5〕 Castells, M., *The Urban Question：A Marxist Approach*, Cambridge, Mass.：MIT Press, 1977, p. 120.

余价值的榨取推到全球工业化欠发达的区域。[1] 而马恩经典中的城市空间论述是上述理论家共同的理论渊源。马恩认为城市是资本积累的场所,资本积累直接塑形城市面貌:以地理位置为决定因素的级差地租是资本增值的重要途径之一,土地的拥有者与使用者通过频繁的改造城市土地面貌获取利润。另一方面,资本积累塑造了等级化的城市空间。资本主义生产方式不断生产出以资本为动因的空间对立形式——城乡对立,其对资本主义世界体系的直接影响在于"使农民的民族依赖于资产阶级的民族,使东方依赖于西方"。[2]

在"空间转向"的背景下,对空间问题的讨论也延伸至新闻传播学领域。中国学界对空间转向做出了积极的回应:比如陈晓云认为中国电影通过多文本的言说完成了对城市的空间建构,这种印象表达是指涉政治、经济、社会等因素的文化想象的产物,而非单纯的视觉再现。[3] 有研究者强调空间向度不仅存在物理形式,还具有精神层面,并认为电子媒介推动了空间研究的复苏与转向。[4] 还有学者认为媒介与空间在社会关系框架内达成了一致,并发现空间媒介化与媒介空间化两大趋势,其中空间媒介化具有意义自我再生产及社会关系再建构的功能。[5] 魏伟聚焦改革开放后,都市空间中少数人群的空间生产,展现了少数群体争取公共空间、改变城市社会景观的努力。[6] 近代以来,中国现代化发展的重要标志与任务是实现城市化。大众媒介通过创造城市空间的集体想象成为形成城市共同体的重要中介,并加速了城市化进程。李蕾蕾从"媒介物"和"媒介表征"对城

〔1〕［美］爱德华·W. 苏贾:《后现代地理学——重申批判社会理论中的空间》,王文斌译,商务印书馆2004年版。

〔2〕［德］马克思、恩格斯:《共产党宣言》,中央编译局编译:《马克思恩格斯全集第四卷》,人民出版社1972年版,第467页。

〔3〕陈晓云:《城市空间的多重言说——当代中国城市电影的视觉建构与文化想象》,载《当代电影》2009年第10期。

〔4〕邵培仁、杨丽萍:《转向空间:媒介地理中的空间与景观研究》,载《山东理工大学学报社会科学版》2010年第5期。

〔5〕李彬、关琮严:《空间媒介化与媒介空间化——论媒介进化及其研究的空间转向》,载《国际新闻界》2012年第5期。

〔6〕魏伟:《消费主义和"同志"空间:都市生活的另类欲望地图》,载《社会》2009年第4期。

市空间的渗透的观点出发，探讨媒介与城市空间的辩证关系，肯定了媒介和城市相互作用的观点。[1] 还有研究者认为属人的城市不仅是地理意义上的空间，还应是文化的空间。其中媒介不仅是文化生产的方式，它还通过多种方式创造和生产城市空间，并达成城市文化身份认同。[2]

在现代传播体系中，广告是重要的传播形式与社会化体制之一，它构筑了大众媒介的内容。苏特·杰哈利（Sut Jhally）深刻剖析了广告如何介入资本主义商品化并深刻地改变了"人与物"的关系。他认为，广告实际是"人与物"的中介，在垄断资本主义阶段，广告用其符号意义挖空商品的意义与使用价值，将真实的社会关系藏匿起来，并创造出能够"增值"的资本意识进而创造剩余价值。[3] 达拉斯·斯迈兹（Dallas Smythe）通过"受众商品论"对上述"意识"的"增值"机制有精辟阐释，他认为广告是通过意义的建构来影响受众的。有研究者以上海为个案，讨论了改革开放后，上海的城市空间如何由建筑构成的实体空间转向由房地产广告所营造的虚拟的想象空间，以及这种变化所表征的社会政治经济文化的变迁。[4] 冯刚在其博士论文中以成都为案例，探讨了转型期的中国社会整体再现的全面消费化现象。其中不动产消费是最具代表性的消费形式，它不仅是财产的象征，更是社会身份与地位的象征。房地产广告作为将这种理念推至人心的重要媒介文本，是理解转型中国社会的重要途径。[5] 还有研究者认为新闻叙事话语通过其自身蕴涵的"合理想象"空间的迷思将资本权力化装成为科学规律，而房产新闻正顺应了这种逻辑。[6] 雷启立在其文章中讨论了上海房地产广告中宣扬精英阶层社会地位、身份认同的意识形态，这

〔1〕 李蕾蕾：《媒介——空间辩证法：创意城市理论新解》，载《人文地理》2012 年第 4 期。

〔2〕 李晞睿、王妍：《后媒介空间的城市意象与城市文化身份的当代建构》，载《文艺评论》2013 年第 7 期。

〔3〕 ［加］苏特·杰哈利：《广告的符码》，冯建三译，台湾远流出版公司 1992 年版，第 34 页。

〔4〕 Xiaoming, W., "From Architecture to Advertising: the Changes in Shanghai's Urban Space over the Last 15 Years", *Inter-Asia Cultural Studies*, Vol. 11, Issue 1, 2010, pp. 21, 44.

〔5〕 冯刚：《房地产广告：一个时代变迁的真实文本》，四川大学 2006 年博士学位论文。

〔6〕 胡春阳、王昀：《中国经济新闻的话语迷思——以房产新闻为例》，载《新闻大学》2011 年第 1 期。

种齐一的意识形态遮蔽了实际的阶层分化与地理空间的不平衡。[1] 最后有研究者聚焦我国房地产运动如何通过放开土地级差地租盈利从而在实体空间中实现新的资本积累，并促成新的空间隔离和中心——边缘的等级秩序的形成。[2] 因此，认为社会科学中空间的维度不仅仅是一种新的理论视角，还应将其看作是理解当下中国乃至全球社会的一种有力的阐释路径。

三、兰州房产广告的文本分析

中国的住宅商品化进程始于 20 世纪 90 年代，如果说因市场化进程不断加剧的新阶层分化被遮蔽"是 90 年代中国最为典型的、葛兰西所谓的意识形态合法化与文化霸权的实践"[3] 的话，那么如今遍布都市媒体的房地产广告，则通过移植顶级的西方生活方式与空间想象，将资本与空间区隔话语合法化，并指认了改革中崛起的新贵的阶层身份。

对城市媒体中房地产广告进行深入的剖析，能够使我们更好地理解当今城市空间景观如何被媒介建构，并规约了城市受众的空间想象。因此，笔者希望通过对兰州都市媒体以及楼盘建筑物空间实践的综合考察，揭示房地产广告所表征的兰州城市景观及其空间生产的细致过程。本研究将从以下两方面展开：其一，笔者对刊登于《兰州晨报》2010—2014 年[4] 的房地产广告进行了词频分析，从而获得兰州房地产广告景观语言使用的基本取向；其二，对上述 4 年间兰州房地产市场中经典楼盘与经典广告文案进行深入、细致的话语分析并揭示广告景观背后的"深层结构"。

兰州城市媒体市场上，纸质媒介的占有率相当可观，其中能够标识一个报纸影响力的指标较多，但究其根本，受众占有率及其对受众产生的影响力、消费力以及对该报的忠诚度是判断报纸影响力的核心要素。选择《兰州晨报》作为本研究文本来源正是基于以上量与质两个方面的综合考

---

〔1〕 雷启立：《身份、市场及其他——从上海房地产广告看消费意识形态的建构》，载《当代作家评论》2003 年第 6 期。

〔2〕 吴靖、王颖曜：《可见的地产和不可见的家——解读房地产广告的文化政治》，载《广告大观理论版》2007 年第 3 期。

〔3〕 戴锦华：《隐形书写——90 年代中国文化研究》，江苏人民出版社 1999 年版，第 273 页。

〔4〕 对报纸时间跨度的选择，主要是基于资料易得性以及对兰州房地产主要发展时间段的综合考量。

虑。目前,《兰州晨报》对外公开的发行量每年大约在 16—17 万份,在兰州各都市报发行量中居于首位。已有研究也证实了这一点。在质的方面,《兰州晨报》的受众主要以中等收入与中度社会影响力的群体为主,呈现出一种"中间大、两头小"的结构性特点。[1] 可以将《兰州晨报》的受众群体视为在改革开放过程中获得一定的红利,对城市、社会有着较为热烈的关注度,并愿意积极参与社会活动的城市居民。

笔者选取了《兰州晨报》2010—2014 年间,1460 份正刊中全版房地产广告共 900 个样本[2] 进行了内容分析(共有地产广告 2900 个,其中有一定量的无效样本:同一楼盘的 90 天—180 天内的重复投放,以及同一地产开发公司不同楼盘广告明显的同质化广告文本)。通过词频分析,可以将兰州地产广告修辞归纳为三个子类目:时尚、价值、地位。通过对样本的解读,可以发现兰州地产广告主要通过以下核心修辞来完成对上述三个类目的叙述,并集中体现了"全球化"和"顶层空间"的景观特质:①时尚:世界级、全球、欧洲、五星级等;②价值:千年文化积淀、顶级、无上尊贵等;③品味:奢华、中心、皇家、殿堂等。

在总体分析的基础上,通过对 900 个样本的词频分析,梳理了《兰州晨报》地产广告的文字部分;通过强调与反复,塑造与巩固地产广告中的景观及其空间实践。使用 EXCEL 词频分析法对 900 份广告文案录入分析,可以得出以下词频数据。在《兰州晨报》房地产广告文字表述中,出现频率最高的词语是归属于"时尚"(fashionable)类目之下的"世界"一词,及其近义词如:"全球""国际""欧洲"等。该词在 900 份有效样本中共出现 693 次,占总体分析样本的 77%;排名第二的是"顶级"及其近义词"无双""珍藏""独一无二"等,这类修辞可置于"价值"类目之下。该类目修辞在 900 份有效样本中共出现 540 次,占总体样本的 60%;排在第三位的是归属于"品味"子类目下的以"奢华"为典型的,诸如"殿堂""皇家"等修辞。这类修辞在 900 份有效样本中共出现 532 次,占总样本的

---

[1] 樊亚平、苏予燕:《西北地区都市报受众市场培育与开拓探析——以〈兰州晨报〉为个案》,载《中国报业》2007 年第 2 期。

[2]《兰州晨报》每天发行,其中每周一、周三按照惯例不刊登地产、服装类广告。

59.1%。最后，还有可以归置于"位置"子类目之下的诸如："中心""水畔""私享"等词汇也频繁出现在广告本文中（详细词频见表1）。

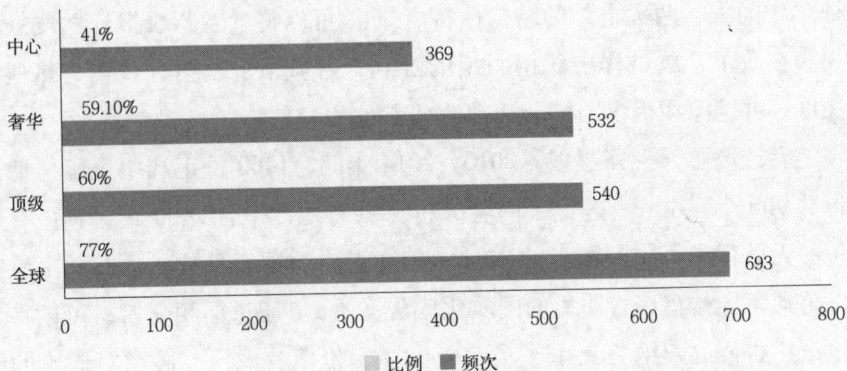

表1 基于《兰州晨报》2010—2014年900份地产广告的词频分析

通过词频分析，我们发现兰州城市媒体地产广告修辞具有以下四个倾向与特点：其一，对全球化语境中的异域景观的强调。样本中有77%的文本通过对"全球的""欧洲的"的反复强调，为本地营造出一套关于全球化语境中齐一性景观的合法性话语体系。其二，为虚构的媒介景观及其空间实践赋予"价值"属性。这表现在有60%的广告文本，通过"顶级""无双""珍藏"强调了景观与实体建筑在物质、经济层面的排他性。其三，还有59.10%的文本，在强调景观的排他性的基础上，进一步通过运用"殿堂""奢华""皇家""御用"等修辞表明，地产广告中的景观不仅仅具有经济与物质上的价值，与此同时它还与"品味"即"文化资本"直接相关。其四，还有41%的文本使用了可归置于"位置"子类目之下的"中心""水畔""私享"等修辞。这类修辞较为零散地出现在广告文案中，对上述三个主要类目起到了辅助说明的作用。需要注意的是，上述数据仅仅是对总体样本的统计，在实际文本中，多个类目常常混合共同构成一个完整的文本叙述，因此更加细致的文本分析，是全面剖析兰州地产广告的景观制造的必经之路。

兰州报纸地产广告通过文字描述展示了全球齐一的城市景观。这种景观的核心是一种西方中心主义的、在消费主义宰制下的、现代化生活方式的呈现。处于转型期的中国，"时尚"被定义为"西方的""全球化的"。地产广告制造这种"时尚"的全球景观时，首先使用的手法是将欧洲化的修辞直接嵌入本地空间，直接想把西方空间意象移植到本地空间，营造出平面化的城市景观。兰州本地地产市场上有多个直接使用欧美地名或带有欧美风格或直接使用的修辞命名的楼盘，例如：欧洲阳光城、天庆·莱茵小镇、天庆·格林小镇等。其文案中强调了一些欧洲意象，如法国塞纳河畔、法国凡尔赛宫、意大利托斯卡纳阳光、德国莱茵河等。通过反复的文字强调，欧洲的、西方的景观话语逐渐具有了合法性，以及西方的地理空间想象也被成功移植到中国西北内陆城市。这种媒介景观内在地表征了人与空间之间物质经济层面与文化层面的资本区隔。为更加深入地论述上述词频所表征的社会空间内涵，本研究选取上述报纸广告中投放量、投放时长、本地市场影响力最高的几个典型楼盘广告及其景观作为个案，进行细致的文本分析，以期对兰州地产广告所表征的景观有更深刻的阐释。论文选取了天庆·莱茵小镇、万达公馆、欧洲阳光城、恒大名都、中海·凯旋门5个典型案例。[1] 对它们的广告文案进行描述和解读，旨在揭示兰州地产广告的空间再现方式及其空间实践。

首先，位于城关区的天庆·莱茵小镇（图1）使用了以下两条广告文案：

文案一：几百年来，莱茵河畔静谧优雅的小镇，精心挑选着主人。如今，小镇漂洋过海，落户金城稀有高档社区。

文案二：引领就是超越，从2A到3A（甘肃省首个国家住宅性能评定3A住宅小区）。

文案一中，广告以"莱茵河畔小镇"作为楼盘的核心空间意象，将异质时空的前工业时代欧洲小镇平移（"漂洋过海"）至本地空间。该空间因具备"稀有"与"高档"的属性，从而可以"精心挑选"其所有者。在文案二中，政府作为掌握空间"标准化"权力的仲裁者出场，通过政府对楼

---

〔1〕 楼盘案例是依照2013—2014上半年，兰州市各行政区商品房均价与出售量排名前三名：城关区、七里河区、安宁区三个行政区内销量、广告投放等综合因素选取的。

盘的评级，地产获得了稀缺性的认可，具备了隐喻中的分层能力。

图1 天庆·莱茵小镇效果图

城关区另一个具有代表性的楼盘是2013年决定入驻兰州市场的，由万达集团所筹建的"万达公馆"。以"一个万达广场，一座城市中心"闻名的万达集团，在兰州万达公馆建基之始就打出了："25年国际万达巅峰巨制、全球定制殿堂奢装品牌，一线精装、总统套房"的广告语；后期推出了更为简洁有力的广告语："万达公馆，奢享人生"。

相比较莱茵小镇，万达公馆（图2）直接强调了其"全球性"的"奢华"的特性。购买者可以享受专属的"定制""殿堂""总统"级别的空间，并可以忽略物理位置，坐拥"城市中心"。

图2 兰州万达公馆模拟效果图

欧洲阳光城（图3）的文案表述是："金城最美河景，照进欧洲的一米阳光，为您带来欧洲最尊贵的居住体验与文化享受。"与前两个楼盘相似，其文案试图再现这样一种空间：购买者可以享受到有别于本地的"欧洲阳光"，同时获得"欧洲"顶级的居住体验。

图3 兰州欧洲阳光城实景图

而位于七里河区和安宁区的恒大名都（图4、5）与中海·凯旋门（图6）的两个楼盘，在其广告中使用了以下文案：

兰州恒大名都："金城顶级水岸生活，内享欧陆中央湖景、外观百里黄河风情；恒大名都：兰州未来中央商务区人居地标，坐拥未来城市中心、尽赏黄河水岸风情。"

在该文案中，广告极力塑造一个虽地处黄河岸边，但内部空间却由"欧陆中央湖景"构成的封闭式空间。购买者对内享受顶级奢华欧式生活，向外占据本地空间，享受黄河景观。

"入住法国卢瓦河畔的城堡，私享普罗旺斯的飘香，凡尔赛秀美水景，以及枫丹白露的生活情调。"

中海·凯旋门的这条文案具有明确的空间指向——"法国卢瓦河畔的城堡"。它将欧洲历史最具表征符号意义的地景（paysage）移植到兰州，通过购买，所有者在这一空间内可"私享"来自法国的知名美景，并复制其浪漫主义的生活方式。

图 4　兰州恒大名都实景

图 5　兰州恒大名都实景

图 6　中海·凯旋门

透过文本分析，我们发现兰州地产广告文案具有修辞同质化的倾向，并以此再现了齐一性的空间想象。首先，文案倾向于使用强调经济能力与消费能力的修辞来塑造楼盘的经济排他性；其次，文案大多使用异质性的空间符号，移植了欧洲的生活理念及空间想象；最后，通过对价值与中心性的反复强调，住宅成为提升社会阶层地位与改变生活方式的中介物。这种想象与中介，不仅通过符号和文化意象抹平了全球空间多元性，并通过培养西方生活方式及其品味的合法性，在哈维"时空压缩"意义上将西方空间观移植到中国西北欠发达地区。房地产广告作为一种"空间的再现"其中充斥着权力和意识形态的运作，受到权力精英的控制，一定程度上代表着转型期中国的社会秩序和规范。

建筑实体是地产广告的空间实践："建筑是表达时间与空间、调节现实与制造梦想的最单纯的手段。它意义重大，不仅关乎对瞬间之美的表现进行创造性地处理和调节的问题，而且也要对它所产生的影响进行调节，实质与创造他们的人类欲望和进步的永恒光谱保持和谐一致。"[1] 把建筑当作是一种空间实践，同时也可以将其视作为城市特定意识形态提供物质支持的权力关系。全球化语境下，兰州城市生活的本真空间被"全球性"景观话语全面地漂洗。通过对西方建筑风格的复刻与再创造，兰州完成了从"想象西方"到"生产西方"的蜕变：本地的"兰州"在想象和物质两个层面上消失了，全球性的"兰州"在消费主义与市场化的资本运作中得以重建。如戴维斯与芒克（Davis and Monk）所说，"新自由主义的空间逻辑复活了最极端的居住隔离和消费分区的殖民范式……"。[2] 鲍雷（Martin Pawley）则认为，旧的生产性城市的街道被以"消费圈"的形式重建。[3] 全球化进程构建了一种新的形势，所有的城市都被连成一体，它最终产生出来一种沙丘式的生活方式——其居住模式呈现出一种没有遗产、历史或差别的样态。在中国，全球化实际上表现为建筑观念同质化的动向，市场驱动的主流观念在其中明确成为不二之选。这要求城市必须从工业基地转化为中产阶级的消费场所，而经济层面的所谓"中国奇迹"正是建立在这个原则之上的。

---

〔1〕 ［英］斯蒂芬·迈尔斯：《消费空间》，孙民乐译，江苏教育出版社 2013 年版，第 3 页。
〔2〕 ［英］斯蒂芬·迈尔斯：《消费空间》，孙民乐译，江苏教育出版社 2013 年版，第 89 页。
〔3〕 ［英］斯蒂芬·迈尔斯：《消费空间》，孙民乐译，江苏教育出版社 2013 年版，第 94 页。

四、兰州房产广告的空间生产及其隐喻的阶层区隔

20 世纪 80 年代初中国逐步推进市场化，随着改革的不断深入，利益集团逐渐多元，但改革前的政治精英仍是新的利益集团的主要来源，总体资本仍在权力精英圈内流转。中国加入 WTO 后，资本又增添了全球化的维度，使我国社会分化更加剧烈，也越发复杂，市场经济下的资本运作与住宅商品化共同重组了中国城市空间与阶层秩序。中国发展中呈现出的一个问题是基于市场、分工、政策以及产业结构等因素导致的东西部不平衡的地理发展。兰州地处西北内陆腹地，不仅是黄河上游重要的重工业与军工城市，同时也因其四邻三个少数民族自治区与蒙古人民共和国的特殊地理位置，成为西部政治地理、经济地理以及民族融合的重要城市。新中国成立以后，兰州在原有基础上建成了：石化、冶金、机械等多种工业门类。第二产业曾长期居于兰州市乃至甘肃省国民生产总值贡献的首位。但此局面在 20 世纪 90 年代，全面的产业结构调整浪潮中被逐渐改变。在全球化与调整产业结构的双重压力之下，传统重工业开始为高收益、高流通的房地产开发让路。依据兰州市统计局公布的 2009 年至 2013 年（缺少 2010 年）的统计公报数据，[1] 重工业、房地产及其与地区 GDP 总量的关系如下表：

年份	GDP 总量	重工业增加值	比上年增长幅度	房地产增加值	比上年增长幅度
2009 年	925.98 亿元	248.50 亿元	8.7%	98.61 亿元	6.59%
2011 年	1360.03 亿元	367.7 亿元	14.7%	159.67 亿元	34.99%
2012 年	1564.41 亿元	409.32 亿元	9.2%	223.3 亿元	39.85%
2013 年	1776.28 亿元	426.3 亿元	16.3%	286.61 亿元	28.43%

表2　2009 年—2013 年（缺 2010 年）兰州市各项相关数据[2]

〔1〕 文中所涉数据均来自笔者向兰州市统计局发出的政务公开申请反馈信息，载 http://tjj.lanzhou.gov.cn/.

〔2〕 该表中数据由笔者根据兰州市统计局公布的统计公报整合而来。

数据反映出传统重工业因其基数较大，仍占兰州市每年 GDP 的较大比重，但其增速相较于新兴的房地产业逐渐显露出上升疲态。房地产的急速扩张为兰州城市 GDP 带来巨大贡献的同时，政府与投资商在收取地租、红利的目标上也达成了一致，私有资本与国有资本两股力量在土地、空间的层面互相角力，传统工业区的衰落在一定程度上是资本的选择性忽视。改革开放前，由国家行政力量主导的以重工业国有企业为中心的国家单位福利分房制度下，单位中的个体实现了个体日常生活实践与国家的空间治理紧密相连。在单位空间中，住房作为国家的福利形式出现，也是城市居住空间的最重要形式。兰州的传统重工业区集中在城市西部（西固区），主要的几家国有石化企业是西固区空间秩序的主导力量：企业职工以单位为中心，拥有固定的居住空间及与其配套的所有生活设施。然而，市场经济的不断深入内在要求改变单位制的空间治理形式，福利性住房也向商品房转变，配套设施随之消失。重工业也不再是城市 GDP 最重要的贡献力量。数据显示，2014 年兰州 GDP 对房地产行业的依赖度为 14.98%，与北京持平，[1] 虽属中等依赖程度，但在拥有能源、钢铁等众多第二产业的经济构成情况下，房地产所表现出对兰州产业结构与空间生产的巨大影响力不可小觑。

现实中的房产增值构建了"经济增长"的神话，而这一神话又反哺了房产，使房产升值的话语具有了合法性，巩固了它作为稳定投资品种的地位。[2] 商品房的高度私有化的住宅产权形式，[3] 以及逐步攀高的房价明确地将居住空间进行了分类与区隔。不平等的社会关系通过对空间的组织被建构和再现，这时的组织逻辑从行政主导转换成为市场推动的资本主宰。改革后，城市化内在要求土地交易合法化，当地政府为在 GDP 竞争中获得优势，不断放宽土地交易规则。据统计，截至 2013 年 12 月 26 日，兰州公开出让的住宅及商业用地达到 17 149.4 439 亩，成交金额高达 126.2 亿元人

---

〔1〕 资料来源于兰州房地产网：http://www.bona.net.cn/news/html/2014/8/22951.html.

〔2〕 胡春阳、王昀：《中国经济新闻的话语迷思——以房产新闻为例》，载《新闻大学》2011 年第 1 期，第 104 页。

〔3〕 郭于华、沈原、陈鹏主编：《居住的政治：当代都市的业主维权和社会建设》，广西师范大学出版社 2014 年版，第 12 页。

民币，出让土地多集中在城关区、安宁区等新兴消费中心，兰州的城市资本与空间中心逐渐由西向东转移。房地产行业的突飞猛进塑造了兰州城市空间"不平衡地理发展"。土地非一般意义上的商品，是虚拟的资本形式，其价值源于对未来租金的预期。在政府层面，土地是获得垄断地租的重要商品，需要遵循"独特性"原则将土地售予能够创造有别于本地景观的买方；另外，地产商为获取两级级差地租，需要不断提高空间的齐一性来满足利润最大化。在地租的二律背反作用下，兰州地产广告着力于描绘不同于本地空间的"想象中的西方"，但其空间实践的最终结果却是呈现出风格整齐划一的建筑风格。城市已成为一个全球化的经济和社会力量及其与地方关系通过物质表达冲突的区域。由于中国近现代发展的特殊性，"传统性、现代性和后现代性压缩在同一个时空之中"，[1] 中国城市在其发展进程中必须面对与全球范围内的其他城市与地区的竞争。

广告遵从权力精英和资本的意志，从受众的经验中得到素材并将这些素材以一种独特的方式加以组合，它并非反映了意义，而是建构了意义。[2]地产广告挖空房屋居住的使用价值，用空间隔离、阶层身份认同、生活方式等意义填补使用意义的空壳，最终使用价值臣服于交换价值。资本的合目的性决定，地产广告依据购买力、社会地位与身份、生活方式与理念对人群进行分层与隔离，以此达到资本的有效运转。兰州城市空间通过地产广告所指认的阶层身份及其表征的购买能力的分类，导致了兰州城市空间及其公共配套设施的重组。原有重工业区土地资源难以转化为土地资本进入市场，其城市中心地位瓦解，并逐步被新兴商业、教育、交通枢纽所替代。与此相应，重工业区的相关配套设施也丧失更新动力，成为快速更新的城市空间中逐渐衰落的死角。重工业区的空间衰落与新兴商业中心、教育中心的空间崛起形成鲜明对比，城市空间不再以"单位"为边界形成城市共同体。取而代之的是，由多种形式的地产广告塑造的根据阶层地位与不动产消费力为基准的"小区（楼盘共同体）"，而这些人在韦伯"有能力

〔1〕 景天魁、何健、邓万春、顾金土：《时空社会学：理论和方法》，北京师范大学出版社2006 年版，第 20 页。

〔2〕 [加] 苏特·杰哈利：《广告符码：消费社会中的政治经济学和拜物现象》，马姗姗译，中国人民大学出版社 2004 年版，第 144 页。

消费市场——土地所提供的商品和服务"的意义上享有共同的阶层特征。[1]约翰·厄里（John Urry）认为，阶层应该被描述成一种哈维意义上的"地理过程"，是通过人们的生产实践活动构建起来的，这些活动必然使阶层卷入空间的社会使用中，并通过空间的社会使用构建阶层。[2] 连续的积累周期在地理空间中沉积了一层层"工业沉积物"，产生一种空间分工，而这种分工又被纳入高度流动的资本对利润的持续追逐中。这些不同的沉积层通过某些方式"凝固"产生时空分化型的社会结构。以此来理解地方（localities）可以看到，在不同地点产生出不同的政治效应，其中不同阶层的结合规则与地理空间的具体区位相结合了。以时间消灭空间与空间不平衡发展是现代社会的发展逻辑，空间分层与现代社会阶层分化二位一体，囚禁与时空压缩成为现代人最典型的时空体验。而兰州城市空间"不平衡地理发展"对城市空间最深刻的影响可能就是生产出了新的"空间隔离"（segregation）与阶层分化的二位一体，空间隔离通常会导致永久性的社会不平等和社会压迫，并与社会分层相互建构。[3]

兰州房价的等值线成为城市空间隔离与阶层区隔的虚拟界限，清晰地标注出高阶层社会成员聚居的东部空间，与社会较低层人员居住的城市西部空间。居住价格等级分异是居住空间分异的重要表现之一，[4] 住宅价格是城市居民经济水平、住宅质量、配套设施、居住环境、居住区位等诸多因素的综合反映，不同等级价位的住宅能够客观地反映居民在文化背景、职业构成、经济收入、家庭结构等方面的差异性，通过对城市住宅价格的空间分布规律进行研究，可以揭示出以商业住宅为基准的城市空间中阶级分化的分异性。本文结合已有数据资料与实地调研观察资料，使用兰州住宅价格等值线图（图7）来描述兰州城市房价空间分异规律。从图中可总结

---

〔1〕 ［美］艾拉·卡茨纳尔逊：《马克思主义与城市》，王爱松译，江苏教育出版社 2013 年版，第 15 页。

〔2〕 ［英］德雷克·格里高利、约翰·厄里主编：《社会关系与空间结构》，谢礼胜、吕增奎等译，北京师范大学出版社 2011 年版，第 98 页。

〔3〕 黄怡：《城市居住隔离的式——兼析上海居住隔离的现状》，载《城市与规划学刊》2005 年第 2 期，第 31—37 页。

〔4〕 宋岚：《基于 GIS 的西安城区居住空间分异特征研究》，西安建筑科技大学 2011 年硕士学位论文。

出兰州城市住宅价格空间分异所呈现的五个特点：其一，住宅价格由各行政中心区域向四周梯度递减，而这种递减趋势受到地形、河流的限制和阻隔，不是呈现连续递减趋势，而是呈跳跃式递减，在重要的交通节点、商业服务中心等周边存在价格的小高峰和次中心，呈多中心特征。由图7可知，兰州城市住宅价格核心区主要有城关区的南关什字、西关什字，七里河区的小西湖、兰州西站，安宁区的费家营和培黎广场以及西固区的西固城等区域；住宅价格以这些区域为中心向外呈不规则圈层递减。其二，住宅价格的总体趋势呈"东高西低"的格局，住宅价格从城关区及其毗邻的七里河区向西固区逐渐递减，整体符合距离衰减规律。住宅价格最高值出现在城关区的西关什字和南关什字周边，住宅均价在1万元/m^2以上，且沿着酒泉路、庆阳路、中山路向外呈不规则圈层递减，变化幅度大；向西随着离城关区距离的增加，价格逐渐降低，但递减幅度趋缓。在七里河区的兰州西站和小西湖附近以8000元/m^2为主。而在西固区价格普遍在6000—7000元/m^2。其三，住宅价格等值线"东密西疏"，呈不均衡性。由图7可知，价格等值线在城关区西南部以及七里河区东部比较密集，空间间隔跨度小，价格下降较快，变化幅度较大；而在西固区、安宁区的西部则分布较稀疏，空间跨度大，下降较平缓，整体较均匀，变化幅度小。其四，不同等级价位的住宅空间分布存在明显的分异性，主要表现为"内高外低"的特征，即高价位的住宅集中分布在城市的核心区域，而低价位的住宅零散分布在城市外围，聚集性弱。从一定程度上反映出不同收入阶层居民的居住分布在城市空间上存在分化现象。其五，结合图8我们不难看出，住宅价格表现出高、低价位并不同步的现象。城市住宅最高价位位于城关区，达到15 058元/m^2，自东向西逐渐降低，在西固区达到最低值，为8316元/m^2；而住宅最低价位则表现出"两头低，中间高"的态势，城关区住宅最低价位为3320元/m^2，为全市最低值；西固区最低价位为3300元/m^2；而处于中间区域的七里河区与安宁区的最低价位反而均在4000元/m^2以上。

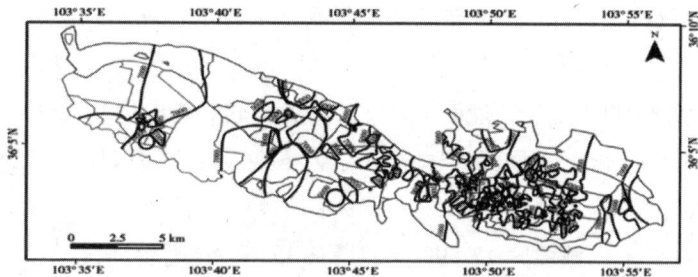

图7　兰州市住宅价格等值线分布图[1]

区域名称	城关区	七里河区	安宁区	西固区
样点数量/个	452	94	96	86
比重/%	62.09%	12.91	13.19	11.81
密度/个·km²	5.31	1.83	2.54	1.76
最高价位/元·m²	15 058	9 424	9 000	8 316
最低价位/元·m²	3 320	4 061	4 100	3 300

图8　不同行政区域居住样点数量分布及房价[2]

　　在参考中国社会阶层划分标准以及兰州市居民消费指数的基础上，根据兰州城市住宅价格的实际情况，笔者以 6000 元/m² 作为测量标准值，按其上下限将兰州城市住宅价格划分为 5 个等级：1 万元/m² 以上，8000—1万元/m²，6000—8000 元/m²，4000—6000 元/m²，4000 元/m² 以下。通过运用分异指数公式计算得出，兰州城市社会结构中的低收入阶层聚居现象非常突出，而中高收入阶层的居住分布相对分散，但具有快速增加的趋势。[3] 就 2014 年兰州市全市居民收入的区域分布统计数据来看，居民收入

---

〔1〕　刘争光、张志斌：《兰州城市居住空间分异研究》，载《干旱区地理》2014 年第 4 期，第846 页。

〔2〕　刘争光、张志斌：《兰州城市居住空间分异研究》，载《干旱区地理》2014 年第 4 期，第847 页。

〔3〕　刘争光、张志斌：《兰州城市居住空间分异研究》，载《干旱区地理》2014 年第 4 期，第849 页。

与区域居住空间的分异有一定正相关关系。从收入结构看，兰州市居民工资性收入为 11 281 元，比上一年度增长 11.8%；经营性收入为 777 元，增长 11%；财产性收入为 571 元，增长 15.5%；转移性收入为 5629 元，增长 10.9%。对比兰州市各县区城镇居民可支配收入，西固区以 18 324 元居其他区域收入之首位，城关区则以 12.6% 的增幅领先其他区域。皋兰县收入最低。数据显示，城关区 17 599 元，增长 12.6%；七里河区 16 135 元，增长 12.5%；西固区 18 324 元，增长 12.4%；安宁区 16 664 元，增长 12.0%；红古区 14 176 元，增长 11.5%；永登县 11 038 元，增长 11.1%；皋兰县 9758 元，增长 11.6%；榆中县 11 247 元，增长 11.4%。其中，除去西固区收入与其区域内空间资源出现了不对等的发展以外，其他区域都呈现出居民收入与区域房价平均值正相关的现象。这在一定程度上说明，兰州城市空间中资本、收入与房地产开发的集聚三者之间相勾连形成了空间区隔，并成为新时期阶层分化的重要表征。

"一部完整的历史仍有待撰写成空间的历史——它同时也是权力的历史——它包括从地缘政治学（geo – politics）的重大策略到细微的居住策略；它包括在机构/制度建筑中的教室和医院的设计，以及其中的种种经济与政治的安排"。[1] 时空坐标上处于经济欠发达地区的兰州，其蓬勃发展的房地产行业及其广告通过"全球化"话语、西方中心主义的空间想象方式，遮蔽了双重资本压迫下的空间差异。而在同一个地理空间中，本地城市空间多元性在上述话语中被消解了：重工业的产业工人、少数民族居民居住空间的兰州，被国际化精英人士的兰州城市空间所遮蔽。作为商品本身的地产广告文本，以及其受众观看过程中习得西方空间观与生活方式的劳动过程，加之其所营造的社会价值体系，共同巩固和更新了马克思所说的商品拜物教现象。它通过形成"住宅拜物教"介入到空间生产与资本，流通中去，与实体空间中的资本积累产生直接联系，使城市最终成为资本，通过生产要素的重新布局并以此建构权力体系。另外，现今城市主义已经成为一种生活方式，并已扩展到全球各个角落，产生了同质化的生活灵感和风

---

[1] Wright, G. & Rabinow, P. , "Spatialization of Power: A Discussion of the Work of Michel Foucault", *Skyline*, March, 1982, pp. 14 – 15.

格。人们生活的地方变得越来越大同小异，本地多元空间的消逝以及不平衡地理发展带来的空间正义问题，将成为未来中国城市发展中不容忽视的关键点。

一种装饰性的演进[*]

——我国电视广告中的性别话语转向现象解读

李晓梅[**]

一、问题的提出

福柯认为"话语，是指用来建构知识领域和社会实践领域的不同方式，它是在历史和社会中形成的，内含着一种权力关系，规定了某种社会秩序，并以不同方式塑造了人们的身份和主体位置"。[1] 诺曼·费尔克拉夫在解读福柯的话语理论时，将其并未言明的理论进一步解释为："话语既是一种表现形式，也是一个行为形式。"[2] 就性别话语而言，可以理解为，话语是关于性别关系的语言和行为，从微观的关涉性别的词语、描述、修辞、动作、活动、评价直至宏观的国家、市场和传统文化等都可视为性别话语的构成元素；话语的本质是一种建构性的关系，所以，我们也可以认为，以上的种种元素相互勾连构建了性别之间的权力关系，尤其是国家、市场和传统文化之间的参演互动，形塑和推动了性别话语的演变、转向、转型。

广告作为现代社会最为重要的媒介产品之一，不仅传递着关

---

  * 本文已发表在《电视研究》2017 年第 9 期。
** 李晓梅，西北政法大学新闻传播学院教师，传播学博士，美国密苏里新闻学院访问学者。
〔1〕 吴小英：《市场化背景下性别话语的转型》，载《中国社会科学》2009 年第 2 期。
〔2〕 [英] 费尔克拉夫：《话语与社会变迁》，殷晓蓉译，华夏出版社 2003 年版，第 59 页。

于商品和服务的最新信息，诱导消费；也映射着我们所生活的社会关系图景、标示着社会文化的走向，潜移默化地影响着人们的价值观念。近年来，在广告的生产过程中，呈现于电视媒介的关乎性别平等、女性主体性构建、摒弃性别刻板印象的语言、修辞、形象、创意和活动日益涌现。甚至，广告巧妙借用性别关系作为创意主线，以性别话语的转向，带动大众话题评说，为产品和品牌聚拢了更多关注度和好感度，在注意力缺失的数字时代，形成广告传播的奇观现象。如诺曼·费尔克拉夫所言："话语不仅是表现世界的实践，而且是在意义方面说明世界、组成世界、建构世界。"[1] 奇观背后，关注性别话语转向的深层意涵，有助于身处消费社会中的人们，在性别关系动态变化的过程中，理解女性和电视广告之间的关系，体味广告的销售本质和性别话语的现实处境。

二、文献回顾

就针对女性的广告批评而言，早在20世纪60年代，弗里丹在《女性的奥秘》一书中关注到了广告销售和家庭主妇之间的关系；1978年，塔奇曼在论文集《炉床与家庭：媒介中的女性形象》中提出了媒介对于女性的"象征性歼灭"和刻板印象。此后，关于女性和广告之间所呈现的性别话语一直被西方学术界，予以女性主义、意识形态、符号学等视角的多方关注。

刘伯红、卜卫早在1995年左右以全国10个城市电视台的1197个广告为样本，从社会性别观念的角度分析了我国电视广告中的女性形象。研究发现：约1/3的电视广告存在角色定型和以女性作招徕的性别歧视现象。[2] 此后，随着市场经济的不断发展，社会中两性平等意识的日益提高，童芍素和胡晓芸发现：中国大陆广告作品在塑造和建构女性形象时仍然存在着男性主宰的话语环境特征，且表现出性别角色表达传统化、社会角色展现外型化、审美评价相对模式化、群体位置弱势化等问题。[3] 2004年，韩素

---

〔1〕 ［英］费尔克拉夫：《话语与社会变迁》，殷晓蓉译，华夏出版社2003年版，第60页。

〔2〕 刘伯红、卜卫：《我国电视广告中女性形象的研究报告》，载《新闻与传播研究》1995年第1期。

〔3〕 童芍素、胡晓芸：《正视现实 正确评价 正面引导——中国大陆广告传播与女性问题的相关研究》，载《妇女研究论丛》2002年第3期。

梅、韩燕通过量化研究，发现"男主外女主内、男理性女感性的角色定型在电视广告中有了明显的变化；以女性为招揽物来指代物品的情况与十年前相比也有所下降；男性与女性形象一样都有新的变化。女性身份的独立性明显增强，男性话语权更加隐蔽"[1] 近几年来，一些日用品如洗衣液、洗发水、化妆品品牌在广告创意方面，表现出更为鲜明昂扬的女性主义意识，广告一经出街，就成为舆论关注的热点。曾经被女性主义者所诟病的电视广告中物化女性、降低女性价值的性别话语越来越少见，而塑造女性主体性形象，跨性别或是营造两性对视的广告创意逐渐盛行，呈现出性别话语的转向现象。

三、广告中的性别话语转向："去他者化"的浮现

广告中的性别话语转向是以"去他者化"的浮现作为主要表征，并具体表现为以下三个方面：

（一）女性主体性形象的塑造

在早期的中国电视广告中，女性在两性关系中，多以被领导者、制造问题者、寻求建议者和被欣赏者的角色出现，充当美丽的花瓶或是贤妻良母的广告形象。在新时期的广告创意中，女性开始以自信、独立和职业化的姿态现身。曾经被男性垄断的角色置换为女性充当主角的坚毅身影，男性逐渐成为女性的同行者及衬托者。奔驰广告《超越感官之美》曾荣获2010 女性传媒最佳社会性别平等广告大奖，片中章子怡饰演的女车手以自信优雅回应男乘客的质疑，精湛的驾驶技术在彰显汽车品牌性能的同时，也诠释了女性和男性拥有同样的驾驭和主宰能力。

同时，电视广告中的女性角色开始迈向多元化，越来越多的女科学家、女飞行员、女白领、女学者、女车手、女运动员等社会角色开始占据广告中的主体地位。2013 年，超能洗衣液推出 90 秒系列广告，明星孙俪、新锐作家蒋方舟、芭蕾舞者邱思婷、奥运冠军许安琪、超模于娜相继变身"超能女人"，宣告女性无所不能的励志形象。"超能女人"提出："就是要让所

---

〔1〕 韩素梅、韩燕：《市场经济十年以来电视广告性别形象变化分析》，载《新闻与传播研究》2004 年第 2 期。

有的女性相信，自己远比自己想象中的更加强大。"[1] 广告着力于塑造女性职业身份作出的贡献，不再像传统广告那般将女性围于家庭，扮演处在情感关系中的他者角色。需要注意的是，在超能广告中，女性因职业角色所散发出的魅力，远超过她们的外在形象。

（二）跨性别广告涌现

在早期的电视广告中，受限于"男主外，女主内"的传统思想，和家庭相关的产品都是围绕女性作为母亲、妻子的形象出现，突出女性温柔有爱的形象，从而营造温馨的家庭氛围和品牌形象。有研究发现："中国电视广告中的女性与化妆品、洗涤用品、个人用品、家居用品的关联度最深，与机械、电子、房地产、金融关联度最浅。"[2] 中国经典的电视广告中，女性不是忙着照顾孩子，就是操持家务、洗衣做饭，以至于许多经典电视广告的画面和文案都和母亲或是主妇相关联。

在这些电视广告中，男性作为父亲和丈夫照顾子女，管护家庭的社会角色身份一直都是缺失的；女性在工作环境里处于陪衬角色，在家庭环境里充当养育子女、操持家务的主角。近年来，随着《爸爸去哪儿》这类亲子真人秀的热播，男明星对于家庭日用品的广告价值也逐渐被广告主所关注。于是，深受大众欢迎的居家型男明星也渐渐出现在家庭场景中：陈佩斯、孟非、小沈阳代言立白洗衣液，为妻子和家人洗衣服；邓超则和儿子一起出现在电视广告屏幕，以父亲的形象代言纯甄牛奶，不同于以往牛奶产品总是与母亲形象联系在一起的广告创意。而佟大为代言牛奶广告时，更是凸显了他在大家庭中的儿子、兄弟的角色，营造出家人围坐一起分享生活愿景的场景，提升了男性在家庭中的能见度。

（三）男性眼中呈现的不一样的女性

女性主义者认为，在传统的广告中，女性通常被作为观看对象加以呈现，被物化、作为客体的女性存在是为了满足男性观看的需要。不过，在呈现性别话语转向的广告中，虽然不乏重复女性被观看的创意，但更多是

---

[1] 《"超能女人"时代诞生 超能广告片引发社会热议》，载 http://www.prnasia.com/pr/2013/11/11/130958621.shtml，访问时间：2017 年 3 月 18 日。

[2] 童芳素、胡晓芸：《正视现实 正确评价 正面引导——中国大陆广告传播与女性问题的相关研究》，载《妇女研究论丛》2002 年第 3 期。

从男女对等平视的角度，体现男性对女性的赞美和理解，诠释新的性别认同。这种男性对女性的再度审视，映射出不同以往的女性形象，女性在各种社会身份和职业身份的磨砺中，呈现出越发鲜明的勇敢、独立形象。在超能女人第二季的广告中，出场的父亲、弟弟、丈夫各自在言语中诠释了他们眼中的飞行女教员、服装设计师、钢管舞者分别作为女儿、姐姐和妈妈的角色，几乎涵盖到女性所有的性别角色。2015 年底在四大卫视、地铁海报和微信朋友圈创下整合营销传播奇迹的一款眼霜广告，则由梁朝伟一人担纲，仅仅通过他的眼部神情和画外音，就完成了和所有女性目标消费者之间一场心意相通的对话，"能完美的只有自己，可珍惜的只有眼前"。

四、性别话语转向的背后

探究性别话语转向的原因，可以从话语结构之间的互动及广告理念的变革两大方面进行考察。

（一）国家话语、传统话语和市场话语之间的互动

有研究认为：21 世纪的前 10 年间，中国社会妇女地位呈现出许多积极变化，教育结构明显改善，性别差距显著缩小；经济参与状况有所改善，非农就业比例提高；社会保障水平提高，男女差距明显缩小；主体意识日趋增强，家庭事务决策更加平等；参与决策和管理的程度有所提高，政治参与意识和主动性逐渐增强；男女共同分担家务的理念得到更多认同，两性家务劳动时间差距缩小。[1] 电视广告中性别话语的转向，来自于国家话语、传统话语和市场话语之间的相互作用："可以看到对国家话语所强调的自尊、自信、自立、自强的坚持，又可以看到对市场话语所强调的个体素质能力和独立精神的推崇，同时还渗透着对传统话语所要求的男女两性角色和文化规范的主动或被动遵守。"[2]

（二）广告精准定位迎合消费者群的需要

现代广告理念正在发生革命性的变化——从关注产品功能转变为关注

---

〔1〕 第三期中国妇女社会地位调查课题组：《第三期中国妇女社会地位调查主要数据报告》，载《妇女研究论丛》2011 年第 6 期。

〔2〕 吴小英：《市场化背景下性别话语的转型》，载《中国社会科学》2009 年第 2 期。

品牌形象，从满足消费者的利益转向满足消费者的心理感受，消费文化强调回归自我。[1] 是否在广告中置入某种关于性别话语的正面信息，并不取决于个人或组织的独立意图，而是依赖于来自广告创意前获得的综合市场信息，来自对市场和消费者的深度洞察。市场和目标消费群的喜好，决定了广告创制者对于性别话语的有意识的接近和合理利用。

在注意力不断被稀释的时代，广告主和广告公司越来越需要及时而灵活地关注变化的媒介和消费者。而对于消费者的精准洞察和理解已成为广告创意成功与否的一个标志。女性因职业化而获得的经济独立地位，使得她们越来越被当作能够做出购买决定的消费者，而不是客体化的感性个体。调查发现："现代中国女性不仅拥有高等学历，事业也不逊色，是家庭收入的重要支柱。同时，中国女性的消费能力也不断上升，因此她们获得了更多的家庭购物决定权。今天与明天的中国女性是强大的消费人群，理解她们的消费习惯以及她们的态度，对于市场参与者以及广告主来说，是赢得她们的核心要素。"[2]

需要注意的是：这些转向广告多是围绕日用品、化妆品、珠宝、运动品牌等产品进行的创意。当广告创意模式渐趋大众化、同质化时，为突出产品和品牌，就必须采用令人耳目一新的话语方式，吸引核心消费者。于是，性别视角的介入，尤其是倡导女性的独立自主和自信，就成了最讨巧的切入方式。

五、广告批评：一种装饰性的演进

当前电视广告中呈现的性别话语转向现象，就借助广告影响受众，促进性别平等，构建新型的性别观念而言，可以说是一个进步。但必须注意到，这种性别话语转向的实质内容裹挟着装饰的意涵，值得我们进一步加以探析。

---

〔1〕 陈振旺：《消费社会的广告符合解读》，载《深圳大学学报（人文社会科学版）》2008 年第 4 期。

〔2〕 林莹：《充满信心的明日中国女性——解读尼尔森"女性消费者报告"》，载《中国广告》2011 年第 10 期。

（一）依旧弥漫的精英话语

广告的本质决定了它必然要吸引具有消费能力的核心受众。即便是洗衣液这样的日化品广告，代言人不论男女，大多选择为一系列当红明星担当。"广告创制者在生产产品和加以广告推广时，不可避免地预设了商品的使用对象。他们根据潜在消费对象的需求，对商品的附加价值进行了预设，尽可能地刺激、诱导和鼓励小富婆使用某种商品，广告中的形象也按照相似的思路去形象化和符号化"。[1] 这些性别话语转向的广告，重视名人广告引发的消费示范效应，强调消费者的阶层定位，而女性弱势群体在广告文本中依然集体失语，劳工阶层、农村女性等社会资源匮乏的女性群体被忽视。这些被忽视的人群在面对广告时，依然处于一种仰望他人的位置。事实上，在现实生活中，处于经济弱势地位的女性，在性别话语中也仍旧处在弱势。

（二）价值观：有破无立

具有创造性价值的广告，在对消费者自我想象的塑造方面发挥着重要作用。"广告中体现和倡导的价值观念会对社会成员产生积极或者消极的影响。因为广告的传播过程就是一个人们共享社会文化的过程，也是一个社会价值观念不断被传送、强化和公众接受社会文化教化的过程。"[2] 目前，我们关注到的有关性别话语转向的电视广告，逐渐开始强调女性的自主性地位；但是，这些广告对于男女两性地位和关系的对比、进一步改善和提升，缺乏更深层次的尝试。

就明确地倡导和传播性别平等的价值观，进行观念层面的反思和倡导来说，显然，国外品牌的创意广告走得更远一些。这些广告善于从心理和社会层面，揭示女性个体在成长中遭受到的社会和文化挤压，提出易于付诸实施的建议和举措，帮助女性改善生存境况；这些广告鲜明地提倡两性平等的价值观来塑造品牌形象，较少出现功利地推广品牌和产品的商业气息。

---

〔1〕 马中红：《被广告的女性——女性形象传播的权力话语研究》，新华出版社 2009 年版，第 73 页。

〔2〕 陈先红：《你的广告有文化吗》，载 http：//www.a.com.cn/cn/hygl/xgzs/2003/0305161.htm.

如潘婷的 shine strong 广告，将职场中的男性和女性放置在相似的工作情境中，男性得到专注、有说服力等正面的社会评价，但女性则得到自私、爱慕虚荣等截然相反的负面评价。广告再现了职场和社会对于两性的双重标准，以及对于女性的偏见；多芬自 2004 年发起的真美运动，通过各种社会实验，让女性思考自身和"美丽"的真正关系；美国品牌 ALWAYS 则通过电视广告《像个女孩》，诠释了女性是如何因为传统的规训而不能绽放真正的自我，呼吁新时代的"像个女孩"就是"保持自我，不要在乎别人怎么说"；芭比公司首次在广告中出现男童和芭比娃娃玩耍的画面，突破了只有女孩子才喜欢芭比娃娃的性别陈规。在广告文化中，人们认为，广告重在映射现有的社会图景，性别秩序；但国外品牌的尝试也表明，其实广告也可以通过自身的传播力，率先一步，打破固化的性别权力，带给消费者更多的思想启迪和消费选择。

（三）双重话语的持续：销售才是广告的目的

销售是广告的终极目的。正如理查德·奥曼所指出的那样："也许所有广告都包括或者意味着某种意识形态。他们试图让观众做或者相信符合广告商利益的一些事情。"[1] 广告"骨子里却只提供一个经过矫饰的世界，一个只在特殊范围内传达价值和观点的单色的世界，以消费为中心的世界"。[2]

广告一方面通过意义的嫁接，将商品和某种生活的意义进行关联，就如同购买可口可乐，不仅仅是消费饮料，同时也是享受快乐。对于那些引入性别平等意识的广告来说，购买多芬不仅仅是在购买日化用品，同时也意味着消费者认同多芬倡导的"真美运动"。看似设身处地的理解女性的丸美广告，在动人的文案中，依然会以"当我看到你的眼睛，我就看到丸美。珍惜眼前，眼值珍惜"的煽情语句，突出品牌功效。超能洗衣液在恰到好处的创新运用了广告中的性别元素之后，点题的广告诉求却是不断重复的广告语"超能女人用超能"，实际上是，为女性不断地加压，而非励志。

---

〔1〕〔美〕理查德·奥曼：《文化研究读本》，王广州译，中国社会科学出版社 2000 年版，第405 页。

〔2〕蒋旭峰：《论广告意识形态》，载《国际新闻界》2009 年第 6 期。

结语

当电视广告中涌现出越来越多彰显女性独立自主形象，推崇两性平等地位的创意时，强化性别陈规的广告创意也偶有出现。如 I DO 婚戒推出的结婚周年纪念广告《有一种幸福叫付出》，宣扬妻子通过牺牲自己的梦想，成就丈夫的梦想；婚恋网站百合网针对大龄"剩女"的"逼婚"广告，引发了微博"万人抵制百合网"的活动。当下，消费者对蕴含刻板性别陈规的电视广告越发敏感，品牌对性别话语的合理使用也成为彰显其品牌美誉度的一枚利器。呈现性别话语转向的广告相比包含性别歧视或性别不平等意味明显的广告创意，当然是一种进步，但事实上这种进步只是一种装饰性的演进。这是因为：广告的本质是促销，而性别意识融入其中，只是为了更好地获取目标消费者的注意。电视广告中的性别话语看似正在摆脱性别意识的陈规，呈现某种转向的迹象；实际上，性别权力不对称的隐性标志并不是销声匿迹，而是变得更加微妙和隐蔽。

后 记

　　作为西北地区首家开设新闻学专业的高等院校，西北政法大学为西北乃至全国培养了大批法新结合的优秀新闻人才。近年来，新闻传播学院在努力创建一流学科、构建优势特色学科的同时，亦注重加强与学界、业界之间开展形式多样的交流互动，学院发起召开的"立格联盟新闻传播学院院长论坛"与"中国传媒法治建设高峰论坛"已形成品牌，每届论坛均设置新闻教育相关分论坛讨论新闻传播教育的发展问题和路径，促进了名家名师、业界精英与教师的交流，助力启发教学思路。

　　此次，为了弘扬何微先生的治学理念，为青年学人打造学术交流平台，激发和培育青年学人的科研热情，由西北政法大学和新华社《中国记者》杂志社主办，西北政法大学研究生院、西北政法大学新闻传播学院、中国政法大学出版社共同承办的首届"何微新闻奖"新闻传播学科研究生论坛，经过缜密构思和细致准备，共收到来自北京大学、中国传媒大学、中山大学、重庆大学、华东政法大学和西北政法大学等30余所高校的博士、硕士研究生论文108篇。所有参会论文均经过严格的匿名初审程序，即每篇稿件随机分发给3位实名副教授职称以上的审稿专家进行评分（100分制）并附有相应评语；初评结束之后，甄选出了30篇优秀论文入围研究生论坛。在当天的论坛环节，设置了严谨的现场评分表（分为"论点明晰新颖、论证方法严谨、文献充分可靠、写作格式规范、宣讲精彩生动"五个评分类别，采取100分制），即每篇入围论文需要经过5位评委老师进行现场打分，据此每位研究生的最终论文得分按照"总分＝初审得分＊60％＋现场得分＊40％"进行汇总排名。最终经评审产生"何微新闻奖"的一、二、三等奖，

11 名青年学者获誉"何微新闻奖"新锐青年学者奖。

论坛征稿及举办期间，得到了西北政法大学校领导和相关部门的大力支持；新闻界杂志社、新闻记者杂志社、新华文摘杂志社、中国记者杂志社、深圳大学学报（人社版）杂志社以及中国社会科学杂志社等国内权威学术刊物主编、编辑莅临论坛，就新闻传播学科的学术科研最新动态与发表标准，发出了最具权威的判断与声音；中国传媒大学陈卫星教授，重庆大学新闻学院董天策教授，南京大学新闻学院胡翼青教授，陕西师范大学李震教授、许加彪教授，西北大学陈国庆教授、杨立川教授，西安交通大学胡德胜教授，我院慕明春教授、柯泽教授、李清霞教授、王立平教授、庞晓红教授、王俊荣副教授、孙晓红副教授及来自光明日报陕西记者站、西部网、陕西日报、西安晚报、华商传媒集团、中新社、陕西法治信息网、中国青年报陕西记者站、法制日报陕西记者站、新华社陕西分社的业界专家分组现场评点论文，为青年学者和研究生提供了更为开阔的学术思考维度。论坛筹备及召开期间，张俐莉、宗益祥、赵哲超等老师和刘一菡、蔡艳、宋沁、陈颖、闫洁、史雪枫、韩霄霄、顾睿琪、张天格、张珂郡、张豪等研究生同学积极参与，付出了辛勤努力。

首届"何微新闻奖"新闻传播学科研究生论坛虽已落下帷幕，但为新传学子砥砺切磋技艺的学术平台正在长安夯实基础。我们诚邀全国有志学术研究的新传学子和青年学者明年于古城再度聚首"何微新闻奖"新闻传播学科研究生论坛，激扬论辩，携手共进，分享更接地气、更具价值的学术作品！

孙　江

新闻传播学院院长、教授

2017 年 8 月